Geschichte von Kalk und Umgebung

Bilder aus alter und
:: neuer Zeit ::

von **Heinrich Bützler**,
Rektor und Leiter der Fortbildungsschule zu Kalk.

Im Selbstverlag des Verfassers.

Alles, was groß und mächtig werden soll, muß wurzeln,
in Heimat und Vaterland.

Wir hätten mit der Geschichte nicht die geringste Fühlung,
wenn wir nirgends daheim wären.

Heinrich Bützler,
Geschichte von Kalk und Umgebung
Neuauflage nach dem Original von 1910
Mit einem Nachwort von Fr. Bilz

Edition Kalk der Buchhandlung W. Ohlerth

Bezugsadresse: Bücher Wolf Inh. W. Ohlerth
Kalker Hauptstr. 111
51103 Köln
Tel.: (02 21) 81 75 34
kalkbuecherwolf@netcologne.de

Vorwort. Da bisher von der Geschichte unserer aufstrebenden Stadt nur wenig bekannt war, so fan-
den verschiedene Vorträge, die ich in den letzten Jahren in
hiesigen Vereinen, im kath. Jünglingsverein, Arbeiterverein,
Lehrerverein und Bürgerverein über die Geschichte unseres
Ortes und seiner näheren Umgebung hielt, freundliche Aufnahme, und von mehreren Seiten, insbesondere von Kollegen und Kolleginnen wurde ich gebeten, die Vorträge im
Druck erscheinen zu lassen, damit für den Unterricht in der
Heimatkunde, die berechtigterweise als grundlegend für den
erdkundlichen und geschichtlichen Unterricht gilt, die notwendigen Unterlagen da seien. Um so lieber kam ich diesem
Wunsche nach, als den vielen Lehrern und Lehrerinnen, die
infolge des raschen Wachstums der Stadt Jahr für Jahr neu in
die hiesigen Schulen eintraten, wirklich nur wenig zur Verfügung stand, um sich einige Kenntnis von der immerhin interessanten Geschichte und Entwicklung unseres Wohnortes zu
verschaffen. Aber nicht blos das Interesse der Volksschule,
sondern auch das der Fortbildungsschule erforderte ein solches Buch, da die Fortbildungsschule die geschichtliche und
die gewerbliche Entwicklung unseres Heimatortes im Unterricht in vielfacher Beziehung als Grundlage für das Verständnis ähnlicher Verhältnisse in anderen Städten und in der Entwicklung von Gewerbe und Industrie benutzen muß.

Dann durfte ich wohl auch als sicher annehmen, daß
eine „Geschichte von Kalk" bei den Bewohnern unserer Stadt
Interesse finden dürfte, sowohl bei den neu zuziehenden oder
zugezogenen Bürgern, die sich doch wohl gerne über ihren
neuen Wohnort unterrichten wollen, als auch bei den altein-
gesessenen Einwohnern. Gewiß werden sich viele der letzteren freuen, manches von dem, was sie selbst wissen und zum
Teil miterlebt haben, hier zusammengefaßt zu finden.

So möge denn das Buch dazu beitragen, mit der Kenntnis der Entwicklung unseres Ortes auch zugleich die Liebe
zu demselben in die Herzen der Kinder und der Bürger ein-
zupflanzen.

K a l k , den 1. März 1910.   D e r   V e r f a s s e r .

Der Gedanke, für eine Neuauflage dieses Standardwerks von Heinrich Bützler zu sorgen, kam mir angesichts des großen Bedürfnisses der Kalker nach Informationen über ihren Stadtteil einerseits und der Akribie andererseits, mit der der Autor um 1910 die Geschichte Kalks dokumentiert hat. Dokumente, die in der Zwischenzeit endgültig verloren gingen, sind hier berücksichtigt und machen trotz des zeitlichen Abstands und manchem aus heutiger Sicht fragwürdigen Werturteil des Autors das Buch zu einer lohnenswerten Lektüre für jeden, der sich für die lokale Geschichte interessiert.

Der Weg zu der vorliegenden Ausgabe war freilich lang: Von der langwierigen Suche nach Rechtsnachfolgern des Autors angefangen, über technische Fragen der Reproduktion der Bilder hin zu der Frage, ob man durch eine Wiedergabe in der von Bützler Anfang letzten Jahrhunderts gewählten Schrift nicht zu viele potenzielle Leser ausschließt, mußten Probleme geklärt werden.

Durch die Entscheidung heute geläufige Schrifttypen zu verwenden, soll jedem Interessierten die Lektüre ermöglicht werden. Auf eine Anpassung der Rechtschreibung ist aber verzichtet worden, weil ein authenischer Eindruck erhalten und die Ausgabe als Quelle zitierfähig sein soll. Eigentümlichkeiten des Autors in der Schreibweise (z. B.: Köln mit „C" geschrieben, in bestimmten Zusammenhängen aber mit „K", oder die oftmalige Sperrung von Textpassagen) bleiben erhalten, nur offensichtliche Setzfehler der alten Ausgabe wurden bei der Neuerfassung des Textes korrigiert.

Ein Straßenregister, daß die Straßennamen der letzten Jahrhundertwende den gegenwärtigen gegenüberstellt, soll dem heutigen Leser die Lektüre erleichtern. Eine eigene neue Karte zu erstellen, hätte den Umfang dieser Ausgabe gesprengt. Ich darf aber den Interessierten auf das Kartenwerk aus dem Rheinland-Verlag „Rheinischer Städteatlas, Lieferung X, Nr. 54, Kalk" aufmerksam machen. Dankenswerterweise hat der bekannte Historiker Fritz Bilz ein Nachwort zu Buch und Autor geschrieben.

VI   In dankender Erinnerung halte ich den leider kürzlich verstorbenen Kalker Historiker Hermann Strick, ohne dessen Einsatz diese Ausgabe nicht möglich gewesen wäre. Danken möchte ich auch Rat und Tat anderer Mitglieder der Kalker Geschichtswerkstatt, dem Einsatz der Druckerei Jekstadt und der Hilfe von Lydia Höll. Sie alle haben zu der vorliegenden Ausgabe viel beigetragen.

᠎᠎᠎ ### Inhalts-Verzeichnis ᠎᠎᠎ VII

᠎᠎᠎

Einleitung.

Bis zum Jahre 1900 hatten nur sehr wenige Bewohner von Kalk einige Kenntnisse von der ältesten Geschichte unseres Ortes. Wohl hörte man oft genug ältere Leute davon reden, daß sie noch gut wüßten, wie Kalk außer der Kapelle nur etliche Häuser gehabt hätte; jedoch von dem verhältnismäßig hohen Alter der Kalker Höfe, von deren Bestehen schon eine Urkunde vom Jahre 1003 berichtet, war nur einigen etwas bekannt. So ist z. B. im Bericht über den Stand und die Verwaltung der Gemeinde-Angelegenheiten der Stadt Kalk pro 1883/84, erstattet von Bürgermeister Thumb, Seite 1 zu lesen:

„Über die Entstehung des Namen Kalk läßt sich etwas Bestimmtes nicht angeben. Vermutlich stammt derselbe aus dem Anfang des 17. Jahrhunderts und hängt zusammen mit der Erbauung resp. Erweiterung der Stadt Mülheim, insofern als der zum Bau der Festung und der Häuser verwandte Kalk in der Umgegend von Mülheim und insbesondere in den Gemarkungen der Gemeinde Kalk gebrannt worden ist. Für diese (allerdings nur) Hypothese dürfte der Umstand anzuführen sein, daß der vor der Zerstörung der Stadt und Festung Mülheim durch die Stadt Cöln im Jahre 1612 im November desselben Jahres seitens des Kölner Rates zur Besichtigung der dort entstandenen Bauten nach Mülheim entsandte Kölnische Notar Anton Brauweiler in seinem dem Rate demnächst erstatteten Berichte mitteilt, wie er vor dem neuen Mülheim verschiedene Kalkgruben teils zugerichtet, teils aufgesetzt, teils durchgebrannt und fertig vorgefunden habe. Die Annahme, daß die Anhäufung vieler Kalköfen an einer Stelle schließlich für diese Stelle und deren weitere Umgebung zur Bezeichnung Kalk als Ortsname geführt hat, dürfte somit eine nicht ganz unberechtigte sein."

So ganz unbekannt hätte das viel höhere Alter der Kalker Höfe nun eigentlich doch nicht sein dürfen. In dem im

Jahre 1846 von Zuccalmaglio herausgegeben Buche „Geschichte und Beschreibung der Stadt und des Kreises Mülheim" ist schon die Urkunde vom Jahre 1003 erwähnt. Es heißt dort Seite 20:

„Otto III. schenkte auch das Schloß zu Deuz mit Zubehörungen an den Erzbischof Heribert, der dort im Jahre 1001[1] ein Benedikts-Kloster stiftete, welches er mit den fünf Weilern: Westhofen, Poll, Kalk, Vingst und Rolshofen, sowie mit Kirche und Gut zu Oberzündorf und Gütern zu Langeln, Heumar und Merheim samt dem vierten Teile des Königsforstes (quartam partem silvae quae dicitur Kuningesvorste) begabte."

Der erste, der meines Wissens den Spuren der Kalker Geschichte nachging und einen ausführlichen Bericht über die Geschichte der Kalker Höfe gab, war Religions- und O b e r l e h r e r Dr. G. S c h w a m b o r n , von 1898 bis 1902 Religions- und Oberlehrer am damaligen Städt. Progymnasium in Kalk, seitdem am Gymnasium in Neuß. Die Ergebnisse seiner Forschungen in den Archiven zu Cöln und Düsseldorf veröffentlichte er in dem „Bericht über das Städtische Progymnasium zu Kalk im Schuljahre 1900/1901", herausgegeben von Direktor Dr. Paulus. Herrn Dr. Schwamborn sind die Bürger unserer Stadt für seine eingehende und interessante Arbeit, die leider nur einem kleineren Kreise zugänglich wurde, zu großem Danke verpflichtet. Was in dem vorliegenden Buche von der Geschichte der Kalker Höfe vom Jahre 1003 bis 1809 enthalten ist, sowie die Geschichte der Kapelle zu Kalk ist mit gütiger Erlaubnis des Herrn Dr. Schwamborn zum Teil seiner Arbeit entnommen. Ihm sei daher auch an dieser Stelle herzlicher Dank ausgesprochen.

Ferner schulde ich besonderen Dank Herrn Bürgermeister Albermann für die gütige Unterstützung meiner Arbeit durch Überlassung der Schriften des Stadtarchivs und der Stadtberichte, ferner den Herren: Stadtverordneter Bendheuer,

---

1) muß heißen: 1003.
    Zuccalmaglio knüpft an den Namen Deutz, früher auch Tuitz geschrieben, die Bemerkung, daß Deutz sowohl als Duisburg Ortsnamen sind, die beide von Teut oder Tuiscon, dem Stammvater unseres Volkes, hergeleitet wurden. Interessant ist, daß auch bei Duisburg „Kolker Höfe" liegen. Vergl. S. 3, Kolk.

Adolf Spengler, Dechant Köllen, Rektor Stein, Gebrüder Sünner, Postdirektor Kenter, Gymnasialdirektor Dr. Stephan, Religionslehrer Eichen, Oberbahnhofsvorsteher Ditzen, Schlachthofdirektor Krings, Sparkassenrendant Rosenbauer, Stadtbaumeister Keßler, Bürgermeister Kuth in Vingst, Straßenbahndirektor Wattmann, Cöln, Lehrer Simons Cöln-Poll, sowie den Herren Direktoren und Inhabern der hiesigen Fabriketablissements. Sämtliche genannte Herren überließen mir bereitwilligst geeignetes Material für die Bearbeitung.

Für die Anfertigung der Klischees standen mir besonders die Herren Anton Wilberz und Direktor Max Weidenbach durch Überlassung der betreffenden photographischen Aufnahmen freundlichst zur Seite. Auch ihnen herzlicher Dank! Ebenso den Fabrikfirmen, die mir Klischees zur Illustration gerne überließen!

Des weiteren bin ich herzlichen Dank schuldig meinen Brüdern, Herrn L e h r e r T h e o d o r B ü t z l e r i n C ö l n und H e r r n G y m n a s i a l o b e r l e h r e r P r o f e s s o r A d a m B ü t z l e r in Düsseldorf, dem ersteren für die Bearbeitung der beiden Kapitel: „Politische Zugehörigkeit des Ortes Kalk" und mittelalterliche „Rittersitze in der weiteren Umgebung von Kalk", dem letzteren für die Bearbeitung und Würdigung der Schrift des Abbé Deblaye, die im VI. Kapitel Aufnahme gefunden hat.

Dann spreche ich noch ganz besonderen Dank aus Herrn B ü r g e r m e i s t e r A l b e r m a n n u n d d e m g e - s a m t e n S t a d t v e r o r d n e t e n - K o l l e g i u m für die finanzielle Unterstützung meines Werkes seitens der Stadt durch einen Zuschuß zu den Druckkosten, sowie d e n H e r - r e n I n d u s t r i e l l e n , die durch bedeutende Eintragungen in die Subskriptionsliste mein Unternehmen sicher zu stellen halfen.

Gewiß findet sich in den Archiven und auch wohl im Privatbesitz noch manches Aktenstück, das uns einen tieferen Einblick in die Geschichte der Kalker Höfe gestattet; auch in der Entwickelung der Gemeinde Kalk ließe sich manches eingehender behandeln. Sollte eine weitere Auflage des Buches notwendig werden, so würde ich mich bemühen, weiteres Material zu erhalten und zu benutzen. Alle Freunde unserer Stadt, in deren Besitz Akten und Schriftstücke sind, die für eine weitere Bearbeitung des Buches Wert haben, bitte ich, mir solche leihweise überlassen zu wollen.

* *
*

Zur Bearbeitung wurden benutzt:

1. Hollwegh, Historie der schmerzhaften Mutter Maria zu Kalk, anno 1715.
2. Aus dem Bericht des Städtischen Progymnasiums zu Kalk über das Schuljahr 1900/01: „ Beiträge zur Geschichte der Stadt Kalk" von Oberlehrer G. Schwamborn.
3. Die Berichte der Stadt Kalk aus den Jahren 1882 bis 1910.
4. „Kalk, seine Kapelle und seine Höfe", Manuskript von M. Höfer, Cöln-Ehrenfeld 1902, im Archiv der Stadt Kalk.
5. Eine Sammlung von Schriftstücken aus dem Besitze des Stadtverordneten Bendheuer.
6. Aufzeichnungen des 1833 geborenen Kalker Bürgers Adolf Spengler.
7. Geschichte der Kalker Kapelle von Pfarrer Köllen.
8. Schriftstücke des Pfarrarchivs St. Marien, Kalk.
9. Zwei Schriften des Pfarrers Vietor: „ Die ersten 25 Jahre der evangelischen Gemeinde zu Kalk 1869—1894" und „Geschichte der evangelischen Gemeinde zu Kalk vom 25 jährigen Jubiläum der Gemeinde bis zum 25jährigen Gedenktag der Presbyterkirche, 1. November 1905."
10. Schulchronik der kath. Volksschule, begonnen 1850.
11. Zuccalmaglio, Geschichte und Beschreibung der Stadt und des Kreises Mülheim am Rhein. Cöln 1846.
12. Bernh. Schönneshöfer, Geschichte des bergischen Landes, Elberfeld 1908.
13. Erläuterungen zum geschichtlichen Atlas der Rheinprovinz I. Bonn 1895.
14. Lacomblet, Urkundenbuch für die Geschichte des Niederrheins 4 Bde. Düsseldorf 1840-1858.
15. A. Deblaye, Les Prisonniers Français à Kalk et au Gremberg. Paris 1871.
16. Deutelmoser, die Geschichte des Westfälischen Infanterie-Regimentes Nr. 53.

Ferner zur Bearbeitung des XVII. Kapitels außer den
schon aufgeführten Werken von Zuccalmaglio und
Schönneshöfer noch folgende:
17. D. Piper, Burgenkunde, München 1895. – 18. v. Cohausen, Die
Befestigungsweisen der Vorzeit und des Mittelalters, Wiesbaden
1898. – 19. A. Schultz, Das höfische Leben zur Zeit der Minnesän-
ger, Leipzig 1879.- 20. P. Clemen, Die Kunstdenkmäler des Kreises Mülheim am Rhein, Düsseldorf 1901. – 21. F. E. v. Mering,
Geschichte der Burgen, Rittergüter, Abteien und Klöster in den
Rheinlanden, Cöln 1833-1861. – 22. Die Helden der Republik und
Bürger und Bauern am Niederrhein in den letzten Jahren des vori-
gen Jahrhunderts vom Verfasser der deutschen Kokarde, Elberfeld
1851. – 23. F. und H. Brück, das bergische Geschlecht Brugge,
Düsseldorf 1908. – 23. Zeitschrift des bergischen Geschichtsvereins;
Bd. 38: Ilgen, die Landzölle im Herzogtum Berg. – 24. Annalen
des historischen Vereins für den Niederrhein, Bd. 25: Harleß, Schloß
Bensberg. – 25. Monatsschrift des bergischen Geschichtsvereins;
Bd. 2: R. Keller, Die Erbericher alte Burg. – In den Bänden 4, 7, 8,
11, 12, 14, 15 die Beiträge von Ägidius Müller. – Bd. 11: D. Schell,
Ruine Kippekausen bei Frankenforst. – Bd. 15. Ders. Bauernburgen
im Bergischen. – Bd. 13: v. Sybel, Isenburg. – Bd. 8: Bensbergensis,
Bensberg.

I. Kapitel.

Die Kalker Höfe und ihre Umgebung vor dem Jahre 1003.

Die älteste bekannte Urkunde, in welcher der Name Kalk, Kalka, vorkommt, trägt die Jahreszahl 1003; sie handelt von der Schenkung der Kalker Höfe, der „villa Kalk" (Hofgut) an das neu gegründete Benediktinerkloster zu Deutz. Aus dieser Urkunde, die auch Vingst, Poll, Westhoven und Rolshoven nennt, geht hervor, daß im genannten Jahre Kalk und die anderen aufgeführten Höfe bestanden, daß sie auch vielleicht, ja wahrscheinlich, lange Zeit vorher bestanden haben. Alle diese Höfe lagen auf Anhöhen, damit sie vor den Überschwemmungen, den Hochfluten des Rheinstromes, geschützt blieben. War doch der Rhein in jenen fernen Zeiten nicht so eingedämmt wie jetzt; bei jedem Hochwasser strömten die Fluten über die Ufer, füllten alle niedrig gelegenen Stellen an, rissen hier und da die früher schon angeschwemmten Sand- und Erdmassen wieder weg, um sie an anderen Stellen wieder abzulagern und bahnten sich neue Wege zum Hauptarme des Stromes zurück. Der äußerste dieser Rheinarme läßt sich jetzt noch verfolgen. Unter Dollendorf tritt derselbe aus dem Rheinstrom, zieht in der Nähe von Siegburg vorbei und bespült von Troisdorf an, woselbst noch Sumpfstrecken das ehemalige Rheinbett andeuten, die lange Kette von Heiden, die von dem Dorfe Wahn ihren Namen erhielten; dann ging der Strom an Heumar und Brück vorbei, wo gleichfalls, wie bei

Merheim (von Mar-Sumpf) sich noch Sumpfbecken befinden. (Der Merheimer Bruch ist im Winter jetzt noch für die Kalker Jugend ein beliebter Eislaufplatz.) Ferner können wir den alten Rheinarm verfolgen an dem Gute Idasfeld bei Mielenforst, dann bei Haus Haan, weiter durch das Dorf Dünnwald und bis Wiesdorf, wo der Hauptstrom des Rheines wieder erreicht wurde. Von diesem äußersten Arm des alten Rheines ging bei Heumar ein Arm nach Westen hin, floß an der jetzigen großen Plantage vorbei auf den Gremberg zu und bog hier nach Norden, um, am Höhenberg und an Herl vorbeiströmend, endlich in den Hauptarm einzumünden. Längs dieses alten Bettes sind die sandigen hohen Ufer noch gut zu erkennen; südöstlich von Vingst, an der militärischen Ringstraße, heißen noch zwei dieser Sandhügel der große und der kleine Marberg.

So ging ferner ein Arm aus dem Hauptstrombette unterhalb Westhoven, der zwischen dem heutigen Gremberg und Poll auf Kalk und Mülheim zuströmte. Benutzt man vom Gute Rolshoven aus den „Poller Holzweg", so steht man nach kurzer Zeit in tief gelegenen Feldern – ein zweiter Weg, von Poll nach Gremberg führend, heißt heute noch „im Wasserfeld" –. Es ist ein weites Flußbett mit hohen Ufern, weit und tief genug, einen großen Teil des Stromes aufzunehmen. Blickt man aus der Mitte dieses alten Flußbettes nach Süden hin, so gewahrt man den hohen Damm, der sich von Westhoven nach Poll hinzieht[1] und der jetzt noch bei Hochwasser dem Strome den Durchfluß wehrt. In alten Zeiten wird bei jeder Hochflut eine gewaltige Wassermenge durch diesen Seitenarm hindurch geflutet sein; dieselbe teilte sich bald wieder, um teils durch die Niederungen bei Vingst, an Höhenberg und Buchheim vorbei, teils durch die Niederungen von Kalk und Humboldt-Kolonie durch die jetzige Mülheimer-, Viktoria- und Wipperfürtherstraße ihren Weg zum Hauptstrom nach Mülheim zu nehmen. – Die letztgenannten Teile unserer jetzigen Stadt, die ja besonders niedrig liegen und im Jahre 1882 im November noch unter der Hochflut des Rheines zu leiden

---

1) Derselbe wurde bei der großen Überschwemmung im Jahre 1784 durchbrochen, unter Kaiser Napoleons I. Herrschaft wieder hergestellt.

hatten[1], mögen wohl am längsten den Charakter des Sumpfes behalten haben, und gar nicht unmöglich ist es, daß gerade von ihnen die Ansiedlung, die auf der zunächst liegenden höheren Stelle – man vergleiche das Ansteigen der Höfe-, Engel- und Hochstraße – angelegt wurde, ihren N a m e n K a l k erhielt. Bedeutet doch Kolk soviel als Sumpf. Der Name Kolk oder Kalk würde sich dann mit in die Reihe der Nachbarorte einfügen, die auch ihre Benennung den sumpfigen Stellen verdanken, welche die Fluten des Rheines in alter Zeit verursachten[2], wie Heumar, Marhausen, Marhof, Merheim, Brück, Poll (vergl. Pohl, Polder).

Die z w e i t e und allgemeinere D e u t u n g d e s N a m e n s K a l k bezieht sich auf das Baumaterial gleichen Namens. Da sich jedoch in Kalk selbst nirgendwo Kalkstein-Brüche, auch keine Kalköfen finden, nicht einmal Spuren von solchen vorhanden sind, so müßte es sich denn etwa um eine Kalkniederlage handeln, die vielleicht schon zur Römerzeit bestanden haben könnte. Jedenfalls haben die Römer, als sie im alten Cöln, in colonia agrippinensis, Festungswerke, Häuser und Tempel erbauten, Kalk benutzt und denselben aus den reichen Kalksteinbrüchen bei Berg.-Gladbach und Paffrath gebrochen, ihn gebrannt und nach Cöln geschafft, wie sie denn ja auch in den Bergwerken des Lüderich nach Zink, Blei und Silber gruben; römische Münzen, Geräte und Lampen, die man in alten Stollen aufgefunden hat, beweisen dieses zur Genüge. Es wäre nicht undenkbar, daß die römischen Befehlshaber Cölns in der Nähe unseres jetzigen Wohnortes, auf dem ersten Drittel des Weges zwischen Cöln und den Berg.-Gladbacher Kalksteingruben[3] eine Kalkniederlage errichtet hätten, um so dieses unentbehrliche Baumaterial stets in der Nähe zu haben. War doch dessen Gewinnung in kriegerischen Zeiten sehr wahrscheinlich mit den größten Schwierigkeiten verbunden, da in der gebir-

---

1) Am Schulhaus Wipperfürtherstraße stand damals der Schulhof unter Wasser. Flutmarke ist dort angebracht worden.

2) Diese Ansicht vertritt Dr. Schwamborn in seiner Arbeit: „Beiträge zur Geschichte der Stadt Kalk", im Bericht des städtischen Progymnasiums 1900/01.

3) Den nächsten Weg über Merheim, Mielenforst, Strunden gedacht.

4 gigen und waldreicheren Gegend von Berg.-Gladbach Schluchten und Gebüsch den Germanen treffliche Deckung und Gelegenheit zu Überfällen gewährten.

Unsere jetzige Hauptstraße[1] bestand demnach, wenn auch nur als einfacher Fahrweg, als nächste Verbindung Cölns mit den Bensberger und den Gladbacher Bergwerken und dem Hinterlande schon zur Römerzeit, und mancher Heereszug ist wohl über sie von Cöln aus nach dem Bergischen und nach Westfalen gezogen, dem alten Sachsenlande zu. Etwas abseits von dieser alten Straße lagen die Kalker Höfe, die villa Kalk, wie sie in der Urkunde vom Jahre 1003 heißen.

Den H o f K a l k stellen wir uns, etwa um das Jahr 800, als eine altgermanische oder altfränkische Heimstätte vor, die sich an der Stelle der jetzigen St. Josephskirche befand, das Wohnhaus aus starken Balken gezimmert, die Gefächer der Balken mit Holzstäben ausgesteckt und zu beiden Seiten mit Lehm beworfen, wodurch eine feste, glatte Wand hergestellt war. Ein mächtiges Schilf- oder Strohdach schützt die Bewohner vor Sturm, Regen und Schnee. Hohe Bäume überragen das Haus. Kleine Nebengebäude enthalten die Wohnräume der Knechte, andere dienen als Vorratsräume oder als Werkstätten für die Anfertigung der einfachen Ackergeräte. Die Angaben Gustav Freytags[2] über das damalige Aussehen von Hof und Feld der Franken haben gewiß auch für Kalk Geltung:

---

1) Sie war der wichtigste Verkehrsweg, der dem alten Tuitium und der mächtigen Colonia das Binnenland erschloß, und führte seit Alters den Namen „Brucgerstraiße" (von Bruch). [So im Weisthum von Deutz vom 16. März 1386. (Lacomblet, Urkundenbuch, III 904.)] Sie vermittelte den Übergang aus der rechtsrheinischen Feldmark des cölnischen Erzstiftes über die sumpfigen Altwässer des Rheines nach dessen östlicher, sich scharf abhebenden Uferlinie, dem Muspat, heute noch Mauspfad genannt. Zum Schutze der Überführung der Straße über das vorgelagerte Sumpfgelände diente der Herrensitz Brugge, Brück, im heutigen gleichnamigen Dorfe.

(Muspat von Mut=Befestigung. Schon in vorgeschichtlicher Zeit verband er die dortigen Ansiedlungen der Ureinwohner, wie die im Bonner Provinzialmuseum und im Cölner Bayenturm geborgenen Gräberfunde lehren.)

2) Gustav Freytag, Bilder aus der deutschen Vergangenheit. Leipzig, Verlag von Hirzel. Band I Seite 302.

„Das Herrenhaus eines fränkischen Landgutes war der Saal, ein stattlicher Holzbau, zu dessen Türe wohl auch Stufen hinaufleiteten. Durch die Türe trat man in den großen Raum, in dem der Beschauer auf die Balken der Wände und die Sparren des Daches sah und auf den Herd, dessen Rauch durch eine Öffnung der Decke zog. An den Seiten waren Verschläge und geschlossene Räume; saßen die dienenden Frauen nicht in gesonderter Wohnung, so arbeiteten sie getrennt in zweien dieser Räume, von denen der eine bessere Ehre hatte. Neben dem Hause lagen Scheuern, Ställe und Schuppen. Der Hofraum des deutschen Landwirts aber war mit Zaun oder Mauer umfriedet, am Tor die Hütte des Hofhundes; das Hoftor wurde in der Nacht verschlossen, indem man hölzerne Keile einhämmerte. In der Mitte des Hofes war die Dungstätte, Rosse und Rinder wurden bei Nacht in den Hof getrieben zum Schutz gegen räuberischen Überfall. An dem Hofe lag häufig der Obstgarten mit Äpfeln, Birnen, Pflaumen, Kirschen. Die Mönche hatten Pfropfreiser aus dem Süden herzugetragen, man wußte mit der Veredlung Bescheid; wer Pfropfreiser abbrach oder die Baumpflanzung beschädigte, zahlte hohe Strafe. Der Sauhirt mit einem Knaben war der wildeste Genosse des Hofes, denn er hauste unter seiner Herde, die er durch Hund und Horn bändigte, während langer Sommerzeit im Eichen- und Buchenwald; dort baute er seiner Herde eine Baracke aus Baumrinde zum Schutz gegen Unwetter, und er und sein Hund hatten harte Kämpfe mit den Wölfen zu bestehen. Zahlreicher als jetzt flatterte in den Höfen das Geflügel, obenan in Ehre stand mit seinen Hühnern der Haushahn, der durch besonderes Wergeld geschützt war. Sorglich geschützt wurden die Bienenstöcke des Gartens, welche in verschiedenen Formen als Stämme oder Körbe eingerichtet waren; wer einen Bienenstock stahl, hatte bei den Franken dasselbe Strafgeld zu entrichten, wie für eine Kuh mit dem Kalbe. Vor dem Herrenhause sehen wir „die hohe Gestalt des helläugigen Germanen mit blondem Kraushaar, im braunen Lodenwams, das kurze Schwert an der Seite, die Axt in der Hand; neben ihm sein Weib im weißen Linnenhemd, über welches ein ärmelloser Überwurf geschlagen ist, an den Seiten offen, nur über der Schulter geschlossen; auch die Frau von mächtigen Gliedern und einer Hand, die, im Streite geballt, sicher Beulen schlug."

Blickt der Franke über die Flur, die sich um seinen Hof ausbreitet, so gleitet sein Blick mit Stolz über die Zucht seiner Rosse, die auf der Weide grasen, die Füße an Leinen gekoppelt, und über die stattlichen Rinder. Roggen-, Weizen-, Gersten- und Haferfelder, von manch buntem Ackerunkraut

6 geschmückt, breiten sich hier und da aus. Auch Flachs, Rüben, Bohnen, Erbsen und Linsen wurden gesäet. In den Niederungen, die bei den Zeiten der Schneeschmelze und bei Hochwasser des Rheines trübe Fluten daherwälzen, wächst mancherlei Gebüsch, Erlen und Weiden, und im dichten Schilf und Röhricht hat wildes Wassergeflügel seinen Aufenthalt, eine willkommene Beute für die jagdlustigen Knaben des Hofes. Wald und Gebüsch umgrenzen die Felder und verbergen die Nachbarhöfe Vingst und Rolshoven dem Blick. Doch grüßt durch eine Lichtung aus der Ferne der hohe Lüderich[1] herüber, von dessen breiter Kuppe vor noch nicht lange vergangener Zeit an manchem Götterfeste Opferfeuer emporlohten. – Aus dem nahen Cöln, auch wohl von Deutz und Mülheim dringt jetzt der Klang einzelner Glocken herüber; das Christentum hat den Dienst der alten Heidengötter verdrängt. Gewiß ist die Frankenstadt Cöln dem Besitzer des Hofes Kalk nicht fremd. Reger Verkehr herrscht dort in den engen Straßen. Alte und neue Welt handelt da in buntem Gemisch durcheinander. Manchen Sack Getreide, manches Rind und viel geräuchertes Schweinefleisch, Speck und Schinken mag wohl der Hofherr zum Cölner Markte geschickt haben, und manch blankes Gold- und Silberstück ist dafür nach Kalk gewandert und liegt wohl geborgen in den Winkeln der Truhe. — — — — — — — — — —

Von unseren Vorfahren, den heidnischen Franken, finden sich in der Nähe noch Überreste, es sind die alten Begräbnisstätten an der Idesfelder Hardt zwischen Mielenforst und Thurn, einer sandigen, hügeligen Heide, die jetzt mit Kiefern bepflanzt ist. In niedrigen Grabhügeln hat man dort weitbauchige Tongefäße gefunden, die Asche und Gebeinreste enthielten.[2] Gewöhnlich war bei einem solchen Begräbnisplatze auch eine Opferstätte. Wir dürfen wohl nicht fehlgehen, wenn wir die Stelle im Mielenforster Walde, wo ein Heiligenhäuschen am Waldwege von Thurn nach Brück steht, als eine solche den Germanen heilige Stätte annehmen.

---

1) Auch Löderich genannt, vielleicht von Lohe, Feuerflamme.
2) Im Kölner praehistorischen Museum im Bayenturm findet sich ein Schrank mit Graburnen aus der Idesfelder Hardt.

Es ist ja bekannt, daß die christlichen Glaubensboten solche
Orte, die dem Volke nach seinem heidnischen Glauben als
heilig galten, in eine den Christen verehrungswürdige Stätte
umwandelten.[1] So mag auch wohl hier der heidnische Op-
feraltar durch ein Heiligenhäuschen ersetzt worden sein, das,
vielleicht im Lauf der Jahrhunderte mehrmals erneuert, heute noch Kunde gibt von alter Zeit. Merkwürdig ist jedenfalls,
daß sich an dieses Heiligenhäuschen die alte Sage knüpft,
Geister hielten dort um Mitternacht ihre Tänze. Auch soll dort
ein „Feuermann" manchmal den Fuhrleuten, die in stiller
Nacht des Weges fuhren, gefolgt sein.[2] Alles wohl ein Nach-
klang des alten Götterglaubens, der sich an die vormals heilige Opfer- und Begräbnisstätte anschloß.

Solche altheidnischen Begräbnisplätze finden sich ferner bei dem Gute Leidenhausen im Königsforst bei Urbach,
dann im Scheuerbusche bei Wahn, ferner am Ravensberge
bei Troisdorf. Das Cölner prähistorische Museum enthält
Grabgefäße mit Beigaben von all diesen Stätten, ferner einen
„Einbaum", einen aus einem ausgehöhlten Baumstamme
gefertigten Kahn, der im Jahre 1857 in einem Sumpfe zu Lind
bei Wahn, im alten Rheinbette, gefunden wurde.

Die mehrfach genannten Graburnen sind aller Wahr-
scheinlichkeit nach zum großen Teil im nahen Paffrath verfertigt worden. Nach Zuccalmaglio fand man ganz in der Nähe
der Paffrather Kirche Spuren uralter Töpfereien. Die Erdart,
schwarzer Ton [Klei], aus der jene Gefäße gestaltet sind, ist
dort noch in Menge vorhanden, und ganze Hügel von Topf-
scherben hat man dort gefunden, welche die Gestalt jener
Urnen nicht verkennen lassen.

Wenn wir uns in vorstehendem in die graue Vorzeit versetzt haben, aus der nur wenige sichere Nachrichten in unsere

---

1) So schreibt Papst Gregor I. an Abt Augustin: „Die Götzentempel dürfen
durchaus nicht zerstört werden; man weihe vielmehr Wasser, besprenge damit den
Tempel, errichte Altäre und bringe Reliquien dahin. Wenn das Volk die Tempel nicht
zerstört sieht, entsagt es dem Irrtum von Herzen, und in der Erkenntnis und Verehrung des wahren Gottes kommt es an dem gewohnten Orte lieber zusammen."

2) Sagen, die mir von meinem Vater, der aus Berg.-Gladbach gebürtig war,
erzählt wurden.

8   re Zeit hinüberklingen, manche auch wie verwitterte, mit
Moos und Flechten überzogene Denksteine herübergrüßen,
so wollen wir uns nun der durch Urkunden bestätigten Geschichte unseres Ortes zuwenden.

II. Kapitel.

Die Kalker Höfe vom Jahre 1003 an.

Einem Auftrage des Kaisers Otto III. entsprechend hatte Erzbischof Heribertus von Köln in dem ehemaligen Kastell Deutz, Tuitium[1], ein Kloster gebaut. In dasselbe berief
er B e n e d i k t i n e r m ö n c h e und verlieh dem Kloster
am Tage seiner Gründung, am 1. April 1003, die bereits bestehende Pfarrkirche von Deutz und die zu dieser gehörigen
Z e h n t e n aus den Höfen Deutz, K a l k, Vingst, Poll,

---

1) Deutz ist aus einem römischen Kastell erwachsen, von dem Reste
noch heute in der Erde stecken, weshalb wir auch noch seine genaue Ausdehnung kennen. Selbst der Geburtsschein ist, allerdings schlecht leserlich, erhalten geblieben in einem Stein, den der Abt Rupertus der Deutzer Abtei 1128
unter ihren Trümmern gefunden hat. Demnach ist das Kastell unter Konstantin
(† 337) angelegt worden. Wahrscheinlich ist, daß dies gleichzeitig mit dem
Bau der Brücke geschah, die derselbe Kaiser nach Angabe einer 310 auf ihn
gehaltenen Lobrede hier gebaut hat.

Ziemlich genau der Mitte der Ostfront des römischen Kölns gegenüber
lag das Kastell, das im Mittelalter Castrum Divitensium genannt wird und das
ziemlich genau ein Quadrat von 152 bezw. 154 Meter Seitenlänge bildete. Sein
südwestlicher Eckturm lag, wie 1879 durch Ausgrabungen festgestellt wurde,
gegenüber der jetzigen Inselstraße, 35 Meter unterhalb der Schiffbrücke im heutigen Rheinbett. Durch die mit 14 runden Türmen und 2 zweitürmigen Toren
ausgestattete Kastellanlage, in der gemäß mehreren aufgefundenen römischen
Inschriften ein Altar gestanden hat, kam von Osten eine Straße, die über die
erwähnte Brücke nach Cöln führte, und der Zweck der Anlage war die Bewachung dieser mit Steinen beschwerten Bockbrücke. Über die späteren Schicksale dieser Brücke, deren Fertigstellung nicht einmal nachgewiesen werden kann,
fehlt jede Nachricht. Im Jahre 869 scheint sie nicht mehr brauchbar gewesen zu
sein, wogegen eine Nachricht aus dem 12. Jahrhundert berichtet, daß Erz-

Westhoven und Rolshoven.[1] Dieser Besitzstand wurde der Benediktinerabtei Deutz im Jahre 1019 am 3. Mai, dem Tage der feierlichen Weihe der Abteikirche, nochmals durch eine Urkunde garantiert.[2] Unter dem 11. Mai 1161 bestätigte Papst Viktor VI. dem Kloster Deutz die obengenannten Besitzungen.[3]

Das Recht zur Verleihung der erwähnten Zehnten stand dem Erzbischof zu als Herr des im Deutzer Kastell gelegenen Herrenhofes; zu diesem Herrenhofe gehörten unter anderem die oben genannten villae, d.h. Hof- oder Dorfgemeinden. Die auf diesen Höfen wohnenden „Hausleute" waren zu Zins und zu Dienstleistungen verpflichtet, und eben diesen Zins hatte der Erzbischof an die Abtei Deutz verliehen. Wir müssen uns also die Hofgemeinde Kalk als einen oder mehrere Höfe denken, deren Bewohner Ackerbau trieben und den Zehnten ihres Bodenertrages nun an die Abtei Deutz ablieferten, wie sie ihn bisheran ihrem Herrn in den Herrenhof geliefert hatten.

Um uns den Wert und die B e d e u t u n g d e r G r ü n d u n g d e r A b t e i D e u t z für diese Stadt und die Umgebung derselben klar zu machen, ist es wohl von Nutzen, einige Stellen aus dem Werke Gustav Freytags über die mittelalterlichen Klöster hier einzufügen, da dieselben auch auf die Deutzer Benediktinerabtei Anwendung finden:

„Das Kloster war eine kleine Stadt, Mittelpunkt die Kirche; an diese lehnten sich, durch besondere Umfriedung eingehegt, die Gebäude der Clausur, Schlaf- und Vorratsräume der Brüder, ihre Bibliothek, ihr Arbeitshaus, die innere Schule, der ansehnliche Speise- und Beratungsraum

---

bischof Bruno (955-65) sie habe niederlegen lassen. Auch über die ferneren Schicksale des Deutzer Kastells im Altertum ist nichts bekannt, doch erhielt es sich als starke Feste bis in das Mittelalter. Der Ort erscheint im 8. und 9. Jahrhundert als Divicia, Diutia, Diucia castrum u. a. (Kölner Lokal-Anzeiger.)

Im historischen Museum im Hahnentor zu Cöln finden sich viele Abbildungen der alten Stadt Deutz (Duitz).

1) Ecclesiam vero quae est in Tuitio, tradidi ad idem monasterium cum tota decimatione, et haec sunt villae quae illuc pertinent: Tuitium, Kalka, Vinzhem, Polla, Westhoven, Roleshoven. [Lacomblet. Urkundenbuch I. 136.]

2) Lacomblet I. 153. Kalk geschrieben Kalca, Vingst Vinze.

3) Urkunde im Königlichen Staatsarchiv Düsseldorf.

mit Kreuzgang. Außerhalb der Clausur aber lag eine ganze Welt von ver-
schiedenartiger Tätigkeit eng zusammengeschachtelt in niedrigen Gebäuden, welche oft nach antiker Weise kleine Hofräume umschlossen. Dort
war die stattliche Abtswohnung als Palast mit eigener Wirtschaft und Küche, dann die Außenschule, Gasthäuser für reisende Brüder, für vorneh-
me und für gewöhnliche Leute, ferner Krankenhäuser, dabei die Wohnung und Apotheke des Bruder Arztes. Dann die Werkstätten der Handwerker und Künstler, der Goldschmiede, Schwertfeger, Sattler usw., sämtlich kleine Arbeitsräume mit Schlafzellen daneben. Endlich die Gebäude
einer großen Landwirtschaft: Viehställe, Knechtwohnungen, Scheuern,
Brauerei, Vorratsräume, Hühner- und Geflügelhöfe und Gärten für Blumen und Arzneikräuter und für Gemüse, als die gewöhnliche Kost der
Mönche, zuletzt der Kirchhof als Obstgarten.[1] Die Gebäude und einzelnen Anlagen waren durch kleine Gassen und Stege, durch Hecken oder
Mauern geschieden; dieser ganze Wabenbau der geistlichen Bienen nach
außen eine viereckige, abgeschlossene Anlage, mit Pfahlwerk und Graben, später auch mit Mauern und Türmen kastellartig verschanzt. — — —
    Nächst den Meiereien des Königs waren die Klöstergüter damals
am sorgfältigsten bewirtschaftet; in den Gärten der Mönche hat die deutsche Sonne zuerst den Pfirsichen und Aprikosen rote Bäckchen gemalt,
die weiße Lilie und die volle Rose der Römer wurden hier zuerst bewun-
dert und in den lateinischen Versen zum Schmuck himmlischer Schönheit verwandt. Maler und Baukünstler erlangten am leichtesten als Mönche Ruf, sie wurden zur Ausübung ihrer Kunst auch aus dem Kloster versendet und arbeiteten bei Bischöfen und in Fürstenhäusern zu Ehren ihres Heiligen.
    Die segensreichste Tätigkeit der Benediktiner aber war die Einrich-
tung von Klosterschulen. Die Schule war stets eine zwiefache, eine innere und eine äußere. In der äußeren wurden die Söhne der Edlen und Frei-
en aus der Umgegend in einer Pension unter strenger Zucht gehalten, die
Schüler der inneren trugen die dunkle Mönchskutte und lebten in der
Clausur und unter dem Zwange der Klosterregel. Der weltliche Unterricht
war Lesen, Schreiben, Rechnen, vor allem Latein. Außer den sieben „frei-

---

1) Laut alten Akten hat das Deutzer Kloster auch wie die alten Klöster
in Cöln große Weinberge bezw. Weingärten gehabt. Doch mag der hier gezo-
gene Wein in manchen Jahren recht sauer gewesen sein, was aus einer Mah-
nung des Abbas an die Brüder hervorgeht, sie sollten den Wein trinken, wie
ihn unser Herrgott wachsen ließ, ohne Murren — sine murmuratione.
    Nach der Familientradition der Familie Spengler ist das von ihnen be-
wohnte Haus ursprünglich ein Kelterhaus gewesen.

en Künsten" Grammatik, Rhetorik, Dialektik, Arithmetik, Musik, Geometrie und Astronomie wurde noch manches Andere gelehrt, das aus unseren Schulen entschwunden ist. Die Schüler lernten durch schnelles Zusammenlegen und Beugen der Finger Buchstaben, Worte und Zahlen in Zeichen ausdrücken. Als Verstandesübungen waren Rechenaufgaben und Rätselfragen beliebt, welche noch heute unser Volk unterhalten. – Zu den Pflichten der Benediktiner gehörte das Abschreiben alter Handschriften, und wir haben Ursache, mit innigem Dank auf diese emsige Tätigkeit zu blicken, denn ihr verdanken wir fast unsere gesamte Kunde des Altertums.[1]

Der Benediktinerabtei Deutz[2] waren also die Bewohner der Kalker Höfe zehntpflichtig. Wir dürfen annehmen, daß diese Zehntpflicht keine allzudrückende war[3] und daß die Kalker „Hausleute" bei den Deutzer Benediktinern in leiblichen und geistigen Anliegen Rat und Hilfe fanden, wurde doch auch die Seelsorge von den guten Vätern geübt; und oft genug mag auch der Bruder Arzt den Weg nach den Kalker Höfen wie zu den anderen dem Deutzer Kloster pflichtigen Höfen der Umgegend gemacht haben.

In späterer Zeit erwarb auch das S t i f t v o n S t . S e v e r i n i n C ö l n Besitzungen in Kalk. So steht in den Urkunden des Pfarrarchivs von St. Severin, daß am 13. Dezember 1298 der Chorbischof Winricus von Troisdorf auf Lebzeit 50 Morgen Ackerland bei Kalk pachtete für 9 Malter Roggen jährlicher Lieferung an das genannte Stift, und in denselben Urkunden heißt es im Jahre 1330: Das Stift St. Severin gibt den Eheleuten Heinrich und Sophie Körngin in Kalk 50 Morgen Ackerland in Erbpacht, — wahrscheinlich dieselben Äcker, die bis zu seinem Tode Winricus von Troisdorf in Besitz hatte. Bei den Eheleuten Körngin vererbte sich laut Urkunde Pacht und jährliche Abgabe vom Vater auf den Sohn, ein Verhältnis, das den Pächter wohl veranlaßte, dem Pachtgute alle Sorge und Verbesserung zu teil werden

---

1) Aus Gustav Freytag, Bilder aus der Deutschen Vergangenheit. Band I. S. 360-362.

2) „Überall, wohin ich komme, finde ich die Spuren der Benediktiner." Worte Kaiser Wilhelms II.

3) Sagte doch ein altes Sprichwort: „Unter dem Krummstab ist gut leben."

zu lassen, das mithin auch dem Grundherrn Vorteil brachte. Eine Urkunde vom Jahre 1394 besagt, daß Godhart vom Hirze und Johann Quatermat aus der Straßburgergasse zu Cöln als Testamentsvollstrecker des verstorbenen Johann vom Hirze dessen Hof zu Kalk an das Stift St. Severin verkaufen. 1395 kaufte das Stift St. Severin den Kapitelshof in Kalk, mithin hatte das Stift nun einen großen Teil des Grundbesitzes von Kalk in Händen. Diesen Besitz legte es zu mehreren Hofgütern zusammen und vergab dann diese als Lehen. Um etwaige Streitigkeiten zwischen den Gutsherren und den Gutsleuten zu schlichten, auch zur Bestrafung kleinerer Vergehen, wurde ein H o f - u n d L e h n s g e r i c h t eingesetzt. Das Düsseldorfer Staatsarchiv besitzt Urkunden aus den Jahren 1529 und 1530 über die Tätigkeit dieses Gerichtes, und im Cölner Stadtarchiv befindet sich noch ein Protokollbuch desselben. Es enthält die Protokolle vom 26. Juni 1614 bis 16. Juni 1783 und hat die Aufschrift: „ Protokollum eins mit der Ordnung und Weisthumben[1) der Hoff- und Lehngerechtigkeit zu Kalke, einem ehrwürdigen Kapitull ad S. Severinum in Cöln zuständigk, wie die bis auf gegenwärdigen Zeit tausendtsexhundert und vierzehnten Jahres ipsis antiquis libris documentis et juratis, attestantibus herbracht und gehalten worden und durch mich Johann Steinmann Churfürstlichen Landtgerichts zu Tuitz auch hoffgedings zu Kalke Schultheißzen, bei Churfüstlich Cölnischer Cantzley approbierten und zu Kalke angenommenen Notarium also beschrieben sein".[2)

In diesem Protokollbuch ist jedoch nur mehr von einem Hof, dem „Stiftshof" die Rede. Dieser Hof, dem St. Severins-

1) Weisthum, im Mittelalter jede urkundliche, von Gemeinden- oder Schöffenkollegien gegebene Erklärung über bestehendes Recht, namentlich an einzelnen Orten. [Meyers Konversation-Lex.]

2) Auch nach dem Jahre 1783 hat das genannte Gericht noch bestanden, so wird es noch im Jahre 1806 bei der Allodifikation des Heß- oder Judenhofes in Vingst erwähnt.

Als 1803 das Severinsstift säkularisiert wurde, beanspruchte der ehemalige Stiftsherr Heinrich Richartz vom genannten Stift auf Grund des Kalker Besitztums eine Pension, die ihm aber verweigert wurde. [Die Verhandlungen hierüber finden sich in den Deutzer Akten des Cölner Stadtarchivs.] Dr. Schwamborn.

stift in Cöln gehörig, umfaßte nach dem alten Hofweistum 60 Morgen Ackerland, welche entweder ganz oder geteilt in Pacht gegeben werden konnten. Ein ganzes „Lehen" betrug 30 Morgen, doch war eine Teilung desselben in Stücke von mehr als 7 ½ Morgen zulässig. Die jährliche Pacht, ein Schilling pro Morgen, war zu Remigiustag, 1. Oktober, zahlbar; daneben erhielt der „Kämmerer" 1 Sümmer Korn, 1 Malter Hafer, 13 ½ Schilling, 3 Hühner und 15 Eier. Eine merkwürdige, auf jedem „Lehen" lastende Abgabe war die „Kürmut",[1] eine uralte Gerechtsame, wonach beim Tode des Pächters bezw. seiner Ehegattin das beste Stück Vieh dem Grundherrn zufiel. Nur in vereinzelten Fällen hatte der Stall die Vorkur, d.h. der Grundherr erhielt das zweitbeste Stück. Für jedes Voll-Lehen, das also 30 Morgen betrug, wurde ein Pferd als Kürmut resp. der entsprechende Geldwert entrichtet[2]. Der Kalker Hof war demnach eine „Pferde-Kürmut". Die Auswahl des Tieres geschah von dem geschworenen Hofgerichtskollegium, das sich aus den Vertretern (Geschworenen) der einzelnen Lehen zusammensetzte.

Das Hofgericht war zuständig für alle, die niedere Gerichtsbarkeit betreffenden Rechtsfragen, wie Flurschäden, Streitigkeiten der Hofsassen untereinander etc. Dreimal im Jahre, nämlich Donnerstag nach Dreikönigen, Donnerstag nach Quasi modo geniti und Donnerstag nach Johannis Baptist, trat das Hofgericht unter dem Vorsitz seines Schultheißen zu den „ungebetenen Gedingen" oder Gerichtssitzungen zusammen. Den Verlauf eines solchen „Gedinges" schildert uns das alte Hofweistum folgendermaßen: Der Schultheiß spricht zu dem ältesten Geschworenen: „N. N. Ich stelle an Euch, ob es heut der rechte Tag sei zu dingen?" Antwortet der Geschworene dann: „Ich weise ja", so spricht der Schultheiß zum zweiten Geschworenen: „Ich setze an Euch „wahr" man das Gericht „bestaen" solle". Erwidert der Geschworene: „An einen Herrn, an den Schultheißen und an die Geschworenen", so fährt der Schultheiß fort: „So der eine weist und der andere folgt, als tuen Bann und Frieden von wegen meines

---

1) von küren d. i. wählen.
2) Für ein Teillehen der entsprechende Teilbetrag.

gnädigsten Churfürsten und Herrn zu Cöln und des ganzen
Kapitels von St. Severin. Ich stelle es an Euch (zu einem Geschworenen gewandt), daß Ihr aufstehet und saget bei Eurem
Eid, ob jemand weiß, daß etwas verpflissen oder verrissen sei,
das seid Ihr schuldig bei Eurem Eid beizubringen." Nachdem
die Geschworenen sodann die Klagen vorgebracht haben, erfolgt die Bestrafung der Vergehen mit Geld, körperlicher Züch-
tigung oder öffentlicher Ausstellung an den Pranger.

Beim Tode des Pächters sollten die Hinterbliebenen laut
Weistum binnen 30 Tagen mit zwei Geschworenen vor dem
Stiftskapitel erscheinen und allda das Lehen präsentieren. Den
Geschworenen sind für ihre Bemühungen 12 Albus und eine
Flasche Wein zugedacht. Alsdann sollen die „Parteien" den
nächsten „dienstlichen" Tag vor dem Gericht in Kalk die
„Pfennige" erlegen, nämlich dem Schultheißen einen Gold-
gulden, dem Schreiber eine Flasche und den Schöffen einen
Eimer Wein.[1)]

Über die G e w e r b e t ä t i g k e i t und die Verteilung des
Besitzes im alten Kalk im einzelnen berichten die Urkunden nur
weniges. Eine Gewerbetätigkeit scheint jedoch nicht ganz ausge-
schlossen gewesen zu sein. Es geht dies aus alten Aufzeichnungen aus dem Jahre 1622 hervor, die Petrus Joachim, „consul pro
tempore et magister scabinorum (Schöffen) in Tuito" hinterlas-
sen hat. Er schreibt:

„Die vihr auswendige Dorfer als Poll, Rolshoven, Vinz und Grembrich,
auch Kalke, impfal dar einige Handwerksleut einziehen, wonen, als schmitt,
assenmecher, hamecher, lineweber und waz deren mehren so handwerker
triben, unsere inwohner und burgern schaden ahn ihrem Verdienst und
nahrung nemen, dieselb sollen ersten zu Deutz ahn ihrer Obrigkeit urlaub
heischen, ire person qualeficieren und dan mit dem Burgemeister umb
jargelt accordiren, wilchs dem Burgemeister ufflicht zu entfangen und nach
umbgank seines gedinten jars furm gericht und 4 burgern uffm burgerhaus
zu berechnen."

Viel größeren Schaden aber als die wenigen Handwerker
zu Poll, Rolshoven, Vingst, Gremberg und Kalk den Deutzer
Bürgern und Gewerbetreibenden verursachen konnten,

---

1) Dieser Auszug aus dem „Protokollum" von 1614 wurde mir von Herrn
Lehrer Simons aus Cöln-Poll zur Verfügung gestellt.

16 brachte der d r e i ß i g j ä h r i g e   K r i e g , der auch unserer Gegend die schwersten Heimsuchungen bereitete. Hören wir hierüber einen Mönch der Deutzer Abtei, Pater Rupertus Hollwegh[1]:

„Alte Leuth wissen noch jämmerlich von dem Schwedischen Krieg zu erzählen, man findet auch in den Geschichten, was massen Gustavus Adolphus, König in Schweden, als ein anderer Attila, in das Römische Reich eingefallen und gantz Teutschland viele Jahren lang mit erbärmlicher Verwüstung an Stätten, Flecken, Klöstern und Kirchen, mit brennen, sengen und plündern, mit Räubereyen und Todtschlagen in das grösste Leid gesetzt habe.

Im Jahre 1632, bald zu selbiger Zeit, da dieser König bei Lützen in Meissen in einer Schlacht todt blieb, thäte der Schwedische General Bandis den 20. Dezembris, auff St. Thomae-Abend einen Einfall in Deutz, raubte und plünderte den Flecken auß, überfiele auch die Abtey in Meynung, die Geistliche zu fangen, welche sich aber in Eyl in einen hohen Thurm salvierten, und zogen die Brück, worüber sie waren eingangen zu sich in den Thurm. Es kam aber der Wohl-Ehrwürdiger Herr Everhardus Bleckmann, nachmaliger Pastor zu Deutz, etwan zu spät, und als die Schweden hinter ihm her waren und er in den Thurm springen wollte, falliert ihm der Sprung, fiel herunter und brach beyde Bein. Es geschah aber bald ein größeres Unglück. Als die Köllnische vom Bollwerck vermerckten, daß Leuth im Thurm waren, richteten sie das grobe Geschütz darauff in Meynung es seyen Schweden, wurden aber mit grossem Glück avisiert, daß es die Geistliche von der Abtey waren. Unterdessen wurde das Gottes-Hauß von oben bis unten außgeplündert, sie trugen den Weyn in das Refektorium, erfülleten damit große Waschbüden, da soffe wer nur ein Maul hatte. Es währete aber dieses Baudische Wesen nicht lang, es canonirten die Köllnische stark auff ihn, wurden auch die Bürger, Soldaten und Handwercks-Leuth durch Trommelschlag in der Nacht versamblet, fuhren auf St. Thomae Tag am frühen Morgen mit vielen Schiffen über und trieben die Schweden auß der Abtei und auß Deutz. Am folgenden Tag, welcher war der 22. Dezembris, lagen die Köllnische Wachtschützen auf dem Kirch-Hoff, worffen, (weiß nicht auß was Ursach) Fewer in die Pfarr-Kirch,[2] dieses fiel in den Pulver, welchen die Schweden dorten hinterlas-

1) Aus Pater Rup. Hollweghs Historie der Schmertzhaffter Mutter Mariae zu Kalk. 3. Kapitel [geschrieben 1715].

2) Nach anderen Berichten soll dies von Schweden geschehen sein; so heißt es in einer Abhandlung des Kölner Lokalanzeigers vom 14. Dezember 1907 über die Deutzer Befestigung: Die wiederholten Einsprüche des Kölner

sen hatten, sprengte also die Kirch und flogen in die Lufft. Als die Schweden solchergestalt auß Deutz gewichen, so währete das Rauben und Plündern auff dem Land dergestalt, daß die arme Haußleuth Hauß und Hof mußten verlassen und flüchtig werden, das Land bliebe ungebawet ligen, auff den Feldern wuchsen Disteln und Quecken und das Graß in den Höfen, konnte also auch unsere Abtey vor ihre umbliegende Güter viele Jahren keine Ackersleuth haben, mußte dahero selbige durch ihre Bediente selbst bawen lassen, sobald man aber von fern einen Soldaten sahe kommen, spannte man in der Eyl ab und wurde flüchtig."

Aus diesem Bericht Hollweghs ersehen wir, wie elend es den armen Ackersleuten in der Umgebung von Deutz erging. Wie oft mögen die Geflohenen bei ihrer Rückkehr nur eine rauchende Brandstätte gefunden haben! Doch sie bauten ihr Häuschen wieder notdürftig auf, - um bei einem späteren Überfall wiederum dasselbe Schicksal zu erleiden. Da auch unsere Nachbarstadt Mülheim während des großen Krieges furchtbar litt[1], so ist leicht zu ermessen, wie oft die einsam und schutzlos liegenden Kalker Höfe eine Beute der fremden Krieger wurden.

Endlich, im Jahre 1648, machte der Friede zu Münster und Osnabrück dem dreißigjährigen Kriege ein Ende. Ganz Deutschland war auf das entsetzlichste verwüstet, fast zwei Drittel aller Bewohner hatte der Krieg hinweggerafft; ganze Dörfer waren verschwunden. Und nachdem der Krieg zu Ende war, wütete die Pest lange Jahre in Cöln und Deutz, jedenfalls hat sie auch in der näheren Umgebung dieser Städte

---

Rats verhinderten im 17. Jahrhundert wieder eine neue Befestigung, bis die Stadt Cöln im 30 jährigen Kriege zu ihrer eigenen Sicherheit 1632 selbst auf Errichtung von Bollwerken drängte. Aber bevor noch die Fortifikation vollendet war, gelang es den Truppen des schwedischen Generals Baudissin, Deutz zu überrumpeln. Die Besatzung konnte sich nur noch in die Kirche retten. Von kölnischen Soldaten fortgesetzt bedrängt, mußten sich die Schweden nach Mülheim zurückziehen. Einige Nachzügler blieben dabei als Gefangene in den Händen der Sieger zurück. Man sperrte sie in die Abteikirche, und einer von ihnen warf in die hier aufgestellten Pulverfässer Feuer, wodurch die Kirche und mehrere Häuser in die Luft gesprengt wurden.

1) In der Nähe von Holweide gibt jetzt noch ein Feldweg – Piccolominiweg genannt – Kunde von dem Lager dieses Feldherrn Wallensteins.

ihre Opfer gefordert. In diese Zeit fällt die Errichtung der Kapelle, 1666.[1]

Eine Vergrößerung des Ortes fand jedoch noch nicht statt. Nach der „Landesdeskription von Kurköln durch den Generaleinnehmer H. v. Strewesdorf" vom Jahre 1669 bestand Kalk aus drei Bauernhäusern und hatte 12 Albus an Abgaben zu entrichten.[2]

Im Jahre 1760 verlangt Erzbischof Clemens August von Cöln eine genaue Angabe sämtlicher Höfe im Amte Deutz. Der eingesandte, auf dem Cölner Stadtarchiv bei den Deutzer Akten liegende Bericht gibt für Kalk folgendes an:

„Gräfliche, adelige oder Rittersitze: keine; geistliche Höff:1, Besitzer Capitulum S. Severini; item 1 Hoff gehorendt an Hackenbroch zu Cöllen; gemeine Bauren-Häußer: 5; Besitzer: Christian Unckel,[3] besitzer von 3 Häuser, Doktor Nuß, Neuhöffers Erben."

Neue Heimsuchungen sollten bald die Höfe zu Kalk treffen. Bei der furchtbaren R h e i n ü b e r s c h w e m m u n g am 27. Februar 1784, als Eisgang 1784 bekannt, der ganze Stadtteile in Cöln und Mülheim zerstörte, wurde der Damm zwischen Westhoven und Poll durchbrochen, und gewaltige Fluten füllten die Niederungen des alten Rheinbettes beim Gremberg und Kalk. Nach mündlicher Überlieferung in der Familie Spengler stand das Wasser in ihrem Hause „bis ans zweite Ofentürchen", und doch lag dieses Haus in der Höhe der jetzigen St. Josephskirche.

Wieder neue und noch größere Drangsale brachte d i e F r a n z o s e n z e i t .

Am 6. Oktober 1794 waren die Franzosen in Cöln eingezogen, während der österreichische Oberbefehlshaber General Clersayt auf die rechte Rheinseite zurückging. Er traf die umfassendsten Anstalten, um diese zu verteidigen; an den zum Übergang geeigneten Punkten ließ er Verschanzungen bauen und Geschütze aufstellen. Sein Hauptquartier war

---

1) Vergl. III. Kapitel.
2) Albus oder Weißpfennig = 8 preußische Pfennig.
3) An der Ecke der Mülheimer- und Wipperfürtherstraße steht jetzt noch ein steinernes Kreuz mit der Aufschrift: 1757. Christian Unckel und Sibilla Kneffels.

in Mülheim, und von Ehrenbreitstein bis Kaiserswerth war das ganze rechte Rheinufer von den Kaiserlichen besetzt, die hier in den Winterquartieren lagen. Im folgenden Jahre, 1795, erzwangen die Franzosen in der Nacht vom 5. bis zum 6. September doch den Rheinübergang und nötigten die Kaiserlichen zum Rückzug. Den rechten Flügel des etwa 40 000 Mann starken französischen Heeres befehligte Championnet, den linken Lefebvre, den Oberbefehl führte Kleber. Nun ergossen sich die republikanischen Scharen über das bergische Land, welches in zwei Jahren sieben Hin- und Herzüge derselben zu erdulden hatte. Die unheilvollste Zeit jener Kriegsjahre war für die Rheinebene zwischen Wupper und Agger wohl das Jahr 1796. Damals lagerte das französische Heer, welches von Erzherzog Karl über Lahn und Sieg zurückgetrieben worden war, fast drei Monate, vom 22. September bis zum 14. Dezember, bei Mülheim a. Rhein.

„Beispiellos sind", schreibt Zuccalmaglio (Die Helden der Republik etc. S. 161) „die Roheiten und Mißhandlungen, welche die Landbewohner durch das gemeine Kriegsvolk erlitten. Im weiten Umkreise um das Lager waren alle Wohnungen verlassen, und die Äcker lagen wüst und unbebaut; denn die Bewohner hielten sich die ganze Zeit hindurch bis in den Winter hinein draußen in den Bergwäldern auf. Wie sehr die Dörfer in der Umgegend des Lagers ausgeplündert wurden und wie hoch sich die Verluste der Landleute beliefen, ist aus den amtlichen Feststellungen zu ersehen, welche die Landesregierung nach dem Kriege zur gleichmäßigen Tragung der Kosten befohlen hatte. So betrug – um nur einige aufzuführen – der Verlust des Halbwinners Johann Marx zu Leidenhausen [bei Urbach], der 220 Morgen beackerte, an Geld, Früchten, Vieh und Hausrat 12375 Reichstaler; Johann Clever auf dem Frohnhof zu Merheim [bei Kalk] verlor durch die Plünderungen während der Lagerzeit 18373 Reichstaler. Ackersleute, die bloß 20 Morgen bebauten, hatten mindestens einen Schaden von 800 bis 1000 Reichstaler. Der Pächter zu Herl, Joseph Tinner, verlor 18 Kühe und 2 Pferde durch den Raub. Heinrich Rolshoven zu Schönrath verlor 3 Pferde und 22 Kühe; der K n e v e l s h a l f e n z u K a l k, Gottfried Scheben, 7 Kühe und 2 Pferde. Und alles dies sind blos diejenigen Verluste, welche die genannten Ackersleute durch die Plünderungen während der Lagerzeit getroffen hatten, nachdem die ganze Gegend vom 10. September 1795 an schon mehrmals mit großer Umsicht und Gründlichkeit durchplündert worden war. Nach dem Abzug des Lagers hatte das Land durch seine Erpressungen und Verwüstungen mehrere Millionen eingebüßt. Die nähere Umgebung des Lagers war zur Wüste geworden, und viele zurückkehrende Einwohner fanden an Stelle ihrer Häuser nur Schutthaufen und Brandstätten."

Die Räubereien, Gewalttätigkeiten und Ausschweifungen, welche die Franzosen hier verübten, gaben der schlimmsten Zeit des dreißigjährigen Krieges nichts nach und die Schrecken, der Plünderung und Verheerung blieben, wie wir gehört, auch den Bewohnern der Kalker Höfe nicht erspart; selbst die Kapelle, aus der das Gnadenbild nach Deutz gebracht worden war, wurde nicht verschont.[1] Es ist gewiß, daß die Kriegsfurie auch einige der früher verzeichneten Häuser dem Untergang geweiht hat. Spengler schreibt in seinen Aufzeichnungen: „Die österreichische oder kaiserliche Armee hatte hier ihr Feldlager aufgeschlagen, in der Kapelle hatten sie ihr Mehl aufgespeichert. Wie nun die Franzosen herüberkamen, jagten sie hinter den Österreichern her auf Frankfurt zu. Kalk ist von den Franzosen siebenmal geplündert worden, meistens waren das Nachzügler der Truppen. Wo jetzt unser Haus steht, wurde fast alles in Brand gesteckt. Auch der Broicherhof ist vollständig abgebrannt. Unsere Großeltern mußten die Scheune zum Wohnhaus einrichten."

Daß um 1800 weniger Häuser in Kalk waren als 1760, sehen wir auch aus dem geographischen Lexikon von Alfter,[2] worin im Jahre 1800 berichtet wird:

„Kalck im Amte Deutz gelegenes Dorf bestehend in 2 Höffen und 4 Häußern einschließlich des Wirtshauß zum Dollen Anschlag. Zu der daselbst befindlichen Kapelle geschehen viele Wallfahrten wegen des darin aufbewahrten wundertätigen Marienbildes."

Das Wirtshaus, das hier zum erstenmal genannt ist und an der Chaussee [Hauptstr.][3] lag, scheint also in den letzten Jahren vorher erbaut worden zu sein.

---

1) Vergl. Geschichte der Kapelle, III.Kapitel.

2) Alfter war Vikar am Andreasstift in Cöln, bekannt als fleißiger Sammler; er starb 1808 im Alter von 80 Jahren. (Höfer.)

3) Das an derselben Stelle liegende Wirtshaus, Ecke Mittelstraße und Hauptstraße hat den Namen „Zum Anschlag" beibehalten.

Nach den Deutzer Akten des Cölner Stadtarchivs wohnten im Jahre 1809 in Kalk die Familien Engels, Josten, Hecker[1] und die Erben Herfeld.

Bei der S ä k u l a r i s a t i o n 1803, als auch das Severinsstift säkularisiert wurde, gingen die „geistlichen Höff" und ihre Ländereien in privaten Besitz über. Die Höfe hießen damals der Kneffelshof[2] und der Broicherhof. Beide Höfe grenzten aneinander und lagen ungefähr dort, wo jetzt die St. Josephskirche steht, ihre Nebengebäude nahmen einen weiten Raum ein. D e r B r o i c h e r h o f wurde erst im Jahre 1899 niedergelegt; er war zuletzt vom jetzigen Rentner und Stadtverordneten Jak. Bendheuer bewohnt, der ihn von dem Besitzer Trimborn in Cöln gepachtet hatte. Der Hof bildete nach altfränkischer Bauart ein großes Viereck. Das ausgedehnte, zweistöckige Wohnhaus mit dicken Mauern und tiefen Fensternischen lag mit seiner Schauseite nach der jetzigen Hochstraße hin, von hier aus war auch der Zugang zum Hause, vor dem sich ein ausgedehnter Gemüsegarten herzog. Der Hofraum, der hinter dem Hause lag, war an den anderen drei Seiten von Ställen und Scheunen umschlossen. Die jetzige Höfestrasse führte, von der Mülhcimerstraße aus ansteigend, gerade durch ein hohes, überwölbtes Tor in den Hof, auf dessen großer Düngerstätte Scharen von Geflügel sich tummelten.[3]

D e r K n e f f e l s h o f lag zwischen der jetzigen Höfe- und Hochstraße und reichte bis zur Mülheimerstraße, er lag also westlich vom Broicherhof. 1845 kam die Familie Neuß nach Kalk und bezog als Eigentümer den Kneffelshof. Auf beiden Höfen wurde Kartoffel-Branntwein fabriziert oder „gestocht". Der Kneffelshof pflanzte jährlich über 40 Cölner Morgen Kartoffeln. Dem Kneffelshof gegenüber, an der

---

1) Spenglers Mutter war eine geborene Hecker. Das Haus, Heckershaus genannt, in dem die Familie Spengler bis 1909 wohnte und das dann abgerissen wurde, war 1824 auf den Grundmauern des alten Hauses erbaut worden. Über der Kellertür unten im Gewölbe war die Jahreszahl 1644 eingehauen.

2) Vergl. Anmerkung Wegkreuz Seite 18.

3) Vor Bendheuer wurde der Broicherhof von der Familie Seidenfaden bewirtschaftet, die 1833 von Walberberg nach Kalk kam und den Hof pachtete.

nördlichen Seite der Höfestraße, lag die Brennerei; der große und breite Schornstein stand noch bis in die achtziger Jahre; den Weg entlang befanden sich die Keller. Der Hof wurde schon anfangs der 70er Jahre abgerissen.

Spengler erzählt, daß in seiner Knabenzeit, - um 1840 -, nicht viel mehr Häuser zu den Kalker Höfen gehört hätten, als auch im Jahre 1809 angegeben sind. Er nennt den Broicher- und den Kneffelshof, dann an der jetzigen Engelsstraße Nr. 7 – 11 den „Melchers-Hof“, von Engels bewohnt, ferner das Kallshaus an der anderen Seite der Engelsstraße, die damals und noch 30 Jahre später ein schmaler, ländlicher Fahrweg war, ferner das Kierehaus an der jetzigen Karlstraße.

Spenglers Haus.

Ein Sohn der Familie Engels, Johann mit Vornamen, baute um 1840 neben die früher genannte Brennerei auf die Anhöhe zwischen Höfe- und Engelsstraße eine Villa mit großem Balkon, der eine schöne Aussicht auf Cöln bot; die Seite nach der Mülheimerstraße hin war als englischer Garten angelegt, der Gemüsegarten lag nach Norden, nach Osten hin standen die Ökonomiegebäude und Remisen für Wagen und Kutsche.[1] Ein Bruder des Genannten, Heinrich Engels, blieb

---

1) Die Villa mit Garten usw. kam später in den Besitz von Hermanns aus Deutz, der hier in der Hermannstraße die ersten Häuser baute und von dem die

im elterlichen Hause, er erreichte wie seine Frau ein sehr hohes
Alter. Er wird in der Geschichte der katholischen Pfarrge-
meinde, bei der Errichtung des Krankenhauses, mehrfach als
Geschenkgeber genannt.

*

Haben wir uns im vorstehenden Abschnitt mit den Kalker
Höfen beschäftigt, von denen nun durch den Abbruch des
Spengler'schen Hauses auch der letzte Rest verschwunden
ist, so wollen wir uns nun der Geschichte der K a l k e r
K a p e l l e zuwenden, um dann endlich das Wachstum der
Gemeinde und der Stadt Kalk vor unserem Auge vorüberzie-
hen zu lassen.

Straße ihren Namen hat. Dann erstand sie Illich, der Eigentümer des Hof von
Holland in Cöln, der auch im Sommer meistens hier wohnte. Von diesem ging
es an Vorster über, der die Gebäulichkeiten wegschaffen und den Boden um
ein paar Meter abfahren ließ. (Spengler.)

III. Kapitel.

Die Kapelle der schmerzhaften Mutter Gottes zu Kalk.

Über den A n f a n g   d e r   V e r e h r u n g   d e r
s c h m e r z h a f t e n   M u t t e r   z u   K a l k haben wir
keine urkundlichen Nachrichten. Was wir über das Bild und
über die Kapelle aus der ältesten Zeit wissen, verdanken wir
dem schon mehrfach genannten Deutzer Pastor Rupertus
Hollwegh, Benediktinerpater im Kloster zu Deutz. Derselbe
hat im Jahre 1715 zwei Bücher drucken lassen, von denen
nur noch wenige Exemplare vorhanden sind.

1. Historie der schmertzhaffter Mutter Mariae zu Kalck,
Umbständlich beschrieben durch R. P. Rupertum Hollwegh. Ordinis S.
Benedikti, der heiligen Schrift Licentiaten und Pastoren zu Deutz, Anno
1715.

2. Weeg zum Myrren-Berg über 7 Staffeln oder Andächtige Bittfahrt
zur Schmerzhafften Mutter Maria zu Kalck. Durch Betrachtung sieben Ge-
heimnissen aus dem bittern Leyden Christi in so viel Stationes ausgetheilt
durch P. Rupertum Hollwegh, Ord. S. Benedikti, S. S. Theol. Licentiaten,
Pastoren zu Deutz.

Eine Jahreszahl ist nicht vorgedruckt, doch geht aus einer Stelle des Textes hervor, daß das Büchlein 1715 erschien.

Pastor Hollwegh, der selbst noch den Bericht von Au-
genzeugen vernommen hatte, teilt in diesem Büchlein mit, daß
das Gnadenbild, eine hölzerne Statue der Gottesmutter mit

dem Leichnam ihres göttlichen Sohnes auf dem Schoße, vor
Erbauung der Kapelle an demselben Orte in einem
H e i l i g e n h ä u s c h e n aufgestellt war, auch daß es an
hohen Festtagen geziert und geschmückt worden sei.

Alte Abbildung des Gnadenbildes.

Der Schreibweise Hollweghs und zugleich der geschichtlichen Daten wegen, sei das erste Kapitel der „Historie der
schmerzhaften Mutter Maria zu Kalk" hier mitgeteilt:

„Vom Vesperbild der Mutter Gottes zu Kalck. Sinnreich wird die
Zeit von den Alten entworffen und vorgestellt in Gestalt eines alten Mannes, welcher Brieff und Schrifften in seinen Mund stecket und isset, dadurch sie haben wollen zu verstehen geben, daß dasjenige, so sich vor-

hin zugetragen, durch langwirige Zeit gleichsam verzehrt werde und also in Vergessenheit komme. Dieses ist leyder zu ersehen an dem Vesperbild der Mutter Gottes zu Kalck, dessen eigentlichen Ursprung man weder durch Schrifften, weder durch sichere Tradition wissen kan, (hat also von undenklicher Zeit allda gestanden). Es willen zwar einige sagen, dieses Bild seye in der Erden gefunden worden, man kan aber solches nicht vor eine eigentliche Warheit schreiben. Dieses ist aber gewiß und in frischer Gedächtnus vieler noch Lebendigen, daß vor Erbawung der Kapellen allda eine Wohnung vor die Aussätzige, oder ein Siechen-Hauß gestanden habe, von der Kapellen ungefehr 20 Schritt gegen Sonnenaufgang, welches im Jahr 1672 von den Lüneburgischen niedergerissen worden, davon der Brunn, 5 oder 6 Schritt fern von der hintersten Thür der Kapellen, im Jahr 1712 wegen Gefahr in grossem Zulauff mit Erde ist außgefüllet worden. Die Platz, da jetzt die Neben-Kapell und Bäume stehen, war ein Garten zum Gebrauch der Außsätzigen; auf der Platz, da jetzt die Kapell stehet, sasse dieses Vesper-Bild mit gewendtem Angesicht nacher Kalck in einem kleinem Häußlein, oder wie man pflegt zu sagen: Heiligen-Häußgen, nicht viel ungleich dem alten zerbrochenem und offenem Stall zu Bethlehem, in dem lag das neugeborene Jesus-Kindlein im Schooß Mariae und war ihre Seel überschüttet mit Frewden; in diesem Häußlein aber lag die Bildnus Jesu in ihrem Schooß, wie sie gesessen hat auff dem Kalvariäberg, da ihre Seel betrübt war biß in den Todt. Da sasse dieses Bild in höltzenen Kleydern ohn einigem Zierrath; und wan grosse Festtage herankamen, wurde es bekleydet mit einem leinen Röcklein, so die Kinder tragen, wan sie zur Messen dienen; dieß ware damahls der gantze Zierrath desjenigen Bildes, welches Gott sei Lob jetzt mit Silber und Gold ist umbgeben. Es haben die Christgläubigen damahls schon eine Andacht zu diesem Bild getragen, und es in diesem verächtlichen Häußlein verehrt; jedoch war es noch ein kleines Senffkörnlein, nachmahlen aber ist es zu solchem Baum worden, daß nicht allein auß der Deutzer Pfarr, sondern auch auß der Statt Köllen und vielen anderen weit abgelegenen Oerter die Christgläubigen dorthin wallfahrten und allda Schutz und Schirm, Trost und Hülff suchen und finden."

Dieses Heiligenhäuschen wird in den Deutzer Schreinsbüchern [im Königl. Archiv zu Düsseldorf] bei Gelegenheit von Landübertragungen mehrfach genannt. So heißt es in einer Beurkundung aus dem Jahre 1473:

„zweyn Morgen im Kalkhervelde in der Veelen bouven dem hillgen huiße" und 1476: „up die Straaße bouven dem Kalker hilligen huiße."

Zum letzten Male wird dieses Heiligenhäuschen bei der
Grenzregulierung vom 2. Juni 1666 erwähnt.

Aus Vorstehendem geht hervor, daß der Ursprung des
Bildes um 1400 bis 1450 zu setzen ist.[1] Es ist auch wohl
anzunehmen, daß das Bild der Schmerzensmutter zum Troste
und zur Erbauung der armen Siechen und Aussätzigen hierhin gesetzt wurde, die in dem Siechenhause, offenbar von
der Stadt Deutz erbaut und unterhalten,[2] untergebracht waren. Die armen Aussätzigen und Ausgestoßenen mögen wohl
oft Trost gefunden haben an dem ergreifenden Bilde derjenigen, der die Kirche die Worte in den Mund legt: „O ihr alle,
die ihr vorübergeht, habet acht, ob ein Schmerz gleich sei
meinem Schmerz."

So stand also nach den vorhin erwähnten Beurkundun-
gen und nach den Angaben des Pastors Hollwegh das
Heiligenhäuschen mit dem Bilde der schmerzhaften Mutter
auch während des dreißigjährigen Krieges an seiner Stelle.
In diesen traurigen Zeiten, wo die hiesige Gegend derart verwüstet wurde, daß die Abtei Deutz für ihre umliegenden Güter
keine Arbeitskräfte finden konnte, da die Hausleute wegen
der feindlichen Angriffe, namentlich der Schweden und späterhin, im Jahre 1637, der Holländer und Hessen, Haus und
Hof verlassen hatten, beschloß der Pastor von Deutz, das Bild
aus dem unbeschützten Häuschen nach Deutz bringen zu lassen. Dieses Vorhaben führte man jedoch nicht aus.[3]

---

1) Auch der als Sachverständiger bekannte Professor Clemen in Bonn
verlegte bei einem Besuche der Kapelle den Ursprung des Bildes in den Anfang des 15. Jahrhunderts. Pfarrer Köllen ist in seinem Büchlein „Die schmerzhafte Mutter Gottes von Kalk" Seite 9 und 10 der Ansicht, daß die Söhne des
h. Benediktus in Ausführung des Beschlusses des Provinzialkonzils zu Cöln
im Jahre 1423, auf welchem das Fest der schmerzhaften Mutter angeordnet
wurde, unter Beschaffung unseres Vesperbildes die Verehrung der Schmerzensmutter sofort gepflegt haben, und daß demnach dieses Jahr als Entstehungs-
jahr des Bildes und des Heiligenhäuschens betrachtet werden könne.

2) Ähnliche Anstalten begegnen uns in vielen alten Städten; wegen der
Ansteckungsgefahr lagen diese Siechen- und Leprosenhäuser (Lepra-Aussatz)
alle außerhalb der Stadt. Das Cölner Siechenhaus lag zu Melaten.

3) Hollwegh erzählt im vierten Kapitels einer „Historie der schmertzhaffter
Mutter zu Kalck": „In gemeltem Schwedischen Krieg (das Jahr kan man eigentlich nicht angeben) hat ein zeitlicher Herr Pastor zu Gemüth geführt, daß

So blieb es denn während der Kriegsunruhen in dem Heiligenhäuschen und wurde trotz seiner den Feinden so ausgesetzten Lage wunderbarerweise von den umherstreifenden, alles verwüstenden Soldaten nicht zerstört.

Im Jahre 1656 brach in Cöln eine pestartige Krankheit aus, die auch nach Deutz hinübergriff. „D i e P e s t wütete in Cöln so furchtbar, daß die drei Gymnasien geschlossen wurden und die Geistlichen der Abtei Deutz, einige mit der Seelsorge beschäftigte ausgenommen, nach Oberzündorf und nach Remagen auswanderten. Die Pest, die aus Holland gekommen war, herrschte in Cöln besonders während des Herbstes 1665."[1] Nach einer alten Cölner Urkunde vom Jahre 1668 hatte die Pest 16 000 Menschen hinweggerafft.[2] Als die Pest im Herbst des Jahres 1666 ihr Ende erreicht hatte, beschloß der damalige Pastor und spätere Abt (Prälat) zu Deutz, A n - d r e a s S t e p r a t h , um Gott für das Erlöschen der Pest zu danken, an Stelle des Heiligenhäuschens e i n e K a - p e l l e zu erbauen. Es ist also anzunehmen, daß die Bewohner von Deutz in der schrecklichen Pestzeit nach dem Kalker Heiligenhäuschen gewallfahrtet sind, daß sie hier die schmerzhafte Mutter, deren Schmerz groß war wie das Meer, um Hülfe in ihren Drangsalen, um ihre mächtige Fürbitte angefleht haben. Ihrer Fürbitte schrieben sie es mit zu, daß die furchtbare Pestseuche von ihnen genommen war.

---

diesem Bild in solchem verächtlichen Häußlein entweder keine genugsame Ehr und Reverentz geschehe, oder vielmehr gefürchtet, es mögte von den Ketzern verunehrt werden, ist daher Vorhabens gewesen selbiges von Kalk abzunehmen und nachher Deutz tragen zu lassen. Nun hat sich zugetragen, wie das gemeine Gespräch in der Pfarr ist, daß man das Bild ferner nicht habe tragen können als ungefähr in die Mitte zwischen den zweyen Stationen der Annägelung und Creutzschleiffung, unerachtet daß vier Männer im Tragen sich unterwechslet haben; hat also Matheiß Wirich, des Collegiat Stifft S. Severini in Cöllen Halbgewinner zu Kalck, seine im Feld arbeitende Magd geruffen, ihr das Bild auff das Haupt gelegt, die es dan ohne Beschwärnus wiederumb nacher Kalck getragen. Dieser Matheiß Wirich wurde geboren im Jahr 1579 und starb im Jahr 1674, der hat Zeit Lebens seinen Kindern und Enkelen diese Historie offtermahl erzehlet."[1]

1) u. 2) Mehring, Geschichte der Ritterburgen, V. Heft, S. 61.

Am 5. Oktober 1666 erhielt Pastor Stepprath von dem damaligen Generalvikar Paulus Außemius die Bauerlaubnis, und so reichlich flossen die Beiträge, daß 1667 die Kapelle bereits fertig gestellt war und das Gnadenbild hier seinen Platz fand. Das Türmchen, der Dachreiter, erhielt ein Glöckchen, dem später ein zweites hinzugestellt wurde.[1]

Im Jahre 1672 kamen lüneburgische Soldaten nach Kalk, zerstörten das vorhin erwähnte Siechenhaus und mögen auch sonst wohl übel gehaust haben. Wie Pastor Hollwegh in seinem Büchlein berichtet, haben sie das Glöcklein entwendet. Hollweghs Erzählung lautet:

„Soldaten haben mit angesetzter Leyter das Klöcklein aus dem Türmgen der Kapellen gestohlen, und zu Deutz heimlich bei einem Juden verkaufft. Wohlgemelter Herr Pastor Sebastianus Schmitz wie er solches vernohmen, ersuchet an frühem Morgen zeitlichen Herrn Schultheisen umb eine Umbfrag bey den Juden zu thun, gehet auch mit dem Botten von Hauß zu Hauß, komb endlich ans Hauß da der Jud das Klöcklein

---

1) Im Jahre 1901 wurde das größere der Glöckchen beim Läuten schadhaft. Da es dem Glockengießer nicht gut möglich war, zu dem noch vorhandenen ein im Ton und Klang genau passendes Glöcklein zu gießen, wurden 2 ganz neue Glöcklein im Türmchen angebracht. Das kleinere übrig gebliebene Glöcklein fand seinen Platz unten in der Kapelle.

oben auff einem Zimmer hatte stehen, und als man umb das Klöcklein fragte, leugnete er selbiges, befahl aber seiner Magd in Hebräischer Sprach, sie solte es unter das Tach tragen und verbergen, als die Magd aber zu sehr eylete, da bimmlete das Klöcklein, und erkannte es Herr Pastor am Klang."

Die zunehmende Verehrung des Gnadenbildes erhellt aus der Anlage dreier Stationswege, eines von Deutz bis Kalk, des andern von Mülheim nach Kalk, des dritten von Ensen bis Kalk. Der von Deutz bestand aus 7 Säulen, jede ein schmerzhaftes Geheimnis aus der Leidensgeschichte Christi darstellend: 1. Abschied Jesu von seiner Mutter, 2. Fesselung, 3. Geißelung, 4. Dornenkrönung, 5. Kreuztragung, 6. Annagelung, 7. die Kreuzigung. Eine Erneuerung dieser Säulen erfolgte 1714; (eine durchgreifende Renovierung 1851 – 1853 setzte die Stationssäulen so in den Stand, wie sie jetzt noch sind). Eine Reihe von Gebeten, wie man sie beim Begehen des Stationsweges zu beten pflegte, sammelte Pastor Hollwegh und gab dem so entstandenen Büchlein den Titel: Weeg zum Myrrenberg über 7 Staffeln etc., wie vorhin angegeben.

Die Hast, mit der die Kapelle wohl errichtet worden war, sollte sich jedoch bald rächen. Ein heftiger Orkan, der im Anfang Dezember 1703 wütete und nicht nur in Holland, sondern auch in ganz Deutschland überall sehr großen Schaden anrichtete (Mering), erreichte am 8. Dezember eine solche Gewalt, daß er den Giebel der Kapelle eindrückte, sich so einen Weg unter das Dach bahnte und dieses mit Turm und Glocken abtrug.

Pastor Hollwegh erzählt hierüber als Augenzeuge:

„Im Jahre Christi 1703, anfangs Dezembris, entstunde ein entsetzlich großer Wind, welcher sich sogar biß in Holland und Engeland erstreckte und dorten viele Häuser und Thürn zu Steinhaufen gemacht hat; unter anderem Schaden den er dieser Oerter verursachet, hat er auch getobet gegen die Kapell zu Kalk, und selbige am 8. Tag Dezembris, auff dem Hohen Festtag der Unbefleckten Empfängnis Mariae zur Erde geworfen; dieser grausamer Wind kam von West, zerbrach den steinenen Gipfel, schöpffte sich unter das Tach und truge selbiges hin und her, die Halbscheid mit Thurn und Klock zur rechten, die andere Halbscheid zur linken über den Fuhrweg, jedes theil bey die 20 Schritt fern von der Capellen; der eingeschmissen Gipffel zerschmetterte Schildereyen und Kniebänk, und ware die Capell ein verwüster Steinhauf; hiebey ware dieses zu verwunderen, auch sehr tröstlich, daß in solcher Zerstöhrung das Vesperbild sambt dem Altare zum geringsten nicht beschädiget seynd worden, dahero ließ es zeitlicher Pastor interims-Weiß[1] und biß zur Wiedererbawung der Capellen nacher Deutz führen und in die Pfarrkirch setzen," wo es auf einem Nebenaltar zur Verehrung ausgesetzt wurde. Reichlich flossen die Mittel zum Neubau „nicht allein die Pfarr-Genossen, sondern auch viele Auswendige gaben reichliche Almosen."

Schon anfangs Mai 1704 stand die Kapelle wieder fertig da und zwar in ihrer jetzigen Gestalt.[2]

„Als nun alles verfertigt, auch der Altar wiederumb aufgerichtet war, so wurde das Vesperbild in einer überaus grossen Prozession unter betten, singen und frohlocken des Volks durch vier auserlesene Jungfrauen von Deutz aus der Pfarrkirchen nacher Kalck zurückgetragen und in der Capellen auf den Altar zur Verehrung wiederumb aufgestellt."

In den Altar wurde 1714 ein Altarstein mit Reliquien des hl. Heribertus und der hl. Maria Magdalena eingelassen, und neben dem Gnadenbild wurden die Statuen des hl. Johannes des Täufers und der hl. Maria Magdalena aufgestellt,

---

1) vorläufig.

2) In den „Kunstdenkmälern der Rheinprovinz" von Prof. Clemen, 4. Bd. I. S. 152, findet sich folgende B e s c h r e i b u n g   d e r   K a p e l l e von E. Polaczek: „Es ist ein einschiffiger, verputzter Backsteinbau mit polygonal gegen Westen abschließender Vorhalle und polygonalem Chörchen. Die Länge im Lichten beträgt 24,25 Meter, die Breite 7,80 Meter. Das Äußere des Baues ist ganz schmucklos; Vorhalle, Schiff und Chor, ein sechsseitiger, in der Mitte geöffneter und mit einem Zwiebelhäubchen endigender Dachreiter, den Türmen der (alten) Deutzer Kirche ähnlich. Die rundbogigen Fenster sind in Haustein gefaßt, desgleichen die drei mit flachem Gebälk abgedeckten Türen an der westlichen Vorhalle. Das Innere der Vorhalle ist durch eine Zwischendecke in zwei Geschosse geteilt; der obere Raum ist von einer Tonne mit fächerförmigem Abschluß überwölbt. Den Hauptraum überspannt ebenfalls eine flache Tonne. An den Seiten sind je zwei große Rundbogenfenster angeordnet. Die östlichen etwas schräger gestellten Abschlußwände haben kleine, rundbogige Nischen. Durch den flachen Triumphbogen gelangt man in ein Chor, dessen Umfassungsmauern an der Nord-, Süd- und Ostseite von je einem rundbogigen Fenster durchbrochen sind. Unter dem Ostfenster befindet sich eine kleine rechteckige Türe."

„um dadurch anzuzeigen, daß Maria eine Patronin seye der Gerechten und der Sünder."

Nach W i e d e r e r b a u u n g d e r K a p e l l e nahm die Verehrung des Vesperbildes einen ungeahnten Aufschwung. Nicht nur Pilger aus dem Erzstift Cöln, sondern auch aus den Herzogtümern Jülich und Berg und aus Westfalen wallfahrteten nach Kalk. Im Jahre 1710 wurde zu Deutz eine noch heute bestehende jährliche Prozession nach Kalk mit Erlaubnis der geistlichen Behörde eingerichtet und auf den dem Feste Mariä Geburt (8. Sept.) folgenden Sonntage festgelegt. Da auch der Papst unter den gewöhnlichen Bedingungen den Pilgern einen Ablaß verlieh,[1] so wurde die Zahl derselben immer größer. Im Jahre 1710 hatten sich „ bei solcher Prozession" 700 eingefunden; im folgenden Jahre, als die Prozession eifrig von den Kanzeln empfohlen wurde, wuchs die Zahl der Pilger auf 4000, 1712 auf 8000, 1713 wurde sie auf 10000 geschätzt, 1714 konnte man sie nicht einmal schätzungsweise angeben.[2] Durch verschiedene Abbildungen, die alle mit einem Gebet zur Mater Dolorosa versehen waren,[3] sowie durch einen auf die Kalker Andacht bezugnehmenden Hirtenbrief des Erzbischofs Joseph Clemens, wurde das Gnadenbild immer bekannter und die Wallfahrt zu demselben immer mehr gefördert. In St. Cunibert in Cöln hat lange eine Bruderschaft der schmerzhaften Mutter in Kalk bestanden.[4]

Über die Haltung der Pilgerscharen schreibt Hollwegh:

„Es ist sehr beweglich zu sehen, wie eine solche Menge Volks über Weg, in und außer der Capellen, einhellig mit Vergießung vieler Zähr und mit einer gleichsam andächtiger Ungestümmigkeit betten, ja nicht allein umb gemelte Zeit, sondern auch durch das Jahr, ist da alle Tage eine immerwährende Andacht mit betten und singen, insonderheit aber Freitags und Sambstags, wie dan auf alle Festtage der Mutter Gottes, also daß öfftermahl 12 und mehr Messen dorten auff einen Morgen gelesen werden."

---

1) Hollwegh, Weg zum Myrrenberg S. 2.
2) Hollwegh.
3) Eine solche befindet sich im historischen Museum in Cöln, (nach Höfers).
4) Schwamborn lt. vorhandenem Bruderschaftszettel.

Da die Kapelle die Pilgerscharen nicht alle aufnehmen
konnte, so baute man, um allen die Beiwohnung des hl. Meß-
opfers zu ermöglichen, 1714 in den Garten des oben erwähnten Siechenhauses eine Nebenkapelle; man versah sie rings-
herum mit Fenstern, sodaß es den Pilgern möglich war,
draußenstehend der hl. Handlung beizuwohnen.

Bei der Einnahme der Stadt Cöln durch die Franzosen –
1794 – wurden die Wallfahrten nach Kalk jäh unterbrochen.
Die französischen Soldaten schalteten in Köln wie in einer
eroberten, feindlichen Stadt. Aus Furcht vor den rohen Krie-
gern brachte man am 27. Dezember 1796 das Gnadenbild
aus der unbeschützt im offenen Felde liegenden Kapelle nach
Deutz. Diesem Umstande ist wohl seine Erhaltung zu verdanken, denn französische Soldaten drangen bald darauf in
die Kapelle, verbrannten die Kirchenbänke und zerstörten die
Nebenkapelle[1]. Als die Ordnung wieder hergestellt war,
wurde das Bild in feierlicher Prozession nach Kalk zurück-
gebracht, seither ist seine Ruhe nicht mehr gestört worden.[2]

Die Wallfahrten nahmen jedoch nicht wieder einen so
großen Umfang an wie früher. Es mögen hierzu die kriegerischen Zeitläufe und die rationalisierenden Strömungen im
kirchlichen Leben am Anfang des XIX. Jahrhunderts beigetragen haben. Es geht dies hervor aus den ungewöhnlich niedrigen Ausgaben für die Bestreitung der Kultuskosten. So
waren für den I. Kaplan in Deutz im Jahre 1815 für die gottes-
dienstlichen Verrichtungen nur 30 Francs ausgeworfen.

Mit dem Wiedererwachen des kirchlichen Lebens nahm
die Kalker Andacht neuen Aufschwung. 1829 wurde die Kapelle renoviert und mit neuen Altären ausgestattet. [Dieselben
bestanden noch bis zum Jahre 1890, wo sie leider entfernt
wurden.] Außer dem Hauptaltar waren auch noch zwei Seiten-

---

1) Nach Spenglers Aufzeichnungen wurde um diese Zeit auch die Kapelle von den Österreichern als Mehl-Lagerhaus benutzt. Vergl. Seite 20,

2) Nach den Angaben meiner seligen Mutter ist meine Großmutter, Anna
Margaretha Pütz, 1800 in Cöln geboren, um 1812 in der Kapelle zu Kalk ge-
firmt worden. Der franz. Zeit und der herrschenden Unruhen wegen habe der
Bischof in Cöln nicht firmen können und deshalb die Spendung der Firmung
in Kalk vorgenommen.

altäre da, alle drei waren im Zopfstil errichtet mit den bekannten Säulen, oben in Wolken das „Auge Gottes" von Strahlen umgeben. Die Renovierung der Kapelle im Jahre 1829, sowie die neue Ausstattung mit den Altären, Bänken etc. wurde bestritten durch den Cölner Kanonikus Schirm, letztes Mitglied des Cölner Kreuzbrüderklosters. Zwei andere Kölner Wohltäter sorgten für eine reiche Bemalung des Marienbildes, das zu diesem Zwecke nach Deutz gebracht wurde. Am 9. April 1830, einem Karfreitage, wurde das prächtig bemalte Bildnis in feierlichem Zuge von Deutz nach Kalk übertragen.

Nach Aufhebung der Abtei Deutz 1803 zog sich der vormalige Benediktinerbruder A n t o n   B r u n e r nach Kalk zurück. Er wohnte oben in der Kapelle. Man nannte ihn Bruder oder Eremit.[1] Er hatte die niederen Weihen erhalten und hielt in der Kapelle für die Pilger die Andacht. Bruner wird als Wohltäter der Armen und Notleidenden gerühmt. Bei ihm wohnte noch ein zweiter Bruder, Götz mit Namen; Bruner starb 1845.

Wenn nun seit 1829 und 1830 ein neuer Aufschwung in der Wallfahrt nach Kalk sich bemerkbar machte, wie Zuccalmaglio schreibt, so ist dieser Aufschwung wohl besonders dem ersten Geistlichen an der Kapelle zu verdanken, J o h a n n   C l a ß e n, der 1830 als Rektor zu Kalk angestellt wurde. Von 1856 ab, da die Rektoratgemeinde Kalk zur Pfarre erhoben wurde, diente die Kapelle als Pfarrkirche und zwar bis zur Einweihung der Marienkirche, 1866.

1868 legte P a s t o r   N i e ß e n um die Kirche den Kreuzweg an mit den 14 Stationen[2], da auf der Deutz-Kalker Landstraße infolge des zunehmenden Verkehrs ein Beten

---

1) Spengler beschreibt Bruners Wohnung: Auf der Galerie (später Orgelbühne) war vorn ein kleines Zimmerchen, dann kam ein großes Zimmer, in dem wurden die Paramente aufbewahrt. Dann war da eine kleine Küche, darin war auch ein kleiner Backofen und von Ziegelsteinen ein Kochherd. Ging man die Treppe hinauf, so war auf Deutz zu ein großes Dachzimmer, links gings unterm Dach her bis übers Chor. Hinter der Kapelle war ein Brunnen, und nach der Straße zu hing im Sommer vor der Tür ein Eimer mit frischem Wasser und ein Löffel dabei. Vor der Haupttür stand auf einer kleinen Anhöhe der große Lindenbaum und auf Deutz zu eine Ruhebank.
2) Heinrich Engels schenkte hierzu 1400 Taler. (Spengler.)

kaum mehr möglich war. 1877 wurde unter P f a r r v e r -
w a l t e r K r a u s e n die Grotte oder Grabkapelle erbaut.
Rentner Horsch schenkte die Statuen.

Unter P f a r r e r G r o ß fand 1890 eine Renovierung
der Kapelle statt. Die alten Altäre wurden beseitigt und der
jetzige Altar von Bildhauer Hachenberg aus Mülheim aufgestellt, in ihm fand das Gnadenbild seinen Platz. An Stelle der
Seitenaltäre wurden Nischen in die Wand gehauen zur Aufstellung zweier Statuen. (Herz Jesu und Herz Mariä[1]). Die
Orgel, die in den siebziger Jahren beschafft worden war, war
aus Gaben eines Cölner Vereins gestiftet worden. Unter Pfarrer Groß wurden auch die Zimmerchen, die sich bis dahin
oben in der Kapelle fanden – die frühere Wohnung des Ere-
miten und später, bis 1857, des Küsters – beseitigt, die Orgelbühne höher gelegt und die eiserne Wendeltreppe eingebaut.
Auch erhielt die Kapelle neue Bänke.

D e r a l t e L i n d e n b a u m , der wohl mehrere hundert Jahre alt war, - ich erinnere mich aus meiner Knabenzeit
noch sehr wohl des herrlichen Baumes und seiner bis über
die Kapelle ragenden Äste – fing in den achtziger Jahren an
abzusterben. Der zunehmende Verkehr, besonders von Fuhrwerk, mag wohl seinen Wurzeln, die nach allen Seiten oben
von Erde entblößt waren, schwere Verletzungen beigebracht
haben. Man suchte den Baum zu retten, indem man einen
mächtigen Eisenring von ca. 3 m Durchmesser und 1 m Höhe
um den Baum herum setzte und diesen mit guter Erde füllte.
Jedoch verdorrte ein Ast nach dem andern, sodaß eine Beseitigung des Baumes nicht zu umgehen war.[2]

Unter dem dritten Pfarrer von Kalk, M a r t i n
K ö l l e n , wurde die Kapelle durch neue Bildwerke und
Malereien verschönert. Ihm verdanken wir die Kreuzigungs-
gruppe im Vorraum, die Ausschmückung des Chores durch
die Wandgemälde Joachim und Anna, Zacharius und Elisabeth, Martinus, Rochus und Aloysius. Auch ließ er die Statue

---

1) Letztere jetzt durch eine uralte Statue des hl. Rochus ersetzt.
2) Den Kalker Stadtvätern ist also ein Vorwurf nicht zu machen, wie es in
der Wochenrundschau eines Cölner Blattes geschah, - siehe Schwamborn u. Höfer.

des hl. Antonius aufstellen. Auf dem Speicher der Kapelle entdeckte Pastor Köllen unter Schutt[1] eine alte Statue der Gottesmutter mit dem Jesuskinde, dieselbe wurde stilgerecht renoviert und bemalt und erhielt ihren Platz in der Marienkirche an der linken Seitenwand.[2] Eine zweite Statue, St. Joseph mit dem Jesuskind, fand Pfarrer Köllen im Keller der Kapelle, sie hat an der rechten Seite der Kapellenwand ihren Platz gefunden, nachdem sie neu polychromiert worden war.

D e r   B r a n d   d e r   K a p e l l e am 7. Dezember 1906 ist noch frisch in unser aller Gedächtnis. Am 8. Dezem-

ber sollte das 50 jährige Bestehen der Pfarre Kalk feierlich begangen werden, alles war festlich geschmückt, da brach am frühen Morgen gegen 6-1/2 7 Uhr, wie man annimmt infolge Unvorsichtigkeit eines Knaben, ein Brand auf der Orgelbühne aus, der zunächst die Orgel in Brand setzte und dann das Dach ergriff. Nachdem die heiligen Hostien in Sicherheit gebracht waren, wurde das Gnadenbild von Kaplan Flöhr nach Zertrümmerung der Glasscheibe, die es nach vorne abschließt, in die Kirche gebracht. Dann versuchte man,

---

1) Vielleicht in der Franzosenzeit dort verborgen.
2) Nach dem Urteil des Domkapitulars Schnütgen-Cöln gehört diese Statue dem Anfang des XIII. Jahrhunderts an und ist gegen Ende des XVII. Jahrhunderts barock überarbeitet worden. Höfer.

die übrigen wertvollen Statuen zu bergen. Trotzdem die Kalker
Feuerwehr sowie die Wehren von Vingst, Humboldt-Kolonie, der Maschinenbau-Anstalt Humboldt und der Chemischen Fabrik Kalk eifrig arbeiteten, fiel das Dach dem Feuer
zum Opfer, das Gewölbe hielt stand; die Säulen des Dachreiters waren so verkohlt, daß sie das Türmchen nicht mehr tragen konnten. Die Zwiebelkuppel mußte abgesägt und entfernt werden. Doch wurde genau nach dem Muster des alten
Türmchens das neue hergerichtet, und Dach und Turm können jetzt wieder Wind und Wetter Trotz bieten.

Bei dem Brande zeigt sich wiederum, wie sehr das alte
Kapellchen den Kalkern ans Herz gewachsen ist. In vielen
Augen sah man Tränen glänzen, und reiche Gaben legten
Zeugnis ab von der tatkräftigen Liebe der Verehrer der
schmerzhaften Mutter.

Eine neue prachtvolle Orgel wurde durch die Pfarrgemeinde bezw. den Kirchenvorstand beschafft, und nachdem
auch im Innern der Kapelle das vom Wasser und Feuer Zerstörte wieder in Ordnung gebracht war, wurde das Gnadenbild in feierlichem Zuge unter Gebet und Gesang zur Kapelle zurückgetragen. Die Prozession bewegte sich aus der Kirche über die Hauptstraße zur Breuerstraße, dann durch diese
über den Markt, dann Thumbstraße, Kaiserstraße und wieder
über die Hauptstraße zurück zur Kapelle.

Der Kölner Lokal-Anzeiger berichtete unterm 12. Juni 1908 über
die erfolgte R e n o v i e r u n g : „Unsere Gnadenkapelle, die durch den
Brand am 7. Dezember 1906 so sehr beschädigt wurde und seit der Erneuerung des Daches nebst Türmchen und der Orgelbühne im Innern
recht schmucklos und öde aussah, prangt nun durch die regen Bemühungen unseres Herrn Dechanten M. Köllen, der im Vertrauen auf die so
oft bewiesene Mildtätigkeit frommer und edler Herzen die Renovierung
übernahm, in neuem Schmuck. Am Dienstag den 9. Juni konnte das alt-
ehrwürdige Gotteshaus durch Abhaltung eines feierlichen Gottesdienstes
wieder dem kirchlichen Gebrauche übergeben werden. Das Gewölbe des
Schiffes ist nun durch Malerei geschmückt, welche dem Stil des Baues
entspricht und in sinniger Weise die Gottesmutter verherrlicht. Von En-
geln getragenes Spruchband und Kartusche zeigen Inschriften, die auf
die schmerzhafte Mutter Bezug haben. In Medaillons mit ornamentaler
Umrahmung sind Symbole aus der Lauretanischen Litanei angebracht.

Als Umrahmung der Nischen auf den schrägen Wandflächen am Choreingange haben zwei Schaualtärchen Aufstellung gefunden, die ebenfalls im Stile der Kapelle gehalten sind. Während die eine der Nischen durch eine neue in Holz ausgeführte und reich vergoldete Statue des h. Herzens Jesu geziert ist, zeigt die andere das Bild des h. Rochus, eine alte Holzfigur, welche bei den Aufräumungsarbeiten nach dem Brande unter dem Schutte des Dachgebälkes ziemlich unversehrt gefunden wurde. Diese ist jetzt restauriert und neu polychromiert wieder zu Ehren gekommen. Die Flächen der Seitenwände der Kapelle sind belebt durch Bilder aus dem Leben Mariens, Darstellungen der sieben Schmerzen, auf Kupferplatten gemalt, mit entsprechender Umrahmung in Holz. Die Arbeiten sind alle durch namhafte Künstler ausgeführt und ernten allgemeine Anerkennung bei den zahlreichen Besuchern der Gnadenstätte."

Im Sommer 1909 erhielt der Fußboden einen neuen Belag in Mettlacher Platten.

So ist die Kapelle der schmerzhaften Mutter nach dem Brande schöner und herrlicher geworden, als sie vorher war, und immer noch ist sie eine liebe Betstätte der Kalker Katholiken. Von frühmorgens bis zum Abend sind stets fromme Beter dort zu finden, auch Wallfahrer von nah und fern besuchen die Kapelle; namentlich ist dies der Fall während der althergebrachten K a l k e r A n d a c h t, die vom Feste Maria Geburt bis zum Feste des hl. Erzengels Michael dauert.

IV. Kapitel.

Die politische Zugehörigkeit des Ortes Kalk von 1003 an und seine Verwaltung in dieser Zeit.

Durch die Schenkung vom Jahre 1003 war die politische Zugehörigkeit der Freiheit Deutz mit den Orten K a l k , Vingst, Poll, Rolshoven und Westhoven z u m K u r f ü r - s t e n t u m C ö l n endgültig festgelegt. Während der übrige Deutzgau, ungefähr der jetzige Kreis Mülheim, im Laufe des 11. und 12. Jahrhunderts ganz unter die Herrschaft der Grafen von Berg kam, verblieb also das Deutzer Kirchspiel allein dem Erzbischof von Cöln. Das einzige Recht, welches dem Grafen von Berg hier zustand, war die Vogtei. Das wurde bei Gelegenheit eines Streites, in den Herzog[1] Wilhelm von Berg mit dem Erzbischof über die gegenseitigen Rechte zu Deutz geraten war, von den Schöffen zu Deutz in Gegenwart der Bevollmächtigten beider Teile ausdrücklich festgestellt.

In der darüber ausgestellten Urkunde,[2] die vom 16. März 1386 datiert ist, heißt es, daß „Deutz, welches vormals ein Schloß und Stadt gewesen und noch heutigentages eine Freiheit ist, mit den fünf Dörfern, die dazu gehören, mit Namen Westhoiven, Polle, Roylshoyven, Vinze und

---

1) Seit 1380 war die Grafschaft Berg ein Herzogtum. Näheres über Grafschaft und Herzogtum Berg im XVII. Kapitel.
2) Lacomblet, Urkundenbuch III, 904.

K a l k e von der Zeit, daß niemand anders gedenken mag und seit manchen hundert Jahren, unserm Herrn, dem E r z - b i s c h o f v o n C ö l n , frei eigen als Erbe und Gut gehöre". Die Urkunde gibt dann die genauen Grenzen des Kirchspiels an nach den „Peylsteynen", deren sechzehn im Felde stehen: von dem Stein an, der da steht an dem Zaune hinter dem Heyne Junkeren Hof in Westhoven, über die Steine an der Straße nach Urbach, auf der Fuchskaule, auf der Mar hinter dem Gremberge, hinter Vingst auf dem Hohlenwege nach Ostheim, am Höhenberg auf der Brückerstraße, dann diesseits des Pfades, der von Buchheim nach Vingst führt, dann längs des Buchholzes bis auf den Stein auf der Sandkuhle bei Mülheim.

Auch was das G e r i c h t s w e s e n anbelangt, „gehören die genannten fünf Dörfer und alle Leute, die darin gesessen sind, lebendig und tot zu Deutz und sind des Herrn von Cöln und seines Stiftes und sollen derselben Freiheit und all der Rechte gebrauchen und genießen, welche die Bürger von Deutz gebrauchen und genießen. Und so was in den fünf Dörfern geschieht, das des Klagens wert ist, das soll man richten vor unserer Herren von Cöln Richter und Gericht zu Deutz, und zum Zeugnisse der Wahrheit soll jeglich Dorf von den vorgenannten Dörfern einen Schöffen haben zu Deutz um deswillen, so was in diesen Dörfern geschehe, daß sie das bringen und verkünden an das Gericht zu Deutz, als sie dazu verbunden sind mit ihren Eiden."

Um den Freunden alter Schriften einen genaueren Einblick in die Urkunde vom 16. März 1386 zu verschaffen, seien hier einzelne Stellen derselben im Originaltexte mitgeteilt:

„Dit is die kundschaf ind dat reicht, dat uns scheffenen van Duytze kundich is. In deme yrsten sy zu wissen, dat Duytze, dat vurmails eyn sloss ind stat is geweist ind noch hude dis dages eyne vryheit is, mit den vunff dorperen, die darzu ind darin gehuerent, doyt ind levendich, mit namen Westhoiven, Polle, Roylshoyven, Vinze, ind Kalke, mit allen yren zubehueren, ind bynnen den pelen ind tirmpten, as herna gecleert is, vry eygen ald erve ind gut is ind geweist hait van der zyt, dat nieman anders gedenken enmach, ind van maynchen hundert jairen geweist is, uns herren des ertzebusschofs van Colne ind syns gestichtz, also dat die heirlicheit ind dat hogerychte ind alle gebot ind verbot, die voilge, der dienst ind der clockenslach, die schiffunge ind dat var, die tolle, vurwerde ind geleyde, ind alle andere reichte unss herren des ertzebusschofs van Colne ind syns gestichts van der vurschreven zyt ind jairen geweist syn ind noch synt. Beheltnisse doch deme vaygde, die zer zyt da is ind die eyn swygende vaygt is, alsulghs reichtz as yme der scheffen zudeylet ind wyst, ind as in den punten van deme gerychte ercleirt steit, ind nyet me. Vort sy zu wissen, dat dit die pele ind die tirmpte synt der heirlicheit ind des gerychtz zu Duytze: in deme yrsten oyven an uysme Ryne langs den steyn, die da steit buyssen der herren hof van sent Gereone, die genant is Heyne Junkeren hof, an deme zune ind boyven Westhoyven geleigen is; van deme vurschreven steyne vort up die andere peylsteyne, die die heirlicheit ind dat gerychte van Duytze zeichent, ind der noch seysszien is ind na eynander steent in deme velde, as van deme vurschreven steyne, die achter Heyne Junkeren hofe steit, bis an den steyn, die day steit an der straissen ind an deme wege, die zu Oerbach wert gheeit; ind vort van deme steyne langs die andere peylsteyne bis up den steyn die da steyt up den Voyskuylen; ind van deme steyne vort bis an den stein, die da steit up der Mar tusschen Haytghenroyde ind deme Grevenberge; ind van deme steyne bis an den steyn, die da steit hinder Vinze upme Hoylenweige tusschen Vinze ind Haytgenroyde; ind van deme steyne vort bis an den steyn, die da steit upme Hoylenweige, die gheit van Vinze bis zu Oysten; ever van deme steyne vort langs die andere peylsteyne bis an den steyn, die da steit by deme voispade, dir zu Merheim wert gheit, by deme byvange; van danne vort herneder under deme Hoimberge bis up die Brucger straisse, vort van der Brucger straissen hinder Kalke up dyssyte deme payde, die gheit van Boicheim bis zu Vinze; ind van danne vort bis up dat ort des Boicholtz zu dem byvange wert; ind van deme orde vort die straissen yn langs Boicholtz zu Ryne wert up den bergh vur dat Boicholtz; ind van danne vort langs den bergh zu Muelenheim wert, as verre ind as lanck as des abtz ind des goitzhuys van Duytze ziende gheit bis up de santkuyle by Muelenheim; ind van danne vort lynreicht in den Ryn ....

.... Vort die vunff dorpere, die umb Duyze geleigen synt, mit namen Westhoyven, Polle, Roilshoiven, Vinze ind Kalke, ind alle die lude, die da ynne gesessen synt, gehuerent levendich ind doyt zu Duytze ind synt unss herren van Colne ind syns gestichtz, ind solen derselver vryheide ind alle des reichten gebruychen ind geniessen, des die burgere van Duytze gebruychent ind geniessent. Ind sowat in den vunff dorperen geschuyd, dad clagens werd is, dat sal man rychten vur unss herren van Colne rychtere ind gerychte zu Duytze, ind in gezuychnisse der wairheid so sal yeclich dorp van den vurschreven vunff dorperen eynen scheffenen haven zu Duytze, umb des willen, sowat in diesen dorperen geschege, dat sy dat brengen ind verkunden an dat gerychte zu Duytze, as sy darzu verbunden synt mit yeren eyden."

Die Zugehörigkeit zum Erzbistum Cöln war in der unruhigen Zeit des Mittelalters für das Amt und Kirchspiel Deutz bei seiner exponierten Lage zwischen der wehrhaften Stadt Cöln und den fehdelustigen Herzögen von Berg ein keineswegs angenehmer Zustand; denn wenn die Stadt Cöln, die bergischen Fürsten und die nicht minder kriegerischen Erzbischöfe untereinander in Streit gerieten, was sehr häufig vorkam, so hatte Deutz durch Plünderung, Brand und Zerstörung immer schwer zu leiden, weshalb Montanus sagt: „Das beklagenswerte Deutz hätte zwischen heidnischem Vandalenvolk nicht unglücksamer liegen gekonnt, als hier zwischen der heiligen Stadt und dem Land eines christlichen Fürsten."

Daß die Verwaltung von Deutz und der „auswendigen" Dörfer durch einen für ein Jahr gewählten Bürgermeister geschah, der nach Ablauf seines „gedienten" Jahres Rechenschaft ablegen mußte, haben wir schon im II. Kapitel aus den Aufzeichnungen des Schöffenmeisters Petrus Joachim vom Jahre 1622 gehört.

Fast 800 Jahre lang blieb Deutz mit den zugehörigen Dörfern bei dem Erzbistum Cöln.[1] D e r   E i n m a r s c h d e r   F r a n z o s e n   i m   J a h r e   1794 machte der Herrschaft des letzten Kurfürsten von Cöln, Max Franz, ein Ende, und durch den Frieden von Lüneville 1801 kam das linke Rheinufer an Frankreich. Der Reichsdeputationshauptschluß von 1803 sprach die S ä k u l a r i s a t i o n   d e s   E r z - s t i f t s   C ö l n aus, und der Artikel 12 desselben Aktenstückes wies d i e   r e c h t s r h e i n i s c h e n   T e i l e   d e s K u r f ü r s t e n t u m s   a n   d e n   H e r z o g   v o n   N a s - s a u - U s i n g e n,[2] unter anderen die Ämter Linz,

---

1) Über die Zollgrenzen des Herzogtums Berg gegen das Deutzer Gebiet vergl. „Gut Schlagbaum", XVII. Kapitel.
2) Mehrere Straßennamen in der Humboldt-Kolonie erinnern an die Herrschaft dieses Fürsten.

Schönstein, Königswinter, Vilich und Deutz. Der Fürst Karl
Wilhelm von Nassau-Usingen hatte aber schon am 14. September 1802 einen Erlaß herausgegeben, durch welchen er
die ihm zugewiesenen rechtsrheinischen Landesteile einstweilen in Besitz nahm.

Am 15. März 1806 hatte Napoleon die Herzogtümer
Cleve und Berg[1] seinem Schwager Joachim Murat übertragen, und am 12. Juli 1806 stiftete er den Rheinbund. Die
Rheinbundsakte ist für unser Gebiet von Wichtigkeit, denn
durch Artikel 5 derselben nahm der Herzog von Berg den
Titel eines Großherzogs an, und gemäß Artikel 16 trat der
Herzog von Nassau-Usingen d i e S t a d t D e u t z m i t
i h r e m G e b i e t e und die Ämter Königswinter und Vilich
a n d e n G r o ß h e r z o g v o n B e r g ab.

So war also das Amt Deutz an das Großherzogtum Berg
gekommen,[2] und es teilte von nun an dessen Schicksale. Der
Großherzog Joachim Murat, der sich in seinem Lande nur
zweimal vorübergehend aufgehalten hat, da er den Kaiser fortwährend auf dessen Kriegszügen begleitete, trat sein Großherzogtum am 15. Juli 1808 schon wieder an Napoleon ab,
um das Königreich Neapel zu übernehmen. Nun nannte sich
Napoleon selbst Großherzog von Berg und nahm das Land
unter seine Verwaltung. Am 3. März 1809 übertrug

---

1) Das Herzogtum Berg war 1609 im Jülich-Cleveschen Erbfolgestreite
an das Haus Pfalz gekommen. Kurfürst Karl Theodor von der Pfalz erbte 1778
auch das Kurfürstentum Bayern und verlegte seine Residenz nach München. Im
Jahre 1806 trat Max Joseph von Bayern das Herzogtum Berg an Napoleon ab.
    Über die Beziehungen der Herzöge von Berg zu Bensberg vergl. XVII.
Kapitel, Bensberg
    2) Im Stadt-Archiv Kalk findet sich folgendes Schreiben der Königl.
Regierung zu Cöln, datiert vom 6. Aug. 1879, an den Bürgermeister Wiersberg
in Kalk:
    „Auf die an die Königl. Regierung in Düsseldorf unterm 26. vor. Mts.
Nr. 1853 I gerichtete und von dieser an uns zur ressortmäßigen Verfü-
gung abgegebene Anfrage erwidern wir Ihnen, daß nach amtlichen Quel-
len Kalk bis zum Jahre 1792 zum Kurfürstenthum Cöln und von diesem
Zeitpunkte ab zum G r o ß h e r z o g t u m , aber niemals zum H e r -
z o g t u m Berg gehört hat.
        Königliche Regierung, Abteilung des Innern."
(Die angegebene Jahreszahl 1792 beruht jedenfalls auf einem Versehen.)

er es nominell seinem kleinen Neffen, dem fünfjährigen Prinzen Napoleon Ludwig, dem ältesten Sohne seines Bruders, des Königs von Holland, behielt sich aber bis zu dessen Großjährigkeit die Regierung des Landes vor. Napoleon war persönlich nur einmal im Lande und zwar vom 2. bis 5. November 1811, und der kleine Großherzog Napoleon Ludwig hat dasselbe niemals gesehen. Kaiserlicher Regierungskommissar war Graf Beugnot. Dieser führte Ende 1808 eine n e u e   E i n t e i l u n g   i n   4   D e p a r t e m e n t s ein: Rhein, Sieg, Ruhr und Ems. Jedes Departement hatte einen Präfekten an der Spitze und war wieder in Arrondissements oder Bezirke eingeteilt. Diese hießen im Rhein-Departement: Düsseldorf, Elberfeld, Mülheim a. Rhein und Essen. Die Arrondissements, welche von Unterpräfekten verwaltet wurden, zerfielen in Mairien oder Gemeinden. D e u t z   m i t   s e i - n e n   z u g e h ö r i g e n   D ö r f e r n   b i l d e t e   n u n e i n e   M a i r i e , an deren Spitze ein jederzeit absetzbarer Maire (Bürgermeister) stand; diesem wurde ein Munizipal- oder Gemeinderat beigegeben. Nach dieser französischen Gemeindeordnung hatten die Städte keine anderen Rechte mehr als das Land, Stadt und Land waren gleich. Zum Zwecke der Rechtspflege war das ganze Land in 72 Gerichtsbezirke oder Kantone eingeteilt, im Arrondissement Mülheim a. Rhein hießen sie: Mülheim, Bensberg, Lindlar, Siegburg, Hennef und Königswinter.

Diese Umgestaltungen mochten fürs erste sehr empfindlich sein; sie sind aber als Grundlage einer besseren Landeseinteilung für die Folgezeit sehr segensreich geworden. Andere bemerkenswerte Änderungen der französischen Zeit waren: die Abschaffung der Leibeigenschaft, die Aufhebung des Lehnswesens und die Neuordnung der Justizverwaltung.

Dennoch wurde der Druck der Fremdherrschaft von den Landesbewohnern schwer empfunden. Endlich brachte die Schlacht bei Leipzig die B e f r e i u n g   v o n   d e r   f r a n - z ö s i s c h e n   H e r r s c h a f t , jubelnd wurden die Russen und Preußen empfangen. Der preußische Major von Arnim erließ am 10. November 1813 eine Proklamation an das Volk von Berg und Mark, in der unter anderem gesagt wurde, daß

die Maires als Bürgermeister, die Unterpräfekten als Landrä-
te und die Departementspräfekten als Landesdirektoren ihr
Amt fortführen sollten. Das Land wurde vorläufig als Gene-
ral-Gouvernement Berg verwaltet.

Am 15. April 1815 kamen die Landesteile des Großher-
zogtums Berg an P r e u ß e n , mit ihnen also auch unser
Deutz mit den zugehörigen Ortschaften. D i e N e u e i n -
t e i l u n g d e s L a n d e s , welche die preußische Regierung vornahm, sollte unter tunlichster Schonung der örtlichen
Verhältnisse geschehen. Die Grundlage derselben bildet die
königliche Verordnung vom 30. April 1815, nach welcher die
ganze Monarchie in Provinzen, diese in Regierungsbezirke und
letztere wieder in Kreise eingeteilt werden sollte. Die Cölner
Regierung machte am 20. April 1816 die Einteilung ihres Bezirks durch Amtsblatt 1816 Nr. 2 bekannt. Diese Einteilung
berücksichtigte auch in unserm Gebiete die alten Verhältnisse,
die Jahrhunderte lang bestanden hatten, indem sie D e u t z
m i t K a l k , V i n g s t , R o l s h o v e n u n d P o l l
d e m L a n d k r e i s e C ö l n zuwies. (Nur Westhoven
wurde – jedenfalls wegen des unmittelbar anschließenden
Ensen – dem Kreise Mülheim zugeteilt.[1])

Die Gemeindeverwaltung, welche in der französischen
Zeit eingeführt worden war, blieb auch in den ersten Jahr-
zehnten der preußischen Herrschaft bestehen, nämlich bis zum
Inkrafttreten der Landgemeindeverordnung der Rheinprovinz,
am 23. Juli 1845. Am 11. März 1850 erließ der König eine
Gemeindeordnung für den ganzen preußischen Staat. Beide
Ordnungen machten, wie die französische Gemeinde-
verfassung, keinen Unterschied zwischen Stadt und Land.
Schwierigkeiten in der Durchführung hatten jedoch den Er-
laß neuer gesetzlicher Bestimmungen zur Folge, nämlich den
Erlaß der Städteordnung und der Landgemeindeordnung vom
Jahre 1856. Damit wurde Deutz Stadtbürgermeisterei, die
Orte K a l k , V i n g s t , P o l l , in das Rolshoven nun

---

1) Westhoven ist auch schon auf der Karte von 1789 [Wilh. Fabritius,
Geschichtl. Atlas der Rheinprovinz Band II] als zum Herzogtum Berg gehörig
gezeichnet.

mit einbegriffen war, bildeten d i e L a n d b ü r - g e r m e i s t e r e i D e u t z, die mit der Stadtbür- germeisterei in Personalunion verbunden war. Das Wachs- tum des Ortes Kalk führte 1867 zur Abtrennung der Land- bürgermeisterei, dieselbe erhielt nun den Namen L a n d - b ü r g e r m e i s t e r e i K a l k; Vingst und Poll blieben im Verbande derselben. (Über die Stadterhebung Kalks berich- tet das VIII. Kapitel.)

In bezug auf die Kreiseinteilung brachte das Jahr 1888 eine Verschiebung der Grenzen mit sich: Deutz und Poll- Rolshoven wurden vom Landkreise Cöln losgetrennt und dem Stadtkreise einverleibt. Wenn nun auch Kalk und Vingst am 1. April 1910 in die Stadt Cöln eingemeindet werden, so fin- det hierdurch gewissermaßen eine Wiedervereinigung von Gebietsteilen statt, welche seit dem Jahre 1003, also seit mehr als neun Jahrhunderten, miteinander verbunden waren.

V. Kapitel.

Die Entwicklung der Gemeinde Kalk von 1830 bis 1870.

ॐॐॐ

In dem Abschnitt „Geschichte der Kalker Höfe" wurde berichtet, daß um 1800 Kalk aus 2 Höfen und 4 Häusern bestand und daß 1809 hier die Familien Engels, Josten, Hecker und die Erben Herfeld wohnten. Im Jahre 1817 zählte der Weiler [die Höfe] 59 Einwohner, bei der Kapelle 2[1]; 1831 betrug die Zahl der Feuerstellen auf den Höfen 7, der Einwohner 62 [darunter 1 evang.] bei der Kapelle 1 Feuerstelle und 2 Bewohner; 1843 hatte Kalk 14 Häuser und 96 Einwohner,[2] Vingst dagegen 372 Einwohner, Gremberg und Höhenberg zusammen 35. [Damals waren am Höhenberg 2 Häuser, die 1831 noch nicht aufgeführt sind.]

„Im Jahre 1845" schreibt Spengler, „war ein sehr hoher Wasserstand. Die jetzige Mülheimer-, Viktoria-, Hermann-, Wipperfürther- und Kunftstraße, alles stand unter Wasser. Damals stand aber noch kein Haus in den genannten Straßen. Ganz Kalk war bei dieser Überschwemmung eine Insel, man konnte nicht mehr nach Mülheim, Deutz, Buchheim, Höhenberg, Vingst und Poll kommen. Ein Deutzer, namens Schumacher, hatte damals an der Wipperfürtherstraße, auf Deutzer Gebiet,

---

1) Jedenfalls die Brüder Bruner und Götz.
2) Nach den von der Regierung herausgegebenen statistischen Nachrichten.

eine Ziegelei[1]; bei dem hohen Wasserstand sind ihm fast alle seine Gerätschaften weggetrieben." Aus dieser Mitteilung Spenglers sehen wir, daß im genannten Jahre der nun bald folgende Aufschwung Kalks noch nicht begonnen hatte. An der Hauptstraße lag das Wirtshaus „Zum Anschlag", ferner, ungefähr an der Stelle des jetzigen Rathauses, eine Bretter- bude – als Wirtschaft eingerichtet – und das etwa 1832 er- baute kleine Haus [dem jetzigen Rathause gegenüber], das bis zum Jahre 1892 stand und von der Familie Winzen be- wohnt wurde. Der Kapelle gegenüber stand die im Jahre 1836 erbaute Wohnung des Geistlichen. Diese Häuser und die uns schon bekannten Höfe bildeten damals ganz Kalk. Es sah also noch recht ländlich hier aus, nur Felder erblickte man zu bei- den Seiten der Straße, die mit den Stationen geziert war.

Karl Kollbach frischt in seinem „Rheinischen Wanderbuch[2]" in ei- ner Schilderung „Aus dem alten, heiligen Köln" liebe Erinnerungen auf an das alte Deutz und das Hotel Bellevue[3], „Marienbildchen hieß es im Mun- de der Kölner, ein altes Haus mit großem, schattigen Garten, dicht am Rhein. „Da trank man nachmittags seine Tasse Kaffee, wenns hoch ging, auch ein Hümpchen Maiwein, und genoß der Stille und des wundervollen Bildes der gegenüberliegenden Stadt ... Mülheim war damals ein kleines Kaufmannsstädtchen, Kalk ein Dörfchen mit wenigen Häusern und einer kleinen Muttergotteskapelle. Dahin wanderten die Städter an Sonntag- nachmittagen mit Kind und Kegel, nahmen Brote mit und in kleinen Düten gemahlenen Kaffee. Für etliche Pfennige erhielt man dort in einer Wirt- schaft kochendes Wasser; so bereitete man sich den Kaffee selbst und freute sich von Herzen bei Sang und Spiel auf dem Rasen unter den Obst- bäumen der Gärten."

Von recht vielen Familien wurde der Hinweg betend, mit dem Rosenkranz in der Hand, zurückgelegt. Die ländli- che Ruhe und die reine Luft veranlaßte einzelne wohlhaben- de Cölner, sich hier ein Landhaus zu errichten. Von der Villa Illich auf den Höfen ist schon berichtet worden. Eines der ersten Landhäuser an der Hauptstraße war das der Familie

---

1) Es war dies die erste Ziegelei hierselbst.
2) Verlag von Emil Strauß, Bonn 1897.
3) Der jetzige Deutzer Bahnhof.

Vorster, es ist jetzt noch von Dr. Flemming bewohnt. Dem Bedürfnisse der Cölner nach Erfrischungen und auch wohl nach Vergnügen entsprachen aber bald die primitiven Wirtshäuschen mit ihren grünen Fensterläden, auf denen Kaffeekannen und Tassen so einladend gemalt waren, nicht mehr. In schneller Folge erhoben sich an der obern Hauptstraße „Kaffeehäuser" und Restaurants. Aus meiner Jugendzeit erinnere ich mich noch gern des Kaffeehauses Kerp [jetzt Stadtbauamt] mit seinen herrlichen Gartenanlagen, Grottenbauten, der hohen, kuppelförmigen Voliere mit allerlei Singvögeln, der weißen Kaninchen, der Hühner und Enten, die in ihren geräumigen Laufräumen das Entzücken der Stadtkinder bildeten; nicht zu vergessen das Karussell für Kinder, das an den Nachmittagen selten zur Ruhe kam. Sauber lackierte Tische und Stühle unter den schattigen Bäumen, überall Blumen und frohe vergnügte Menschen. Welches Paradies für die Kinder, wo es zudem noch feinsten Kaffee mit Blatz und Schwarzbrot mit Korinthen gab! Ähnliche Kaffeehäuser waren das Restaurant Blüher (jetzt Hauptstr. 136-140), Restaurant Budack (Hauptstr. 114-118) sowie das Kaffeehaus Over an der Kapelle, jetzt Maaßen. An Sonntagen ertönten lustige Tanzweisen aus den Sälen, und so wäre Kalk fast in Gefahr gekommen, aus einem Bet-Orte ein Vergnügungsort zu werden. Aber schon machten sich die Anzeichen einer neuen Entwicklung bemerkbar, welche dem Orte bald einen ganz anderen Charakter geben sollte.

Ehe wir auf die nun beginnende Entwicklung Kalks zum Industrieort eingehen, müssen wir einen Blick auf den gewaltigen Aufschwung werfen, den Gewerbe und Industrie um die Wende des 18. Jahrhunderts zu nehmen anfingen. Da brachte nämlich die E r f i n d u n g d e r D a m p f m a -s c h i n e durch James Watt 1790 eine vollständige Umwälzung auf industriellem Gebiet hervor. Vor dieser wichtigen Erfindung waren beispielsweise die Gewerbe zum Betriebe ihrer Maschinen fast allein auf die Wasserkraft angewiesen, deshalb befanden sich die gewerblichen Anlagen meistens an den Bach- und Flußufern; nun aber, wo die Dampfkraft die Maschinen in Bewegung setzte, konnten die Fabriken allerorten betrieben werden, wo billige Arbeitskräfte in Menge vorhanden waren. Damit beginnt die K o n z e n t r a t i o n d e r F a b r i k e n i n d e n S t ä d t e n. Mit der Einführung der starken motorischen Kraft des Dampfes in die Betriebe setzte aber auch die von nun an nicht mehr unterbrochene Reihenfolge von praktischen Erfindungen ein, welche die Dampfkraft für die verschiedensten Industrien nutzbar machte. Es entstand die Unsumme der maschinellen Einrichtungen für die Verarbeitung von Baumwolle, Wolle und Leinen, Holz und Leder, für die Metall-, Hochofen- und Bergwerksindustrie, für Müllerei, Brauerei und Brennerei, für die Zuckergewinnung, für Sattlerei, Schuhmacherei, Buchdruckerei und für viele andere Gewerbe. Hausindustrie und Manufakturen wurden in den weitaus meisten Fällen verdrängt, und an ihre Stelle trat der m a s c h i n e l l e G r o ß b e t r i e b.

Wie die entscheidenden Erfindungen, die das neue Fabrikzeitalter einleiteten, von E n g l a n d ausgingen, so blieb auch dieses Land längere Zeit fast allein der Träger der modernen industriellen Entwicklung. Die englische Industrie war vermöge ihres Maschinenbetriebes nunmehr in der Lage, wohlfeile und gute Massenware herzustellen, die auf dem billigen Seewege bald nach dem Kontinent und nach allen Weltgegenden kam und überall die Erzeugnisse des alten Handbetriebs aus dem Felde schlug: England war in Kürze die Alleinherrscherin auf dem Weltmarkt.

In D e u t s c h l a n d nahm man erst mit den vierziger Jahren des 19. Jahrhunderts die Fortschritte in der neuen Maschinentechnik auf. Nun gewann auch die deutsche Industrie steigende Bedeutung, zuerst für das Inland, dann auch für die Ausfuhr. Begünstigt wurde ihr rasches Wachstum durch die gleichzeitig eintretende Vervollkommnung der Verkehrsmittel, der Eisenbahnen, Dampfschiffahrt und Telegraphie, dann aber auch durch die Gesetze der Gewerbefreiheit und Freizügigkeit und nicht zuletzt durch die Gründung des Zollvereins. Besonders im R h e i n l a n d blühten nun Gewerbe und Industrie mächtig auf, und auch die alte Handelsmetropole C ö l n wurde der Mittelpunkt vieler industrieller Unternehmungen. Große Baumwollspinnereien, Webereien, Braue-

reien, Zuckerraffinerien, Mühlen und Metallwerke siedelten
sich hier an, die alle mit Maschinen arbeiteten. Die neuen
Erwerbsmöglichkeiten brachten natürlich einen starken Zuzug von Arbeitern, Beamten und Gewerbetreibenden mit sich,
sodaß Cölns Einwohnerzahl bald bedeutend zunahm. Von
1815-1850 hat sie sich verdoppelt, sie stieg von 48 000 auf
100 000. Damit setzte auch eine lebhafte Bautätigkeit ein,
und damals verschwanden innerhalb der Stadtmauern die letzten der alten, großen Gärten und machten neuen Straßen mit
Fabriken und Wohngebäuden Platz. Das dazu notwendige
Baumaterial, Ziegel, Kalk und Sand, lieferte die Umgebung
der Stadt. Das ganze Gelände, auf dem heute Ehrenfeld steht,
wurde zu dieser Zeit vor und nach vollständig ausgeziegelt,
sodaß sich die ungeheuren Ziegelfelder bis zum Ehrentor der
Stadt Cöln erstreckten.

Auch auf die Ländereien der alten K a l k e r   H ö f e
griffen die Ziegeleien bald über. Eine der ersten legte Joh.
Engels vom Kneffelshof an, da, wo sich jetzt die Wiersbergstraße befindet. Eine andere Ziegelei hatte Engels an der
Mülheimerstraße, welche bis zur Viktoriastraße reichte. Die
größten Ziegeleibetriebe errichtete jedoch der Großunter-
nehmer Jak. Wahlen aus Cöln an der untern Mülheimer- sowie
an der Friedrich-Wilhelm- und Wipperfürtherstraße. Dieses
Ziegelland war vorher Eigentum des Hofbesitzers Neuß.

Das Anwachsen der Bevölkerung Cölns und die zunehmende Bebauung der Grundstücke hatten aber wieder ein
starkes Steigen der Bodenpreise und Mieten zur Folge. Bald
war das Terrain innerhalb der Stadtmauern für die Anlage
weitläufiger gewerblicher oder industrieller Betriebe zu teu-
er geworden, und nun kamen die Fabriken auch in die Vororte, nach Ehrenfeld, Mülheim und Kalk, wo der Grund und
Boden noch billig zu haben war und überdies ganze Strecken
durch Ausziegeln, Kies- und Sandgewinnung entwertet da
lagen. Zu welchen Preisen damals in Kalk einzelne Grundstücke angeboten wurden, geht aus einer Erinnerung Spenglers hervor: „An der östlichen Ecke der Rolshover- und Hauptstraße lag eine große Kiesgrube, die wollte keiner haben. Der
Eigentümer, der emeritierte Pastor Süß, hat sie für 25 Taler

angeboten. Sie reichte von der Ecke (jetzt Nr. 54) herauf bis da, wo die Wirtschaft Schumacher ist (Nr. 64) und in der Rolshoverstraße bis zum jetzigen Hause des Bäckers Buchmüller (Nr. 9)".

Warum wurde nun gerade Kalk ein Fabrikzentrum?, könnte man fragen! Das lag außer den günstigen Grundstückspreisen an der Nähe der großen Stadt mit ihren vielen Verkehrs- und Beförderungsmöglichkeiten, mit ihren großen Geschäften und Banken. Zudem war zur Herbeischaffung und Wegführung der Güter auf dem Fluß- und Seewege das Deutzer Werft und der Mülheimer Hafen günstig gelegen. Anderseits konnten die Fabriken aber auch nicht näher an die Großstadt heranrücken, denn durch scharfe Rayonbestimmungen war in einer breiten Zone um die Festungen Cöln und Deutz herum alle Bebauung verboten. Für Kalk hat aber diese räumliche Trennung von der großen Stadt, mit der es gleichwohl als wirtschaftliche Einheit aufzufassen ist, das Gute gehabt, daß es seine Eigenart als besonderer Ort behielt und auch seine kommunale Selbständigkeit länger als die anderen Vororte behauptete.

Unter den ersten Fabriken, die zwischen 1850 und 1860 in Kalk entstanden, sind in der Folgezeit vier für den Ort von größerer Bedeutung geworden: die Maschinenfabrik S i e - v e r s & C i e ., aus welcher später die Maschinenbau-Anstalt H u m b o l d t hervorging, dann die chemische Fabrik V o r s t e r & G r ü n e b e r g (Salpeter-Raffinerie), das Feineisen-Walzwerk F e l s e r & C i e . und die Bierbrauerei S ü n n e r . Diese Werke erfreuen sich noch heute hoher Blüte; über sie wird im XIV. Kapitel in besonderen Abschnitten berichtet werden. Aber noch andere Betriebe siedelten sich zu jener Zeit in Kalk an: in der Rolshoverstraße entstand eine Dachziegelei, an der Sandstraße eine Fabrik feuerfester Steine und an der Hauptstraße wurde eine Tonfiguren- und eine Porzellanfabrik errichtet.

Die T o n f i g u r e n f a b r i k wurde von H. J. Scherf gegründet. Das damalige Wohn- und Verkaufsgebäude mit den allegorischen Darstellungen der vier Jahreszeiten, welches an der untern Hauptstraße liegt, ist jetzt zu Arbeiterwohnungen eingerichtet. Außer weltlichen und allegorischen Bildwerken, wie sie dem Geschmack jener Zeit entsprachen, wurden besonders Heiligenfiguren, Bildwerke für Kirchen, Kreuzwege etc. hergestellt. Die hochselige Königin Augusta, die Gemahlin König Wilhelms I., beehrte mehrmals die Fabrik mit ihrem Besuche, um Statuen für arme Kirchen zu kaufen.

Die P o r z e l l a n f a b r i k lag an der Hauptstraße zwischen Viktoria- und Mülheimerstraße, jetzt Nr. 87-97. Ihr Betrieb war mehrmals auf längere Zeit unterbrochen. In den letzten Jahren vor ihrem Abbruch, der 1899-1900 erfolgte, kam es bei Nordwind häufig vor, daß die schwarzen Rauchwolken ihres großen Brennofens die untere Hauptstraße in undurchdringliche Finsternis hüllten.

Der Grundstein zur jetzigen Kalker T r i e u r f a b r i k und Fabrik gelochter Bleche wurde 1862 gelegt. Joh. Mayer, bis dahin Meister in der Perforieranstalt der Firma Sievers & Cie., begann im genannten Jahre den Bau einer eigenen, vorläufig noch kleinen Fabrik zur Herstellung gelochter Bleche. Näheres über dieselbe im XIV. Kapitel.

Die Zeche Neu-Deutz

Eine eigenartige Gründung jener Jahre verdient noch besondere Erwähnung, nämlich der Versuch, in Kalk eine K o h l e n z e c h e anzulegen. Die Bedeutung der Kohle war im Zeitalter der Dampfmaschine gewaltig gestiegen, und deshalb mußte es für die Fabriken von größter Wichtigkeit werden, wenn die Kohle in nächster Nähe zu gewinnen und dadurch billig zu beziehen war. Aus diesem Gedanken heraus bildete sich in den Jahren 1854-1856 ein Konsortium, welches in der Umgegend von Kalk und Mülheim Mutungen auf Stein- und Braunkohlen anstellte. Die meisten Bohrversuche waren allerdings erfolglos, aber auf dem jetzigen Grundstück der Gebr. Sünner stieß man auf ein größeres Braunkohlenlager. Die sogenannte cölnische Bucht ist ja auch tatsächlich reich an dieser Kohlenart, und am Vorgebirge, bei Brühl, Liblar, Horrem, Frechen etc. hat sich eine gewinnbrin-

gende Industrie zur Verwertung der großen dortigen Braun-
kohlenschätze angesiedelt. Während aber die Braunkohlen
führenden tertiären Schichten des Vorgebirges bei späteren
Verschiebungen der Erdrinde als sog. Horste stehen geblieben sind, sanken die entsprechenden Erdschichten in der
Ebene durch Verwerfungen in mehr oder weniger große Tiefen ab, und erst in der Nähe der Bergischen Höhen, z. B. bei
Rath-Heumar, treten sie unter den diluvialen Rheinschottern

Das jetzt noch stehende Zechengebäude.

und Sanden wieder in geringerer Tiefe unter der Oberfläche
hervor. Das in Kalk gefundene Braunkohlenflöz war aber von
solcher Mächtigkeit, daß sich der Abbau zu lohnen schien.
Am 1. September 1856 wurde das Bergwerkseigentum einem gewissen W i l h . E c k a r d t zu Deutz verliehen. Darauf bildete sich die G e w e r k s c h a f t N e u - D e u t z ,
deren Repräsentant der Ingenieur Hauptmann a. D.
F r e n t z e n war, und nun begann man mit dem Bau der
Maschinen- und Förderanlagen. Noch heute zeugt der groß-
artig angelegte Schacht von 110 Fuß Tiefe und 10 Fuß lichter
Weite mit seiner schweren Eisenkonstruktion und seinen mit
Zement glatt verputzten Wänden von den Hoffnungen, welche man auf die Zeche Neu-Deutz gesetzt hatte. Doch die
Elemente waren leider stärker als die Menschenhand; denn

nach der Inbetriebsetzung stellte es sich heraus, daß die vorhandenen Maschinen nicht imstande waren, das Grubenwasser zu bewältigen. Dazu machte sich ein Übelstand geltend, welcher auch lange Jahre nachher bei größeren Etablissements fühlbar war, daß nämlich für die Abwässer kein genügender Abfluß geschafft werden konnte. Wie Spengler schreibt, „baute man einen steinernen Kanal von der Zeche aus unter der Hauptstraße her nach dem Grundstück hinter den Häusern der jetzigen Marienstraße, wo heute Bäcker Braun wohnt. Hier war eine tiefe Schlinggrube angelegt. Aber auch diese Einrichtung nützte wenig; die Grubenwasser ließen sich nicht meistern." Nach vielen vergeblichen Versuchen waren die vorhandenen Mittel erschöpft und die Arbeiten wurden eingestellt. Nun lag das Werk still bis zum Jahre 1868. Da verzichtete die Gewerkschaft auf ihr Bergwerkseigentum, welcher Verzicht durch Beschluß des Oberbergamts zu Bonn vom 11. Juli desselben Jahres bestätigt wurde, und die 39 Beteiligten verkauften durch ihren oben genannten Repräsentanten das Werk an die Brauereibesitzer G e b r . S ü n n e r. Die neuen Inhaber benutzten die Bauten zur Ausdehnung ihrer Kelleranlagen.

Die vorstehenden Ausführungen sind zum Teil einer Zeitungsnotiz entnommen, welche über die Zeche berichtet. In dem betreffenden Zeitungsausschnitt, der sich im Besitz der Gebr. Sünner befindet, (Zeitungskopf und Jahreszahl fehlen, Datum: Kalk, 23. Dezember), heißt es dann weiter: „Zur historischen Erinnerung haben nun die Gebr. Sünner in Kalk ihre neu eingerichtete Wirtschaft an der Hauptstraße „Z u r Z e c h e " genannt. Da die Firma Gebr. Sünner und ihr Fabrikat sich des besten Renommees erfreuen, so ist es wohl sicher, daß die Zeche diesmal prosperieren wird. Trocken wird man „die Zeche" jetzt allerdings noch viel weniger bekommen als vor Jahren."

Durch den vorhin erwähnten Verzicht erlosch das Bergwerkseigentum. Auf das ins Freie gefallene Bergwerk sind aber neue Mutungen eingelegt worden, welche unter dem Namen Deutz, Rath I, Vulcan und Kalk verliehen wurden. Eigentümerin dieser Bergwerke ist seit dem 14. September

1908 die Rheinisch-Nassauische Bergwerks- und Hütten-Aktiengesellschaft zu Stolberg im Rheinland. (Angaben aus Briefen und Schriftstücken der Gebr. Sünner.)

Die Ansiedlung der industriellen Werke zog natürlich auch viele Arbeiter, Geschäftsleute und Beamte nach Kalk. Dadurch erwuchsen der Gemeinde manche neue Aufgaben. So hatte man schon 1850, als die Zahl der Schulkinder auf ca. 40 gestiegen war, eine einklassige Schule eingerichtet, und die Kinder, welche bis dahin die Schule im benachbarten Dorfe Vingst besuchten, dieser überwiesen. Um die religiösen Bedürfnisse der Bevölkerung besser befriedigen zu können, wurde die seit 1830 bestehende kath. Rektoratgemeinde Kalk im Jahre 1856 zur Pfarre erhoben. Nun erhielt die neue Kirchengemeinde Kalk-Vingst auch einen Friedhof, der an dem Wege von Kalk nach Vingst, der Kirchstraße, angelegt wurde. Bis dahin war der Friedhof in Deutz die Begräbnisstätte für die genannten Orte.[1] Am 8. September 1863 fand die Grundsteinlegung der neuen Pfarrkirche, der Marienkirche, statt und 1866 war ihr Bau vollendet.

Nachdem der Ort so die kirchliche Selbständigkeit erlangt hatte, sollte er auch bald der Sitz einer eigenen Bürgermeisterei werden. Bis zum Jahre 1867 hatte Kalk mit den Gemeinden Vingst und Poll die Landbürgermeisterei Deutz gebildet und war mit Deutz in Personal-Union verbunden. Der Bürgermeister von Deutz führte also auch die Verwaltung der Landbürgermeisterei, während jedes der drei Dörfer einen Ortsvorsteher hatte. Die Kalker Ortsvorsteher waren seit Jahrhunderten wohl die Inhaber des Broicher- oder des Kneffelshofes. Seit dem Anwachsen der Bevölkerung in den 50er Jahren bis 1867 werden als Ortsvorsteher genannt: der Halfen vom Kneffelshof, Johann Engels, dann H. J. Scherf, dann der Besitzer des Broicherhofes, Küpper, darauf Rözel, Geschäftsführer bei Sievers & Co., und zuletzt Dr. med. Harling. 1867 wurde nun infolge des Wachstums des Ortes Kalk eine selbständige Landbürgermeisterei

---

1) In Ermangelung eines Leichenwagens diente ein Leiterwagen dazu, die Verstorbenen zum Friedhof nach Deutz zu fahren.

K a l k geschaffen, bestehend aus den Spezialgemeinden
K a l k , V i n g s t und P o l l . Als erster Bürgermeister der
neuen Landbürgermeisterei wurde am 22. Juli 1867 der Land-
gerichts-Auskultator a. D. W i l h e l m W i e r s b e r g ernannt. Zu diesem Zeitpunkte belief sich das Gemeinde-Bud-
get auf eine Ausgabesumme von 16 497,90 Mark, und die
Spezialgemeinde Kalk zählte 3958 Einwohner.

Um für diese verhältnismäßig große Bevölkerung
Wohnungsgelegenheit zu schaffen, hatte sich eine rege B a u -
t ä t i g k e i t entfaltet. Noch finden sich an der obern und
untern Hauptstraße, an der Rolshover-, Mülheimer-, Vikto-
ria- und Hermannstraße manche Wohnhäuser aus jener Bau-
periode. Auch die Grundstückspreise waren nun gestiegen,
und so konnte beispielsweise Pastor Süß für seine Kiesgrube
Ecke Rolshoverstraße 300 Taler fordern. Derselbe erbaute
auch die noch stehenden kleinen Häuser Rolshoverstraße 22
und 24 und an der Hauptstraße gehörte ihm das Haus „zum
Weihkessel". Wenn wir aber im großen und ganzen die Baulichkeiten jener Tage in ihrer Einfachheit und Nüchternheit
betrachten, so gewinnen wir doch den Eindruck, daß man
fast allgemein nicht allzuviel Vertrauen in die Entwicklung
des Ortes legte. Man begnügte sich mit einem Stockwerk oder
baute zunächst nur den Hinterbau, hoffend, daß man in nicht
allzu ferner Zeit auch das Vorderhaus in die Fluchtlinie setzen könnte. Vielleicht dachte man auch, dadurch vorderhand
der Entrichtung von Straßenbaukosten zu entgehen.

Es war eben zu jener Zeit noch wenig flüssiges Kapital
in Kalk, und die rechte Blütezeit der Industrie begann erst
anfangs der siebziger Jahre. So ist es nicht die Gunst der Zeit
gewesen, was die damals in Kalk bestehenden Werke nach
und nach emporbrachte. Nicht ohne Grund mußtc Pfarrer
Nießen mehr als drei Jahre an seiner Kirche bauen, und wie
ihm, so mag Frau Sorge auch den Kalker Fabrikherren manche schlaflose Nacht bereitet haben. Was aber diese Männer
beseelte und ihnen durch alle Schwierigkeiten hindurchhalf,
war eiserner Fleiß und nimmermüde Energie.

VI. Kapitel.

Kalk während des
deutsch-französischen Krieges.

Die französischen Gefangenen im Lager bei Kalk.
Die Schrift des Abbé Deblaye.

Während des deutsch-französischen Krieges 1870/71 sah Kalk eine Menge französischer Gefangenen. Auf dem Gelände des jetzigen Kürassier-Reitplatzes zwischen Deutz, Kalk und Poll sowie an dem von der Deutz-Kalker Landstraße zu diesem Platze führenden Wege, der jetzt noch „Franzosenweg" heißt, erhoben sich damals die Baracken[1] zur Aufnahme der gefangenen Franzosen. In der Nähe der Fabrik von Vorster u. Grüneberg, an der Bahn, befand sich das Lazarett. Nach Angabe des Pfarrers Köllen, damals Kaplan in Deutz, lagen auch in den Deutzer Schulsälen sowie in den Magazinräumen 700 Verwundete. Es herrschten Ruhr und Pocken zeitweise hier und unter den Gefangenen.

Um für die Speisung der gefangenen Franzosen im Kalker Barackenlager zu sorgen, war eine Reihe von Kalker Bäkkern beschäftigt, große runde Brote, allgemein Franzo-

---

1) Eine Anzahl dieser Baracken wurde nach Beendigung des Krieges und Heimkehr der Gefangenen von der Direktion des damals entstehenden Hochofenwerks Germania angekauft und „an der Germania" als Arbeiterwohnungen wieder aufgebaut. Sie dienen heute noch diesem Zwecke.

senbrot genannt, zu backen. An der unteren Hauptstraße, neben der damaligen Wirtschaft Karp, jetzt Nr. 63, war die Schlachthalle, die Metzgerei für die Fleischlieferungen an die Gefangenen eingerichtet. Tag für Tag wurden dort Ochsen, Kühe, Rinder und Hämmel in großer Zahl geschlachtet. Das Schlachthaus war nach heutigen Anforderungen sehr primitiv, und wir Knaben standen oft genug an dem stets offenen Tore, um zuzuschauen.

An Sonntagmorgen bekamen wir auch die Franzosen zu sehen, wenn sie die Hauptstraße hinauf zur Kirche geführt wurden, in der ein französischer Geistlicher für sie den Gottesdienst hielt.

Einer dieser Geistlichen, der Abbé Deblaye, hat in einer Art Tagebuch seine Erlebnisse im Lager und mehr noch seine Empfindungen geschildert und dieses Buch nach seiner Rückkehr nach Frankreich als Broschüre herausgegeben. Ein Exemplar desselben befindet sich im Besitze des Herrn Stadtverordneten Bendheuer und hat dasselbe den nachstehenden Ausführungen als Grundlage gedient.

*   *
  *

Als im Jahre 1870 der Krieg ausbrach, sah die Mehrheit unserer rheinischen Bevölkerung den kommenden Ereignissen mit einer gewissen Besorgnis entgegen. Wenn auch der preußische Staat in der Kraftprobe mit Österreich seine militärische Überlegenheit bewiesen hatte, so steckte doch der Respekt vor dem französischen Waffenruhme den Rheinländern noch tief im Blute, auch mochte die Erinnerung an die Franzosenzeit bei dem älteren Geschlechte durch Familienerzählungen noch lebhaft mitwirken; jedenfalls gab es Leute genug, die eine Invasion der Franzosen nicht für unmöglich ansahen. In den Berggegenden dachte man an die einsamen Verstecke, wohin einst die Vorväter in dunkler Nacht ihr Vieh und ihre ländlichen Besitztümer gerettet hatten. Aber auch in Cöln verproviantierten sich vorsichtige Leute für die Schrecken einer eventuellen Belagerung.

Die raschen Siege der deutschen Heere zerstreuten diese Befürchtungen, und wir sollten unsere schrecklichen Feinde recht bald in einem mitleiderregenden Zustande kennenlernen. Die älteren unter uns erinnern sich noch des bunt durcheinander gewürfelten Zuges der französischen Kriegsgefangenen, wie sie Sonntags morgens, fast an 2000 Mann stark, von bärtigen Landwehrleuten zur Kirche geführt wurden. Mit der herumstehenden Jugend entwickelte sich bald ein lebhafter Handel mit Knöpfen und kleinen Erinnerungsgegenständen, ja noch mehrere Jahre nachher sah man bei den Althändlern bunte Uniformstücke, Mäntel, Attilas, etc., die zu Fastnachtszwecken Verwendung finden mochten.

Das war also die furchtbare Armee. Soldaten jeder Art, Infanterie, Kavallerie, Artillerie in abgebrauchten, zerschlissenen Uniformen, selbst die gefürchteten Turkos, alles durcheinander. Mit einer gewissen neugierigen Scheu sahen wir Knaben auf diese Reste der großen Armee, deren Schicksal in so traurigem Widerspruch stand mit den einst so zuversichtlichen Siegeshoffnungen.

Sehen wir nun, wie diese Zeit sich darstellt im Geiste eines Mannes, der aus Frankreich herbeigeeilt ist, um seinen armen, kranken, gefangenen Landsleuten ihr Los erträglicher zu gestalten. Es ist Abbé Deblaye, ein französischer Geistlicher, begeistert von glühender Religiösität, bereit, allen Mühen und Anstrengungen sich zu unterziehen, aber auch erfüllt von höchster Vaterlandsliebe, das Herz voll Kummer über all das Elend, das seine Erwartung noch übertrifft. Eine unbefangene Würdigung unseres Vaterlandes und unseres Volkstums können wir nicht von ihm erwarten. Er verspricht zwar, in seinen Schilderungen möglichst objektiv zu bleiben, aber fast auf jeder Seite seiner Schrift sehen wir, wie wenig er imstande ist, seinen patriotischen Gefühlen Zwang anzutun. Er sieht in uns ein Volk von Barbaren und wundert sich, wie wenig Einfluß die allgemeine Volksbildung habe auf die Bildung des Herzens und des Gemütes. „Der Deutsche", so schreibt er, „besitzt keinen Takt. Er ist unhöflich und ungeschliffen. Dabei können alle lesen und schreiben, und sie nennen sich das unterrichteste Volk der Welt. Ich habe mir

eine so seltsame Anomalie nie erklären können. Wenn die
Bildung keinen anderen Zweck hat, als eine unleserliche
Schrift entziffern oder seinen Namen schreiben zu können,
so ist sie eher ein Mangel als ein Vorteil." Auch stößt ihn das
stramme, militärische Wesen der Preußen im höchsten Grade
ab, oft mißstimmt ihn der Mangel an Verständnis für seine
humanistischen Bestrebungen, wozu noch die Verschieden-
heit der Sprache kommt. So finden wir in Deblaye einen Berichterstatter, der die Ereignisse nicht so erzählt wie sie sind,
sondern wie er sie sich vorstellt, ja noch mehr, maßgebend
ist für ihn immer sein persönlicher Eindruck dahin, ob ein
Erlebnis ihm angenehm oder unangenehm ist. Im ersteren
Falle begeistertes Lob und übertriebene Worte der Anerkennung, im zweiten Fall ein ebenso scharfer Tadel, besonders
wenn er Gelegenheit findet, damit das verhaßte militärische
Wesen der Preußen zu treffen. Die Broschüre, die den nachfolgenden Schilderungen zugrunde liegt, führt den Titel:

Les Prisonniers Français à Kalk et au Gremberg
près Cologne.
Journal d'un aumonier
des prisonniers français en Allemagne
par L'Abbé A. Deblaye
Professeur au Petit Séminaire de Pont-à-Mousson.
Paris
Librairie Victor Sarlit
Libraire-Éditeur, rue de Tournon, 19.
1871.

Das vorliegende Exemplar ist dem Herrn Domkapitular
Dumont gewidmet, der seinen Namen auf dem Umschlag eingetragen hat. Das Werkchen umfaßt 116 Seiten und stellt ein
Tagebuch des Verfassers dar, in dem er seine Erlebnisse und
seine Eindrücke niederzulegen pflegte. Diese täglichen Aufzeichnungen beginnen mit dem 5. November 1870 und schließen mit dem 29. Januar 1871. Sie enthalten fast für jeden Tag
eine Reihe von Mitteilungen, ohne jedoch eingehende Nachrichten über die politischen Ereignisse dieser bewegten Tage
zu bringen, ja, wir können kaum feststellen, was von Bedeu-

62 tung in Kalk oder in den Gefangenenlagern sich zugetragen hat. Das Hauptinteresse des Verfassers nimmt die Seelsorge in Anspruch. So finden wir denn fast täglich lange Schilde-

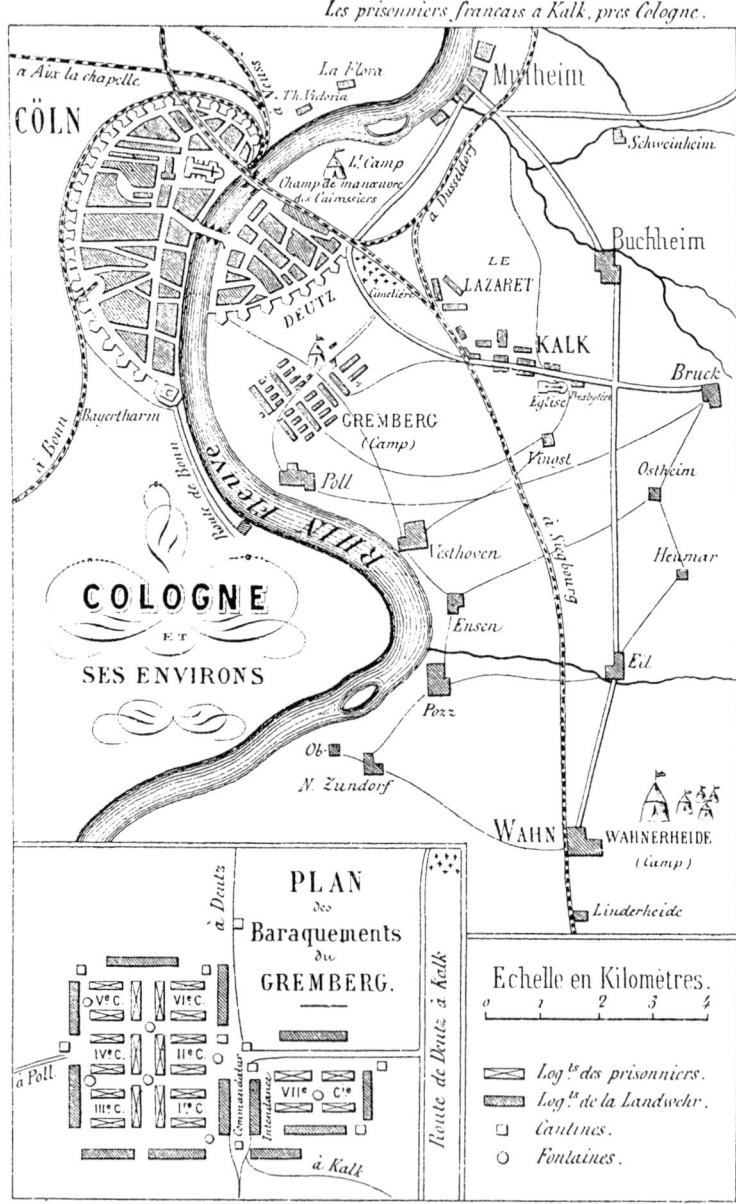

Les prisonniers français a Kalk, pres Cologne.

rungen seiner geistlichen Tätigkeit. Dabei nimmt die Darstellung seiner persönlichen Eindrücke und Empfindungen einen breiten Raum in Anspruch.

Das Werkchen enthält eine gut gezeichnete Karte von Cöln und Umgebung (siehe nebenstehend). Wir finden dort die Wirkungsstätten des Priesters eingezeichnet. Zuerst das provisorische Lazarett in der Nähe der chemischen Fabrik Vorster-Grüneberg, an den Gleisen der Cöln-Mindener Bahn, dann das Deutzer Lager an der Stelle des späteren Pionierübungsplatzes am Rhein, ferner das große Lager in Wahn und zuletzt das Gefangenenlager zwischen Deutz und Kalk, welches als das Gremberger Lager bezeichnet ist; das letztere ist wohl noch in vieler Erinnerung.

Beim Ausbruch des Krieges befand sich der Verfasser unserer Schrift als Priester am Kleinen Seminar in Pont-à-Mousson und war Zeuge, wie diese Stadt von den Preußen eingenommen wurde. Er gibt am Schlusse seines Werkchen eine interessante Schilderung dieser Ereignisse, die hier als Probe seiner Darstellung Platz finden möge. (Note 1. Occupation de P.-à-M. par les armees allemandes.)

„Die Kunde von den Niederlagen bei Wörth und Forbach gelangte nach Pont-à-Mousson am 8. August. Man wollte es zuerst nicht glauben. Bald aber erblickte man die Landleute aus Deutsch-Lothringen, die sich vor dem Feinde zu retten suchten. Es gibt nichts Traurigeres, als der Anblick dieser armen Leute.

Einige hatten auf Karren geladen, was von ihrem Besitztum ihnen am nötigsten erschien, und trieben in größter Bestürzung ihr armseliges, ermattetes Vieh vor sich her. Andere folgten ihnen zu Fuß und trugen in einem Korb ihre ganze Habe.

Wenn man diese Schar von Männern, Frauen, jungen Leuten, Greisen und Kindern an sich vorbeiziehen sah, so dachte man an die Worte Goethes in „Hermann und Dorothea" I.

„Und so zog auf staubigen Weg der drängende Zug fort, Ordnungslos und verwirrt. Mit schwächeren Tieren, der eine wünschte langsam zu fahren, ein anderer emsig zu eilen. Da entstand ein Geschrei der gequetschten Weiber und Kinder Und ein Blöken des Viehs, dazwischen der Hunde Gebelfer, Und ein Wehlaut der Alten und Kranken, die hoch auf den schweren Überpackten Wagen und Betten saßen und schwankten."

Wenn man sie fragte: Wohin? Wir wissen es selbst nicht war die Antwort, Gott mag es wissen. Und sie erzählten die unglaublichsten Dinge von der Raubsucht und Wildheit der Preußen. Bald war die ganze Stadt von ihnen erfüllt, und der Anblick dieser Flüchtlinge versetzte die Einwohner in Unruhe und Aufregung.

Viele Familien verließen in aller Eile ihre Häuser und ihr Eigentum, sehr zu ihrem Nachteil, denn diese verschlossenen Häuser wurden unbarmherzig der Plünderung preisgegeben. Einige flohen nach Metz und mußten dort die Schrecken einer langen Belagerung über sich ergehen lassen. Am 10. August verbot ein verständiger Erlaß des Bürgermeisters den Flüchtlingen den Eintritt in die Stadt und forderte die übrigen auf, in ihre Heimat zurückzukehren.

Unterdessen rückte der Feind unaufhaltsam vor, vergleichbar einem über die Ufer getretenen Flusse. Mittwoch, den 10. August, wurde er in Château-Salins gemeldet. Donnerstag, den 11. zeigte sich die preußische Avantgarde in Nomeny, eine halbe Stunde früher, als die anrückenden französischen Lanciers. Freitag mußte der Feind in Pont-à-Mousson sein. Jedermann fürchtete es, niemand wollte es glauben. Man stieg auf die Türme und auf die umliegenden Höhen, aber bis Mittag bemerkte man nichts.

Plötzlich gegen 12 Uhr galoppieren 4 preußische Ulanen über die Brücke in die Stadt bis vor das Rathaus, wo einer von ihnen mit seinem Pferd stürzte. Ohne von der Stadtbevölkerung behelligt zu werden, reiten sie über die Brücke zurück und vereinigen sich bei dem Kirchhof mit einer Abteilung Husaren. Gegen 1 Uhr treffen auf der Chaussee von Lesménils noch Dragoner zu ihrer Verstärkung ein.

Ein Teil bleibt an der Porte des Frontières, die anderen rücken bis zum Bahnhof vor, plündern das Stationsgebäude, schneiden die Telegraphendrähte entzwei und reißen die Schienen auf. In der Stadt sind preußische Wachen auf allen Straßen verteilt, und die Offiziere gehen unbehelligt über die Brücke hin und her. Pont-à-Mousson ist für sie schon eine eroberte Stadt. Die Einwohner haben ihre Arbeit im Stich gelassen und stehen untätig auf der Straße umher, staunend über eine derartige Frechheit. Wagt es denn keiner, diese Unverschämtheit zu strafen?

Es wird 3 Uhr und die Preußen setzen ihr Zerstörungswerk an der Eisenbahn fort. Die Soldaten haben sich in der Nähe des Kirchhofs soweit als möglich eingerichtet, ihre Pferde sind in den Ställen untergebracht.

Plötzlich ertönt ein furchtbares Geschrei vom Marktplatz her und verbreitet sich in der ganzen Stadt. Rote Czakos erscheinen. Es sind Chasseur d'Afrique, im Galopp, den Säbel schwingend, stürmen sie von mehreren Seiten in die Stadt. Die Aufregung ist auf ihrem Höhepunkt.

Die eine Hälfte galoppiert zur Eisenbahn, stürzt sich auf die Preußen und nimmt sie gefangen. Einige von den Preußen entfliehen auf der Straße nach Dieulonard, man verfolgt sie und es entspinnt sich ein heftiger Kampf; die Verwundeten werden zum Bahnhof gebracht und in den Wartesälen niedergelegt.

Die übrigen Chasseurs sprengen zum Metzertor, wo die Preußen sich in einem Stall verbarrikadiert haben. Nach kurzem Widerstande werden sie gefangen genommen. 7 Tote und einige Verwundete hat der Kampf den Preußen gekostet, abends fand man noch 2 Tote auf der Straße nach Lesménils, ein dritter war auf der Flucht mit seinem Pferd in die Mosel gestürzt und ertrunken.

Zwei französische Chasseurs waren verwundet worden; man trug sie ins Seminar und ließ ihnen alle Pflege zuteil werden. Indessen der eine von ihnen, der Sergeant Laurent, erlag bald seiner Verwundung. An der Spitze seiner Leute hatte er die Tür des Stalles zertrümmert, wo die Deutschen sich verteidigten, aber in demselben Augenblick hatte ihn die tödliche Kugel in den Unterleib getroffen.

Er litt noch bis zum Abend. Seine wenigen Habseligkeiten und seine Ehrenzeichen wurden aufgehoben, um sie seiner Braut zu übermitteln, der seine letzten Gedanken galten.

In der Stadt herrschte die größte Siegesfreude, die Einwohnerschaft gab sich einem wahnsinnigen Taumel hin. Erst am folgenden Morgen, als man die preußischen Vorposten auf allen Höhen erblickte, wurde man nachdenklich.

Man merkte den Anmarsch der preußischen Armee. Jeder Widerstand wurde unmöglich, überdies waren die Chasseurs abgerückt. Einige Franktireurs waren zur Stelle, aber sie zeigten sich so voll Angst, daß sie gern den Rat befolgten, sich zurückzuziehen. Sie ließen sich nicht lange bitten und verschwanden in dem Walde von Puvenel. Von ihnen sah man keinen wieder. Am 13. August, mittags, rückte die preußische Armee in die Stadt ein und nahm sie förmlich in Besitz.

Pont-à-Mousson war für lange Zeit eine Beute des Feindes."

Im Vorworte seiner Schrift schildert Deblaye nunmehr die Ereignisse in seiner Vaterstadt.

Am 16. August wurde im Seminar ein preußisches Lazarett mit 300 Betten eingerichtet, aber dieses genügte bei weitem nicht für die Zahl der Kranken, die sich bald einfinden sollten. Am 17. August trafen auf Leiterwagen die ersten Verwundeten vom Schlachtfelde von Gravelotte ein, und bald lagen in den Sälen und in der Kirche mehr als 800 Verwundete auf dem Stroh, ein furchtbarer entsetzlicher Anblick. Die Leichtverwundeten, die die Reise ertragen konnten, wurden täglich mit der Eisenbahn nach Preußen gesandt, aber jeden Abend kamen lange Wagenzüge mit neuen Verwundeten an. In einer Nacht zählte man ihrer 1500, Franzosen und Deutsche durcheinander. Bis zum 1. Oktober waren über 17000 Kranke und Verwundete in diesem Lazarett gepflegt worden."

Die Nachrichten, die unterdessen aus Deutschland über das Los der Gefangenen nach Frankreich drangen, veranlaßten Abbé Deblaye, seine Kräfte und seinen geistlichen Beistand den französischen Gefangenen zu widmen, und so reiste er am 5. November von Pont-à-Mousson ab, gestützt auf einige Kenntnis der deutschen Sprache und versehen mit einigen Empfehlungsbriefen, hauptsächlich an die Vereinigung der Malteserritter zur Pflege der Verwundeten und an einen Domkapitular, anscheinend Dumont in Cöln. In Straßburg (7. November) sieht er die furchtbaren Wirkungen der Belagerung, sein Herz bricht fast über das Unglück des Vaterlandes. Der Hotelwirt zeigt ihm 6 große Kisten mit Sprengstücken von Granaten. „Das sind die Geschenke dieser Barbaren", sagte er. Von dort kommt er über das Schlachtfeld von Wörth und Weißenburg, auf allen Stationen drängen sich preußische Soldaten, die Züge können nicht weiter wegen Überfüllung der Strecken. Nach einer bayerischen und badischen Zollrevision gelangt er am 9. November nach Karlsruhe. Ein Zug mit französischen Gefangenen fährt gerade in den Bahnhof ein. In Viehwagen sind in buntem Durcheinander Soldaten jeder Waffe und jeder Uniform untergebracht, bewacht von preußischen Landwehrleuten. Auf dem Bahnhof stehen neugierig lachend die guten Badenser; sie zeigen mit den Fingern auf die unglücklichen Gefangenen; er wendet seine Augen ab voll Zorn und Scham und fühlt sich tief unglücklich. Über Heidelberg, Mannheim, Ludwigshafen gelangt er nach Worms, beschaut dort mit gemischten Gefühlen das Lutherdenkmal und kommt abends in Mainz an. Nach einer kurzen Besichtigung der Stadt reist er nach Cöln. Er steigt im Domhotel ab, jedoch die Aufnahme entspricht nicht seinen Wünschen; dieser Umstand erscheint ihm sogar als eine böse Vorbedeutung.

Dagegen ist er mehr befriedigt von dem Empfang bei dem Domkapitular Dumont. Dieser jedoch gibt ihm wenig Hoffnung, sein Ziel zu erreichen.

„Ihre Hingebung", sagte Dumont zu ihm, „ehrt Sie; aber hoffen Sie nichts, man wird ihnen nie den Zutritt zu Ihren Landsleuten gestatten. Sie haben einen Beweis Ihres guten Willens gegeben, ruhen Sie sich aus, besehen Sie unsere Stadt und kehren Sie nach Frankreich zurück. Unterdessen betrachten Sie mein Haus als das Ihrige, solange Sie hier sind, bleiben Sie bei mir."

Auch bei dem Weihbischof Baudri findet er eine liebenswürdige Aufnahme, jedoch auch dieser kann ihm keine Hoffnungen machen.

„In Kriegszeiten", sagte dieser, „geht alles durch die Hände des Gouverneurs, und man ist sehr vorsichtig in der Zulassung französischer Priester." Auch in der Gesellschaft der Malteserritter in Deutz erhält er nur allgemeine Versprechungen ohne bestimmte Zusage, und er setzt seine Hoffnungen auf den Erzbischof Melchers. Weihbischof Baudri stellte ihn dem Erzbischof vor. Dieser empfing ihn mit großer Herzlichkeit und entsandte ihn nach Kalk, um dort sein mühevolles Werk zu beginnen.

So kommt er am 12. November nach K a l k. Er findet eine lange Straße, aus neuen Häusern bestehend, zu beiden Seiten von Fabriken umsäumt, von Arbeitern bewohnt, wie er sie auch als Vorstädte in Frankreich gesehen hat. Am Eingang des Dorfes zwischen mehreren Fabriken hat man ein Gebäude, welches vorher als Militärbäckerei gedient hat, zu einem Lazarett für 300 Kranke eingerichtet. Kalk wurde ihm als Wirkungskreis angewiesen, weil es dort keinen französisch sprechenden Priester gab.

Aber um seine Wirksamkeit zu beginnen, bedarf es der Autorisation des Gouvernements; zwei Priester von Metz, die in derselben Absicht kamen, haben Deutschland wieder verlassen müssen; ein Dritter hat sich sogar ohne Erfolg in Berlin verwandt.

Er wendet sich am 14. November wieder an den Erzbischof. Dieser erteilt ihm alle kirchlichen Vollmachten, und nach einem Besuche bei dem Gouverneur, Grafen von Frankenberg, erhält er endlich nach verschiedenen Hin- und Herwegen die gewünschte Erlaubniskarte. Seine Cölner Freunde beglückwünschen ihn. „Denn", so sagt er, „die Cölner lieben Frankreich, wenn sie auch noch so laut behaupten, Deutsche zu sein, weil letzteres hier Befehl ist; und man weiß, daß ganz Deutschland heute eine Kaserne ist, und wehe dem, der dem Befehle nicht gehorcht."

Am 15. November besucht Deblaye den Pfarrer Nießen. Er nennt ihn einen ausgezeichneten Mann, mittleren Alters, jeder politischen Partei fernstehend und nur mit seiner Pfarrei beschäftigt, die er hat heranwachsen sehen und die er mit einer prächtigen Kirche beschenkt hat. Da der Pfarrer kein Französisch spricht, so freut er sich ungemein, einen Priester zu bekommen, der sich mit der Seelsorge der Gefangenen im Lazarett befassen kann. Der Pfarrer bietet ihm seine Gastfreundschaft an, und Deblaye nimmt zu einem geringen Pensionspreise bei ihm Wohnung für die Zeit seines voraussichtlichen Aufenthaltes. Seine ersten Eindrücke im Lazarett schildert der Verfasser folgendermaßen:

„Ich stellte mich dem kommandierenden Offizier vor, es war ein liebenswürdiger Mann, der das Französische in Paris gelernt hatte. Er prüfte meine Papiere und meine Vollmachten, und von jetzt ab hatte ich freien Eintritt ins Lazarett und konnte meinem Dienste obliegen. Er stellte mich dann seinem Personal vor: 3 Ärzte, ein Militärarzt mit 2 Gehülfen. Alle drei schleppen einen langen Säbel. Es scheint, daß dieses Vorschrift ist und dabei ist der eine noch keine zwanzig Jahre alt. Die Sorge für die Kranken ist deutschen Franziskanerschwestern von Capellen anvertraut, von denen nur 2 ein wenig Französisch verstehen und noch weniger sprechen. Sie werden in ihrer Tätigkeit unterstützt von ungeschliffenen deutschen Krankenwärtern. Zwei Unteroffiziere sind mit der Polizei betraut und verwalten ihr Amt manchmal in wenig rücksichtsvoller Weise. Gutmütige Landwehrleute, die die 40 hinter sich haben, halten am Tor Wache mit geschultertem Gewehr.

Ich trat in das Lazarett ein; es ist ein einstöckiges Gebäude, beim Beginn des Krieges in aller Eile errichtet, längs des Dammes der Cöln-Mindener-Eisenbahn. Eine Längsmauer läuft im Innern durch das Gebäude, und 3 Querwände teilen den ganzen Raum in 8 Säle von fast gleicher Größe. Jeder Saal kann 20 bis 30 Kranke aufnehmen.

Das Tageslicht dringt herein durch die in der Bedachung angebrachten Fenster. An frischer Luft fehlt es nicht. Denn zahlreiche Öffnungen zwischen den Dachziegeln und den schlecht gebauten Mauern lassen dem Winde, dem Schnee und dem Regen freien Eintritt. Aber für Gefangene und Franzosen kommt es sich nicht genau. Zwei andere Gebäude, die mit dem ersteren ein gleichschenkliges Dreieck bilden, werden gerade errichtet und sollen einen besseren Schutz bieten. In den Ecken befinden sich abgesonderte Kabinen für das Personal.

Ich betrete einen der Säle; man denke sich 3 Reihen elender Strohsäcke auf einem feuchten Fußboden, deren eines Ende etwas erhöht ist durch ein vom Fußboden zur Wand schiefliegendes Brett, wahrscheinlich um ein Kopfkissen zu bilden. Darauf liegen die Kranken unter einem zu kurzen Bettuch und einer Wolldecke. Ich fand die Mehrzahl dieser Strohsäcke belegt mit Kranken, die von der Belagerung von Metz gekommen waren. Einige sind schon länger da. Viele bedürfen nur der Ruhe und Pflege, aber ein große Anzahl leidet an Dyssenterie oder Typhus und mehrere zeigen alle Symptome von Lungenkrankheiten.

Alle tragen die Spuren langer, körperlicher und geistiger Leiden.

Eine kleine Gruppe von solchen, die sich aufrecht halten konnten, stand um den Ofen herum. Ich trat zu ihnen, alle umringten mich; meine Kleidung und meine Sprache sagten ihnen hinreichend, wer ich war. Es war geradezu ein Ausbruch von Freudenbezeugungen, von Bewillkommnungen, von Fragen; ich sah, wie die Kranken sich auf ihrem armseligen Lager aufrichteten und sich nach mir hinwandten. Und ein Schimmer von Freude erhellte ihr bleiches, abgemagertes Antlitz.

Man muß im Exil gewesen sein, fern von seinen Lieben und seinem Vaterlande, man muß leiden, einsam und verlassen, um zu fühlen, was es heißt, einen Freund und Tröster bei sich zu sehen. Und war ich es nicht für diese armen Leute? „Nicht wahr Herr Abbé, Sie werden doch bei uns bleiben?" Das war ihr erstes Wort, und ich versprach es ihnen. Wir sprachen von Frankreich, von seinem Unglück, von seinen Hoffnungen. Ich redete zu ihnen von ihrer traurigen Lage und von den Aussichten auf Trost und Linderung ihrer Leiden. Dann schritt ich durch alle Säle, überall dieselben Szenen, und bald hatte ich Freundschaft mit meinen Schutzbefohlenen geschlossen. Viele drückten mir die Hand mit den Worten: „Wir werden also nicht mehr verlassen sein", einige erbaten meinen geistlichen Beistand. Ich beeilte mich, ihren Wünschen nachzukommen. Leiden, die so lange dauern, führen den Menschen zu Gott zurück, zu dem, der uns erhebt, tröstet und uns neue Hoffnung gibt."

Am folgenden Tage (16. November) sieht Deblaye zum ersten Male, wie die Suppe verteilt wird; jedoch scheint die deutsche Lazarettküche seinem Geschmack wenig zu entsprechen.

„Ein Krankenwärter trug ein ziemlich großes Gefäß, gefüllt mit einer schwarz-weißen, klebrigen und zähen Masse, die geradezu wie Kleister aussah, den die Leineweber gebrauchen; und er schöpfte in jede Schüssel eine ziemliche Portion von diesem Kleister. Jeder nahm seinen hölzernen Napf und das Diner begann. „Schließlich", sagten sie, „geht es uns hier noch besser als im Lager, wo das ganze Frühstück aus einer Tasse schwarzer, unsauberer Flüssigkeit ohne Zucker bestand, welche die Deutschen sich nicht schämen, Kaffee zu betiteln."

Während der neue Seelsorger von einem Krankenbett zum andern geht, hat er tausend Wünsche entgegenzunehmen. Der eine hat nach Frankreich geschrieben und keine Antwort bekommen. Der andere möchte gern die lang entbehrte Pfeife Tabak rauchen. Nur wenige haben einen Sparpfennig, und so vieles wäre nötig anzuschaffen. Mit Freuden begrüßt er die Ankunft einer französisch sprechenden Krankenschwester, denn bei der gegenseitigen Unkenntnis der Sprache ereignen sich täglich tragikomische Szenen, wie z. B., wenn der Franzose irgend etwas wünscht und man ihm sechsmal das Verkehrte bringt. Auch hier nimmt Deblaye Gelegenheit, sich über die Rücksichtslosigkeit der deutschen Krankenwärter zu beklagen. „Das tut weh, denn der Franzose hat immer Unrecht."

(17. November.) Täglich kommen neue Krankentransporte von der Wahner Heide zum Ersatz der Rekonvaleszenten, die das Lazarett verlassen können. Zu dieser Zeit befinden sich ungefähr 20 000 Gefangene auf der Wahner Heide, 1500 auf dem Pionierübungsplatz in Deutz. Die Menge der Kranken macht es nötig, noch andere Lazarette zu improvisieren, z. B. in einem Eisenbahnschuppen zu Deutz, in der Flora und im Viktoriatheater zu Cöln. Auch befinden sich viele Verwundete in den ständigen Hospitälern. Der Zustand der armen Kranken ist ein höchst beklagenswerter. Nicht allein körperliches Leiden beugt sie nieder, auch Hunger, Kälte, die Unbilden der Witterung, dazu das drückende Gefühl, in der Gefangenschaft, fern vom Vaterlande zu sein. Solange sie konnten, haben sie sich gegen das Lazarett gesträubt. Fast alle sind junge Leute von 20 Jahren. Vor drei Monaten noch

frisch, gesund und kräftig, ein langes Leben vor sich sehend,
und jetzt auf dem armseligen Krankenlager, bleich, schwach,
abgemagert, mit dem fatalen Husten, der von Zeit zu Zeit ihre
Brust erschüttert, das traurige Zeichen eines baldigen, sicheren Todes. Indessen schmieden sie tausend Hoffnungen. Der
eine will seine Schwester wiedersehen, der andere sein armes,
vielgeliebtes Mütterchen. „Mit blutendem, schmerzerfüllten
Herzen höre ich ihre Hoffnungen! Wie oft stand ich nicht mit
tiefgetrübter Seele an einem solch´ herzzerreißenden Krankenlager!" Dazu der Mangel an Kleidung und die Vorboten eines
harten Winters. Der eine hat keine Strümpfe, der andere nur
ein einziges Hemd und die Reste seiner abgeschabten, durch-
löcherten und zerrissenen Uniform. Auch das Schuhzeug ist
im schlechtesten Zustande. Einige Gefangene werden draußen mit der Instandsetzung der Wege und sonstigen Arbeiten
beschäftigt. Bei diesem Anlaß finden sich bittere Worte über
mangelhafte Bezahlung, ja sogar über das Ausbleiben der etwa
aus Frankreich gesandten Unterstützungen.

Am 19. November werden die deutschen Krankenwärter durch französische Gefangene ersetzt. Man hat hauptsächlich Elsässer gewählt, für die Kranken eine wahre Erleichterung. Noch einmal beklagt sich Deblaye über den mangelhaften Zustand des Lazarettes, jedoch muß er der Tätigkeit
der deutschen Ärzte lebhafte Anerkennung zollen. Insbesondere ist die Behandlung des Typhus durch kalte Bäder außerordentlich erfolgreich, auch die Verpflegung der Kranken hat
sich gut und zweckmäßig gestaltet.

Der 20. November ist der erste Sonntag, den er in der
Mitte seiner Gefangenen verbringen kann, aber infolge des
Mangels an allem Nötigen ist es ihm noch nicht möglich, die
Messe zu lesen, und so begnügt er sich in einer zu Herzen
gehenden Ansprache, die Hoffnungen der Gefangenen auf
ihr Vaterland und auf eine baldige Heimkehr zu lenken.

Gegen den 22. November war die Erbauung des
Gremberger Barackenlagers schon ziemlich weit fortgeschrit-
ten. Es sollte eine Unterkunft für 7000 Gefangene werden
und allen Anforderungen entsprechen. An diesem Tage starb
auch der erste seiner Schutzbefohlenen. Es war ein gewisser

Joseph Velvet, 22 Jahre alt, im 16. Jägerregiment. Noch in seinen letzten Augenblicken hatte er von seinen Eltern, von seinem Vaterlande, von seinen Hoffnungen gesprochen und war unter diesen Worten hinübergeschlummert. Wie oft noch mußte der gute Seelenhirt am Sterbebette eines armen Verwundeten stehen! Fast auf jeder Seite lesen wir, wie Krankheit und Verlassenheit die schon verlorenen Seelen zu ihrem Gott zurückführt. Ergreifend ist es, wie er den geistlichen Beistand schildert, den er einem armen, mit ansteckender Krankheit behafteten Gefangenen zuteil werden läßt. Der Kranke weist zuerst seine Hülfe zurück, Haß und Rache bewegen sein Gemüt, fruchtlos ist der Hinweis auf die Barmherzigkeit Gottes. Aber einige Tage nachher läßt der Kranke den Priester rufen. Am Bett kniend nimmt dieser ihm die lange Beichte ab und bringt ihm die heiligen Sakramente. Alle Gefangenen knieen um das Lager und sehen tiefbewegt, wie auch diese arme Seele in die Hände ihres Schöpfers zurückkehrt.

Am 1. Dezember konnte Deblaye zum ersten Male die Messe im Lazarett lesen. Er vergleicht seine Gemeinde mit den ersten Christen in den Katakomben, deren Lage in der Verbannung der seinigen ähnlich ist. Um aber auch eine größere Anzahl seiner Gefangenen am Gottesdienste teilnehmen zu lassen, wandte er sich am 3. Dezember an den Pfarrer von Kalk und traf mit ihm die Verabredung, jeden Sonntag seine Schutzbefohlenen in Kalk zur Kirche zu führen. In den folgenden Tagen ereignete sich nichts von Bedeutung. Eine frohe Unterbrechung des eintönigen Lebens bildete jedoch das Fest des heiligen Nikolaus, wo ein Schimmer der Freude sich über das Lazarett breitete. Wie in Deutschland die Kinder beschenkt werden, so ermöglichte es unser guter Deblaye, jedem Soldaten ein kleines Geschenk zu überreichen; Kleidungsstücke, Tabak und Zigarren bildeten diese frohen Überraschungen, das Angenehme verbunden mit dem Nützlichen.

Am 6. Dezember wurden 3000 Gefangene von der Wahner Heide nach dem Gremberger Barackenlager überführt. Unter Vorantritt der Musik der 11. Jäger marschieren sie, allerdings in bunt gemischten Zuge, aber mit ziemlich

guter Haltung in ihre neue Heimstätte, aber selbst im Unglück zeigt sich echte französische Heiterkeit.

Am 8. Dezember langten noch zwei französische Armee-
geistliche in Cöln an, M. Baron und M. Vimard, die gekommen sind, um sich mit der Sorge um die französischen Gefangenen zu befassen.

Während der folgenden Tage berichtet Deblaye hauptsächlich über die Hilfskomitees in Frankreich, die eine umfassende Tätigkeit entwickeln zur Erleichterung des traurigen Loses der Gefangenen. Auch in Genf und Brüssel werden nennenswerte Anstrengungen gemacht. Ebenso unterstützen die Damen der aus Frankreich beim Ausbruch des Krieges vertriebenen Deutschen die Gefangenen mit Geld und
Kleidungsstücken.

Gegen Mitte Dezember war das Barackenlager vollständig mit Gefangenen belegt, und Deblaye versuchte auch dort
mit seinen Landsleuten in Verbindung zu treten. Indessen
wurden seinem Eintritt Schwierigkeiten in den Weg gelegt,
und man verlangte von ihm eine Erlaubniskarte des Oberst
Schalk in Deutz.

Der Empfang bei diesem Herrn war wenig ermutigend.
„Ich bin sehr unzufrieden mit ihren Soldaten", sagte er, „gestern hat einer von ihnen einen deutschen Unteroffizier geschlagen, er wird erschossen werden. Wenden Sie Ihren Einfluß an, sie zur Lenksamkeit zu erziehen. Das wird Ihre Aufgabe sein."

Überhaupt scheint man auf deutscher Seite einen
schlechten Einfluß von Seiten der französischen Geistlichen
auf die Gefangenen angenommen zu haben. Deblaye beklagt
sich mehrfach, daß man französische Priester kurzerhand
ausgewiesen habe, auch ihm selbst werden oft energische
Warnungen von Seiten der militärischen Behörde zuteil. Eine
fernere Klage bezieht sich darauf, daß die Gefangenen keine
französischen Zeitungen bekommen (17. Dezember). Bei der
sehr parteiischen Berichterstattung der Franzosen kann man
sich diese Vorsichtsmaßregel unserer Behörden wohl erklären. Wenn man bedenkt, daß die Tage bis zur Kapitulation
von Paris der preußischen Heeresleitung Schwierigkeiten

genug boten, so wäre es zum mindesten höchst unklug gewesen, 15 000 zum Teil aufsässige Gefangenen durch erlogene französische Siegesdepeschen zu unnützen Hoffnungen zu ermutigen. So wurde denn von der Verwaltung des Lagers alle 8 Tage den Gefangenen eine Zeitung zugestellt, in der, wie Deblaye schreibt, auf einem gelben, schmutzigen Papier in einem miserablen Französisch Sensationsnachrichten über preußische Siege berichtet waren. Die französische Armee und ihre Offiziere werden nach seinen Worten in unwürdiger und lügenhafter Weise heruntergemacht und beschimpft. Der Erfolg allerdings, den die Preußen hierdurch erzielen, ist nach seiner Ansicht recht verschieden von dem, was sie erwarten. „Statt des Schreckens und der Furcht erzielt man Erbitterung und unversöhnlichen Haß." Wie an so manchen Stellen, so wird man auch hier an der Wahrheitsliebe unseres Berichterstatters gelinde Zweifel hegen.

Auch jener vielbesprochene Erhebungsversuch der französischen Gefangenen am 24. Dezember scheint von deutscher Seite auf den Einfluß französischer Priester zurückgeführt worden zu sein. Deblaye stellt den ganzen Vorgang als durchaus harmlos dar, als wenn auf französischer Seite kein Gedanke an Empörung gewesen wäre. Da die Schilderung der betreffenden Ereignisse einen der interessantesten Teile des Werkchens bildet und andererseits diese Vorgänge auch noch in vieler Erinnerung sind, so wollen wir den Verfasser selbst erzählen lassen.

(24. Dezember.) Seit einigen Tagen laufen beunruhigende Gerüchte um," man spricht von einer Revolte, von einem Ausbruchsversuche der Gefangenen .... Von Minden her soll es los gehen. Die Deutschen sagen es selbst und zeigen sich beunruhigt. Im Laufe des Vormittags rasselt eine Batterie durch das Dorf in der Richtung zum Lager in der Wahnerheide. Das Gerede geht selbstverständlich seinen Gang. Indessen im Barackenlager ist alles ruhig. Die Priester (Mr. Deblaye, Mr. Baron und Mr. Vimard) haben wie gewöhnlich ihre Soldaten empfangen, und während des nachmittags begaben wir uns zum Lazarett, wo wir bis spät am Abend bleiben. Sehr viele Soldaten nehmen die Gelegenheit wahr, ihre religiösen Pflichten zu erfüllen, woran sie es lange haben fehlen lassen. Wir kehren zurück, recht befriedigt von der reichen Ernte, die uns beschieden war.

Als ich zum Pfarrhause zurückkam, gab mir der Pfarrer eine ausführliche Schilderung aller Gerüchte: „In dieser Nacht noch soll der Ausbruch stattfinden, die Stunde ist festgesetzt, in allen Lagern bricht eine
allgemeine Revolte aus. Cöln wird das Signal geben, und die französischen
Priester haben durch ihre Predigten diesen Handstreich vorbereitet.

Aber man hat Vorsichtsmaßregeln getroffen (das einzige, was nach
Deblayes Ansicht wirklich erfolgt ist): Artillerie ist zur Wahner Heide ge-
schickt, die Geschütze der Festung Deutz sind auf das Barackenlager
gerichtet worden, die Wachen hat man verdoppelt. Bei dem geringsten
Erhebungsversuche wird das Feuer eröffnet. Der Bürgermeister und der
Stadtkommandant haben in Deutz den Belagerungszustand verkündet.
Um 9 Uhr muß jeder zu Hause sein. Beim geringsten Aufruhr haben die
Einwohner die Fenster zu erleuchten und niemand darf sich auf der Stra-
ße zeigen."

Der Pfarrer erzählte mir dieses alles mit verstörter Miene, sah mich
fragend an, ob auch ich seine Befürchtungen teilte, die durch nichts begründet waren. Ich kannte allerdings seinen zaghaften Charakter und suchte
ihn, so gut ich konnte, zu beruhigen. Die Ruhe, die ich zur Schau trug und
die Versicherungen, die ich ihm gab, erreichten einigermaßen ihren Zweck.

(25. Dezember.) Indessen gestern abend um 9 Uhr, im Augenblick,
als ich mich vom Pfarrer verabschiedete, hörte ich ganz deutlich Kanonenschüsse. Ich wußte nicht, was ich denken sollte und stellte alles der Vorse-
hung Gottes anheim.

Kaum war ich eine Viertelstunde zu Bett, als man an der Haustür
schellte. Ein Mann vom Lazarett bat mich, möglichst schnell zu kommen,
denn man hatte soeben aus dem Lager einen zu Tode verwundeten Soldaten dorthin gebracht. Ich stand auf und folgte dem Boten. Es schneite und
ein scharfer Wind wehte uns ins Gesicht, dicke Schneeflocken hinderten
uns am raschen Vorwärtskommen. Indessen eilten wir, so gut es ging. Es
drängte mich zu kommen bevor es zu spät wäre, aber ich hatte noch 2
Kilometer vor mir. Tausend Gedanken durchstürmten mein Hirn. Ich fragte
den Boten, er konnte mir nichts sagen, er wußte nichts Sicheres und schien
selbst den Kopf verloren zu haben. Bei meiner Ankunft fand ich den Verwundeten, einen Unteroffizier; die Ärzte hatten ihn untersucht und erklärt,
daß die Wunde tödlich sei; eine Kugel hatte ihm den Unterleib durchbohrt.

Ich trat an sein Lager und fand den Mann in heftiger Aufregung, lei-
denschaftliche Worte voll Wut und Rachedurst ausstoßend. Ich versuchte,
ihn zur Geduld und Ergebenheit zu ermahnen, wagte sogar einige fromme
Trostworte, indessen fand ich kein Gehör. Ich wartete und hatte so Zeit, die
preußischen Soldaten über diesen traurigen Vorfall zu befragen. Alles, was

ich von ihnen erfahren konnte war, daß der Sergeant, schon einigermaßen erregt vom Wein, mit drei anderen Soldaten die Postenlinie hatte überschreiten wollen. Auf den Anruf der Schildwache waren diese drei in das Lager zurückgeeilt. Aber der Sergeant, der schon zu weit voraus war, hatte sich auf den Wachposten gestürzt, der aus nächster Nähe auf ihn Feuer gab. Was den Beweggrund dieses Angriffes anbetraf, schien es ein Anschlag zum Zwecke der Entweichung zu sein. Das war alles, was sie wußten, aber von einem Komplott war absolut keine Rede. Ich kehrte zu dem Verwundeten zurück; die Wunde begann sich zu entzünden und verursachte bald die heftigsten Schmerzen. Es war traurig zu sehen, wie dieser Mann, so voll Kraft und Leben, die Beute eines sicheren Todes wurde. Ich bemühte mich, ihm seine letzten Stunden zu erleichtern und ihm Trostworte zuzusprechen, aber ohne Erfolg. Ich mußte meinen Besuch auf den nächsten Tag verschieben. Leider sollte ich ihn nicht mehr wiedersehen, er starb um 4 Uhr morgens in furchtbarer Qual.

In Deutschland beginnt die Christmette zwischen 4 und 5, eine Maßregel, die die Polizei gegen Diebe getroffen hat. (!) Ich besuchte die Christmette in Kalk, und als ich den Pfarrer wiedersah, begann er wieder mit seinen phantastischen Erzählungen. Dieses Mal war die Revolte sicher. Man hatte gehört, wie Artillerie das Lager auf der Wahner Heide bombardierte, und Gott sei Dank, noch einmal hatten die preußischen Truppen diese treuvergessenen und gottlosen Franzosen überwältigt.

Diese Redensarten wurden im ganzen Ort herumgesprochen, ich führe sie nur an. Im Grembergerlager würde dieselbe Revolte ausgebrochen sein, wenn man nicht Vorsichtsmaßregeln ergriffen hätte. Übrigens, fügte man hinzu, sind die Gefangenen nie so unruhig gewesen, wie seit der Anwesenheit der französischen Priester: es ist Zeit, daß diese fortkommen.

Ich glaubte hiervon nicht ein Wort, denn ich merkte bald, woher der Schlag kam. Schon oft hatte man mich gewarnt, auf meiner Hut zu sein, um nicht dem protestantischen (!) Einflusse zu unterliegen. Indessen war ich in großer Bestürzung. Ich beriet mich mit meinen Kollegen, und es wurde beschlossen, daß sie Kalk in einigen Tagen verlassen sollten.

Die Messe für die Soldaten sollte um 11 Uhr stattfinden, jedoch diese kamen nicht; es war indessen nur die Folge eines Mißverständnisses, sie hatten geglaubt für den folgenden Tag bestellt zu sein. Aber die Gerüchte gingen immer weiter, und die Erregung in Kalk wurde noch größer, und zwar erst recht, als man die Ordonnanzen zwischen dem Lager und dem Pfarrhause hin- und hergehen sah, die das Mißverständnis aufklären sollten.

In Deutz und Cöln kursierten ebenfalls die abenteuerlichsten Gerüchte über die Revolte und den Ausbruch der Gefangenen. Die guten
Deutschen sahen schon, wie ihre Städte verwüstet, wie die Frauen ge-
raubt, die Kinder hingemordet wurden; von der Wildheit dieser schrecklichen Franzosen konnte man ja alles erwarten. Aber mit Hilfe der Tapferkeit dieser braven Landwehrleute hatte man die wilde Bestie noch einmal
in ihren Käfig zurückgescheucht."

Im Lazarett, wohin Deblaye sich jetzt begab, wußte man
von der ganzen Sache nichts; die Verwundeten hatten nur den
einzigen Wunsch, das Christfest in ruhiger Freude zu begehen, als wären sie in ihrer Heimat. Auch im Lager verging
der Tag in aller Ruhe, man erwartete eine Kundgebung, man
war gefaßt auf eine scharfe Proklamation von seiten des
Gouvernements, aber nichts geschah.

Auch am 26. Dezember erfolgte keine weitere Aufklärung der Ereignisse, und da alles in sein gewöhnliches Gelei-
se zurückzukehren schien, so fing man an, wie der Verfasser
meint, den ganzen Schrecken auf eine Mystifikation zurückzuführen. Die Gefangenen fanden sich wieder vollzählig in
der Kirche ein, allerdings wohnte auch eine Anzahl preußi-
scher Offiziere dem Gottesdienste bei. Die Messe wurde mit
besonderer Feierlichkeit unter Musik und Gesang gefeiert,
und Deblaye nahm Gelegenheit, in begeisterten Worten Hoffnung und Trost in die Herzen seiner Zöglinge zu sprechen;
ergreifend sind seine Worte in ihrer tiefen Frömmigkeit und
Vaterlandsliebe. Am Abend begab er sich nach Cöln zu seinen Freunden, aber auf seine Fragen über einen Ausbruchs-
versuch wußte man auch dort nichts. Er ist geneigt, die ganze
Sache für einen Vorwand anzusehen, um die Bewachung der
Gefangenen zu verschärfen und sich der französischen Priester zu entledigen, deren Einfluß mehr und mehr unbequem
wurde, besonders wo der deutschen Kriegsleitung bei der Belagerung von Paris durch die neu gebildeten französischen
Heere gefährliche Gegner erwuchsen. So schien die Legende
von einem Ausbruchsversuche nach französischer Auffassung
ein Mittel zu sein, den wankenden Patriotismus zu stärken
und zu befestigen.

Schließlich erfuhr Deblaye, daß man in der Nacht zum
25. Dezember vom Bayenturm einige Kanonenschüsse ab-

gegeben habe, um die Rheinschiffer von dem beginnenden Eisgang in Kenntnis zu setzen. Die Eisschollen hatten eine Holzbrücke bei Coblenz vernichtet, und deren Trümmer trieben den Fluß hinab. Interessant und auch bezeichnend ist auch die Angabe, daß das ganze Gerücht entstanden sei aus der Verwechslung der französischen Ausdrücke für „Empörung" und „Christnacht, „rébellion" und „reveillon", aber die militärische Autorität habe auf ihrer vorgefaßten Meinung von einer Revolte bestehen wollen.

Die nachfolgenden Tage enthalten nichts Bemerkenswertes. Deblaye macht eine Reise nach Coblenz (2.-3. Januar), um dort einen anderen französischen Priester zu treffen, mit dem er die Gefangenenlager in Coblenz besucht. Nach seiner Rückkehr wurde er am 9. Januar nach Cöln zum Gouvernement befohlen, und er erwartete von dieser Zitation wenig Gutes.

Es handelte sich um englische Zeitungsnachrichten, hauptsächlich um einen Artikel der „Times", wo das Los der französischen Gefangenen im schlimmsten Licht geschildert war, und es war unverkennbar, daß damit auf die angeblich traurigen Zustände im Kalker Lazarett hingewiesen wurde. Deblaye hatte allerdings an die „Times" eine Berichtigung geschickt, jedoch im Anschluß daran war in der „Times" ein Brief im Wortlaut veröffentlicht worden, in dem Deblaye sich an die englischen Hilfskomitees wandte, um bessere Betten für die Verwundeten zu erlangen. In diesem Briefe spielte das „feuchte Stroh" eine Hauptrolle. Die englischen Zeitungsblätter waren durch Vermittelung des preußischen Gesandten in London in die Hände des Gouverneurs von Cöln gelangt. Deblaye konnte nicht bestreiten, den ominösen Brief geschrieben zu haben. Seine Entschuldigung, daß er den übrigen Artikeln fernstehe, wurde zwar angenommen, die weitere Zulassung von Ausländern wurde streng untersagt, und Deblaye hatte selbst den Eindruck, daß dieser Zwischenfall seiner ferneren Wirksamkeit ein baldiges Ende bereiten würde.

Diese Befürchtungen bestätigten sich, als er am 15. Januar zum Kommandanten des Lazaretts beschieden wurde.

Derselbe beklagte sich über den „blinden und fanatischen Patriotismus der französischen Geistlichen" und warf ihm vor, den Gefangenen französische Zeitungen verschafft zu haben. Deblaye hatte allerdings, wie er sagt, zum Troste der Gefangenen häufig belgische Zeitungen gekauft und verteilt, auch wurde der „Gaulois" täglich ihm und damit den Gefangenen gratis zugestellt. Wir wissen, daß diese Tatsachen der preußischen Verwaltung keineswegs gleichgültig sein konnten.

Überhaupt war die Tätigkeit Deblayes bei dem Gouvernement in Cöln so übel vermerkt worden, daß er sich über sein weiteres Verbleiben bei dem Gouverneur, dem Grafen v. Frankenberg, glaubte versichern zu müssen. Aber diese Audienz am 23. Januar verlief für ihn sehr ungünstig.

Der Gouverneur hielt ihm vor, durch Zeitungsannoncen für die Gefangenen Geld und andere Unterstützungen im Auslande erbeten zu haben, auch wies er hin auf die englischen Zeitungsberichte, in denen mit unverkennbarer Deutlichkeit die vorgeblich unzulängliche Pflege der Verwundeten im Kalker Lazarett besprochen worden war. Obgleich Deblaye sich von diesen nicht unbegründeten Vorwürfen zu reinigen versuchte, indem er seine guten Absichten betonte, wurde ihm seine definitive Ausweisung angekündigt. Er hatte zuerst noch den Gedanken, sich nach Berlin zu begeben, um eine Änderung dieses Beschlusses herbeizuführen, jedoch nach einigem Schwanken entschloß er sich, nach Frankreich zurückzukehren, besonders, wo auch Familienangelegenheiten ihn nach Pont-à-Mousson zurückriefen.

Am folgenden Tage empfing er vom Gouverneur ein Schreiben des Inhalts, daß er das Lager nur mehr in Begleitung eines Offiziers betreten dürfe; er lehnte es ab, sich dieser Bedingung zu unterwerfen. Die letzten Tage seiner Anwesenheit benutzte er, um in Cöln von seinen Freunden Abschied zu nehmen. Er erwähnt im besonderen eine Familie Kamper, die sich besonders für das Schicksal der französischen Offiziere interessiert habe. Auch sprach er dem Domkapitular Dumont und dem Weihbischof Baudri seinen wärmsten Dank aus. Der Erzbischof Melchers unterließ es nicht, ihm schriftlich seine Genugtuung und Zufriedenheit über die in der Seelsorge geleisteten Dienste auszudrücken.

Der Schluß seiner Tätigkeit in Kalk fiel zusammen mit der Verkündigung des Waffenstillstandes nach der Einnahme von Paris. Am 29. Januar, einem Sonntage, wurde die Depesche angeschlagen. Unendliche Freude überall! Auch die Kranken im Lazarett vergießen Freudentränen, hatte man doch jetzt Hoffnung, nach all den Leiden und Entbehrungen in das geliebte Vaterland zurückzukehren.

Deblaye hielt zum letztenmal Gottesdienst in der Kapelle seines Lazaretts und nahm dann rührenden Abschied von Pfarrer Nießen, dem er noch einmal begeisterte Worte des Dankes und der Anerkennung zollt. Während des langen Aufenthalts in seinem Hause hatte er Gelegenheit, seine ausgezeichneten Eigenschaften als Priester, seinen Edelmut und sein wahrhaft christliches Gemüt kennen zu lernen. Derselbe hat sich immer aufs angelegentlichste um das Wohl der Gefangenen bemüht und die leisesten Wünsche seines französischen Amtsgenossen zu erfüllen gesucht. Deblaye scheidet von ihm mit den Gefühlen wärmsten Dankes und größter Hochachtung.

Auch noch in Pont-à-Mousson, wohin er am 31. Januar zurückgekehrt war, erhielt Deblaye Nachrichten über seine Schutzbefohlenen. Eine französische Krankenschwester übersandte ihm ausführliche Mitteilungen über die weiteren Schicksale der Gefangenen. Ein anderer Priester, Mr. Trappé, hat die Seelsorge übernommen und versieht seinen Dienst bis zur Rücksendung der Gefangenen. Die letzte Nachricht ist ein Brief des Pfarrers Nießen von Kalk vom 25. Juli: „Samstag, den 16. Juli ist das Gremberger Lager aufgehoben worden und alle Franzosen sind in ihr Vaterland zurückgekehrt. Im Lazarett sind noch 125 Kranke, die ebenfalls zurückkehren sollen, sobald ihr Zustand es erlaubt."

„So endete das schmerzvolle Schauspiel des Krieges 1870-71. Es wird für alle Zeiten eine der traurigsten Seiten unserer Geschichte sein. Aber wenn sich dabei Torheiten und Schwächen aller Art gezeigt haben, wenn die niedrigsten Leidenschaften überall freie Bahn fanden und sogar der Ehrgeiz des niedrigsten Pöbels für einen Augenblick zur Herrschaft gelangte, wenn Frankreich das Opfer einer fürchterlichen, brutalen Invasion wurde, worauf noch die Tyrannei einer unmenschlichen Kommune folgt, so fehlte es andererseits nicht an Beispielen von Tapferkeit und edelmütiger Hingebung: Helden haben ihr Blut vergossen bei Wörth, Gravelotte, Paris, andere haben in edler Selbstverleugnung alles andere vergessen, um sich ihrem Vaterlande in der Gefahr zu widmen, auch christliche Nächstenliebe hat wahre Heldentaten der Hingebung verrichtet. So wollen wir nicht verzweifeln an einem Lande, wo noch echte Tapferkeit und christliche Mildtätigkeit zu finden sind."

Das letzte Kapitel unserer Schrift bildet ein Verzeichnis der im Lazarett zu Deutzerfeld in der Zeit vom 20. November 1870 bis 21. Januar 1871 verstorbenen französischen Soldaten. Da die Angaben über Namen, Alter und Dienstverhältnis der einzelnen vielleicht von Interesse sind, möge die Liste derselben hier folgen:

— Novembre 1870. —

24. — Velvet, Jean-Baptiste (22 ans), 11e batallion de Chasseur.

25. — Brousse, Pierre-Henri (23 ans), 11e régiment d´ Artillerie.

26. — Chagniaud, Jean (22 ans), 95e régiment de Ligne.

30. — Bouffechon.

30. — Lepreux.

— Décembre. —

5. — Poutet, Joseph (23 ans), 44e régiment de Ligne.

5. — Perrier.

6. — Redos, Jean-Marie-Francois (27 ans), 12e régiment de Ligne.

7. — Collet, François Appollinaire (24 ans), 15e régiment d'Artill.

8. — Bommastel, Jean-Valentin (24 ans), 40e régiment de Ligne.

8. — Poiche, Henri (24 ans), 44e régiment de Ligne.

10. — Fidalliac, Jean (23 ans), 44e de Ligne

11. — Cornillon, Jacques (25 ans), 78e de Ligne.

20. — Pourret, Antoine (23 ans), 31e régiment de Ligne.

21. — Jacquemnot, Louis-Joseph (23 ans), 13e régiment de Ligne.

24. — Colas, Gustave-Prudent (22 ans), brigardier, 7e régiment d'Artillerie.

24. — Feuven, Francois-Marie (26 ans), 2e régiment infanterie de Marine.

25. — Barbe, Jean-Marie (25 ans), 9e régiment de Ligne.

25. — Imbard, Tobie-Marius (25 ans), 31e régiment de Ligne.

27. — Ribassier, Eugène (26 ans), 47e régiment de Ligne.

31. — Lorioux, Joachim (23 ans), 107e régiment de Ligne.

2. — Marriani, Pierre-Jean (23 ans), 22e régiment de Ligne.

4. — Gilles, Célestin (26 ans), 13e de Ligne.

8. — Battu, Lois (21 ans), 41e régiment de Ligne.

12. — Hallet, Pierre-Auguste (22 ans), 69e régiment de Ligne.

14. — Fischer, Olivier-Marie (24 ans), 19e régiment de Ligne.

15. — Bonté, Nicolas-Julien (26 ans), 19e régiment de Ligne.

16. — Gosselin, Pierre (28 ans), 66e régiment de Ligne.

17. — Méchin, Sylvain (26 ans), 2e régiment d'infanterie de Marine.

18. — Bellebarbe, Ernest (22 ans), 34e régiment de Ligne.

18. — Dubuscq, Henri-Jean (33 ans), 9e régiment de Ligne.

20. — Boucher, Charles (23 ans), 3e batalion de Mobile.

23. — Perrond, Laurent (25 ans), 15e régiment de Ligne.

25. — Souri, Jean (23 ans), 22e régiment de Ligne.

29. — L'Epinay, Louis-Dauphin (25 ans), 70e régiment de Ligne.

*

Zum Schluß noch einige Worte der Beurteilung und Würdigung über den Verfasser und sein Werk. Wenn wir auch der seelsorgerischen Tätigkeit Deblayes und seinem Eifer für das Wohl der Gefangenen alle Anerkennung widerfahren lassen, so können wir ihn doch keineswegs als wahrheitsliebenden und unparteiischen Berichterstatter gelten lassen. Die absprechenden Urteile über Deutschland und über alles, was deutsches Wesen und Volk betrifft, erklären sich, selbst wenn man den fanatischen Patriotismus des Verfassers außer acht läßt, aus der vollständigen Unkenntnis alles dessen, was nicht gerade französisch ist. Deutschland ist überhaupt bis dahin noch nicht in den Gesichtskreis der Franzosen getreten, höchstens weiß man, daß es ein armes Land ist, wie schon die mangelhafte Kost in den Lazaretten beweist. Frankreich dagegen ist das Land, wo Milch und Honig fließt.

Die Beurteilung des deutschen Bürgers ist für uns wenig schmeichelhaft, und wir können es nur als eine unvergleichliche Überhebung eines voreingenommenen Ausländers bezeichnen, wenn er schon zu einer Zeit, wo er noch keine 3 Wochen in Deutschland war, sich berechtigt hält, seinen Beobachtungen in folgenden Worten Ausdruck zu geben:

L'Allemand est de sa nature, timide, lâche même quand il est seul, défiant, d'un esprit étroit, pesant et lent, et dans le fond empreint d'une certaine bonho mie. Il aime de voir clair, et comme il ne voit pas vite, il a peur des pièges. Il est peu travallieur et passera de longues heures à fumer sa longue pipe, ne songeant à rien. Il ne prodigue point l'argent; ses dé – penses sont réglées, et il pousse quelquefois la parcinomie jusqu' à l'avarice. Il mange souvent, mais peu à la fois. On aurait une bien fausse idée de la puissance de son estomac si on la jugeait par le repas vraiment pantagruéliques dont les soldats prussiens et même, des officiers nous ont donné le spectacle pendant la campagne.

Es ist im höchsten Grade erstaunlich, wie jemand eine derartige Charakteristik niederschreiben konnte zu einer Zeit, wo der Deutsche seine Überlegenheit über den Franzosen in der deutlichsten Weise bewiesen hatte.

Ebenso verwunderlich ist für uns sein Urteil über die allgemeine Volksbildung in Deutschland. Zu seinem Erstaunen können alle Deutschen lesen und schreiben, was sie jedoch nicht hindert, im übrigen möglichst ungebildet zu sein. Wir wollen seine Ansicht entschuldigen, indem wir bedenken, daß in Frankreich erst im letzten Jahrzehnt vor dem Kriege der allgemeine Volksschulunterricht eingeführt worden ist. Jedoch, der Verfasser möge selbst sprechen:

L'Allemand du reste, manque complément de tact, ce qui le rend impoli et souvent grossier. Avec cela, tous savent lire et écrire, et ils se disent le peuple le plus instruit du monde.

Je n'ai jamais pu me rendre compte d'une pareille anomalie. Ce mélange de grossièreté et d'instruction m'a toujours paru d'une explication difficile. Ne serait-il point vrai qu'il y a des qualités morales que l'on apprend ailleurs que dans la grammaire?

Den Franzosen verletzt am meisten das stramme, militärische Wesen der Preußen, la raideur froide et hautaine du vainqueur. Bezeichnend hierfür sind die Auslassungen Deblayes über den Gouverneur v. Frankenberg, den Oberst Schalk, den Oberstleutnant Pascal.

Den Gouverneur v. Frankenberg hat er am 14. November 1870 aufgesucht, um die Erlaubnis zum Eintritt in das Lazarett zu erlangen, ein zweiter Besuch erfolgt am 23. Januar; diese Unterredung beendigte, wie schon oben gesagt, die Wirksamkeit des französischen Priesters in Kalk.

„Der Gouverneur ist", wie Deblaye schreibt, „l'ami de M. de Bismarck, et l'exécuteur passif de ses volontés. La tête ronde, la bouge large, le nez petit et relevê sur une moustache coupé en brosse, de grands yeux fixes, et qu'il essaie de rendre vifs, tout cela donne à son visage quelque chose de farouche. Son costume est plus que modeste; sa tunique, de coupe prussienne et de couleur marron, est extraordinairement râpée et laisse voir les cordelets du drap le plus grossier. Une rangée de silbergros jaunis la tiennent serrée sur la poitrine."

Der Oberst Schalk in Deutz erscheint ihm als der wahre Barbar des Nordens, er könnte sich die Gottesgeißel nennen.

„C'est un homme de six pieds, botté jusqu'à la cuisse, roide, empesé, d'un regard dur et sévère avec une voix de cuivre. Par habitude du commandement il ne fait guère entendre que des articulations vibrantes qui déchirent l'oreille. Il est la terreur de ses subordonnés, et, en effet, il me fut donné ce jour-là, de voir le vrai barbare du Nord: il pourrait s'appeler le fléau de Dieu!"

Oberst Schalk hat sich die Abneigung Deblayes hauptsächlich dadurch zugezogen, daß er dessen Sekretär, der sich erlaubt hatte, den Brief eines französischen Soldaten ohne Visierung seitens des Kommandanten aus dem Lager mitzunehmen, mit 3 Tagen Arrest bestrafte, eine furchtbare Strafe!

„Trois jour d'arrêts", - c'est-à-dire trois jour passés au pain et à l'eau (sic) sur la paille, dans une infecte casemate – et à l'indifférence avec laquelle cet homme venait de le dire, je ne pus réprimer un sentiment d'horreur."

In einem wesentlich angenehmeren Lichte erscheint unserem Berichterstatter der Oberstleutnant Pascal, der Kommandant des Gremberger Lagers. Nach dem Zeugnisse Deblayes beweist er den Gefangenen alles Wohlwollen und interessiert sich für sie und ihr Wohlergehen. In besonderem wird es ihm hoch angerechnet, daß er dem französischen Priester die Erlaubnis gibt, den Gottesdienst im Gremberger Lager einzurichten. (2. Dez.). Pascal stammt aus einer französischen Familie und gehört der französischen Kolonie von Berlin an. Er erscheint als sein Freund und Warner. Mehrfach hat Pascal seine Verteidigung übernehmen müssen; denn beim Gouvernement hatte man Deblaye nicht ohne Grund im Verdacht, französischen Priestern und anderen Ausländern Zutritt zu den Gefangenen verschafft zu haben. Er behauptet unter dem 19. Januar die Grundlosigkeit dieser Vorwürfe, jedoch über seine Wahrheitsliebe bestehen erhebliche Zweifel.

Dieselbe Voreingenommenheit gegenüber allem deutschen Wesen zeigt sich in dem Urteil über die Krankenwärter, die infirmiers grossiers, sales et paresseux, und in den Klagen über das barsche Wesen der Polizeiunteroffiziere. Bei Streitigkeiten zwischen Deutschen und Franzosen geht es selten ohne Rippenstöße ab, der Franzose hat immer Unrecht. Ja, Deblaye scheut sich nicht, der deutschen Verwaltung geradezu Unredlichkeit vorzuwerfen. „Le peu d'argent qui leur est envoyé de France n'arrive qu'après un long temps, quand il arrive á destination!" (18. November.) Eine noch schärfere Anklage enthält das Tagebuch unter dem 5. Januar. Unter denen, die mit Kleidungsstücken und Geld unterstützt werden, befindet sich ein Carabinier von auffallender Körpergröße. Deblaye hat ihn bei seiner Ankunft todkrank gefunden, aber durch sorgfältige Pflege ist er der Gesundheit, vielleicht dem Leben, wiedergegeben. Aber er hat einen anderen Kummer. Sein Leutnant hatte ihm beim Abschied in Metz 4 Fünffrankenstücke gegeben. Und diese waren während seiner Krankheit in den Händen eines miserablen Krankenwärters verschwunden. Auch die Intendantur bekommt ihr Teil mit. (19. November.)

„On se plaint bien un peu de l'intendance: les portions sout quelquefois rognées, le nombre des pains est insuffisant, chaque jour quelque couvertures disparaissent, des chemises sont perdues, et sur le soir on voit rôder autour des bâtiments des gens qui font un trafic illégal, et il paraît qu'elle ne serait pas étrangère á ce tripotage."

Nicht minder bitter sind die Klagen über die mangelhafte Übermittlung der Postsendungen an die Gefangenen, wenn der Verfasser auch anerkennen muß, daß bei dem mehrfachen Wechsel des Aufenthaltsortes eine prompte Zustellung der Briefe kaum möglich war. (18. Januar.) Von seiner starken Voreingenommenheit zeugen ferner die Schilderungen über die Verpflegung und Beköstigung der Kranken, und wir begegnen hier geradezu den seltsamsten Widersprüchen. Schon früher ist auf die höchst absprechende Darstellung des Lazaretts und der Krankenpflege hingewiesen worden, die

unter dem 15. und 16. November gegeben wurde. Schon-
wenige Tage nachher wird die ausgezeichnete Behandlung
der Typhuskranken gerühmt (19. November). Und unter dem
27. Dezember finden wir sogar ein unverhohlenes Lob der
Küche. Mag man auch im Anfang, als das Lazarett eingerichtet wurde, so gut es ging, sich beholfen haben; je weiter der
Krieg fortschritt, je mehr die preußische Verwaltung selbst
freie Hand bekam, um so besser wurde die Sorge für die Kranken und Gefangenen, und Deblaye selbst muß der preußischen Verwaltung alle Anerkennung zollen.

Wir haben oben schon gesehen, daß die Tätigkeit der französischen Priester dem Generalkommando in Köln keineswegs
angenehm war, und wenn ein so vorsichtiger Mann wie Pfarrer
Nießen bei aller Anerkennung des seelsorgerischen Eifers seines Konfraters ein gewisses Mißtrauen hegte, so werden wir die
Ansicht unserer preußischen Militärs nicht unberechtigt finden.
Gerade im Dezember und Januar, als ein großer Teil der preußischen Armeen Paris umlagert hielt und immer neue Volksarme-
en in Frankreich die Hauptstadt zu entsetzen suchten, hatte die
preußische Heeresleitung Mühe genug, sich der Franzosen zu
erwehren, und im Falle eines Mißerfolgs wäre eine allgemeine
Erhebung der Gefangenen sogar höchst wahrscheinlich gewesen. Die gutgemeinten Worte der französischen Priester, die not-
wendigerweise auf Hoffnung und Rettung aus unserem
Barbarenlande hinweisen mußten, konnten nur zu leicht die un-
erwünschte Folge haben, daß man sich auf gewaltsamen Wege
ein besseres Los zu schaffen suchte. Sehr berechtigt war auch
die Vorsichtsmaßregel unserer Behörden, keine französischen
Zeitungen in die Hände der Gefangenen gelangen zu lassen.
Der Franzose ist allzu geneigt, in sanguinischer Weise aus dem
geringsten Hoffnungsschimmer sich weitgehende Erfolge zu
versprechen. Und man denke sich hier die Berichte der französischen Blätter, die selbst unter den traurigsten Verhältnissen
noch Siege zu erzählen wußten, dagegen die Erfolge der Deutschen verschwiegen und aus den kleinsten Vorteilen ihrerseits
ungeheure Niederlagen der Preußen konstruierten.

Zwei Ursachen sind es, die den so oft uns entgegentre-
tenden falschen Urteilen des Verfassers zugrunde liegen: die

maßlose Überschätzung französischen und die vollständige Unkenntnis deutschen Wesens. Mögen viele bittere Worte auf den so tief verletzten Nationalstolz der Franzosen zurückzuführen sein: es bleibt unbestreitbar, daß mangelndes Verständnis für die beiderseitigen Volkseigenschaften zur feindseligen Stimmung zwischen den Gegnern während und nach dem Kriege wesentlich beitrug. Ist es in den letzten 40 Jahren besser geworden? Versuche zur gegenseitigen Verständigung sind auch auf französischer Seite gemacht worden, und besonders in den letzten Jahren greift eine gerechtere Beurteilung unseres Vaterlandes in Frankreich Platz. Französische Reisende und Schriftsteller haben sich bemüht, durch eigene Anschauung ein richtiges Bild deutscher Zustände zu gewinnen und ihren Landsleuten zu vermitteln.

Unser erhabener Kaiser hat keine Gelegenheit unbenutzt gelassen, durch liebenswürdige Beweise des Entgegenkommens die Stimmung in Frankreich zu unseren Gunsten zu beeinflussen.

So gewinnt die heranwachsende Generation, zugleich unter dem Einflusse der alle Wunden heilenden Zeit, mehr und mehr Verständnis für deutsche Art und deutsche Kraft, und es steht zu hoffen, daß gegenseitige Wertschätzung beide Nationen zu einem wahren Frieden und zu gemeinsamer Arbeit im Dienste der Menschheit führen werde.

* *
*

Endlich war der glorreiche Krieg zu Ende; die Schule an der Kirchstraße, in der einzelne Schulsäle mehrmals als Kleiderkammern für die Truppen hatten dienen müssen, konnte nun wieder in gewohnter Weise benutzt werden. Die Gefangenen zogen in ihre Heimat, und auch die Kalker Krieger kehrten zurück, viele mit Auszeichnungen und Ehrenzeichen. Keiner von ihnen war im Kriege geblieben.[1] Gottes Hand hatte sie gnädig beschützt.

---

1) Das Kriegerdenkmal auf dem alten Friedhofe trägt darum auch nur die Inschrift: Errichtet zur Erinnerung an die glorreichen Kriege 1864, 66 und 70/71 von dem Kameradschaftlichen Kriegerverein zu Kalk.

Wie so oft während eines Krieges und nach demselben brachen auch hier in Kalk ansteckende Krankheiten aus, wahrscheinlich eingeschleppt von den Gefangenen. Die sanitären Einrichtungen in unserem Orte ließen fast noch alles zu wünschen übrig. So fanden denn „d i e   s c h w a r z e n   P o k - k e n" in manchen Familien Einlaß, und an manchem Hause und Häuschen hing oben neben der Haustüre das ominöse schwarze Blechschild mit der in Weiß gehaltenen Aufschrift: „Hier sind die schwarzen Pocken." Manch einer ist damals dieser tückischen Krankheit erlegen, und die dem Tode entgingen, trugen bis zu ihrem Lebensende die Blatternarben. Ein Haus an der Hochstraße, das vor wenigen Jahren erst abgerissen wurde, war zur Aufnahme von Pockenkranken hergerichtet und hieß noch Jahre lang das „Pockenhaus".

VII. Kapitel

Die Entwicklung des Ortes Kalk von 1870 bis 1881.

Aufschwung der Industrie.
Die Gründungszeit.

Nach dem glorreichen deutsch-französischen Kriege erfolgte in Deutschland ein gewaltiger wirtschaftlicher Aufschwung, der sich auch in Kalk in hohem Grade bemerkbar machte. Die bestehenden gewerblichen Etablissements konnten und mußten nun ihre Anlagen bedeutend vergrößern. Hatten früher die Kapital suchenden Fabrikherren mit den größten Schwierigkeiten zu kämpfen gehabt, so war es ihnen jetzt verhältnismäßig leicht, große Kapitalien zu erhalten. So war es möglich, daß um diese Zeit Gründungen entstanden, die in ruhigen Jahren undenkbar gewesen wären.

Während man sonst allgemein große Sägewerke nur an den Flüssen und Strömen anlegt, um die zu zersägenden Stämme direkt vom Floß vor die Säge oder doch auf den Lagerplatz ziehen zu können, wurde damals ein großes S ä g e - w e r k hier in Kalk, der Restauration „Zur Zeche" gegenüber, erbaut. Eine Zeitlang brachte man die gewaltigen Schwarzwaldtannen per Achse von Mülheim nach dem Kalker Sägewerk „Industrie"; lustig quoll der Rauch aus dem hohen Schornstein, und weithin hörte man den scharfen, singenden Ton der Säge. Aber nur eine kurze Spanne Zeit dauerte es, dann lag das Werk still, und friedliche Kühe weideten im Grase des sonst so belebten Holzplatzes.

Eine noch viel größere Anlage war die des H o c h - o f e n w e r k s   G e r m a n i a auf Buchheimer Gebiet, am Ostende von Kalk. Drei gewaltige Hochöfen mit den notwendigen Wind-Erhitzern und Gebläse-Maschinen, Gießhallen und sonstigen Nebengebäuden erhoben sich hier. Fünf hohe Schornsteine, die erst vor kurzem dem Bau des neuen Umladebahnhofes Kalk Nord weichen mußten, waren Zeugen von den großen Hoffnungen, welche man auf die „Germania" setzte. Und doch war hier kein Eisenerz und keine Kohle aus dem Erdenschoß zu holen; alle Erze, alle die gewaltigen Kohlenmengen, die zum Betriebe eines Hochofens notwendig sind, mußten durch die Eisenbahn herangebracht werden. Kein Wunder, daß nur einer der geplanten und im Bau begriffenen Oefen fertig wurde und eine Zeitlang seinem Zwecke diente; mußte doch die Bahnfracht allein den größten Teil des Gewinnes aufzehren. Aber auch gegen dieses Übel hätte man fast noch Rat gewußt. Wie man erzählt, soll Neuerburg, einer der Gründer des Werkes, den Gedanken gehabt haben, einen Kanal vom Rheine durch den früheren Rheinarm am Gremberg, Vingst und Höhenberg vorbei bis Mülheim zur Ausführung zu bringen. Die einzige Kunde von der Tätigkeit des Hochofenwerkes Germania gibt jetzt noch der „Schlackenberg", der mit seinen Klippen und Klüften der Jugend erwünschte Gelegenheit zu Kletterübungen bietet und von dessen breitem Rücken man einen hübschen Blick bis nach B.-Gladbach, Bensberg und dem Lüderich hat.

Mehrere Jahre lang wurden in einer kleinen, neben dem Schlackenberg liegenden Fabrik aus dem Schlackensand Schlackensteine hergestellt, die zu verschiedenen Bauten benutzt wurden.[1]

---

1) Über die Arbeiterwohnungen der „Germania" vergl. die Anmerkung Seite 58.

Aber nicht allein an der „Germania", sondern auch auf
Kalker und Vingster Gelände wuchsen in dieser „guten" Zeit
Schornsteine in die Höhe, von denen viele später keine Verwendung fanden. Bauarbeiter und Zimmerleute fanden guten Verdienst, aber nicht nur sie, sondern Handwerker und
Arbeiter jeder Art. Im Vergleich zum Jahre 1867 hatte sich
1874 die Einwohnerzahl verdoppelt, waren doch aus allen
Gegenden Arbeit- und Verdienstsuchende nach Kalk gezogen. Geschäfte aller Art entstanden, und die Lebensmittel-
und primitiven Delikateßgeschäfte blühten auf; die Löhne
waren ja hoch, und weshalb sollte man sparen! Auch war ja
das Borgsystem überall gang und gebe.

Das rasche Wachstum des Ortes und das
Herbeiströmen so verschiedener Elemente brachte naturgemäß
der Verwaltung der Gemeinde die verschiedenartigsten und
schwierigsten Aufgaben, denen man bei dem besten Willen nicht
immer sofort gerecht werden konnte. Die Schulklassen waren
überfüllt: daß 100 und mehr Kinder einer Klasse zugeteilt waren, kam häufig vor. Das eintretende Kostgängerwesen trug
gewiß nicht zur Hebung von Familiensinn und Sittlichkeit bei,
und manche Schlägereien, auch einzelne Überfälle und Mord-
taten brachten Kalk auf lange Zeit in einen nicht guten Ruf.

Die Straßenbeleuchtung war nach heutigen
Begriffen recht spärlich. Zwar hatte der Ort Kalk schon im
Jahre 1862 durch den Ingenieur Otto Kellner von Deutz eine
Gasfabrik erhalten, (die bis zum Jahre 1900 im Besitz der
genannten Familie blieb), und so konnten die früheren Petro-
leum-Straßenlaternen schon ziemlich früh durch Gasflammen
ersetzt werden, aber noch im Jahre 1882/83 waren in Kalk
erst 56 Laternen vorhanden, nämlich 25 Abend- und 31 Nachtlaternen, und von diesen entfiel noch auf die Gemeinde Vingst
1 Abend- und ½ Nachtlaterne,[1] (die also bei Mondschein
nicht angezündet wurde). Sehr elend sah es aus mit dem Zu -
stand und der Instandhaltung der Stra-
ßen. Gepflastert war zunächst als Provinzialstraße nur die
frühere „Chaussee", die Hauptstraße, jedoch hatte

---

1) Stadtbericht 1882/83.

nur die eigentliche Fahrbahn Pflaster, dann folgte bis zu der Gosse ein ungepflasterter Wegstreifen und von der Straßenrinne bis zu den Häusern der Bürgersteig. Diesen durfte noch jeder Hausbesitzer nach seinem Geschmack anlegen, und so sah man die verschiedensten Muster: vor dem einen Hause schöne glatte Kieselsteine wie Mosaikarbeit, vor dem zweiten Zement-Estrich, vor dem dritten Ziegelsteinpflaster, in dem die Ziegelsteinmasse allmählich ausgeschliffen war und nur die Zementfugen stand gehalten hatten; hier Basaltpflaster, dort Kies- oder Aschenlage mit eingepflasterter Rinne zum Abfluß des Regenwassers aus der Dachröhre. Kurz, an Abwechselung fehlte es nicht, und mancher Wanderer mag in später Abendstunde mit dem einen oder anderen dieser interessanten Bürgersteige nähere Bekanntschaft gemacht haben. Auch sonst herrschten noch mancherlei idyllische Zustände. Einzelne Metzgermeister versäumten es nicht, ihre neugekauften, grunzenden Borstentiere, an einem Hinterbeine angebunden, vor ihrem Hause einige Stunden zur Schau zu stellen, die dann gewöhnlich in dem ihnen zur Verfügung stehenden Teile des Bürgersteiges ihre Wühlkunst soviel als möglich ausübten. Hübsch gepflastert war damals die Viktoriastraße, was wohl dem Ziegeleibesitzer J. Wahlen zu verdanken war. Der Schrecken aller Fuhrleute und noch mehr der armen Pferde war aber die Rolshover- oder Pollerstraße sowie der nördliche Teil der Mülheimerstraße, letzterer im Volksmunde „Krim" genannt. Von Pflaster keine Rede, dafür tief ausgefahrene Karrengleise, Asche, Küchenabfälle und Schlamm. Recht viele Leute dieser Gegend waren nämlich nicht davon abzubringen, ihre Küchen- und Hausabfälle[1] samt Spül-, Putz-, Wasch- und sonstigem Wasser einfach auf die Straße zu schütten. Der einzige Polizeidiener, Patt, dem in erster Linie die Sorge für die Sicherheit oblag, konnte eben nicht überall sein. Auch Sand-, Hermann- und Friedrich-Wilhelmstraße boten traurige Bilder. Während aus der ersteren das Regenwasser des Gefälles wegen abfließen konnte, sammelte sich in den beiden letztgenannten Straßen das Was-

---

1) Der Stadtbericht von 1883 klagt noch hierüber. S. 13.

ser in ganzen Tümpeln, die sich bald mit feinem Grün, den Wasseralgen, bedeckten. Wer durch wollte, mußte oft mit Not an den Häusern vorbei oder, er war gezwungen, die Ziegelsteine zu benutzen, die sorgsame Hausmütter oder spielende Kinder in die Flut gelegt hatten. Ein von J. Wahlen an der nördlichen Seite der Friedrich-Wilhelmstraße ausgeziegeltes, tief gelegenes Grundstück, da, wo jetzt die Volksküche sich befindet, war eine Art S c h l i n g g r u b e f ü r d i e A b - w ä s s e r d e r G e m e i n d e K a l k[1], der „Wahlens-Pool". Die Mülheimerstraße, die infolge ihrer Lage sämtliches Wasser der höher gelegenen Wege und Straßen, selbst von der oberen Hauptstraße, aufnahm und dem genannten Wahlenspool zuführte, zeigte bei plötzlich eintretendem Gewitterregen das Bild eines Überschwemmungsgebietes. Während das Wasser in kurzer Zeit in die Keller eindrang und die dort liegenden Vorräte in Gefahr brachte, bildete es ein Gaudium der Knaben, auf Brettern und Balken, auch wohl in Bütten und Kübeln auf der Straße umherzurudern.

Auch die T r i n k w a s s e r v e r s o r g u n g war nicht die beste. Zwar gab es Pumpen zur Genüge und auch noch einzelne Ziehbrunnen mit der bekannten Wellenkurbel, jedoch waren die Abortanlagen meist zu nahe bei den Brunnen, und bei plötzlichen Gewitterregen kamen die Schmutzwässer mit dem Trinkwasser nicht selten in innige Verbindung. Dazu gab es auf jedem ordentlichen Hofraum eine Senkgrube, die bestimmt war, die Hausabwässer aufzunehmen. Daß sich bei solch engem Zusammensein von Abortgrube, Senke und Trinkwasserbrunnen unterirdische Durchsickerungsstellen zu dem letzteren bilden mußten, ist selbstverständlich, ebenso aber auch, daß Typhus und ähnliche Krankheiten in Kalk einen günstigen Boden fanden.

Aus v o r s t e h e n d e n S k i z z e n e r g i b t s i c h schon, w i e v i e l e s z u g e s c h e h e n h a t t e u n d welche Summen v o n M ü h e n u n d G e l d a u f g e - w e n d e t w e r d e n m u ß t e n, u m K a l k i n d e n

---

1) Laut Stadtbericht von 1884 im Jahre 1863 von J. A. Wahlen für 900 Taler gekauft.

Stand zu bringen, in dem es dank einer ausgezeichneten Verwaltung sich jetzt befindet.

Die Verkehrsverhältnisse waren in der geschilderten Zeit auch noch recht einfach. In den sechziger Jahren hatte der Besitzer des Kaffeehauses Kerp an den Nachmittagen eine Wagenverbindung mit Deutz eingerichtet, um seinen Gästen bequeme Fahrgelegenheiten zu schaffen, eine ähnliche Verbindung stellte auch Restaurateur Budack her, und aus dieser letzteren entstand späterhin eine Art Omnibusunternehmen. Die Wagen machten nun jahrelang den Weg zwischen der Schiffbrücke und Kalk. Die Unternehmer wechselten ziemlich häufig; die Pferde machten nicht selten einen mitleiderregenden Eindruck. Bei einigermaßen gutem Wetter gingen die meisten Leute zu Fuß, was für Schüler, die nach Köln zur Schule mußten, überhaupt selbstverständlich war. Auch einige Droschkenbesitzer wohnten in Kalk, und in Deutz gab es deren eine ganze Anzahl. Sowohl diese Wagen als auch die Kalker Omnibusse machten aber immer noch einen eleganten Eindruck im Vergleich zu dem zwischen Hoffnungsthal, Rösrath und Deutz verkehrenden großen Omnibus[1], auf dessen Verdeck sich bei der Fahrt nach Kalk und Deutz alle möglichen ländlichen Objekte ein Stelldichein gaben: Körbe mit Butter und Eiern, Kiepen mit Hühnern, Enten oder jungen Hähnen, Körbe mit Obst oder den verschiedenen Arten von Waldbeeren, Hafer und Heu für die treuen Gäule, die zu zweien, im Winter sogar zu dreien den weiten Weg trabten; auch wurde wohl ein Schaf oder eine Ziege mit zusammengebundenen Beinen auf dem Wagen transportiert, die letztere, um irgend einer Kalker Familie als Milchspenderin zu dienen.

Seit 1863 hatte Kalk eine Postexpedition. Als weiteres Verkehrsmittel wurde am 1. Oktober 1872 eine „Kommunal-Telegraphen-Station" in Kalk eingerichtet. Als am 1. August 1874 die bisherige Postexpedition in eine Postverwaltung, Postamt II. Klasse, umgewandelt wurde, fand zugleich die Vereinigung der Telegraphenstation mit der Postverwaltung statt.[2]

---

1) Derselbe vermittelte den Verkehr zwischen den genannten Orten bis zur Inbetriebnahme der Eisenbahnstrecke Bensberg-Rösrath-Immekeppel.
2) Vergl. Kap. 15. Verkehrswesen, Geschichte der Postanstalt Kalk.

Obschon die Gemeinde Kalk günstig an der Deutz-Gießener Bahnstrecke gelegen war, hatten alle zur Erlangung einer E i s e n b a h n s t a t i o n Kalk unternommenen Schritte keinen Erfolg gehabt. Erst die Erbauung der Eisenbahnlinie Troisdorf-Speldorf im Jahre 1874, die ehemalige Rheinische Eisenbahn, brachte dem Orte Kalk eine Eisenbahnstation an dieser Strecke (an der Stelle des jetzigen Güterbahnhofes Kalk Nord). Dieselbe wurde am 1. Oktober 1875 eröffnet.

Der Omnibusverbindung Deutz-Kalk nahte ihr Ende, als eine belgische Gesellschaft die Erlaubnis erhielt, einen P f e r d e b a h n b e t r i e b zwischen Deutz Schiffbrücke und Kalk einzurichten, den ersten Betrieb dieser Art bei Cöln. 1877 wurde die Verbindung eröffnet. Der Bahnhof sowie die Pferdeställe befanden sich in der Viktoriastraße hierselbst. Gutgehaltene Pferde belgischen Schlages zogen die Wagen auf den Gleisen ziemlich leicht fort; nur das Anziehen besetzter Wagen brachte ihnen große Anstrengungen, und da feste Haltestellen nicht vorhanden waren, sondern man an jeder beliebigen Stelle aufstieg, so war dies für die Tiere oft recht qualvoll. Der Fahrpreis betrug 15 Pfg. à Person, abends nach 10 Uhr 25 Pfg.

Rückgang der Industrie.

„Die gegen Mitte der siebziger Jahre auf dem gesamten wirtschaftlichen Gebiete ausgebrochene Katastrophe war auch auf die fernere Entwicklung der Gemeinde Kalk in hohem Grade nachteilig; zwar nahm die Bevölkerungszahl noch zu, allein in kaum nennenswertem Maße gegen früher; vor allem aber trat ein erhebliches Sinken der Steuerkraft ein, ein Umstand, der bei den dennoch stetig sich mehrenden Bedürfnissen der Gemeinde, besonders auf dem Gebiete des Schul- und Armenwesens, nach und nach eine erhebliche Steigerung der kommunalen Umlage bewirkte." Diese wenigen Worte des Stadtberichts von 1883 deuten nicht bloß den Rückgang der Industrie, das Stilliegen mancher der neuerbauten Werke, von denen schon früher (Seite 90 u. 91) die Rede war, an,

sie lassen zugleich die Sorgen und den Kummer vieler Geschäftsleute ahnen, deren Existenzmittel durch den Zusammenbruch manch anderer Firmen in Frage gestellt wurden.
Viele kleine Beamte und andere Leute, die in den guten Jahren ihre Ersparnisse in Aktien angelegt hatten, um an dem
Segen der Industrie teilzuhaben, gingen ihres Geldes verlu-
stig. Die ganze Lebensführung, die in den Jahren des Über-
flusses in vielen Arbeiterfamilien wie im Stande der Besit-
zenden ziemlich üppig geworden war, wurde notgedrungen
einfacher und sparsamer. Seltener als früher ertönte an den
Sonntagnachmittagen die Musik irgend eines Vereines, der
durch einen Festzug über die Hauptstraße sein Stiftungsfest
den Bewohnern von Kalk zur Kenntnis brachte.

Rathaus, photographische Aufnahme von 1901.

Kalk im Stande der Städte vertreten.

Seit 1867 bestand nun die Landbürgermeisterei Kalk,
und der Ort Kalk hatte mit seinen ca. 9000 Einwohnern schon
das Aussehen einer kleinen Stadt. Das Bürgermeisteramt war
bis dahin in gemieteten Räumen untergebracht, nun jedoch
beschloß der Gemeinderat den B a u e i n e s R a t h a u -
s e s. Am 27. Mai 1876 wurde der Grundstein dazu gelegt. Es
wurde in gotischem Stil nach dem Plane des Kreisbaumeisters
Müller zu Deutz durch den Maurermeister Sauer in Kalk

ausgeführt und am 1. April 1877 in Benutzung genommen.
Das erste Stockwerk war als Wohnung des Bürgermeisters eingerichtet.

Die Bemühungen des Gemeinderates, die Gemeinde K a l k   i m   S t a n d e   d e r   S t ä d t e vertreten zu sehen, hatten Erfolg. Durch Allerhöchste Kabinettsordre vom 3. Oktober 1877 wurde der Wunsch der Gemeindevertretung erfüllt. Dieselbe hat folgenden Wortlaut:

„Auf den Bericht vom 28. September d. Js. genehmige Ich, dem Antrage des 25. Rheinischen Provinziallandtages in der zurückfolgenden Petition vom 18. April d. Js. entsprechend, daß die im Landkreise Cöln gelegene Gemeinde Kalk fortan auf dem Provinziallandtage der Rheinprovinz im Stande der Städte vertreten werde. Ich überlasse Ihnen hiernach und wegen Überweisung von Kalk zu dem Kollektivverbande der Städte Deutz, Mülheim a. Rhein, Gladbach, Gummersbach, Wipperfürth, Siegburg, Königswinter gemäß Artikel VIII b der Verordnung vom 13. Juli 1827 – G. S. S. 103 – das Erforderliche zu verfügen. Den Provinzialständen ist von diesem Erlasse in dem künftigen, Mir zur Vollziehung vorzulegenden Landtagsabschiede Kenntnis zu geben.

Baden-Baden, den 3. Oktober 1877.

gez. Wilhelm.

ggez. Gr. Eulenburg.

An den Minister des Innern.

Die Sorge für eine bessere
E n t w ä s s e r u n g   d e s   O r t e s
beschäftigte den Gemeinderat des öfteren. Besonders war es die fortschreitende Bebauung der Gegend um die bisherige Schlinggrube, den „Wahlenspool", die die Gemeinde zwang, im gesundheitlichen Interesse der Anwohner an Abhilfe zu denken. Am 20. Juni 1877 erwarb sie von der Ww. Mich. Neuß ein zu einer Schlinggrube vorzüglich geeignetes Grundstück an der Kalk-Mülheimer Grenze, auf Kalker Gebiet gelegen, zum Preise von 21 207 Mk. Die Größe des Grundstücks betrug 4 ha 42 a 61 qm. Hier wurde die neue Schlinggrube angelegt. Die Abwässer sammelten sich zunächst an dem tiefsten Punkte des Ortes, Ecke Mülheimer- und Friedrich-Wilhelmstraße. Das Wasser fiel hier in einen

Kanal, der dasselbe unterirdisch der neuen Schlinggrube zuführte. Dieser Kanal, 284 m lang, wurde 1877/78 erbaut und erforderte einen Kostenaufwand von 14 607 Mk. Die frühere Schlinggrube mit ihrem schlammigen Wasser und ihren unangenehmen Dünsten wurde nun zugeschüttet.

Eine für die Sicherheit der Bürger und ihres Eigentums dringend notwendige Einrichtung war die S c h a f f u n g e i n e r F e u e r w e h r. Diese erfolgte 1877 durch freiwilliges Zusammentreten von Männern der verschieden Stände. (Vergl. Freiwillige Feuerwehr, XIII. Kapitel.)

Am 30. November 1880 starb Bürgermeister Wiersberg, und länger als ein Jahr ruhte die Verwaltung der Gemeinde auf den beiden Beigeordneten Dr. med. Harling und Rendant C. Pfeifer. Mehrere für Kalk wichtige Verhandlungen, die der verstorbene Bürgermeister eingeleitet und zum Teil unter großen Schwierigkeiten geführt hatte, gelangten jetzt zum Abschluß; es waren dies zunächst die E r h e b u n g d e r G e m e i n d e K a l k z u r S t a d t und dann der A n - s c h l u ß d e r S t a d t K a l k a n d i e W a s s e r l e i - t u n g und das Wasserwerk zu Mülheim.

Von dem erstgenannten Ereignis soll in dem folgenden Kapitel ausführlicher gesprochen werden. Wie notwendig die Einführung der W a s s e r l e i t u n g für gutes und einwandfreies Trinkwasser war, geht aus dem früher Mitgeteilten hervor. Nicht minder erfreulich war sie für die Löschung ausbrechenden Feuers. 30 Hydranten wurden angebracht, gegen die früheren Verhältnisse, wo bei Bränden das Wasser herzu getragen werden mußte, ein gewaltiger Fortschritt. Der Anschluß der Stadt an die Wasserleitung erfolgt auf Grund eines Vertrages der Stadt mit der Rheinischen Wasserwerks-Gesellschaft.

Der Anschluß der einzelnen Wohnhäuser an die Wasserleitung erfolgte jedoch sehr langsam.

VIII. Kapitel.

Die Stadt Kalk von ihrer Erhebung zur Stadt bis zur Eingemeindung in die Stadt Cöln.

A. Von 1881 bis 1900.

Amtszeit des Bürgermeisters T h u m b .

Die Allerhöchste Kabinettsordre, durch welche die E r - h e b u n g   d e r   G e m e i n d e   K a l k   z u r   S t a d t[1] ausgesprochen wird, lautet:

Auf den Bericht vom 26. April d. Js. will Ich der auf dem Rheinischen Provinziallandtage im Stand der Städte vertretenen Gemeinde Kalk, deren Antrag gemäß, die Städteordnung für die Rheinprovinz vom 15. Mai 1856 hierdurch verleihen, wonach Sie das Weitere zu veranlassen haben.

Wiesbaden, den 2. Mai 1881.

gez. Wilhelm.

Der Minister des Innern.

Im Allerhöchsten Auftrage.

ggez. von Puttkammer.

An den Minister des Innern.

Im Anschluß hieran sei auch die Allerhöchste Kabi-nettsordre, durch welche der Stadt Kalk das von ihr vorge-

---

1) Wer sich über Landgemeinde-Ordnung, Städte-Ordnung etc. unter-richten will, dem sei empfohlen: „Das Wichtigste aus der Bürgerkunde, von Schulrat Dr. Brandenberg, Cöln. Preis 75 Pfg.

schlagene W a p p e n genehmigt wurde, mitgeteilt:

Auf den Bericht vom 13. Juli d. Js. will Ich der Stadt Kalk im Regierungsbezirke Cöln zur Führung des in der zurückfolgenden Zeichnung dargestellten Wappens hierdurch meine Genehmigung erteilen.

Bad Gastein, den 20. Juli 1883.

gez. Wilhelm.

ggez. von Puttkammer.

An den Minister des Innern.

Das Wappen führt uns in sinniger Weise einen großen Teil der Geschichte unseres Ortes vor Augen: die Kapelle, durch die Kalk fast zwei Jahrhunderte hindurch als Gnadenstätte berühmt war, und die Abzeichen der Industrie, welch letztere den Namen Kalk in ferne Länder und Zonen getragen hat. Das blaue Feld, in dem die Kapelle steht, mag wohl in Verbindung mit ihr die Glaubenstreue und die Religiösität, das silberne Feld, aus dem sich Amboß, Zahnrad und Hämmer abheben, den Wohlstand und das Aufblühen der Stadt durch die Industrie versinnbilden.

Wie im vorigen Kapitel mitgeteilt, fiel der Zeitpunkt der Stadterhebung Kalks in das Jahr nach dem Tode des Bürgermeisters Wiersberg. Eine der ersten Obliegenheiten des neuen aus 18 Mitgliedern bestehenden Stadtverordneten-Kollegiums war also die W a h l e i n e s n e u e n B ü r g e r - m e i s t e r s . Als solcher wurde der seitherige Kreissekretär des Landkreises Cöln, A l o y s T h u m b , gewählt. Seine Einführung geschah am 1. Februar 1882.[1] Der neue Bürgermeister fand ein aufblühendes Gemeinwesen vor, dessen Verhältnisse er durch seine bisherige Tätigkeit schon kannte, wo viele Aufgaben noch der Lösung harrten. Von jetzt ab erschien alljährlich ein vom Bürgermeister erstatteter „Bericht über den Stand und die Verwaltung der Gemeinde-Angelegenheiten." Diesen „Stadtberichten" sind die folgenden Ausführungen entnommen, die demnach in chronologischer

---

1) Bei der Stadterhebung Kalks wurde vom Minister genehmigt, daß aus den Restgemeinden Vingst und Poll eine eigene Bürgermeisterei gebildet werde, welche den Namen Landbürgermeisterei Kalk zu führen habe. Dem neuen Bürgermeister Thumb wurde gleichzeitig mit seiner Ernennung die Verwaltung der Landbürgermeisterei Kalk übertragen.

Reihenfolge das Wachstum der Stadt und die zum Wohle der
Bürgerschaft getroffenen Maßnahmen sowie die im Laufe der
Jahre eingetretenen Ereignisse in Kürze an unserem Auge vor-
überziehen lassen.

Nach den Angaben des ersten Stadtberichts, dem eine
kurze Geschichte des Ortes Kalk vorangestellt ist, umfaßte
das G e b i e t d e r S t a d t „192,3 ha oder 753 Morgen,
ein kleines Gebiet, mit dazu noch sehr ungünstigen Grenzen".

Die L ä n g e d e r z u m S t a d t b e z i r k g e h ö -
r i g e n W e g e betrug 13 775 m. Die Länge der gepflasterten Straßen, außer der noch im Besitz der Provinz befindlichen und nur in der Fahrbahn gepflasterten Hauptstraße betrug 2620 m. Mehr oder weniger ausgebaut mit Kies oder
Basalt waren 980 m. Die übrigen Wege waren vollständig
unreguliert und teils Feldwege bzw. Fußpfade. In verschiedenen Straßen z. B. in der verlängerten Marienstraße, der
jetzigen Eintracht- und Friedenstraße, befanden sich vor vielen Häusern und Häuschen noch kleine Gemüse- und Blu-
mengärten, die durch Zäune der verschiedensten Größe und
Beschaffenheit die Vielgestaltigkeit der Straßenflucht noch
vermehrten. Bei der mangelhaften Beleuchtung konnte man
hier am Abend bei nicht ganz vorsichtigem Gehen in recht
unsanfte Berührung mit den verschieden weit vorstehenden
Eckpfosten der erwähnten Umzäunungen geraten. Bürgermeister Thumb wandte denn auch seine erste Sorge dem
S t r a ß e n b a u w e s e n zu. Unterm 25. Juli 1882 beschloß
die Stadtverordnetenversammlung einstimmig die A n f e r -
t i g u n g e i n e s B e b a u u n g s p l a n e s für die Stadt,
mit dessen Ausführung der Geometer Schroeder zu Cöln beauftragt wurde.

Der November 1882 brachte einen außergewöhnlich
h o h e n W a s s e r s t a n d . Die jetzige, sehr hoch aufge-
schüttete Kalk-Mülheimerstraße war damals noch ein tief lie-
gender Feldweg, und von Mülheim her kam das Wasser herüber; es durchbrach den an der Kalker Grenze aufgeworfenen
Damm und füllte die tief gelegenen Stellen. Die Feuerwehr
und die herbeigeeilten Bürger sowie Arbeiter, welche von
mehreren Fabriken zur Hilfe gesandt wurden, errichteten

aus Erde, Dünger etc. an der Wipperfürtherstraße einen Damm und schützten so die Häuserviertel der Mülheimer- und Viktoriastraße. Der Schulhof der ein Jahr vorher bezogenen Schule an der Wipperfürtherstraße stand unter Wasser, und der Unterricht mußte dort ausgesetzt werden.

In demselben Jahre begann der B a u d e s k a t h o - l i s c h e n K r a n k e n h a u s e s an der Paradiesstraße. Es sollte Raum bieten für 60 Betten, und die inneren Einrichtungen sollten unter Berücksichtigung der neuesten Erfahrungen auf diesem Gebiete ausgeführt werden. Am 1. Oktober 1883 wurde das bis dahin benutzte, zum Teil von der Gemeinde Kalk eingerichtete kleine Krankenhaus an der Paradiesstraße aufgelöst, und an dessen Stelle wurde das von der kath. Kirchengemeinde neuerbaute Hospital in Benutzung genommen, in welchem auch die für städtische Rechnung zu verpflegenden Kranken zu einem vertragsmäßig vereinbarten Pflegesatz Aufnahme fanden. Die Stadt zahlte laut Vertrag mit der Kirchengemeinde vom 10. Juli 1883, zunächst auf die Dauer von drei Jahren, einen jährlichen Zuschuß von 1000 Mk. zu den Unterhaltungskosten des neuen Hospitals, wofür sie sich das Recht ausbedungen hatte, an der Verwaltung bezw. Leitung desselben teilzunehmen. Zu diesem Zwekke wurde ein Kuratorium gebildet, bestehend aus sechs Mitgliedern, von denen die Hälfte seitens der Stadt, die andere Hälfte seitens der Kirchengemeinde gewählt werden sollte.

Während die Stadtberichte der Jahre 1883 und 1884 über geringe Bautätigkeit und die dadurch hervorgerufenen immer ungünstiger werdenden Wohnungsverhältnisse klagen, konstatiert der Bericht über das Jahr 1884/85 eine langsam aber stetig f o r t s c h r e i t e n d e B e s s e r u n g d e r w i r t s c h a f t l i c h e n V e r h ä l t n i s s e und besonders ein Wiederaufleben des Unternehmungsgeistes; „verschiedene, der wirtschaftlichen Katastrophe der 70 er Jahre zum Opfer gefallene industrielle Werke werden wieder nutzbar gemacht."

Am 23. Oktober 1884 erfolgte die Eröffnung der V o l k s b i b l i o t h e k , die also im Jahre 1909 auf ein 25jähriges Bestehen zurückblicken konnte. Dieselbe verdankt ihr Entstehen den Bemühungen des Generaldirektors Schmidt, dem es gelang, hiesige und auswärtige Industrielle für diese Einrichtung zu gewinnen und zu namhaften Geldspenden hierfür zu veranlassen. Ein an der Hauptstraße gelegenes, der Maschinenbau-Anstalt Humboldt gehörendes Lokal wurde von dieser Firma der Bibliothek zur Verfügung gestellt; die innere Einrichtung samt dem Bestande von 1700 Bänden wurde der Stadt zum Geschenk gemacht. Die Absicht der Gründung war, den Arbeitern durch Gewährung einer guten Lektüre Erhebung, Belehrung und Zerstreuung zu verschaffen. Vier Lehrer, unter ihnen der jetzt noch in der Bibliothek tätige Lehrer Welsch, besorgten die Geschäfte.

Die Stadtverordnetenversammlung nahm zum ersten Male einen nicht unbedeutenden Betrag für S t r a ß e n - p f l a s t e r u n g in den Etat auf und beschloß die Neupflasterung der Viktoriastraße von der Haupt- bis zur Friedrich-Wilhelmstraße; andere Straßen, nämlich Mülheimer-, Sand-, Friedrich-Wilhelm-, Wipperfürther- und Hochstraße, sollten durch Aufbringung einer Kiesdecke in einen passierbaren Zustand versetzt werden.

Ferner erfolgte die Beseitigung der an der oberen Hauptstraße noch bestehenden mit Schlamm gefüllten Chausseegräben sowie die Anlegung e i n e r z w e i t e n S c h l i n g g r u b e neben der ersten sowie dreier Vorsenken zum Klären und Reinigen des Wassers; zwei derselben mußte das zufließende Schmutzwasser stets passieren, um den Schlamm abzusetzen, die dritte konnte dann gereinigt werden.

Gegen die im Sommer 1884 in Frankreich und Italien auftretende C h o l e r a wurden überall in Deutschland vorbeugende Maßregeln getroffen, so auch in Kalk. Den Bürgern wurde die Desinfektion ihrer Abort- und Senkgruben dringend anempfohlen, eine Niederlage von Desinfektionsmitteln wurde in einem Raume hinter dem Rathause eingerichtet, und die notwendigen Mengen dieser Stoffe wurden an Unbemittelte unentgeltlich, an andere zum Selbstkostenpreise abgegeben.

Die Stadtverwaltung machte auch den Versuch, auf dem Platze am Rathause einen W o c h e n m a r k t für Gemüse, Obst, Kartoffeln etc. einzurichten. Angebot und Kauf war an-

fangs ziemlich lebhaft, mit beginnendem Winter jedoch ließ
die Beschickung des Marktes und damit auch der Besuch nach,
bis er schon nach kurzer Zeit ganz einging.

Die schon lange von der Bürgerschaft gehegten Hoffnungen, auch a n d e r D e u t z - G i e ß e n e r B a h n -
s t r e c k e e i n e n B a h n h o f z u e r h a l t e n, schienen der Erfüllung näher gerückt zu sein. Der Stadtbericht erwähnt nämlich Verhandlungen zwischen der Eisenbahnverwaltung und der Stadt; die Bergisch-Märkische Bahn sollte nämlich über Deutz nach Kalk weitergeführt werden.

Zum ersten Male befaßt sich auch der genannte Stadtbericht mit dem in Kalk „außerordentlich entwickelten V e r -
e i n s w e s e n "; er zählt auf: 6 gesellige Vereine (darunter 1
Turnverein, 2 Kriegervereine und 1 Schützenverein), 7 Kran-
ken-Versicherungs-Vereine, 1 Armen-Unterstützungsverein,
1 Stenographenverein, 1 Fachverein für Metallarbeiter, 4 Ge-
sangvereine (Loreley, Männergesangverein I, Eintracht,
Quartettverein), 1 Zitherclub, 2 kath. Vereine (Bürgerverein
und Arbeiterverein), 1 evangl. Jünglingsverein.

Der folgende Jahresbericht, über 1885/86 berichtet zunächst über die durch die V o l k s z ä h l u n g am 1. D e -
z e m b e r 1885 festgestellte ortsanwesende Bevölkerung.
Dieselbe belief sich auf eine Seelenzahl von 11 417. Dann erwähnt er das Anhalten der Bautätigkeit sowie die weiteren Bestrebungen und A r b e i t e n d e r S t a d t v e r w a l t u n g
a u f d e m G e b i e t e d e s S t r a ß e n a u s b a u e s , die
nun fertig gestellte und mit Bordsteinen versehende Viktoriastraße, ferner die Friedrich-Wilhelmstraße, die „früher ein
Schmerzenskind der Stadt" nun zwischen Viktoriastraße und ihrem westlichen Ende durch Pflasterung und Anlage von durchgehenden Asphalt-Trottoirs „zur schönsten Straße der Stadt" umgewandelt wurde. Die zweite Schlinggrube samt den Vorsenken
versieht ihren Dienst, sodaß für eine Reihe von Jahren für die
E n t w ä s s e r u n g d e r S t a d t gesorgt ist; die Notwendigkeit, in absehbarer Zeit einen Kanal zum Rheine zu führen,
wird jedoch schon betont. A n s c h l ü s s e a n d i e W a s -
s e r l e i t u n g sind schon in etwas größerer Zahl erfolgt, und
zur Benutzung für die Feuerwehr, die wie in den Vorjahren

aus 38 Mitgliedern besteht, sind zwischen den früher vorhandenen Hydranten noch neue eingeschoben worden, sodaß die
F e u e r b e k ä m p f u n g eine bedeutend leichtere geworden ist. In mehreren kleinen Bränden sowie bei einem Großfeuer in der Mayer'schen Fabrik hatte die Wehr tapfer gearbeitet und das Feuer auf seinen Herd beschränkt.

Am 12. Februar 1885 hatte die Königliche Regierung
die A n s t e l l u n g e i n e s P o l i z e i - K o m m i s s a r s
für Kalk angeordnet, weil infolge der steten Zunahme der Bevölkerung die Geschäfte der Polizeiverwaltung immer umfangreicher wurden. Als erster Polizei-Kommissar trat der bisherige Polizei-Wachtmeister Kops von Neuß am 2. Juni desselben
Jahres ein. Das übrige Polizeipersonal der Stadt Kalk bestand
aus 4 Polizei-Sergeanten und 3 Nachtwächtern.

Am 25. Januar 1886[1] eröffnete die Maschinenbau-Anstalt Humboldt in einem Gebäude an der Mittelstraße eine
S u p p e n a n s t a l t bezw. V o l k s k ü c h e. Suppe, Gemüse und Fleisch wurde in einzelnen Portionen zu geringen
Preisen abgegeben (10 Pfg. à Portion), sodaß für 20—30 Pfg.
eine einfache Mahlzeit zu haben war. Vom Tage der Eröffnung
bis zum 31. Dezember 1886 wurden verausgabt: 26786 Portionen Suppe, 25705 Portionen Gemüse, 16897 Portionen
Fleisch. 6457 Portionen Suppe und Gemüse waren für Rechnung des Armen-Unterstützungsvereins an dürftige Bewohner der Stadt ausgeteilt worden.

Am 1. Juni 1886 fand die E r ö f f n u n g d e s n e u -
e n B e r g i s c h - M ä r k i s c h e n B a h n h o f s K a l k
– j e t z t K a l k S ü d – und gleichzeitig die S c h l i e -
ß u n g d e s a l t e n R h e i n i s c h e n B a h n h o f e s f ü r
d e n P e r s o n e n v e r k e h r statt. Trotz aller Anstrengungen
und Verhandlungen seitens der Stadt, den Bau des Bahnhofs
näher der Hauptstraße, etwa südlich der jetzigen Post, zu erreichen, blieben erfolglos, und so sagt der Stadtbericht mit Recht:
„Leider hat der neue Bahnhof wegen seiner abgelegenen und
für den Hauptteil der Stadt schwer erreichbaren Lage, was den
Personenverkehr anbelangt, sozusagen gar keine Bedeutung."

---

1) Aus dem Stadtbericht 1886/87.

Bahnhof Kalk-Süd, eröffnet 1886, abgebrochen 1909.

Die seit mehreren Jahren ziemlich rege B a u -
t ä t i g k e i t nahm noch etwas zu, und man fing an, auch
auf die ä u ß e r e A u s f ü h r u n g d e r B a u t e n mehr
Wert zu legen. Der bisherige Stadtbaumeister Hueck, der im
Laufe des Jahres starb, wurde durch den Stadtbaumeister
Hämmerling ersetzt. Außer der Pflasterung der Helenenstraße
ist noch die E r w e i t e r u n g d e s F r i e d h o f e s Kalk-
Vingst an der Kirchstraße, sowie die E r r i c h t u n g e i -
n e s F e u e r w e h r h a u s e s durch die Stadt an der Hermannstraße zu erwähnen.

Aus Anlaß des 90. Geburtstages Kaiser Wilhelms I. am
22. März 1887 rief die Stadtverwaltung die K a i s e r - W i l -
h e l m - S t i f t u n g der Stadt Kalk ins Leben. Der Stadtrat
bewilligte als Grundstock der Stiftung 500 Mk., indem er der
Hoffnung Ausdruck gab, daß die Bürger der Stadt den weiteren Ausbau dieses patriotischen Werkes übernehmen würden.
Dies geschah, zahlreiche Beiträge gingen ein, sodaß der
Stiftungsfonds bis März 1888 schon auf 4140,30 Mk. angewachsen war. Die Zinsen der Stiftung dienen laut damaligem
Beschluß der Stadtverordnetenversammlung zur Unterstützung der Armen.

Für die A r m e n p f l e g e geschah in Kalk im Vergleich zu anderen Orten verhältnismäßig viel. Der Stadtbericht
erteilt in dieser Beziehung dem Kalker A r m e n - U n t e r -

s t ü t z u n g s - Ve r e i n, der 1874 gegründet wurde und „der im stillen eine sehr segensreiche Tätigkeit entfaltet", ganz besonderes Lob. Seit 1885 veranstaltete der genannte Verein in den Sommerferien für 170 arme Kinder[1] eine Milchkur; die Kinder erhielten in der Volksküche je ½ Liter Milch und ein großes Brötchen und machten dann in zwei Gruppen unter Aufsicht eines Lehrers und einer Lehrerin einen Spaziergang. Auf die Anregung des Vorsitzenden des Vereines, Dr. Reipen, sagte der Stadtrat eine jährliche Beihilfe zu von 100 Mk. Auch die ö f f e n t l i c h e A r m e n p f l e g e fand bei der Stadtverwaltung aufmerksame Förderung. Die bisherige Einteilung der Stadt in 6 Bezirke wurde mit dem 1. April 1887 abgeändert, und es wurden 8 Bezirke gebildet, weil die Zahl der Unterstützten in fast allen Bezirken eine zu große und daher die Überwachung und richtige Beurteilung derselben für die Armen-Bezirksvorsteher unmöglich war. Zugleich wurden besondere Personalbogen, in denen die persönlichen und Familienverhältnisse der zu unterstützenden Personen, Ursache der Verarmung etc. eingetragen wurden, eingeführt.

Zu Anfang des Jahres 1887 wollte die Kaiserliche Postverwaltung eine besondere S t a d t f e r n s p r e c h - E i n - r i c h t u n g mit direkter Verbindung nach Cöln herstellen, wenn sich die genügende Anzahl Teilnehmer fände. Infolge der geforderten ziemlich hohen Jahresmiete gelang es jedoch nicht, die gewünschte Teilnehmerzahl zusammenzubringen.

Der Stadtbericht 1887/88 erwähnet d i e b e v o r s t e - h e n d e E i n g e m e i n d u n g v o n D e u t z u n d P o l l nach Cöln. Kalk tritt dadurch mit Cöln in unmittelbare Nachbarschaft. Die dem Bürgermeister von Kalk überwiesene Landbürgermeisterei Kalk wird durch die Abtretung von Poll um die Hälfte verkleinert und verbleibt derselben nur Vingst mit 2084 Einwohnern. [Cölns Eingemeindungsgebiet umfaßte auf der linken Rheinseite die Stadt Ehrenfeld, Nippes, Longerich, Müngersdorf, Effern (jedoch ausschließlich der Spezialgemeinde Effern) und einen Teil der Bürgermeisterei Rondorf, die Ort-

---

[1] Die Zahl der Kinder wurde nach und nach erhöht, seit 1900 nehmen 300 Kinder an der Milchkur teil.

schaft Bayenthal.] Ferner erwähnt der genannte Stadtbericht eine Anfrage der Stadt Mülheim bez. der Kanalisation. Die Verwaltung der Nachbarstadt Mülheim hatte ein K a n a l - P r o j e k t ausgearbeitet und fragte nun an, ob Kalk bereit sei, seine Abwässer durch den von Mülheim zu bauenden Kanal in der hochzulegenden Kalk-Mülheimerstraße dem Rheine zuzuführen, selbstverständlich gegen entsprechende Zahlung. Daraufhin beauftragte das Stadtverordnetenkollegium zu Kalk einen Spezialtechniker mit der Ausarbeitung eines Gutachtens, das als Grundlage der ferneren Verhandlungen dienen sollte.

In den achtziger Jahren versuchte man mehrmals eine „K a l k e r Z e i t u n g " ins Leben zu rufen. Jedoch konnten sich diese kleinen Blätter in der Konkurrenz mit den Zeitungen der nahen Großstadt Cöln nicht halten, und so verschwanden sie wieder nach kurzem Bestehen.

Der Bericht des Bürgermeisters über das Rechnungsjahr 1888/89 gedenkt zunächst der g r o ß e n T o t e n d e s J a h r e s 1888, des Kaisers Wilhelm I., der am 9. März, und des Kaisers Friedrich III., welcher am 15. Juni seinem Volke durch den Tod entrissen wurde. „Groß und wahrhaft war die Trauer des deutschen Volkes über das Hinscheiden dieser Fürsten, und unvergeßlich wird deren Andenken, verknüpft mit der Erinnerung an eine große Zeit, dem deutschen Volke sein."

Da die B e s s e r u n g d e r L a g e d e r I n d u - s t r i e besonders der Eisenindustrie, eine anhaltend fortschreitende und mithin auch das Wachstum der Stadt ein stetiges war, so fand infolge des letzteren eine V e r g r ö ß e - r u n g d e s B e i g e o r d n e t e n - K o l l e g i u m s statt, indem die Zahl der Beigeordneten auf 4 erhöht wurde. Die günstigeren Erwerbsverhältnisse brachten aber auch bald wieder mit dem steigenden Lohne steigende Ausgaben, und so klagt der Stadtbericht über zunehmende V e r g n ü - g u n g s s u c h t und mangelnden Sparsinn vieler Einwohner der niederen Stände; er weist hin auf die große Zahl von Vereinen „mit der traurigen Sucht auf Veranstaltung von fortwährend neuen Festlichkeiten."

Die f i n a n z i e l l e L a g e d e r S t a d t wird als verhältnismäßig günstig bezeichnet, sodaß sie vor dem zwar große aber notwendige Ausgaben erfordernden Projekt der Kanalisation nicht zurückzuschrecken brauche. Die Verhandlungen mit Mülheim und solche mit Cöln bezüglich des vom Ingenieuer Brix zu Wiesbaden ausgearbeiteten Kanalprojektes nahmen ihren Fortgang, und noch ein weiteres für die Stadt wichtiges Unternehmen bereitete sich vor. Im Laufe des Jahres 1888 nahmen V e r h a n d l u n g e n   d e r   M i l i t ä r - V e r w a l t u n g   m i t   d e r   S t a d t   ü b e r   E r b a u u n g   v o n   K a s e r n e n   i n   K a l k   ihren Anfang. Am 6. September 1888 fand eine Sitzung des Stadtverordneten-Kollegiums statt, an welcher Vertreter der Militär-Verwaltung teilnahmen, und in der von den letzteren befriedigende Aufschlüsse über die Verpflichtung des Militär-Fiskus zur Teilnahme an den Straßen- u. Baukosten, sowie auch ferner eine Beteiligung desselben an den Kosten der notwendigen Kanalisation als wahrscheinlich in Aussicht gestellt wurde. Es erfolgte daraufhin der einstimmige Beschluß des Stadtrates, auf die Forderungen der Militär-Verwaltung einzugehen.

Für die P f l a s t e r u n g   u n d   I n s t a n d h a l t u n g   d e r   S t r a ß e n   war die Stadtverwaltung fortwährend besorgt. 1888 erfolgte die Pflasterung der Sandstraße; die Hochstraße wurde mit gepflasterten Rinnen versehen und neu bekiest. Von der Provinzial-Verwaltung wurde die offene Rinne zur Überführung des Regenwassers von der Hauptstraße in die Mülheimerstraße durch Anlage einer Kanalrinne mit Kanaldeckel ersetzt, doch genügte diese Anlage bei plötzlichen starken Regenfällen nicht und verursachte eine Stauung des Wassers vor den Häusern der Ecke Haupt- und Rolshoverstraße.

1889 war der in den letzten Jahren begonnene w i r t - s c h a f t l i c h e   A u f s c h w u n g   auf dem Höhepunkte angelangt. In allen Werken herrschte lebhafte Tätigkeit; trotz vielfach vorgenommener Vermehrung der Arbeitskräfte war es oft nur durch Einlegung von Nachtschichten möglich, den Aufträgen gerecht zu werden. Schwierigkeiten in der Beschaffung der notwendigen Kohlen bereitete den Werkleitungen der im westfälischen Kohlenrevier ausgebrochene Ausstand der Bergleute; doch gelang es ihnen meist, den Betrieb ohne nennenswerte Störungen aufrecht zu erhalten. Mit dem Aufblühen der industriellen Unternehmungen ging eine l e b h a f t e B a u t ä t i g k e i t , sowohl in Fabrikanlagen als in Privathäusern, Hand in Hand. Das Straßennetz erhielt eine bedeutende Erweiterung durch die Aufschließung des den Erben Trimborn gehörenden Grundstückes an der unteren Hauptstraße westlich der Rolshoverstraße. Dieses Terrain war bis dahin als Feld beackert worden, hatte auch mehrfach als Schützenplatz gedient, und die Schützen hatten dort nach dem auf hoher Stange thronenden Königsvogel geschossen. Jetzt entstanden dort die Cornelius-, Balduin- und Poststraße; der Ausbau der Straßen geschah durch die Erben Trimborn. Dieselben errichteten auf dem genannten Grundstücke auch das jetzige in gotischem Stile erbaute P o s t g e b ä u d e .

So konnte das Postamt Kalk nun hierhin übersiedeln, nachdem es viele Jahre hindurch in dem früheren Blüher'schen Hause Unterkunft gefunden hatte. Seitens der Stadt wurden neu reguliert die Wipperfürther-, die verlängerte Marienstraße, (jetzt Eintracht- und Friedensstraße), die Höfestraße und der Engelsweg. In der Kanal-Angelegenheit wurden die weiteren Verhandlungen mit Cöln abgebrochen, dagegen mit Mülheim in vielen Sitzungen fortgesetzt.

Am 1. März 1890 erfolgte die E r ö f f n u n g d e r städtischen S p a r k a s s e nach mühevollen, jahre

langen Verhandlungen. Mit Anregung dazu gab der Vorstand
des Armen-Unterstützungsvereins, dem Bürgermeister Thumb
als II. Vorsitzender angehörte; dieser Verein hatte schon in
den 70 er Jahren eine Pfennigsparkasse unter tätiger Mithilfe
vieler Lehrer, Lehrerinnen und Geschäftsleute ins Leben gerufen und dadurch viel Gutes erzielt.[1] Schon 1886 hatte die
Stadtverwaltung die Verhandlungen zwecks Einrichtung einer städtischen Sparkasse eröffnet, und seitdem waren die
Statuten fünfmal zwischen Kalk und der Königlichen Regierung hin- und hergewandert, bis sie endlich nach mancherlei
Abänderungen am 3. April 1889 die Genehmigung des Ober-
präsidenten erhielten. Daß die Sparkasse ein wirkliches Bedürfnis war, geht aus den Einnahmen derselben im ersten Jahre
ihres Bestehens hervor. Die Einlagen betrugen in diesem Zeit-
raum 371 118,05 Mk., die Rückzahlungen 117 966,96 Mk.,
die Anzahl der ausgegebenen Sparbücher war 868.

Mit dem 1. April 1890 führte die Stadtverwaltung die
Abfuhr der Hausabfälle ein. Bis dahin bestand nur eine Abfuhr des Straßenkehrichts, und vielfach kam es laut Stadtbericht noch vor, „daß – namentlich in den entlegenen Straßen – Asche, Abfälle etc. einfach auf die Straße geworfen
wurden". Dem S t r a ß e n b a u wurde wie bisheran Sorgfalt gewidmet; der östliche Teil der Friedrich-Wilhelmstraße
sowie der nördliche Teil der Viktoriastraße wurden gepflastert, Engels-, Herler- und Buchheimerstraße mit gepflasterten Rinnen und Trottoiranlagen versehen. Die Verhandlungen der Stadt mit der Provinzialverwaltung zwecks Übernahme der Hauptstraße durch die Stadt waren dem Abschluß nahe,
ebenso die Verhandlungen mit Mülheim inbetreff des Kanals.

Im Verlauf des Jahres 1890 war ein A b f l a u e n d e r
I n d u s t r i e zu bemerken, Mangel an Aufträgen verursachte eine Verminderung der Arbeiterzahl und der Arbeitszeit,
infolgedessen also Rückgang des Verdienstes; selbst vorüber-
gehende Betriebseinstellungen kamen vor wegen des durch

---

1) Mit Eröffnung der städtischen Sparkasse stellte die Pfennigsparkasse
ihre Tätigkeit ein. Postmeister Leinberger hatte sich um die Pfennigsparkasse
besondere Verdienste erworben.

den strengen Winter eintretenden Kohlenmangels. So war unter den brotlosen Arbeitern viel Not und Elend. Die Stadt beschäftigte eine Anzahl derselben mit Abräumen von Eis und Schnee, wofür sie 1390,82 Mk. ausgab. Armenpflege und Vereine fanden ausgedehnte Tätigkeit.

Die Volkszählung am 1. Dezember 1890 ergab eine Bevölkerung von 13 559 Seelen, der Zuwachs in den letzten fünf Jahren betrug 2141 Personen oder 18¾ %.

Ende des Jahres 1891 gelangten endlich die Verhandlungen über die Errichtung der Kasernen in Kalk zu einem für die Stadt befriedigenden Abschluß. Die Militär-Verwaltung beabsichtigte, zwei Bataillone Infanterie nach Kalk zu legen, sie benötigte zu diesem Zwecke eine 5 ha oder 19½ Morgen und verlangte diese von der Stadt unentgeltlich. Lange Verhandlungen führten schließlich zu der Wahl des jetzigen Kasernengrundstückes. Es war aber notwendig, nicht nur die zum Kasernenbau notwendigen Grundstücke, sondern auch das Gelände für die anzulegenden, die Kasernen umgebenden Straßen anzukaufen, welches 120 a oder 4²/₃ Morgen hat. Durch Stadtverordnetenbeschluß vom 2. und 20. Oktober 1891 wurde der Stadtverwaltung die Ermächtigung zum Ankauf der einzelnen Parzellen erteilt, als deren Eigentümer die Geschwister Spengler, die Erben Trimborn und die Kalker Industrie-Gesellschaft sowie die Eisenbahn-Verwaltung genannt werden.

Gleichzeitig mit dem Kasernengrundstück und unter ebenfalls günstigen Bedingungen wurde von der Stadtverordnetenversammlung der Ankauf des jetzigen Marktplatzes bewirkt. Der Platz liegt fast genau im Mittelpunkte des Stadtgebietes auf dessen höchstem Punkte. Die Größe des Platzes zwischen den – damals noch zu errichtenden Häuserreihen – beträgt 80 a oder 3½ Morgen. Der Altmarkt zu Cöln hat eine Größe von 70 a (einschließlich der Fahrbahnen und Bürgersteige).

Für die Pflasterung des nördlichen Teiles der Mülheimerstraße bis zur Grenze des Stadtbezirks wurden 22 019,85 Mk. ausgegeben, für die Pflasterung der Wahlen-

straße 4 948,96 Mk. Die Freilegung der Hochstraße zwischen
Mittel- und Marienstraße wurde, Dank dem Entgegenkommen der Erben Trimborn, ohne große Opfer erreicht.

Nachdem die Kasernenfrage gelöst war, wurden die Arbeiten zur F e r t i g s t e l l u n g   d e s   B e b a u u n g s -
p l a n e s der Stadt tatkräftig aufgenommen. Die Ausarbeitung erfolgt aufgrund des Gesetzes betreffend die Anlegung und Veränderung von Straßen und Plätzen in Städten und ländlichen Ortschaften vom 2. Juli 1875 und der Vorschriften für die Aufstellung von Fluchtlinien und Bebauungsplänen vom 28. Mai 1876. Bei der Aufstellung des Projekts war in erster Linie die sorgfältige Erwägung des damaligen sowie in näherer Zukunft voraussichtlich eintretenden öffentlichen Bedürfnisses maßgebend; gleichfalls wurde besondere Rücksicht auf die Förderung des Verkehrs, sowie auf Feuersicherheit und Gesundheit der Stadtbewohner genommen, indem den neuen Straßen eine genügende Breite gegeben und für eine gute Verbindung des neuen Bauterrains mit den bereits bestehenden Straßenvierteln Sorge getragen wurde.

Am 16. Oktober 1891 wurde zwischen Kalk und Mülheim der V e r t r a g   b e z ü g l i c h   d e r   B e n u t z u n g
d e s   v o n   M ü l h e i m   z u   e r b a u e n d e n   K a n a l s
z u m   R h e i n e abgeschlossen. Als dringendste Anlagen waren nun auszuführen 1. die Pumpstation auf dem Schlinggruben-Grundstück, 2. die Zu- und Ableitungsgräben bezw. Kanäle nebst den Klärvorrichtungen daselbst, 3. der Kanal von der Friedrich-Wilhelmstraße durch die Viktoria- und Wipperfürtherstraße bis zur Hauptkanal-Ausmündung, 4. der Kanal von der Hauptausmündung durch die Wipperfürther- und Mülheimerstraße bis zur Hauptstraße, 5. der Kanal in der ganzen Länge der Hauptstraße. Die Anlage der Pumpstation war darauf berechnet, daß pro Sekunde 100 l, nämlich das Quantum, das vertragsmäßig dem Mülheimer Kanal zugeführt werden darf, aufgesaugt und auf die erforderliche Höhe von 4 m gehoben werden konnte. Zu diesem Zwecke waren vier Zentrifugalpumpen vorgesehen, deren jede durch einen vierpferdigen Gasmotor getrieben wurde, und pro Sekunde 25 l Wasser hob. Die bisherigen

Schlinggruben mit ihren Vorsenken blieben bestehen; der neue Zuleitungskanal erhielt eine Verbindung mit dem nördlichen Teil der Schlinggrube, damit letzterer bei heftigen Regenfällen als Auslaß dienen und alles Wasser aufnehmen konnte, das die Pumpen nicht sofort zu bewältigen im Stande waren. Alle diese Arbeiten wurden in den Jahren 1892 und 1893 ausgeführt. Ende Oktober 1892 nahm das Pumpwerk den Betrieb auf. Im Februar des folgenden Jahres begann man mit der A u s f ü h r u n g   d e r   H a u s e n t w ä s s e r u n g s - a n s c h l ü s s e zunächst an der Hauptstraße. Da die Hauptstraße nun nach jahrelangen Verhandlungen in den Besitz der Stadt übergegangen war, konnte man bei der Ausführung der Anschlüsse zugleich die alten Trottoire und Straßenrinnen beseitigen und die Vorarbeiten für die neuen Bürgersteiganlagen vornehmen. Die Abrechnung der Kanalanlage, die im Stadtbericht 1893/94 vorliegt, ergab eine Ausgabesumme von rund 264 000 Mk.

Am 1. April 1892 wurde das hiesige Postamt II. Klasse zu einem P o s t a m t e   I .   K l a s s e erhoben.

Gegen die im Sommer dieses Jahres drohende C h o l e r a g e f a h r wurden seitens der Stadtverwaltung umfassende und vorbeugende Maßregeln getroffen.

Im Jahre 1894 hatte man mit dem B a u   d e r   K a - s e r n e begonnen, und die Erd- und Maurerarbeiten wurden eifrig gefördert. Gleichzeitig erfolgte der A u s b a u d e r   K a i s e r s t r a ß e , an der sich bald moderne Wohnhäuser erhoben. Der bisherige Stadtbaumeister H ä m m e r l i n g schied am 1. Dezember 1895 aus dem Dienst der Stadt, sein Nachfolger wurde Architekt K e ß l e r aus Aachen.

Da Kalk bisheran einer h ö h e r e n   S c h u l e entbehrte, – private Anstalten waren zwar früher schon eingerichtet worden, jedoch ohne Bestand zu haben – so mußten die Eltern, welche ihren Söhnen eine höhere Schulbildung verschaffen wollten, diese nach Cöln oder Mülheim schicken. Die Stadt aber glaubte jetzt selbst imstande zu sein, eine solche Schule zu unterhalten. Im Dezember 1895 erfolgte der Beschluß des Stadtrates, mit Ostern 1896 eine höhere Schule in

Kalk ins Leben zu rufen, wenn die Genehmigung der Königlichen Regierung bis dahin einträfe. Da letzteres der Fall war, so wurde die Schule zu dem genannten Zeitpunkte eröffnet.[1)]

Die B a u t ä t i g k e i t war in den Jahren 1894/95 und 96 eine rege. In dem Berichtsjahr 1895/96 wurden allein 47 Wohn- und Geschäftshäuser erbaut. Das S t r a ß e n b a u - w e s e n fand die gewohnte Sorge, die Friedensstraße wurde reguliert, die als Zugang zum Bahnhofe wichtige Rolshoverstraße, die laut Fluchtlinienplan von 9,42 m auf 12 m erbreitet werden sollte, erhielt neues Pflaster und neue Trottoiranlagen, die Balduin- sowie die Neuerburgstraße wurden kanalisiert und gepflastert, die Herler- und Königstraße mit Pflaster, Trottoir und Gaslicht versehen. Die Neupflasterung der Hauptstraße wurde mit einem Kostenaufwand von 97 767,07 Mk. fertiggestellt, von den Kosten trug die Kölnische Straßenbahngesellschaft ein Fünftel laut Vertrag. So bildete nun die Hauptstraße mit ihrem breiten, glatten Asphalttrottoir eine Straße, der sich eine Großstadt nicht zu schämen brauchte.

Noch eine wichtige Frage beschäftigte die Stadtverwaltung, nämlich die A n l a g e e i n e s s t ä d t i s c h e n S c h l a c h t h o f e s. Um die Vorarbeiten zu erledigen, wählte die Stadtverordnetenversammlung eine Kommission, welche eine Reihe der neuen Schlachthöfe in größeren und mittleren Städten besichtigen sollte, um die Erfahrungen bei der Aufstellung des Bauprogramms zu verwerten. Im Laufe des Jahres 1896/97 wurden diese Vorarbeiten erledigt; das durch den Stadtbaumeister Keßler aufgestellte Projekt nebst Kostenanschlag in der Höhe von 370 000 Mk. wurde zur Ausführung genehmigt, und so konnte man im Frühjahr 1897 mit den Bauarbeiten beginnen.

Am 1. April 1896 bezogen das I . u n d I I . B a - t a i l l o n d e s W e s t f ä l i s c h e n I n f a n t e r i e - R e g i m e n t s N r . 5 3 die hiesigen neuerbauten Kasernen,[2)] für die seiner Zeit die Stadt das Terrain kostenlos der Militärverwaltung überlassen hatte. Die Stadt hatte zur Feier des Einzugs ein festliches Gewand angelegt. Mit klingendem

---

1) Kurze Geschichte unseres Gymnasium XI. Kapitel.
2) Vergl. Kurze Geschichte des Regiments, XVI. Kapitel.

Spiel zogen die Truppen am Morgen in die Stadt ein, am Eingange der Kaserne fand die Begrüßung seitens des Bürgermeisters Thumb statt, der von den Stadtverordneten begleitet war. Ein Festmahl im Hotel Giesen, seitens des Stadtrates dem Offizierkorps geboten, beschloß den Tag. So war also nun Kalk Garnisonsstadt, und der Stadtbericht von 1896/97 gibt an: Zivilbevölkerung: 16000 Seelen, Militär: 1275 Köpfe.

Inbezug auf S t r a ß e n a n l a g e n ist zu erwähnen der Antrag eines Cölners, Hubert Otten, zur Anlage einer Straße im Nordwesten der Stadt, der jetzigen Hubertusstraße, der unter den üblichen Bedingungen: Übernahme der Kosten für Kanalisierung, Pflasterung, Bordsteinverlegung, Gasbeleuchtung, sowie der fünfjährigen Unterhaltung der Straße genehmigt wurde. Auch wurde die Engelsstraße gepflastert und mit Asphalttrottoir versehen.

Im Stadtbericht 1896/97 erscheint zum ersten Male im Voranschlag für das kommende Jahr der Titel: zur Einrichtung einer F o r t b i l d u n g s s c h u l e 800 Mk.

Der Bericht über das Jahr 1897/98 enthält eine neu eingeführte A r m e n o r d n u n g der Stadt Kalk, das sogenannte Elberfelder System. Die Verwaltung des Armenwesens liegt der Armendeputation ob; die Stadt ist in vier Bezirke eingeteilt, an deren Spitze je ein Bezirksvorsteher steht, diesem sind ca. 6 bis 8 Armenpfleger zugeteilt. Der Vorteil dieses Systems beruht darin, dass einem Armenpfleger nur etwa 5 bis 6 arme Familien oder Unterstützte zugewiesen werden, er also die Bedürftigkeit der ihm überwiesenen Armen sicherer feststellen und ihnen ratend und helfend zur Seite stehen kann.

Durch das stetige Wachstum der Stadt war naturgemäß auch die Arbeit der S t a d t v e r w a l t u n g gewachsen. Seit 1. Januar 1897 betrug die Zahl der Stadtverordneten 24. Die Zahl der Beamten mußte nach und nach vermehrt werden, und die Bureauräume des Rathauses reichten nicht aus. Abhilfe wurde dadurch geschafft, daß der Bürgermeister eine Privatwohnung bezog; seine bisherige Dienstwohnung im Rathause wurde nun zu Bureauräumen verwandt.

Im Laufe des Jahres 1897 waren Hochstraße und
Marienstraße neu gepflastert worden, letztere mit alten Pfla-
stersteinen. Von dem städtischen Grundstück an der
Schlinggrube war der südliche Teil, 830 qm, planiert und mit
Bäumen bepflanzt worden; derselbe sollte als J u g e n d -
s p i e l p l a t z dienen. Auch wurde ein Wärterhaus daselbst
erbaut und dieses mit dem übrigen Teil des Grundstückes als
Gartenland an einen Gärtner verpachtet.

Am 1. Juli 1898 trat die s t ä d t i s c h e F o r t b i l -
d u n g s s c h u l e ins Leben; zunächst wurde in zwei Klassen in Deutsch, Rechnen und Zeichnen unterrichtet. Der Besuch seitens der Schüler war freiwillig.[1]

Auch über p r i v a t e U n t e r r i c h t s t ä t i g k e i t
ist zu berichten. In dem von Pfarrer Köllen gegründeten Hause
Mariahilf, in welches er Schwestern vom armen Kinde Jesu
berufen hatte, entfalteten diese seit 1896 eine rege Tätigkeit
sozialer Art. In der K l e i n k i n d e r b e w a h r a n s t a l t[2]
fanden 120 bis 140 Kinder unter sechs Jahren Aufsicht und
Erziehung gegen ein ganz geringes Schulgeld, Beiträge leistete der kath. Erziehungsverein. Die H a u s h a l t u n g s -
s c h u l e[3] der Schwestern zählte ca. 120 der Volksschule
entlassene Mädchen und unterrichtete dieselben im Nähen,
Flicken und Zuschneiden, ferner in der Besorgung der Wä-
sche, im Kochen und in der Besorgung des Tisches. Im W a i -
s e n h a u s M a r i a h i l f waren ca. 50 Knaben und Mädchen teils für Rechnung der Stadt, teils auf Kosten Privater
untergebracht.[4] Nachdem die Schwestern das übernommene
Haus durch einen größeren Bau erweitert hatten, riefen sie Ostern
1898 mit staatlicher Genehmigung eine h ö h e r e M ä d -
c h e n s c h u l e ins Leben, die schon bald 65 Zöglinge hatte;
es wurde in den Elementarfächern sowie in Fran-

---

1) Vergl. Kurze Geschichte der Fortbildungsschule, XI. Kapitel.
2) Eine solche bestand schon seit den 70er Jahren, soviel ich weiß
von Pfarrverwalter Krausen gegründet, unter Leitung einer Kindergärtnerin.
3) Die Haushaltungsschule war eine der ersten Gründungen des
Pfarrers Köllen, sie wurde in den ersten Jahren von Damen der Stadt, dann von
Franziskanerschwestern, seit 1896 von Kind-Jesu-Schwestern geleitet.
4) Ein kleines Waisenhaus mit ca. 10-15 Kindern, bestand schon
früher.

zösisch und Englisch unterrichtet. Für die Kinder der
e v a n g. G e m e i n d e hatte Pfarrer Vietor schon 1874 eine
K l e i n k i n d e r b e w a h r a n s t a l t ins Leben gerufen,
die von 60 bis 70 Kindern besucht wurde.

Am 4. Mai 1898 fand die E r ö f f n u n g d e s
n e u e r b a u t e n s t ä d t i s c h e n S c h l a c h t h o f e s[1]
statt. Als Schlachthausvorsteher war Tierarzt Krings aus Cöln
berufen worden. Am Tage der Eröffnung feierte die Kalker
Fleischerinnung ihr 15. Stiftungsfest, und ein imposanter
Festzug bewegte sich durch die Straßen der Stadt.

Der Wirbelsturm oder T o r n a d o am Sonntag den 7.
August 1898, der in Bayenthal eine Maschinenfabrik in Trümmer legte, in Poll den Helm des Kirchturmes sowie die Dä-
cher vieler Häuser wegriß und mehreren Menschen den Tod
brachte, ging an Kalk ziemlich gnädig vorüber. Der den furchtbaren Sturm begleitende Hagel zertrümmerte dagegen eine
Menge Fensterscheiben und Dachziegel. Dieser Schaden
betrug an den städtischen Gebäuden 2050 Mk. Im Schulhause
an der Kirchstraße waren 96 Scheiben zertrümmert, sodaß
am folgenden Tage der Glasscherben wegen, die bis in die
äußersten Winkel der Schulsäle geflogen waren, der Unterricht ausfallen mußte. Ähnlich waren auch die Zerstörungen
in den anderen Häusern der Stadt, besonders an den nach
Westen gerichteten Fenstern. Sehr mitgenommen war auch
der Lieblingsausflugsort der Kalker, der Gremberg. Hunderte mächtiger Eichen und Buchen waren von dem Tornado
umgeweht, und ihre mit dem Erdreich aus dem Boden geris-
senen Wurzeln ragten mehrere Meter hoch empor. Die Wege
im nördlichen Teile des Waldes waren durch die umgestürz-
ten Bäume versperrt, und wochenlange Arbeit erforderte es,
bis die Ringstraße wieder frei war.

Gemäß Stadtverordnetenbeschluß vom 9. September
1898 e r w a r b d i e S t a d t d a s f r ü h e r e K e r p ´ s c h e
s p ä t e r H e u k e s h o f e n s c h e G r u n d s t ü c k an der
oberen Hauptstraße mit aufstehendem Gebäude, Tanzsaal etc.
für 145 000 Mk. Der südliche Teil, 2640 qm groß und auf

---

1)   Der städtische Schlachthof Kalk, XII. Kapitel.

50 000 Mk. geschätzt, wurde als Grundstück für die Erbauung der höheren Schule, des jetzigen Gymnasiums, bestimmt.
Nach Abtrennung dieses Terrains und Niederlegung des genannten Tanzsaales wurde das frühere Wirtschaftsgebäude
durch Umbau und notwendige Reparaturen als „Stadtschenke"
eingerichtet. Auch die Gartenanlagen erlitten mancherlei Veränderungen.

Im Laufe des Jahres 1899 fanden zwischen dem Stadtrat von Kalk und dem Gemeinderat von V i n g s t   V e r -
h a n d l u n g e n   s t a t t   ü b e r   e i n e n   e v e n t.   Z u -
s a m m e n s c h l u ß   d e r   b e i d e n   G e m e i n d e n   zu
einem Gemeindewesen, dieselben hatten aber ein negatives
Resultat. Die Stadtverordnetenversammlung von Kalk beschloß deshalb am 27. Oktober 1899 die Aufhebung der
zwischen Kalk und Vingst bestehenden Personalunion höheren Orts zu beantragen. Durch Oberpräsidialerlaß vom
23. März 1900 wurde daraufhin die E r r i c h t u n g   e i -
n e r   b e s o n d e r e n   V e r w a l t u n g   f ü r   d i e   G e -
m e i n d e   V i n g s t   angeordnet, die am 1. April desselben
Jahres in Wirksamkeit trat. Seitdem wird die Gemeinde Vingst
von Bürgermeister K u t h verwaltet. Wer die Vingster Gassen und Straßen in ihrem jetzigen Zustande mit dem früheren vergleicht, Rathaus, Schulhäuser und das neuerbaute Al-
ters- und Kinderheim betrachtet, wird dieser Verwaltung seine Anerkennung nicht versagen können.

In den ersten Monaten des Jahres 1899 verhandelte der
Stadtrat zu Kalk über die A n l a g e   e i n e s   n e u e n
F r i e d h o f e s und beschloß am 9. Februar den Ankauf
eines 11 bis 12 ha großen Grundstücks am Höhenberg zu
diesem Zwecke. Dasselbe lag südlich der Olpenerstraße.

Der Jahresbericht über das Jahr 1900 ist vom I. Beigeordneten Pfeifer unterzeichnet. B ü r g e r m e i s t e r
T h u m b   s t a r b   nämlich unerwartet a m   1 6 .   N o -
v e m b e r   1900 infolge eines Gehirnschlages nach fast
neunzehnjähriger Amtsführung. „Die tiefe Trauer, die sich
nicht nur in der gesamten Bürgerschaft sondern auch weit
über die Grenzen der Stadt hinaus kundgab, gibt Zeugnis von
der Liebe und Wertschätzung, deren sich der Verstorbene all-

gemein erfreute. Die stete und günstige Entwicklung unserer Stadt ist nicht zum wenigsten seiner umsichtigen und tatkräftigen Amtsführung zu danken. Auf allen Gebieten des vielseitigen kommunalen Lebens wirkte er anregend und fördernd. In harmonischem Zusammenwirken mit der Stadtvertretung, deren volles Vertrauen er sich erworben hatte, wurden während seiner Amtsführung eine Reihe für das Wohl der Stadt bedeutungsvoller Unternehmungen ins Leben gerufen; es sei nur die Errichtung der Garnison, der teilweisen Kanalisierung der Stadt, des Baues des Schlachthauses und der Gründung des Progymnasiums gedacht.[1]" Das von der Stadt errichtete Grabdenkmal des Verstorbenen trägt die Inschrift: „Ihrem Bürgermeister Thumb die dankbare Stadt Kalk." Dasselbe ist aus poliertem schwedischen Granit hergestellt und zeigt das Bildnis des Verewigten in Bronzeguß.

Bis zur Einführung des zu wählenden neuen Bürgermeisters standen an der Spitze der Verwaltung die Beigeordneten Pfeifer, Stockfisch, Dr. Reipen und Krüger.

B. Von 1901 bis 1910.
Amtszeit des Bürgermeisters A l b e r m a n n .

Am 25. Januar 1901 erfolgte seitens der Stadtverordnetenversammlung die Wahl des Beigeordneten Bürgermeisters A l b e r m a n n zu Eschweiler zum Bürgermeister von Kalk. Die Einführung geschah am 30. April 1901, nachdem die Wahl am 25. März die Allerhöchste Bestätigung gefunden hatte. Die Verhältnisse der Stadtgemeinde Kalk waren dem neuen Bürgermeister nicht fremd, da er vor seiner Tätigkeit in Eschweiler nach Vollendung seiner juristischen Studien sich als Assessor auf dem Bürgermeisteramte in Kalk in die Verwaltung eingearbeitet hatte.

S t a d t g e b i e t   u n d   B e v ö l k e r u n g .
Wie schon früher erwähnt, beträgt die Größe des Stadtgebietes ca. 192 Hektar.

---

1) Nachruf des Stadtberichts.

Nach der Volkszählung vom 1. Dezember 1900 betrug
die Z a h l d e r W o h n h ä u s e r   1 170,
der Haushaltungen   4 300,
d e r E i n w o h n e r   20 606.
darunter 11 200 männliche, (1193 Militärpersonen),
9 406 weibliche.
Der Religion nach waren 16 356 katholisch, 4 031 evangelisch, 40 christlich, 170 jüdisch, 9 ohne Angabe der Religion.
Die Bewegung der Bevölkerung ist wie in allen Industrieorten eine sehr beträchtliche. So betrug die Bevölkerung am Ende des Jahres 1903 23 290 Einwohner, Zugang im genannten Jahre: Geburten 902, Zuzug 5487; der Abgang betrug: durch Tod 409, Verzug 4697. Die Zahl der bewohnten Gebäude betrug am Schlusse des Jahres 1903 1227; die Anzahl der öffentlichen Gebäude war 26.
Nach der Volkszählung am 1. Dezember 1905 betrug
die   Zahl der Wohnhäuser   1 350,
der Haushaltungen   5 212,
Einwohnerzahl   25 478,
männlich 13 858, darunter akt. Militärpersonen 1115,
weiblich   11 620,
katholisch   19 678,
evangelisch   5 586,
and. Christ.   56,
Juden   156,
Sonstige   2.
Die Stadt zählte im November 1909 — 27 348 Einwohner.
Bewegung der Bevölkerung:
1909   Zuzug   4977 Personen.
bis 31.12.   Verzug   5390
An Ausländern waren Ende 1909 anwesend:

Niederländer	136	Österreicher	112
Belgier	34	Engländer	2
Franzosen	7	Dänen	2
Luxemburger	6	Schweden	11
Schweizer	40	Russen	6
Italiener	70	Rumänen	3

Verwaltung und Vertretung
der Gemeinde.

Das Beigeordneten-Kollegium, das dem
Bürgermeister zur Seite steht, bestand im Jahre 1902 aus folgenden Mitgliedern:

Karl Pfeifer, Kassenrendant,	I.	Beigeordneter,
Dr. Jos. Reipen, Sanitätsrat,	II.	"
Wilh. Krüger, Fabrikbesitzer,	III.	"
Louis Mannstaedt, Fabrikbesitzer,	IV.	"

Die Stadtverordneten waren im gesamten Jahre folgende:

Von der I. Abteilung gewählt:

1. Jos. Bardenheuer, Brauereidirektor,
2. Louis Breuer, Fabrikbesitzer,
3. Dr. Fleming, ",
4. Louis Mannstaedt, ",
5. Ernst Opderbecke, Prokurist,
6. Phil. Schuster, Fabrikbesitzer,
7. Pet. Jos. Seidenfaden, Rentner,
8. Karl Sünner, Brauereibesitzer.

In der II. Abteilung gewählt:

9. Jak. Bendheuer, Rentner,
10. Math. Hackenbroich, Bäckermeister,
11. Adolf Kämmerling, Metzgermeister,
12. Ferd. Lamertz, Rentner,
13. Pet. Lehmacher, Metzgermeister,
14. Karl Pfeifer, Kassenrendant,
15. Jos. Schmahl, Zimmermeister,
16. Joh. Thurn, Bäckermeister,

Gewählt in der III. Abteilung:

17. Fritz Kramm, Wirt,
18. Wilh. Krüger, Fabrikbesitzer,
19. Max Lehmann, Fabrikdirektor,
20. Heinr. Lenné, Generaldirektor,
21. Joh. Nettesheim, Oberingenieur,
22. San.-Rat Dr. Jos. Reipen, Arzt,
23. Dr. Franz Strauscheid, Arzt,
24. Heinr. Wildermann, Prokurist.

Seit 1902 traten im Beigeordneten-Kollegium verschiedene Veränderungen ein: Beigeordneter Fabrikbesitzer Krüger verzog am 1. September 1903 nach Bonn, an seine Stelle wurde Fabrikbesitzer Ph. Schuster gewählt. I. Beigeordneter C. Pfeifer starb im hohen Alter von 82 Jahren am 2. Mai 1908; von einer Neuwahl wurde im Hinblick auf voraussichtlich bevorstehende Eingemeindung Abstand genommen und so zählte das Beigeordneten-Kollegium im Jahre 1909/10 nur 3 Mitglieder: Sanitätsrat Dr. Reipen, Fabrikbesitzer L. Mannstaedt und Fabrikbesitzer Ph. Schuster.

Die Stadtverordneten des genannten Jahres sind:

1. Bardenheuer Josef, Kommerzienrat, gewählt von Abt. I.
2. Lamertz Ferdinand, Rentner .... II.
3. Dr. Flemming Hugo, Fabrikbesitzer .... I.
4. Bendheuer Jakob, Rentner .... II.
5. Thurn Johann, Bäckermeister .... II.
6. Breuer Louis Wimmar, Rentner .... I.
7. Wildermann Heinrich, Prokurist .... III.
8. Mannstaedt Louis, Fabrikant .... I.
9. Dr. Reipen Joseph, Sanitätsrat .... III.
10. Schuster Philip, Fabrikant .... I.
11. Hackenbroich Mathias, Bäckermeister .... II.
12. Lehnen Peter, Maurermeister .... III.
13. Pinner Karl, Schweißer .... III.
14. Schwamborn Josef, Rentner .... II.
15. Zörner Richard, Bergrat, Generaldirektor ...... III.
16. Lohr Gottfried, Fabrikarbeiter .... III.
17. Wippermann Gustav, Fabrikant .... I.
18. Becker Jakob, Fabrikdirektor .... I.
19. Breuer Johann, Prokurist .... II.
20. Cahn Hermann, Metzgermeister .... II.
21. Hilgers Josef, Schlosser († 25.7.09) ...... III.
22. Hoeborn Karl, Fabrikdirektor .... III.
23. Weidenbach Max, " .... III.
24. Wippenhohn Peter, Wirt .... II.

Die Anzahl sämtlicher B e a m t e n u n d A n g e -
s t e l l t e n d e r S t a d t betrug am 1. April 1901 zusammen 43; durch die bedeutende Zunahme der Geschäfte war
eine stete Vermehrung der Beamten notwendig, die Zahl derselben betrug am 31. Dezember 1909 90 Personen.

Am 9. Dezember 1907 starb Oberstadtsekretär Karl Sten-
del; am 5. Januar 1863 war er in das Bürgermeisteramt zu Deutz
eingetreten und seitdem Kalk Sitz eines Bürgermeisteramtes geworden, ununterbrochen im Dienste der Gemeinde Kalk tätig,
geschätzt von allen, die ihn kannten. Die erledigte Stelle wurde
durch den bisherigen Vorsteher des Steuerbureaus, Stadtsekretär
Keitner besetzt, unter Beförderung desselben zum Oberstadtsekretär.

Einen zweiten geschätzten Beamten verlor die Stadt durch
den Tod des Sparkassenrendanten Heinr. Stachels, der am 29.
August 1908 starb. Zu seinem Nachfolger wurde der bisherige
Gegenbuchführer der Sparkasse, Heinr. Rosenbauer ernannt.

In der Stadtverordnetensitzung vom 1. Oktober 1909
wurde eine neue Besoldungsordnung für die Beamten der
Stadt beschlossen, durch welche vom 1. Oktober ab die in
Cöln gültigen Sätze auch in Kalk Geltung erhielten.

Dem K r e i s t a g e gehörten am 31. Dezember 1909
aus der Stadt Kalk folgende Mitglieder an

1. Bürgermeister Albermann,
2. Kommerzienrat Bardenheuer,
3. Rentner Jakob Bendheuer,
4. Rentner Louis Wimmar Breuer,
5. Fabrikbesitzer Dr. Hugo Flemming,
6. Rentner Ferdinand Lamertz,
7. Fabrikbesitzer Louis Mannstaedt,
8. Generaldirektor Bergrat Zörner.
   Mitglied des Kreisausschusses ist:
   Kommerzienrat Bardenheuer.

Im P r o v i n z i a l l a n d t a g e wird der Landkreis
Cöln vertreten durch Kgl. Landrat Minten, Gutsbesitzer
Destrée in Efferen und Gutsbesitzer Everhard Porten auf
Stöckheimerhof. An Kreis- und Provinzialabgaben hat die
Stadt Kalk zu zahlen:

im Rechnungsjahr   1901 — 45 948,19 Mk.
„   „   1909 — 67 139,73 Mk.

Als R e i c h s t a g s a b g e o r d n e t e r für den Landkreis Cöln, also auch für Kalk, wurde im Januar 1907 Post-
sekretär Hamecher gewählt.

Im A b g e o r d n e t e n h a u s e sind die (zusammen-
gehörigen) Wahlkreise Cöln-Land, Bergheim und Euskirchen
seit 16. Juni 1908 vertreten durch die Abgeordneten Dr.
Pieper, M.-Gladbach, Gutsbesitzer Decker, Widdersdorf,
Kreisschulinspektor Dr. Heß, Wipperfürth.

D i e F i n a n z l a g e d e r S t a d t .

Eine Vergleichung der Haushaltspläne der Stadt für die Jahre
1901 und 1908 zeigt, daß der durch direkte und indirekt Gemein-
desteuern aufzubringende Fehlbetrag im Gemeindehaushalt von
392 800 Mk. auf 633 600 Mk. gestiegen ist. Diese gewaltige Steigerung ist hauptsächlich auf das durch die andauernd starke Bevölkerungszunahme verursachte schnelle Anwachsen der Schul-
und Armenausgaben, sowie auf die Mehrausgaben für die erforderliche Vermehrung der Beamten zurückzuführen. Die Steuerkraft der Stadt hielt mit der steigenden Steuerlast durchweg gleichen Schritt. Im Jahre 1903 betrugen die Einnahmen aus Steuern
allerdings ca. 44 000 Mk. weniger als im Jahre 1902, sie fielen im
Jahre 1904 noch um weitere 16 000 Mk., also insgesamt um 60
000 Mk. Verursacht wurde dieses Sinken der Steuereinnahmen
durch die gedrückte Lage der Industrie. 1905 setzte indes eine
allmähliche Aufwärtsbewegung ein, die bis heute angehalten hat;
die Steigerung betrug in dem Rechnungsjahre 1907 ca. 100 000
Mk. und 1908 ca. 80 000 Mk. Hiervon kommen im Jahre 1907
ca. 50 000 Mk. auf den § 23 des Einkommensteuergesetzes in der
Fassung vom 19. Juni 1906, die anderen 50 000 Mk. und die 80
000 Mk. des Jahres 1908 auf die günstige Lage der Industrie. Die
Finanzlage der Stadt ist mithin eine gute zu nennen, wie auch aus
der erfreulichen Tatsache zu ersehen ist, dass seit 1895 der
Gemeindezuschlag zur Staatseinkommensteuer 134% beträgt, für
eine aufstrebende Industriestadt, deren Stadtverwaltung sich bemüht hat den stetig wachsenden Aufgaben auf allen Gebieten der
öffentlichen Fürsorge gerecht zu werden, wahrlich kein schlech-
tes Zeugnis.

Das städtische Vermögen bezifferte sich am 31. März 1902 auf rund 1 500 000 Mk., am 31. März 1909 auf 2 436 000 Mk., es ergibt sich also eine Steigerung von 935 000 Mk. Dieses Anwachsen des Vermögens ist auf die Ansammlung und Vergrößerung von Fonds, auf die planmäßige Schuldentilgung, sowie auf die Errichtung und Erweiterung von städtischen Gebäuden und Anlagen zurückzuführen und zwar größtenteils unter Inanspruchnahme von laufenden Mitteln.

Unter den in den Jahren 1904 bis 1910 erworbenen Grundstücken ist besonders zu erwähnen das Grundstück an der Bismarckstraße, auf dem das neue Schulhaus erbaut ist, ferner die Vergrößerung des Friedhofes in Merheim; es wurden dort von verschiedenen Eigentümern im ganzen 2 ha 58 a 97 qm zum Preise von 32 289 Mk. angekauft.

Übersicht über das Vermögen und die Schulden der Stadt.

Stand am Schlusse des Berichtsjahres	Wert der Grundstücke und Gebäude		Wert des Mobilars		Kapital-vermögen		Gesamt-vermögen		Hiervon ab die Schulden mit		Bleibt ein Vermögens-überschuß von	
	M	Pf	M	Pf	M	Pf	M	Pf	M	Pf	M	Pf
1901	2 520 299	-	320 210	-	456 104	27	3 296 613	27	1 796 200	23	1 500 413	04
1902	2 520 299	-	333 570	-	428 833	58	3 282 702	58	1 760 986	30	1 521 716	28
1903	3 056 400	-	349 750	-	398 570	45	3 804 720	45	1 724 375	74	2 080 344	71
1904	3 058 200	-	360 450	-	414 100	49	3 832 750	49	1 686 330	29	2 146 420	20
1905	3 113 300	-	375 600	-	425 720	85	3 914 620	85	1 646 810	15	2 267 810	70
1906	3 260 490	-	389 780	-	427194	10	4 077 464	10	1 801 774	-	2 275 690	10
1907	3 260 500	-	391 918	25	403 410	75	4 055 829	-	1 755 829	-	2 300 000	-
1908	3 328 470	-	400 000	-	416 068	51	4144 538	51	1 708 324	85	2 436 213	66

Daß auch das Vermögen der Bürgerschaft, insbesondere das der kleineren Beamten und Arbeiter stetig zunimmt, zeigt ein Blick auf den wachsenden V e r k e h r d e r S p a r k a s s e.[1]

Der Sparkassenverkehr betrug:

Jahr	Neueinlagen		Rückzahlungen		Gesamt-Einlagen-Bestand		Bücher waren in Umlauf
	M	Pf	M	Pf	M	Pf	
1895	903 753	85	625 972	37	1 411 795	69	2501
1900	1 265 532	72	1 043 598	58	2 579 542	68	5186
1905	2 465 132	33	2 042 782	36	4 153 901	66	6594
1908	5 255 914	42	3 062 645	18	7 176 580	11	9087
1909	5 728 835	75	4 037 975	14	8 867 440	72	10045

1) Über Gründung derselben s. Seite 111.

Dasselbe Verhältnis des fortwährenden Wachstums zeigt
auch die S c h u l s p a r k a s s e , über die im Kapitel Schulwesen berichtet wird.

A r m e n p f l e g e .
Wie schon erwähnt ist für die ö f f e n t l i c h e   A r -
m e n p f l e g e das sogenannte Elberfelder System eingeführt. Zu den Sitzungen der aus vier Mitgliedern bestehenden Armendeputation werden die Armenbezirksvorsteher der
4 Bezirke, in welche die Stadt geteilt ist, zugezogen sowie
einer der Armenärzte. In jedem Monat fand je eine Sitzung
der vier Armenbezirke und der Armendeputation statt.
Der Tätigkeit des Kalker Armen-Unterstützungsvereins,
dessen I. Vorsitzender seit Jahren Sanitätsrat Dr. Reipen und
dessen II. Vorsitzender Bürgermeister Albermann ist, wurde
schon mehrmals gedacht; dieselbe ist auch hier zu erwähnen.
Zur Unterstützung dieser Vereinstätigkeit hat die Stadt seit
mehreren Jahren jeden Winter für mehrere hundert Mark
Suppenmarken bei dem genannten Vereine gekauft und dieselben durch die städtischen Armenpfleger verteilen lassen.
In den Jahren 1905-1908 wurden hierfür 600 Mk., im Jahre
1908 der herrschenden Arbeitslosigkeit halber 750 Mk. in
den Etat eingesetzt. Während der Wintermonate der letzten
Jahre haben die hiesigen industriellen Werke und Groß-
brauereien des öfteren je 1 Waggon Kohlen oder Briketts zur
Verteilung an die Armen geschenkt.
Seit dem Jahre 1905 fand alljährlich im Januar oder Februar unter dem Vorsitz des Bürgermeisters eine Versammlung aller in der Armenpflege tätigen Personen —
4 Deputationsmitglieder, 4 Bezirksvorsteher und ca. 30 Armenpfleger — statt, in welcher der Bürgermeister Bericht er-
stattete über das gesamte Armenwesen des abgelaufenen Be-
richtsjahres, sowie über die einzuführenden Neueinrichtungen.
Seit 1903 ist den Armen der Stadt eine beschränkte freie Ärzte-
wahl gestattet, sie können unter den beiden Armenärzten, Sanitätsrat Dr. Reipen und Dr. von Beesten, wählen. Seit 1. Oktober 1905 ist die chirurgische Behandlung armer Kranker, die

im kath. St. Josefs-Krankenhause untergebracht sind, dem Oberarzt dieses Hauses, Dr. Rondorf, die chirurgische Behandlung der im evangelischen Krankenhause untergebrachten Armen dem dortigen Oberarzte Dr. Hofmann übertragen. Anstelle der am 1. April 1898 erlassenen abänderungsbedürftigen Armenordnung ist unterm 6. April 1906 eine neu ausgearbeitete, den heutigen Verhältnissen entsprechende Armenordnung erlassen worden.

Es wurden unterstützt:

		in Kalk		Auswärts[1]		
		fort-laufend	vorüber-gehend	fort-laufend	vorüber-gehend	
1901	Familien	48	104	10	8	28017,03 M.
	Einzelstehende	71	26	6	2	Barunter-
	Kinder in Pflege	6	4	4	1	stützung
1908	Familien	51	279	5	18	36425,98 M.
	Einzelstehende	50	57	8	6	Barunter-
	Kinder in Pflege	2	5	8	3	stützung

Die seitens der Stadt für Arme gezahlten Kosten der Krankenhauspflege betrugen: 1901 – 16 672,70 Mk., 1908 – 37 413,95 Mk.

Zu den Unterhaltungskosten des St. Josefs-Krankenhauses zahlte die Stadt bis 1. Oktober 1905 einen jährlichen Zuschuß von 1000 Mk.

Die Kosten der Waisenpflege, bezw. der für Armenrechnung untergebrachten Waisen beliefen sich im Jahre 1901 auf 4721,44 Mk., im Jahre 1908 auf 11071,65 Mk. Die kath. Waisen waren bezw. sind im kath. Waisenhause Maria Hilf untergebracht, die evangelischen Waisenkinder in auswärtigen evangelischen Waisenhäusern.

Die Frage der B e s c h ä f t i g u n g   v o n   A r b e i t s - l o s e n, die in Industriestädten und Orten mit vieler Arbeiterbevölkerung der Stadtverwaltung manche Sorge macht, ist in Kalk bis zum Jahre 1908 kaum aufgetreten. Es meldeten sich in den Jahren 1902 und 1903 je 9, 1907 zehn Personen

---

1) für die Kalk Unterstützungswohnsitz ist.

als arbeitslos, in den übrigen Jahren bis 1907 keine. Die genannten wurden bis zur Erlangung anderweitiger Beschäftigung als städtische Arbeiter eingestellt. – Für den Winter
1908/09 ließ indes die bereits seit längerer Zeit und zwar wider
Erwarten lang andauernde ungünstige wirtschaftliche Lage
eine größere Arbeitslosigkeit befürchten. Der Bürgermeister
wandte sich deshalb an die hiesigen Arbeitgeber mit der Bitte, eine Entlassung von Arbeitern, solange dieses eben an-
gängig sei, zu vermeiden und statt dessen lieber eine Verkür-
zung der Arbeitszeit, Einlegung von Feierschichten, und dergl.
eintreten zu lassen, wodurch die Arbeiter, wenn auch mit ge-
ringerem Lohne, im Brot bleiben könnten; bei unbedingt notwendigen Entlassungen möge erwogen werden, ob nicht hiervon zunächst die unverheirateten (auswärtigen) Leute betroffen werden sollten; ebenso möchten bei Neueinstellung von
Arbeitern in erster Linie die hiesigen verheirateten Arbeiter
berücksichtigt werden. Ferner wurden die Arbeitgeber ersucht,
etwaigen Bedarf von Arbeitern dem Bürgermeisteramt mit-
zuteilen, damit die sich hier meldenden Arbeitslosen sofort
an die betreffenden Stellen gewiesen werden könnten. Dem
Ersuchen des Bürgermeisters kamen die hiesigen Industriellen, Unternehmer etc. gerne nach, und so wurden Entlassungen von Arbeitern in größerem Maße vermieden. Im ganzen
meldeten sich 130 Personen als arbeitslos, darunter 51 aus dem
Baugewerbe. Etwa die Hälfte derselben und zwar hauptsächlich Familienväter wurden mit Notstandsarbeiten, — Ausbau
der Schlinggrube, Erdarbeiten bei der Vergrößerung des neu-
en Friedhofes, und Aufräumungsarbeiten auf dem alten Friedhof, — beschäftigt gegen einen Tagelohn von 3 Mk. 38 Arbeitslose mußten vorübergehend mit Geldmitteln unterstützt
werden, da sie ohne jegliche Existenzmittel waren.
    Für den Winter 1909/10 traf die Stadt Kalk, da der be-
vorstehenden Eingemeindung wegen keine städtischen Arbeiten vorlagen, mit der Stadt Cöln ein Abkommen, wonach
Arbeitslose aus Kalk bei den in Cöln in Aussicht genomme-
nen Notstandsarbeiten mitbeschäftigt werden sollten. Dem
milden Winter jedoch, der die Ausführung von Bauarbeiten
fast durchgehend gestattete, sowie der günstigeren Lage der

Industrie ist es zu verdanken, daß die Zahl der Arbeitslosen nur gering war; bis zum 31. Dezember 1909 lagen 25 Meldungen vor.

Durch eine am 6. April 1906 erlassene Waisenverordnung erhielt die gesamte W a i s e n p f l e g e eine neue Organisation. Bis dahin wurde die Waisenpflege von 2 Waisenräten, dem katholischen und dem evangelischen Pfarrer, ausgeübt. Da jedoch infolge der Entwicklung der Stadt die Zahl der zu überwachenden Kinder so sehr anwuchs, dass eine regelrechte Überwachung derselben durch zwei Herren nicht mehr möglich war, so wurde durch die neue Waisenordnung die Leitung und Beaufsichtigung der gesamten Waisenpflege dem „Städtischen Waisenamt" mit dem Bürgermeister als Vorsitzenden übertragen. Die Waisenordnung ist in enger Anlehnung an die Armenordnung aufgebaut, und die Überwachung ist den Armenbezirksvorstehern und Armenpflegern übertragen, die ja schon durch ihr Amt als Armenpfleger mit den Örtlichkeiten und Verhältnissen bekannt waren. Seit Juni 1908 ist die Überwachung der Mündel unter 2 Jahren, - deren gab es an dem genannten Tage 30 – und seit 1. April 1909 auch aller Mündel von 2 bis zu 6 Jahren (56 am 1.4.09) der besoldeten Aufsichtsdame, welche die Stadt Kalk zur Überwachung der Haltekinder angestellt hat, übertragen.

Im Sommer 1907 zeigte sich in Kalk eine außerordentlich h o h e S ä u g l i n g s s t e r b l i c h k e i t, dieselbe Erscheinung hatte sich auch in den heißen Monaten der Vorjahre gezeigt. Diese Wahrnehmung gab Veranlassung zu eingehenden Beratungen der städtischen Gesundheitskommission. Die Gründe der großen Zahl der Sterbefälle unter den Säuglingen fand man „in der Gleichgültigkeit vieler Mütter der unteren Stände, die ihre Kinder nicht stillten und die in der Wahl der Ersatzmittel für Muttermilch sich auch wenig Mühe machten, dann verständen auch manche Frauen, besonders solche, die bis zu ihrer Verheiratung in Fabriken, Geschäften etc. tätig gewesen seien, wenig von der Haushaltung, selbst die Reinlichkeit lasse oft genug zu wünschen übrig, und in Erkrankungsfällen werde ein Arzt meist erst zugezogen, wenn es zu spät sei." Um die Mütter von der Notwendigkeit einer

sorgsamen Säuglingspflege zu überzeugen, hielt Professor Dr.
Siegert aus Cöln im großen Saale der Restauration Böhmer
am 20. Februar und 25. Juni 1908 zwei Vorträge „Über Er-
nährung und Pflege des Säuglings" und über „Die Gefahren
für den Säugling in der heißen Jahreszeit", die außerordentlich viele Zuhörer hatten. Dr. Reuter-Kalk hielt in der Zeit
vom 5. Juni bis 18. September 1908 einen unentgeltlichen
Kursus über „Säuglings- und Kinderpflege", an dem 54 Frau-
en und Mädchen teilnahmen. Nachdem so das Interesse an
der Frage der Säuglingssterblichkeit geweckt war, gelangten
seitens der Stadt folgende Maßnahmen zur Einführung:

1. Beschaffung von Säuglingsmilch durch die städtische
   Säuglingsmilchanstalt; (diese Milch musste anfangs an
   den verschiedenen Ausgabestellen abgeholt werden, seit
   Juli 1908 wird sie den Abnehmern frei ins Haus gebracht.)

2. Einrichtung von Säuglingsfürsorgestellen, den sogenannten Mutterberatungsstellen, unter ärztl. Leitung.

3. Förderung des Stillens der Kinder durch die Mütter
   durch Gewährung von Stillprämien.

4. Fortlaufende ärztliche und pflegerische Überwachung
   der Haltekinder.

Die Tätigkeit
des Kalker Armenunterstützungsvereins
wird im Stadtbericht wieder rühmend erwähnt. „In besonders
dankenswerter Weise nimmt sich seit Jahren der Verein der
bedürftigen Schulkinder an, vor allem durch Gewährung von
Milchkuren während der Herbstferien. Auch entsendet er jährlich eine Anzahl skrophulöser Kinder nach Kreuznach zur Kur;
ferner gibt er an bedürftige Schüler durch Vermittlung der Rektoren Galoschen ab, wodurch die Regelmäßigkeit des Schulbesuchs wesentlich gefördert wird. Seit dem Jahre 1906 teilt
er ferner durch die Volksküche Suppenportionen an arme Schulkinder aus. Die Stadt leistet jährliche Zuschüsse von 600 Mk.
für die Suppenanstalt und 400 Mk. für die Milchkur.

132

a) M i l c h k u r .

1904 an 280 Kinder 3065 Liter Milch, 6810 Brötchen

1905	„	280	„	3397	„	„	7550	„
1906	„	300	„	3305	„	„	7045	„
1907	„	300	„	3430	„	„	7610	„
1908	„	325	„	3900	„	„	8705	„
1909	„	332	„	3985	„	„	8810	„

Drei Lehrpersonen führen die Aufsicht bei der Verteilung der Milch und unternehmen dann mit den Kindern einen Spaziergang.

b) K r e u z n a c h e r   K u r .

1904	27 Kinder à	30 Tage
1905	28 „	„ 30 „
1906	30 „	„ 28 „
1907	29 „	„ 28 „
1908	30 „	„ 28 „
1909	24 „	„ 28 „

c) V o l k s k ü c h e .

1906	5483 Portionen Suppe
1907	4672 „ „
1908	8848 „ „
1909/10	16536 „ „

davon an Schulkinder
6164 Portionen

d) G a l o s c h e n .

1904	480 Paar
1905	610 „
1906	485 „
1907	340 „
1908	535 „
1909	517 „

(bis 15.2.10.)

Über den Bau der Volksküche vergleiche Abschnitt Bau-
wesen.

*

Eine Vermehrung der G a s t - u n d S c h e n k -
w i r t s c h a f t e n hat seit 1901 in Kalk nicht stattgefunden. Seit 1904 betrug die Zahl derselben 66. Während 1904
eine Wirtschaft auf 371 Bewohner entfiel, war das Verhältnis
im Jahre 1909 wie 1 : 419.

*

Über das S c h u l w e s e n , dem unter Bürgermeister
Albermann ganz besondere Sorge zugewandt wurde, ist im
XI. Kapitel berichtet.

*

B a u w e s e n .
Im Jahre 1904 wurde von der Stadt die V o l k s k ü c h e
auf dem städtischen Grundstück an der Friedrich-Wilhelmstraße errichtet; das Gebäude hat eine bebaute Fläche von
135 qm. Die Baukosten betrugen 10371,11 Mk. Das Gebäude dient in den Wintermonaten dem vom Kalker Armenunter-
stützungsverein eingerichteten Betriebe der Suppenanstalt,
die unter der Leitung des Rentners Stadtverordneten F.
Lamertz steht und segensreich wirkt.

Volksküche.

In den Herbstferien findet hier der Ausschank der Milch für die an der Milchkur teilnehmenden 3—400 Kinder statt. Außerdem hat dort der von Pfarrer Köllen eingerichtete und unterhaltene Kinderhort sein Heim, alltäglich von 4—7 Uhr finden sich dort ca. 90—100 Mädchen ein, die unter Aufsicht von Schwestern aus Maria Hilf Vesperbrot erhalten, ihre Schulaufgaben anfertigen und sich durch Spiel und sonstige Unterhaltung vergnügen, also den Gefahren der Straße entzogen werden.

1905 wurde in der Schule an der Wipperfürtherstraße durch Aufbau ein neuer Z e i c h e n s a a l für Volks- und Fortbildungsschule eingerichtet, ferner fand auf dem Grundstück des städtischen Schlachthofes die Errichtung eines Gebäudes zum Betrieb der Säuglingsmilchanstalt statt.

Das größte von der Stadt errichtete Bauwerk der letzten Jahre war der S c h u l h a u s n e u b a u n e b s t T u r n - h a l l e an der B i s m a r c k s t r a ß e, über den im Kapitel Schulwesen des näheren berichtet ist.

Zur zweckmäßigen Unterbringung der städtischen Fahrzeuge, Leichenwagen, Krankenwagen, Desinfektionswagen, etc. wurde 1908 auf dem städtischen Grundstück an der Friedrich-Wilhelmstraße eine W a g e n h a l l e n e b s t W o h n - h a u s für den Wagenwärter erbaut.

Der B a u d e s R a n g i e r b a h n h o f e s K a l k - N o r d ist unter „Verkehrswesen" eingehend behandelt, hier sei nur erwähnt, daß die 150 m lange Unterführung der oberen Hauptstraße, die ganz aus Zementbeton hergestellt ist, in den Jahren 1905 und 1906 ausgeführt und 1907 dem Verkehr übergeben wurde. Eine Durchführung der Balduinstraße unter der Bahnlinie Cöln-Troisdorf her wurde durch Verhandlungen der Stadt mit der Eisenbahndirektion Cöln gesichert, der Bau wird demnächst ausgeführt.

Über den B a u d e r S t. J o s e f s k i r c h e u n d d e s e v a n g e l. K r a n k e n h a u s e s ist in den betr. Kapiteln die Rede. Auch die sonstige Bautätigkeit war eine ziemlich rege, am regsten in den Jahren 1904, 1905 und 1906, entsprechend der günstigen Lage der Industrie. So betrug 1905 die Anzahl der neuerbauten Wohn- und Geschäftshäuser 84,

im Jahre 1908 nur 11, während 1909 bis 31. Dezember 27
Neubauten entstanden.

Samstag, den 19. Februar 1910 fand in Anwesenheit des Bürgermeisters Albermann, des Pfarrers Kastert, der Kapläne beider Pfarreien und der Vorstandsmitglieder des Arbeitervereins etc. der erste Spatenstich zum B a u e i n e s k a - t h o l i s c h e n V e r e i n s h a u s e s statt. Der katholische Arbeiterverein, der seit vielen Jahren unter dem Mangel eines eigenen Heims litt, wird nun bald seinen sehnlichsten Wunsch erfüllt sehen, ein stattliches Vereinshaus zu besitzen, das ihm und anderen katholischen Vereinen geräumige und gemütliche Versammlungsräume bietet. Dasselbe wird an der Annastraße erbaut, das Grundstück ist schon seit längeren Jahren im Besitze des Vereins. Die nunmehrige Ausführung des Baues, für den auch die früheren Präsides schon tätig waren, ist zum größten Teile der rastlosen und energischen Arbeit des jetzigen Präses, Kaplan Fröls von St. Joseph, zu verdanken.

Was den A u s b a u n e u e r S t r a ß e n angeht, so ist zu berichten, dass in den Jahren von 1905 bis 1910 in dieser Richtung sehr viel geschehen ist. So erfolgte der Ausbau der K r o n p r i n z s t r a ß e zwischen Garten- und Königstraße, der E n g e l s s t r a ß e zwischen Mülheimer- und Viktoriastraße, der B a h n h o f s t r a ß e , der G a r t e n s t r a ß e zwischen Kaiser- und Bahnhofstraße, der Roonstraße, Goeben-, Goethe-, Uhlandstr., Schillerplatz, Schillerstraße, Lessingstraße, Wiersbergstraße. Der Straßenausbau für städtische Rechnung in den Jahren 1901 bis 31.12.1909 erforderte an K o s t e n d i e S u m m e v o n 530 340,08 Mk., dazu kommen noch die für Rechnung dritter ausgeführten Straßenanlagen in Höhe von 278 478,93 Mk., sodaß die Gesamtaufwendung für den Straßenbau in den genannten Jahren 808 819,01 Mk. beträgt. Hierzu kommen noch die Kosten für Umpflasterungen, Unterhaltung der wenigen noch nicht gepflasterten Straßen sowie für Reparaturen der Bürgersteige, seit 1904 in Summa 37 207,09 Mk. Die K a - n a l i s a t i o n der neuen Straßen erfolgte im Zusammenhang mit dem Ausbau derselben. Da das Kanalnetz hierdurch ständig an Ausdehnung gewann, so konnte bei größeren Niederschlägen die vorhandene große Schlinggrube die ankommenden Kanalwasser nicht fassen, weshalb 1907 eine zweite große Schlinggrube angelegt wurde, die im Winter 1908 noch eine Vergrößerung erfuhr.

*

Für die A b f u h r   d e s   S t r a ß e n k e h r i c h t s und der Hausabfälle zahlte die Stadt in den letzten Jahren ca. 15 000 Mk. jährlich.

Seit 1905 erfolgt durch Vereinbarung mit der Stadt Cöln eine B e r i e s e l u n g der Hauptstraße. Die Stadt bezahlt für den Tag der Berieselung 6 Mk., die Kosten betrugen pro Jahr ca. 700 Mk.

Zur S t r a ß e n b e l e u c h t u n g dienen 334 Kandelaber- und 127 Wandlaternen, Nachts brennen 144 Laternen.

P o l i z e i w e s e n .

Die Geschäfte der Polizei werden nach Vorschrift der Rheinischen Städteverordnung vom 15. Mai 1856 durch den Bürgermeister wahrgenommen.

Während im April 1904 1 Polizeiinspektor, 1 Polizeiwachtmeister, 8 Polizeisergeanten und 6 Nachtschutzleute den Dienst ausübten, wurde infolge der starken Bevölkerungszunahme und der stetig fortschreitenden Verkehrsverhältnisse eine Vermehrung des Beamtenpersonals um 1 Polizeikommissar, 1 Polizeiwachtmeister und 7 Polizeisergeanten erforderlich.

Die im Jahre 1908 neugeschaffene Stelle des Polizeikommissars wurde dem bisheran in Saarlouis angestellten Polizeikommissar Terfloth übertragen.

G e s u n d h e i t s w e s e n .

Wie die Zahl der Bewohner der Stadt nach und nach stieg, so ließen sich auch Ärzte in steigender Zahl hier nieder. So sind zu Anfang 1910 im ganzen 11 Ärzte hier tätig: Dr. von Beesten, Dr. Geerkens, Dr. Hofmann, Dr. Lützeler, Sanitätsrat Dr. Reipen, Dr. Reuter, Dr. Rondorf, Dr. Schenk, Sanitätsrat Dr. Schulte, Dr. von Socha-Borzestowski, Dr. Strauscheid; ferner wohnen in Kalk ein Zahnarzt, Leisten,

und zwei Zahntechniker, Bouß und Libeau. Die Stadt hat zwei
Apotheken, die Marienapotheke seit 1867, die Hirschapotheke
seit 1895.

Zur Beratung und Überwachung der gesundheitlichen
Verhältnisse der Stadt besteht seit Jahren eine Gesundheitskommission, dieselbe trat schon wie erwähnt, auch zur Beratung der Bekämpfung der Säuglingssterblichkeit mehrmals
zusammen. Der Gesundheitszustand war im allgemeinen ein
befriedigender. Zur Beseitigung der Ansteckungsgefahr läßt
die Stadt bei ansteckenden Krankheiten in allen Fällen ver-
mittelst eines Formalin-Desinfektionsapparates die Desinfektion kostenlos ausführen. 1907 wurde eine solche Desinfektion 120 mal ausgeführt, 1909 – 94 mal.

Das Arbeiterversicherungswesen.

A) Krankenversicherung.

Am Schlusse des Jahres 1909 bestanden in Kalk 2 Orts-,
4 Betriebs- oder Fabrik- und 2 Innungskrankenkassen, nämlich

Ortskrankenkasse I (für Fabriken),

Ortskrankenkasse II (für das stehende Gewerbe und
Handwerk),

Betriebskrankenkasse der Maschinenbauanstalt Humboldt (A.-G.),

Betriebskrankenkasse des Façoneisenwalzwerks
Mannstaedt u. Cie. (A.-G.),

Betriebskrankenkasse des Zinkwalzwerks (A.-G.),

Betriebskrankenkasse der Chemischen Fabrik Kalk,

Krankenkasse der Bäckerinnung Kalk und

Krankenkasse der Fleischerinnung Kalk.

Außer diesen Krankenkassen besteht noch eine freie
Hülfskasse hier, nämlich die Dreikönigenkrankenkasse.
(Eingetr. Hilfskasse).

Die Mitgliederzahl sämtlicher Orts-, Betriebs-, und
Innungskrankenkassen betrug (am Ende der Kalenderjahre)

1901 6781,

1902 6702,

```
1903 ................................ 6986,
1904 ................................ 8101,
1905 ................................ 9291,
1906 .............................. 10221,
1907 .............................. 10270,
1908 ................................ 9838,
1909 ................................ 9493.
```

Es ist also eine Steigerung der Mitgliederzahl zu beobachten bis zum Schlusse des Jahres 1907, dann beginnt eine geringe Abnahme. Mit der Zunahme der Mitgliederzahl, die größtenteils auf den günstigen Stand der Industrie zurückzuführen ist, war naturgemäß auch eine entsprechende Zunahme der Einnahmen und Ausgaben verbunden; der Stadtbericht bezeichnet die Vermögenslage sämtlicher Kassen als durchweg gut. In den Kalenderjahren 1906 bis 1909 hat bei sämtlichen Kassen jährlich eine unvermutete Revision stattgefunden, bei einigen fanden sogar zwei solcher Revisionen statt.

Gemäß der Ziffer 6 der Anweisung zur Ausführung des Krankenversicherungsgesetzes vom 10. Juli 1892 hat der Regierungspräsident unterm 23. Juni 1906 den ortsüblichen Tagelohn gewöhnlicher Tagearbeiter für den Stadtbezirk Kalk wie folgt festgesetzt.

für männliche Arbeiter über 16 Jahre 3,00 M, bisher 2,50 M
„ weibliche „ „ „ 1,80 „ „ 1,50 „
„ männliche „ unter 16 Jahren 1,20 „ „ 1,00 „
„ weibliche „ „ „ 1,00 „ „ 0,80 „

Diese Sätze traten mit dem 1. Januar 1907 in Kraft.

Der durch den Erlaß der Novelle vom 25. Mai 1903 auf dem Gebiete der Sozialpolitik gemachte Fortschritt wird insbesondere in den Kreisen der Arbeitnehmer angenehm empfunden, da die Kassen anstatt 13 jetzt 26 Wochen Krankenunterstützung zu gewähren haben. Der lang erhoffte Anschluß an die Invalidenversicherung ist nun hergestellt. Ferner ist die Ausdehnung der Versicherungspflicht auf die Handlungsgehülfen und Lehrlinge von diesen freudig begrüßt worden.

Im Geschäftsjahr 1909 betrug für alle vorhin genannten
Kassen einschl. Dreikönigenkasse

Mitgliederzahl am 31.12.09	die Zahl			Summe		31.12.09 Barbestand
	der Erkrankungsfälle	der Krankheitstage	der Sterbefälle	der Einnahmen	der Ausgaben	
9625	5072	102 274	68	458 489,99	443 724,62	14 765,37

Das Vermögen der aufgezählten Krankenkassen, einschl.
der Dreikönigenkasse betrug am 31. Dezember 1909 Mk. 37
7052,42.

B) Unfallversicherung.
Die Zahl der Unfälle in den hiesigen Betrieben zeigt folgende Übersicht:

Jahr	Zahl der Unfälle	darunter schwer verletzt	tödlich verletzt
1904	802	10	4
1905	742	8	3
1906	870	4	6
1907	911	17	8
1908	816	24	4
1909	694	6	5

Mit der zunehmenden Unfallziffer ist auch die Zahl der
Rentenbezieher und die Gesamtsumme der Renten erheblich
gewachsen. So stieg z. B. die Zahl der Rentenbezieher seit
1901 von 309 auf 1441 und die Gesamtsumme der jährlichen
Renten während desselben Zeitraumes von 74 566,80 Mk.
auf 225 415,44 Mk.
Von der letztgenannten Summe zahlten die gewerblichen Berufsgenossenschaften 208 202,64 Mk., die Staatseisenbahnverwaltung 17 212,80 Mk.

C) Invalidenversicherung.

Übersicht über die Zahl der Rentenbezieher und Höhe der Renten.

Jahr	Art der Rente	Zahl der Renten-bezieher	Ausgezahlte Renten beträge M	Pf
1904	Invalidenrente	178	30 318	-
	Krankenrente	3	464	-
	Altersrente	19	3 361	-
	von der Staatseisenbahnverwaltung	22	3 956	-
			38 099	-
1909	Invalidenrente	336	42 816	80
	Krankenrente	5	598	80
	Altersrente	24	3 450	-
	von der Staatseisenbahnverwaltung	31	4 807	60
			51 673	20

Beim hiesigen Postamt wurden nachstehend verzeichnete Invalidenversicherungsmarken angekauft.

Ka-lender-jahr	Zahl der Marken in den einzelnen Lohnklassen: I.	II.	III.	VI.	V.	Summa M.	Gesamtwert der Marken M Pf
1904	2491	49144	90089	194522	83228	419474	120117 58
1909	7497	56068	59188	92506	326702	541961	171832 82

Städtische Veranstaltungen.

Wasserleitung.

Das Stadtgebiet wird von der Rheinischen Wasserwerksgesellschaft und zwar aus den dieser Gesellschaft gehörenden Pumpwerken zu Stammheim und Westhoven versehen.

Elektrizität.

Am 13. August 1904 wurde mit der Stadt Cöln ein Vertrag abgeschlossen zum Zwecke der Versorgung der Stadt Kalk mit elektrischer Energie. Durch diesen Vertrag wurde der Stadt Cöln das alleinige und ausschließliche Recht eingeräumt, im Gebiete der Stadtgemeinde Kalk elektrische Energie für alle vorkommenden Zwecke zu liefern sowie Straßen und Plätze zur Führung von Leitungen und Verlegung der Kabel etc. zu benutzen. Die Stadt Cöln verpflichtete sich in einem Vertrage, den Abnehmern in Kalk die elektrische Energie zu denselben Preisen zu liefern wie ihren Abnehmern in Cöln und zugleich der Stadt einen Gewinn zufließen zu lassen, und zwar in demselben Verhältnis wie ihn die Stadt Cöln erhält. Die von der Stadt Cöln vertragsmäßig bezogenen Gewinnanteile betrugen

Im Rechnungsjahr 1904 Mk. 475,34
              1906   „ 8 430,25
              1908   „ .... 12 491,84.

Friedhofwesen.

Auf Seite 119 wurde von dem Ankauf eines Grundstückes an der Olpenerstraße, östlich von Höhenberg berichtet, auf dem der neue städtische Friedhof angelegt werden sollte. Da dieses Terrain jedoch zu nahe am Fort Höhenberg lag, so erhob die Militärverwaltung Einspruch gegen die Verwendung desselben als Friedhof bezw. gegen die Errichtung von Grabdenkmälern, Bauten etc. Daraufhin erstand die Stadtverwaltung geeignete Grundstücke an dem von der Olpenerstraße nach Merheim führenden Kratz-Wege und ließ hier alle Vorarbeiten für den neuen Friedhof vornehmen.

Der neue städtische Friedhof in Merheim wurde am 1. November 1904 in Benutzung genommen. Die vom Friedhofverwalter Martini geleitete städtische Gärtnerei befindet sich in erfreulicher Entwicklung.

Der alte, seit 1857 benutzte Friedhof an der Kirchstraße war durch Verfügung des Regierungspräsidenten von dem genannten Tage ab geschlossen worden. Im Jahre 1908 wurde er mit einer neuen Umzäunung aus Betonpfeilern und Gitterwerk versehen; auch wird demselben jetzt mehr Aufmerksamkeit und Pflege zuteil, wie es in früheren Jahren der Fall war.

* * *

Die Firma C h e m i s c h e F a b r i k K a l k G.m.b.H. feierte am 31. Oktober 1908 das F e s t i h r e s 5 0 j ä h r. B e s t e h e n s.

Aus diesem Anlasse schenkte die Firma der Stadt für gemeinnützige Zwecke 50 000 Mk. und der Mitinhaber der Firma Kommerzienrat Fritz Vorster zu gleichen Zwecken 100 000 Mk.

Der Mitinhaber der Firma Richard Grüneberg stiftete in dankbarer Erinnerung an seine Vaterstadt Kalk und zum Andenken an seine verstorbenen Eltern ein Kapital von 20 000 Mk. zur Errichtung eines Schmuckbrunnens in einer öffentlichen Anlage zu Kalk, wenn möglich vor dem Postgebäude; zur Erlangung von Entwürfen sollte ein Wettbewerb ausgeschrieben werden für in der Rheinprovinz geborene oder doch

Zur Ausführung gewählter Entwurf.

hier wohnende Künstler. Die Stadtverordnetenversammlung nahm dieses Geschenk unter lebhaftem Danke an; später änderte der Geschenkgeber seine Absicht dahin, daß er den fertigen Brunnen der Stadt zum Geschenk machen wolle. Auf die unterm 7. Juni 1909 erfolgte Ausschreibung gingen 40 Entwürfe ein, die in der städtischen Turnhalle an der Kirchstraße ausgestellt wurden. Das aus dem Geschenkgeber, den Professoren Lederer und Kreis und dem Beigeordneten Mannstaedt bestehende Preisgericht erkannte den ersten Preis einem gemeinsamen Entwurfe von Bildhauer Franz Albermann Cöln und Architekt Nestler-Düsseldorf zu, den zweiten dem Entwurf des Bildhauers J. B. Schreiner-Cöln und den dritten Preis einem gemeinsamen Entwurf von F. Kesselkaul und W. Montag, Aachen. Die Ausführung wird nach dem mit dem ersten Preis bedachten Entwurf erfolgen und der Schmuckbrunnen voraussichtlich im Laufe des Jahres 1910 zur Aufstellung kommen.

Die Verhandlungen betreffend die Eingemeindung der Stadt Kalk in die Stadt Cöln.

Schon im Jahre 1888, als Deutz und Poll in die Stadt Cöln eingemeindet wurden, waren auch mit Kalk Verhandlungen über eine eventuelle Eingemeindung gepflogen worden, jedoch führten die damaligen Verhandlungen nicht zum Ziele. Seitdem wurde diese Angelegenheit in der Bürgerschaft häufiger besprochen, ohne daß jedoch weitere Schritte geschehen wären. In ein neues Stadium trat diese Angelegenheit durch ein Schreiben des Oberbürgermeisters von Cöln an die Stadt Kalk vom 28. März 1908. Die Stadt Mülheim hatte Verhandlungen mit Cöln angeregt bezüglich einer Eingemeindung nach Cöln. Daraufhin hatte die Stadt Cöln eine Kommission ernannt, die sich mit der Eingemeindung Mülheims beschäftigen, und, wenn Kalk und Vingst einer solchen Prüfung zustimmten, diese Prüfung auch auf die beiden genannten Gemeinden ausdehnen sollte. Auch sollte die Frage erörtert werden, ob nicht der Abschluß eines Vertrages, der die gemeinsamen Interessen der Städte Cöln, Mülheim, Kalk und der Gemeinde Vingst auf wichtigen Gebieten regele, im übrigen jedoch die Selbständigkeit der kleineren Gemeinden aufrecht erhielt, nicht einer Eingemeindung vorzu-

ziehen sei. Am 10. April 1908 beschloß die Stadtverordnetenversammlung zu Kalk in eine Prüfung dieser Fragen ein-
zutreten und wählte am 22. Mai 1910 eine Kommission, die
außer dem Bürgermeister aus den Stadtverordneten
Bendheuer, Dr. Flemming, Lamertz und Dr. Strauscheid bestand; zu Stellvertretern wurden zuerst Bardenheuer und Schuster, nach deren Rücktritt Hackenbroich und Mannstaedt gewählt. Nachdem Dr. Strauscheid ausgeschieden, wählte der
Stadtrat den Fabrikbesitzer Mannstaedt zum Mitglied der
Kommission. Nach längeren und eingehenden Beratungen der
beiden von Cöln und Kalk ernannten Kommissionen ging
der Stadt Kalk am 1. Mai 1909 der Vertragsentwurf zu, der
vom Cölner Stadtrate bereits im Prinzip genehmigt war. In
der Stadtratssitzung vom 7. Mai 1909 wurde dieser Entwurf
beraten und in der Sitzung vom 10. Mai mit 15 gegen 9 Stimmen genehmigt. Nachdem der Vertrag am 26. Mai 1909 durch
den Bürgermeister vollzogen worden war, ging derselbe, der
verfassungsmäßigen Zustimmung wegen, dem Landtage zu.
Unter den 17 Paragraphen, die der Vertrag enthält, interessiert die Bürgerschaft in besonderem Maße das sogenannte
Steuerprivileg: „die Steuerpflichtigen des ehemaligen Stadtgebietes Kalk zahlen bis zum 31. März 1925 als Gemeindezuschlag zur Einkommensteuer einen Höchstsatz von
134 %"[1], ferner der von Cöln zugesagte Bau einer Badeanstalt zwischen Deutz und Kalk innerhalb dreier Jahre, die
Anlage von Kinderspielplätzen, eines Promenadenweges zum
Gremberg und die Erhaltung des Schlachthofs zu Kalk bis
mindestens 1. April 1917; weiter verpflichtet sich die Stadt
Cöln, durchschnittlich 30 000 Mk. pro Jahr für Straßen-
verbesserungen aufzuwenden. Die städtischen Beamten werden in den Dienst der Stadt Cöln übernommen, die Besol-
dung derselben geschieht nach der Cölner Ordnung, auch die
Lehrer des Gymnasiums sowie die Lehrpersonen der Volksschulen treten in die Einkommensverhältnisse ihrer Cölner
Kollegen und Kolleginnen. Die Zahl der Stadtverordneten

---

[1] Seit 1895 bis 1910 in Kalk erhoben. Cöln hatte im Jahre 1909 155%,
Mülheim 190%.

der erweiterten Stadtgemeinde Cöln wird um 3 vermehrt, die für Kalk gewählt werden. Durch besonderen Vertrag tritt Bürgermeister Albermann als Beigeordneter in den Dienst der Stadt Cöln. Der Kölner Lokal-Anzeiger Nr. 11 vom Mittwoch den 12. Januar 1910 schreibt:

Z u r E r w e i t e r u n g d e s S t a d t k r e i s e s C ö l n. In der Begründung des dem Abgeordnetenhause zugegangenen Gesetzentwurfes über die Erweiterung des Stadtkreises Cöln heißt es u. a.: Die Auflassung der Deutzer Umwallung stellt einen bedeutungsvollen Abschnitt in der Geschichte des rechtsrheinischen Cöln dar. Während bisher der enge Festungsgürtel jede Weiterentwicklung des Deutzer Stadtteils unterband und die Rayons sich trennend zwischen Deutz und die Vorortgemeinden Kalk und Vingst legten, darf heute nach dem Fall der Festungsmauern und der Aufhebung der Rayonbeschränkungen auf eine schnelle Entwicklung der dortigen Gebiete mit Sicherheit gerechnet werden. Weite Geländeflächen sehen dort ihrer Aufschließung und industriellen Besiedelung entgegen. Große Aufgaben erwachsen hieraus den beteiligten Gemeinden, Aufgaben, deren befriedigende Lösung nur zu erwarten steht, wenn sie für das gesamte in Betracht kommende Interessengebiet einheitlich erfolgt. Zu diesem Gebiet gehört nächst dem rechtsrheinischen Cöln das Gebiet von K a l k und V i n g s t. In einer Reihe gemeinsamer Einrichtungen und Anlagen ist diese Gemeinsamkeit der wirtschaftlichen Interessen bereits zum Ausdruck gelangt. Bei diesen regen Wechselbeziehungen zueinander ist ein allgemeines Zusammenwachsen der drei Gemeinden bisher lediglich durch die Deutz umschließenden Festungsrayons verhindert worden. Wo die Rayonfreiheit dies schon früher gestattete, sind die drei Gemeinden bereits vollständig ineinander gewachsen, so namentlich in der Humboldtkolonie; dort gehören die Häuser der Rolshoverstraße teils zu Cöln, teils zu Kalk, teils zu Vingst; einige stehen sogar zum Teil auf Cölner, zum Teil auf Vingster Gebiet. Die Bebauung der Landgemeinde Vingst unterscheidet sich dabei in nichts von derjenigen der angrenzenden Gebiete von Cöln und Kalk. Es trägt auch heute schon einen durchaus städtischen Charakter.

146   Eine kommunale Zusammenfassung dieser wirtschaftlich so
eng verbundenen Gebiete hätte schon früher ihre Berechti-
gung gehabt; heute ist sie angesichts der nach dem Fall der
Deutzer Wälle mit Sicherheit einsetzenden starken Entwicklung und der hieraus sich ergebenden großen kommunalen
Aufgaben geradezu eine Notwendigkeit. Ein einheitlicher, das
ganze jetzt zur Aufschließung gelangende Gelände umfas-
sender großzügiger Bebauungsplan, der Industrie- und Wohn-
viertel zweckmäßig verteilt und auch die Schaffung von öffentlichen Anlagen und Spielplätzen vorsieht, an denen es
Kalk und Vingst zurzeit noch vollkommen mangelt, läßt sich
zweckentsprechend nur von einer Stelle aus aufstellen, die
die kommende Entwicklung überschaut und überall nur grö-

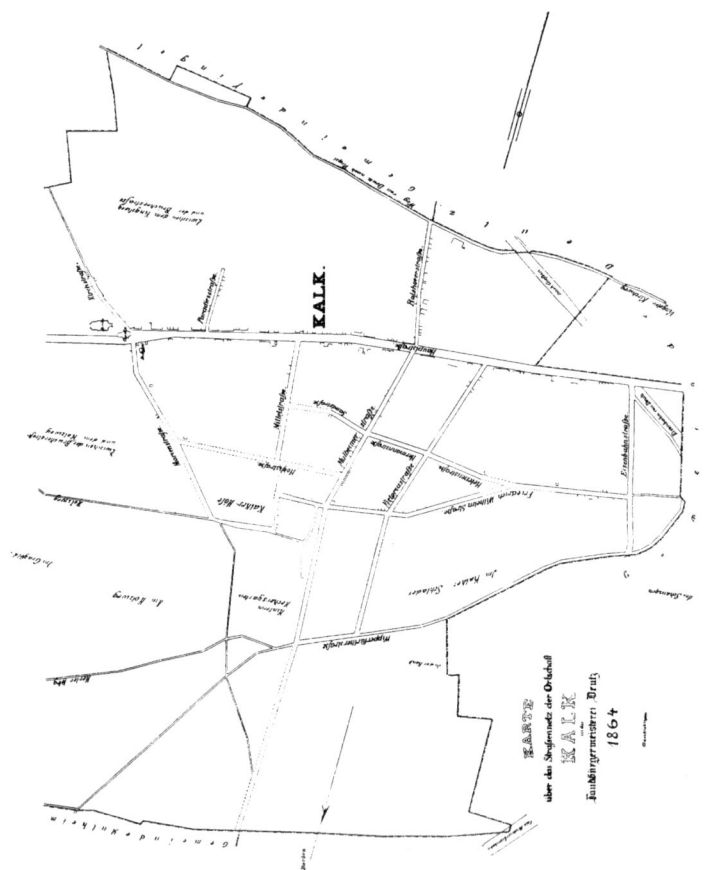

ßere Gesichtspunkte gelten läßt. Nicht minder wichtig ist die
Aufstellung eines gemeinsamen Entwässerungsplanes. Ein
solcher wird von den beteiligten Gemeinden schon seit Jahren erstrebt, ohne daß indes die Verhandlungen mit Mülheim
durch dessen Gebiet hindurch die Sammelkanäle in den Rhein
geführt werden sollen, bisher über ein grundsätzliches Einverständnis hinaus gediehen wären. Zweifellos lassen sich
die Verhandlungen mit Mülheim viel schneller zum Ziele
führen, wenn sie für Köln, Kalk und Vingst einheitlich geführt werden können. Auch die Ausführung eines so ausgedehnten Kanalnetzes wird viel rascher und wirtschaftlicher

Plan von Kalk und Umgebung 1910.

vor sich gehen, wenn sich das zu entwässernde Gebiet in derselben kommunalen Verwaltung befindet. Dazu kommt, daß die schnelle Ausführung einer derartigen Entwässerung wegen ihrer außerordentlichen hohen Kosten die Leistungsfähigkeit der Gemeinde Vingst übersteigen und die der Stadt Kalk ernstlich in Frage stellen würde. Die heute schon starke, vorwiegend industrielle Besiedelung der in betracht kommenden Gebiete läßt aber die schleunige Anlage einer geordneten Entwässerung als ein dringendes Bedürfnis im Interesse der Volksgesundheit erscheinen. In Würdigung dieser Verhältnisse ist zwischen Cöln, Kalk, Vingst und dem Landkreise Cöln eine Einigung über die Eingemeindung erzielt worden. Cöln erfährt durch diese Eingemeindung eine Gebietsvergrößerung um rund 572 Hektar und einen Bevölkerungszuwachs von rund 33 000 Seelen. Dem Landkreise, dessen einzige rechtsrheinischen Gebietsteile Kalk und Vingst sind, bleibt linksrheinisch noch ein zusammenhängendes Gebiet von 33 610 Hektar mit rund 75 000 Seelen und einem umlagefähigen Steuersoll von 817 000 Mk. Seine Leistungsfähigkeit ist danach durch das Ausscheiden von Kalk und Vingst nicht im geringsten in Frage gestellt. Außerdem zahlt ihm Cöln eine Abfindung von 100 000 Mk. Der Kreistag hat sich gegen Gewährung dieser Abfindungssumme einstimmig mit der Eingemeindung einverstanden erklärt.

*

Die beiden Karten von Kalk aus den Jahren 1864 und 1910, die vorstehend, leider in zu kleinem Maßstabe, ausgeführt und deshalb mit einer Lupe zu betrachten sind, dürften wie auch die Ausführungen diese Buches ein Bild von dem Wachstum und der Entwicklung der Gemeinde Kalk in den letzten fünfzig Jahren bieten.

IX. Kapitel

Geschichte der katholischen Gemeinde.

Über die Errichtung des Rektorates Kalk ist schon Seite 34 und 56 kurz berichtet worden. Seit 1003 und wohl noch früher gehörten die Bewohner von Kalk zur Pfarre Deutz. Die Geistlichkeit von Deutz besorgte denn auch seit 1666 den Gottesdienst in der Kapelle, bis im Jahre 1830 J o h a n - n e s   C l a ß e n,   vorher Vikar und Lehrer an einer Privatschule zu Randerath, als   R e k t o r   a n   d e r   K a p e l l e der schmerzhaften Mutter in Kalk ernannt wurde. Bruner, der Eremit, teilte gern mit ihm seinen Bissen Brot, und Claßen war glücklich im Dienste des Heiligtums. Durch seine Bemühungen wurde in Kalk eine Seelsorgerstelle dotiert und eine Dienstwohnung für den Geistlichen gebaut. Claßen wohnte anfangs auf den Höfen bei Engels. Er erhielt ein Grundstück geschenkt vom Vingsterhof,[1] an der Ecke der Haupt- und Marienstraße, dahin baute man die Wohnung des Rektors. Claßen starb schon am 17. Dezember 1836. Ihm folgten der Reihe nach die Rektoren Müller, Oswald, Külpmann und Nießen. Während die drei erstgenannten nur kürzere Zeit hier wirkten, war N i e ß e n   vom Jahre 1849 an bis zu seinem Tode hier tätig. Unter ihm wurde K a l k   z u r P f a r r e   erhoben.

---

1) Spengler schreibt „Vinzerhof"; jedenfalls ist merkwürdig, daß der Name vinze, der sich in den alten Urkunden findet, auch in der Mundart erhalten hat.

Infolge des Wachstums des Ortes Kalk wurden nämlich nach ca. 25 jährigem Bestehen der Rektoratgemeinde die Verhandlungen zur Erhebung derselben zur Pfarre eingeleitet. Nachdem König Friedrich Wilhelm IV. mittels Kabinettsordre vom 4. September 1856 die landesherrliche Sanktion des neuen Pfarrsystems Kalk-Vingst ausgesprochen hatte, wurde am 8. Dezember 1856 das Rektorat Kalk vom Kardinal-Erzbischof Johannes von Geissel von der Pfarre Deutz, der es bisher angehörte, getrennt und zu einer selbständigen Pfarre erhoben.

„Der Ort Kalk", so heißt es in der E r h e b u n g s u r k u n d e , „verdankt zum größten Teil der daselbst errichteten, der schmerzhaften Mutter Gottes geweihten Kapelle seine Entstehung und Ausbreitung. Es gereicht uns zur größten Freude ein Zeichen unserer besonderen Liebe und Verehrung zur gebenedeiten Gottesmutter durch die Erhebung zu einer Pfarrkirche kundzugeben. Wir hoffen von der gnädigen Fürsprache der unbefleckt empfangenen Jungfrau und Gottesmutter Maria, deren mächtigem Schutze die neue Pfarrgemeinde anvertraut ist, daß der Segen des Allerhöchsten in reichlichem Maße sich auf die neue Pfarre und ihre Glieder herabsenken werde, als dessen Unterpfand und als ein besonderes Zeichen Unserer Liebe Wir den teuren Erzdiözesanen in Kalk und Vingst Unseren oberhirtlichen Segen erteilen."

Die Kapelle wurde demnach Pfarrkirche und Rektor Nießen zum Pfarrer ernannt. Daß die nicht sehr geräumige Kapelle nicht lange als Pfarrkirche dienen konnte, ist selbstverständlich. In seiner Sitzung vom 17. November 1861 „erkannte der Kirchenvorstand unter dem Vorsitz des Pfarrers Nießen das Bedürfnis zum Bau einer Kirche an, da die fortwährend hier steigende Seelenzahl die Höhe von 2000 erreicht habe". Die durch Kirchen- und Hauskollekte gesammelten Geldmittel betrugen ca. 27 000 Mk., ferner war eine Verlosung genehmigt, und der Männergesangsverein hatte ein Konzert zugesagt. Ziegeleibesitzer U. Wahlen hatte die Ziegelsteine angeboten, tausend Stück zu 10,50 Mk. im Ofen und zu 12 Mk. an der Baustelle. In derselben Sitzung wurde ein Entwurf des vom Baumeister Statz in Cöln angefertigten und vom Regierungsbaumeister Kremer genehmigten Kir-

chenbauplans vorgelegt und beschlossen, eine Anleihe von
18 000 Mk. zur Deckung der Kosten aufzunehmen. Der ausgearbeitete Plan wurde am 13. Juni 1862 für gut erkannt und beschlossen, daß hiernach gebaut und im Herbst noch mit der
Fundamentierung begonnen werden sollte. Der Kostenanschlag
lautete auf 84 000 Mk. Ein besonders gebildetes Komitee beschloß unter dem Vorsitz des Bürgermeisters Schaurte, dem
Gemeinderate Plan und Kostenanschlag mit der Anfrage vorzu-
legen, „ob er mit dem zu 84 000 Mk. veranschlagten Baupro-
jekte einverstanden sei". Der Gemeindeverordnete Neuerburg
erachtete den Plan als zu klein angelegt, da die vorhandene
Seelenzahl von 2100 in kürzester Zeit auf mindestens 4000 steigen werde". Er machte daher Vorschläge zur Modifikation des
Planes, „der in seinen äußeren Umrissen festzuhalten sei". Die
Tiefe des Chores von 36 Fuß (1/3 der ganzen Kirche) solle auf
26 Fuß reduziert werden, um Raum für Vergrößerung des Schiffes zu gewinnen, Vorhalle und Verbindung mit der Kapelle solle
wegfallen. Diese Vorschläge wurden angenommen und das Bau-
kapital auf 84 000 Mark festgestellt. Am 20. August 1862 fand
der Gemeinderat den Plan sehr schön, hielt aber die Gemeinde
nicht stark genug zur Aufbringung der Kosten. Es wurde daher
auf den Plan einer kleineren Kirche zurückgegangen unter folgenden Modifikationen: 1. der Turm wird vorläufig nicht gebaut, 2. Vorhalle und Turmhalle fallen fort, statt dessen wird
eine neue Bogenspanne zur Verlängerung des Schiffes gesetzt,
3. Sakristei und Paramentenkammer werden auf die Hälfte reduziert. In einer Sitzung der Mitglieder der Bürgermeisterei-
Versammlung am 12. Februar 1863 wurde der amendierte Plan
in 13 Blättern nebst Kostenanschlag vorgelegt. Darnach sollte
der Turm bis zur Höhe des Dachfirst gebaut werden, so daß die
ganze Bausumme nunmehr 72 000 Mk. betragen sollte, wozu
die Kirche 45 000 Mk. beitragen und ein Darlehen von 27 000
Mk., rückzahlbar in 10 Jahren zu 4 ½ %, durch Umlage aufgebracht werden sollte. An dieser Schuld hat die Gemeinde Kalk
¾ und die Gemeinde Vingst ¼ zu tragen.[1]

1) Hier darf wohl erwähnt werden, daß die Gemeinde Vingst im Herbste
des Jahres 1862 von der Königlichen Regierung „die Konstituierung zu einer

Am 8. September 1863, am Feste Mariä Geburt, fand die feierliche G r u n d s t e i n l e g u n g durch Dechant Antwerpen von Deutz statt, und im Laufe dieses und des folgenden Jahres wuchsen die Mauern des neuen Gotteshauses in die Höhe. Bauleiter war Xaverius Lütz aus Deutz. Am 21. November 1864 stellte das Baukomitee den Antrag, den Ausbau des Turmes vorzunehmen, da hierdurch die Kosten für die provisorische Abdeckung des Turmes in Höhe von 1581 Mk. erspart würden, insbesondere aber auch, weil Pfarrer Nießen sich bereit erklärte, falls sogleich mit dem Ausbau des Turmes vorgegangen würde, für die innere Ausschmükkung der Kirche und für die Beschaffung der drei Fenster im Chor in Glasmalerei zu sorgen, ohne der Gemeinde hierfür Kosten zu verursachen. Diesem Antrag wurde Folge gegeben, und so wurde denn auch am Turme weiter gebaut. Nach dem Plane des Baumeisters Statz war die Turmspitze aus Ziegelsteinen zu bauen, ähnlich wie die Turmspitze der Kirche St. Mauritius in Cöln. Jetzt verlangte der Gemeinderat, daß

---

selbständigen Pfarrgemeinde begehrt hatte, mit der ausgesprochenen Befürchtung, daß sie bei längerem Verbleiben im Pfarrverbande Kalk dem Ruin entgegengehe." Das Gesuch, welches auch an die kirchliche Behörde gerichtet wurde, erhielt folgende Antwort, welche an den Dechanten Antwerpen gerichtet war:

„Im Verfolg Ew. Hochwürden Eingabe vom 9. d. Mts., die Errichtung einer Filiale zu Vingst, Pfarre Kalk, betreffend, eröffnen wir ihnen hiermit, daß wir den desfallsigen Antrag der Gemeinde Vingst abzuweisen befinden, da 1. gar kein Bedürfnis vorhanden ist, in der Pfarre Kalk für die Gemeinde Vingst eine Filiale zu errichten, 2. der Pfarrer zu Kalk keineswegs verpflichtet werden kann, in der dort zu errichteten Kapelle Gottesdienst zu halten, 3. in Vingst deshalb außer der Kapelle ein Haus für einen dort anzustellenden eigenen Geistlichen nebst Garten und dessen vollständiger Dotation, das Gehalt für einen Küster und ein eigener Friedhof beschafft werden müßten, dazu bisher aber keine Fonds nachgewiesen sind, und wenn die Angabe in dem vorliegenden Berichte begründet sind, die Kosten der Errichtung einer Filiale zu Vingst den Anteil der Kosten, welcher die Gemeinde Vingst für die Errichtung der Pfarrkirche zu Kalk noch zu tragen hat, nicht unbedeutend übersteigen werden.

Cöln, den 22. November 1862.

J. N. 11281.   Das Erzbischöfliche Generalvikariat: Baudri

dieselbe aus Holz mit Schieferbekleidung ausgeführt werde.
Daraufhin schrieb Baumeister Statz: „Es tut mir leid, die Erklärung zu geben, daß ich keine Holzspitze auf den Turm
setze, da ich mein Werk nicht lächerlich machen will. So
mögen sich die Herren an einen anderen Baumeister wenden. Ich mache keine Zeichnung zu dieser Sache, sondern

Inneres der Marienkirche.

ich werde meinen Turm bis zur Galerie ausführen, und damit
trete ich aus der Geschichte aus." Die Leitung des Turmbaues
wurde nunmehr dem Privatbaumeister Nagelschmidt in Cöln
übertragen, und der Turm erhielt nun seine jetzige Gestalt.
Es ist leicht einzusehen, daß die Einheitlichkeit des Baues
durch die Abweichungen von dem ursprünglichen Plane

leiden mußte. (Die vier freien Steinsäulen mit Kreuzblumen, die sich auf der ersten Galerie an den Ecken erheben, waren anfangs von mehr als doppelter Höhe; infolge heftiger Winde und Stürme, die diese schlanken Türmchen herunterzuwerfen drohten, wurden dieselben später um die Hälfte verkleinert.) Nach ca. 2 ½ jähriger Bauzeit war die Kirche vollendet.[1] Der Kostenanschlag war nicht unbedeutend überschritten worden, schon nach Vollendung des Rohbaues betrug die Überschreitung 9394 Mk. Für die innere Ausschmükkung der Kirche und die Glasgemälde der Chorfenster hatte Pastor Nießen seinem Versprechen gemäß gesorgt. Das mittlere Fenster zeigt im Hauptfelde die Krönung Marias, das zur linken Seite befindliche die Verkündung und das zur rechten die Darstellung Jesu im Tempel. Die Fenster wurden nach den Entwürfen des Malers Steinle in Frankfurt ausgeführt. Die Geschenkgeberin war die Besitzerin des Tempelhofes in Deutz, Witwe Mechtildis Neuhoff, die 2000 Mk. für die Glasfenster spendete. Am Palmsonntag 1866 wurde der Neubau von Pfarrer Nießen benediziert und von jetzt ab zum Pfarrgottesdienst benutzt. Die bischöfliche Konsekration erfolgte am 3. Oktober 1867 durch Weihbischof Dr. Baudri. Die Gesamtkosten beliefen sich auf 121 000 Mk. Die Länge der Kirche beträgt 50 m, die Breite 19,2 m, die Höhe 12,2 m, die Turmhöhe 50,9 m. Die Glocken wurden von Glockengießer A. Rodenkirchen in Deutz gegossen; die größte derselben, die Marienglocke mit dem Tone es, wiegt ca. 2000 Pfd., die zweitgrößte, dem hl. Joseph geweiht, hat den Ton f, das Gewicht beträgt ca. 1500 Pfd., die dritte nach dem hl. Rochus genannt, wiegt 1000 Pfd. und ist auf g gestimmt. Das Pfund wurde mit 1,20 Mk. berechnet, so daß das ganze Geläute 5400 Mk. kostete. Das Meßglöcklein ist der Trösterin der Betrübten geweiht.

Bei der allmählich anwachsenden Bevölkerung, die zum größten Teile in den seit kurzem bestehenden Fabriken Arbeit fand, machte sich bei eintretenden Unglücksfällen und Krankheiten das Bedürfnis nach geschulten Krankenpflege-

---

1) Vergl. Titelbild.

rinnen geltend. Eine der früher schon mehrmals genannten alten Kalker Familien, die Familie Heinr. Engels, die auf den Höfen wohnte, da wo jetzt Engels- und Hubertusstraße aneinander stoßen, machte sich um die Einführung und A u f - n a h m e   v o n   K r a n k e n s c h w e s t e r n verdient. Die Tochter des Ehepaares Engels[1] hatte im Mutterhause der armen Schwestern vom hl. Franziskus in Aachen Aufnahme gefunden. Nachdem nun die Familie Engels in ihrem Hause einen besonderen Betsaal und einige Wohnräume abgesondert hatte, richtete Pastor Nießen an die Generaloberin der genannten Genossenschaft ein Gesuch um Zusendung von Krankenschwestern. Es war dies im Jahre 1864. Diesem Gesuche wurde gern entsprochen. Die erzbischöfliche Behörde erteilte am 19. November desselben Jahres, am Feste der hl. Elisabeth, dem Pfarrer die Ermächtigung zur Einsegnung des Hauses und die Erlaubnis, daß in dem dort eingerichteten Betsaale Messe gelesen werden dürfe. Am 30. September 1865 wurde Kraft apostolischer Vollmacht die Aufbewahrung des hl. Sakramentes in der genannten Kapelle des Hauses gestattet. Bis zum Spätherbst 1869 bewohnten drei Franziskanerinnen das bescheidene „Klösterchen". Im Oktober dieses Jahres hatte sich eine für sie passendere und gesundere Wohnung in der Paradiesstraße (jetzt Nummer 9) gefunden, in welche nun übergesiedelt wurde bei Gewährung derselben Erlaubnis wie bisher. Die erste Anregung zum B a u   e i n e s   e i g e n t l i c h e n   K r a n k e n h a u s e s wurde von dem Mitgliede des Kirchenvorstandes Theodor Schmitz gegeben. Die Räumlichkeiten in dem von den Schwestern bezogenen Hause in der Paradiesstraße waren nämlich für die immer größer werdende Zahl der Kranken sehr beschränkt, und trotzdem man noch zwei Nebenhäuser bezw. Häuschen dazu gemietet hatte, genügten die vorhandenen Räume den Bedürfnissen in keiner Weise. Auf den Antrag des genannten Kirchenvorstandsmitgliedes wurde in der Sitzung des Kir-

---

1) Die gemalten Portraits von Hein. Engels und seiner Gattin Kath. geb. Kürten befinden sich in einem der Sprechzimmer des kath. Krankenhauses.

chenvorstandes vom 26. Januar 1882 eine Hospital-
kommission gewählt und dieselbe beauftragt, ein vollständi-
ges Projekt auszuarbeiten und in der nächsten Sitzung vorzu-
legen. Sofort griff nun der Rentner Heinrich Engels den Gedanken auf. Zu seinem Auftrag richtete der Pfarrverwalter
Kaplan Krausen[1], der seit dem Tode des Pfarrers Nießen am
14. Januar 1875 die Leitung der Pfarrgeschäfte führte, am 8.
Februar 1882 folgendes Anerbieten an den Kirchenvorstand:

„Der ergebenst Unterzeichnete beehrt sich hiermit, dem hiesigen
katholischen Kirchenvorstand die Summe von 18 000 M. in Bar, nebst
einem Grundstück von 75 ar, (das pro Quadratfuß zu 30 Pfennig berechnet, einen Wert von 20 000 M. repräsentiert), als Geschenk der Familien
Engels und Kürten zu offerieren, mit der Verpflichtung, besagte Schenkung zum Neubau eines katholischen Krankenhauses in Kalk sofort zu
verwenden. Sollte dieses Projekt jedoch die höhere Genehmigung nicht
erhalten, so ist diese Schenkung als nicht geschehen zu betrachten."

Sofort am folgenden Tage beschloß der Kirchenvorstand,
das Geschenk zu akzeptieren mit der Verpflichtung, baldigst
ein solches Haus „für Kranke aller religiösen Bekenntnisse"
zu errichten. Unverzüglich solle mit der Aufstellung des Bau-
plans und mit den erforderlichen Vorarbeiten zum Baue begonnen werden. Es wurde ein Krankenhausbau für zirka
50 000 Mk. in Aussicht genommen. Da behördlicherseits diesem Projekte nichts im Wege stand, so nahm der Kirchenvorstand auf die Beschaffung eines Bauplanes Bedacht, der folgende Bedingungen berücksichtigen sollte: „Höhe des Ko-
stenanschlags 50 000 Mk., Räume für mindestens 60 Betten,
mehrere Krankensäle, etwa 10 Einzelzimmer, eine Kapelle
und sonstige für ein Krankenhaus erforderlichen Räume." Der
Plan des Architekten Henrich aus Kalk wurde als geeignet
befunden und beschlossen, den Bau nach diesem Plane auszuführen. Bei der Gründung wurde ausdrücklich betont: „Das
Krankenhaus soll für alle Zeiten Eigentum der römisch-ka-
tholischen Kirchengemeinde bleiben und wie das andere

---

1) Seit 20. Oktober 1888 Pfarrer in Pingsdorf-Badorf. Er war beim Tode
des Pfarrers Nießen erster Kaplan und wirkte, als der zweite Kaplan, Gebhardt,
schon 26. Dezember 1879 starb, unter äußerst schwierigen Verhältnissen jahrelang als einziger Geistlicher in der großen Gemeinde.

Kircheneigentum unter römisch-katholischer Verwaltung stehen." Am 12 August 1882 geschah der erste Spatenstich; die
G r u n d s t e i n l e g u n g erfolgte am Sonntag, den 17. September 1882, morgens 11½ Uhr, in Gegenwart des Bürgermeisters Thumb, der Ärzte Dr. Harling, Dr. Reipen, Dr. Zan-
der, der Mitglieder des Stadtrats, des evangelischen
Presbyteriums, der Fabrikbesitzer und der kirchlichen
Gemeindeorgane. In Jahresfrist war der Bau vollendet, und
so konnte am 2 7. S e p t e m b e r 1883 d i e E i n w e i -
h u n g d e r K a p e l l e u n d d e s K r a n k e n h a u -
s e s durch den Dechanten Caumanns von Mülheim-Rhein
vorgenommen werden. Die Kapelle lag in der Achse der Ein-
gangshalle; durch Öffnung der Kapellentüren konnte der
Hausflur ebenfalls von den Teilnehmern am Gottesdienste

Kath. Krankenhaus nach der Erweiterung im Jahre 1896.

benutzt werden. Nachdem noch ein sogenannter Kranken-
pavillon zum Gebrauche bei ansteckenden Krankheiten, zur
Absonderung solcher Kranken, errichtet worden war, der 6640
Mk. erforderte, ergab sich eine Überschreitung des Kostenan-
schlages von 14 000 Mk. Die Generaloberin der Franziskanerinnen in Aachen, Schwester Vinzencia Maubach, übernahm
eine Bauschuld von 10 399,92 Mk. Die Familie Joh. Mayer
schenkte 12 komplette Betten im Betrage von 2000 Mk.,

mehrere andere Familien schenkten für die Kapelle Altar, Kommunionbank, Beichtstuhl, etc.

Hinter dem Krankenhause breitete sich ein ziemlich ausgedehnter Garten aus, die Grundstücke zur linken und zur rechten Seite des Hauses jedoch waren in Besitz der Firmen Mannstaedt und Humboldt, sodaß eine Erweiterung der Krankenhausräumlichkeiten nach diesen beiden Seiten unmöglich war. Durch freundliches Entgegenkommen der Maschinenbauanstalt Humboldt, vertreten durch Generaldirektor Lenné, erhielt das Krankenhaus 1408 qm nach Westen anstoßend zum Preise von 3,50 Mk. pro Quadratmeter. Die Firma Mannstaedt gab tauschweise 102 qm an der Ostseite gegen eine gleichgroße Fläche des Hospitalgartens, die an ihre Fabrikanlage anstieß und übernahm zugleich auf ihre Kosten die Errichtung einer soliden Abschlußmauer nach der Straße hin. Nachdem schon im Jahre 1888 eine große Waschküche und Ökonomiegebäude sowie 1893 eine Leichenhalle erbaut worden war, wurde die Erweiterung der Räume zur Aufnahme von Kranken immer größeres Bedürfnis, wuchs doch die Zahl der Bevölkerung fort und fort. Woher aber die Mittel zum Baue nehmen? Der Kirchenvorstand beschäftigte sich mit dem Projekt der zu erbauenden zweiten katholischen Pfarrkirche, die dringend notwendig war, da die Marienkirche trotz der fünf hl. Messen, die an Sonn- und Feiertagen gehalten wurden, die Besucher nicht fassen konnte. Da begannen die Schwestern für den Bau Gaben zu sammeln, besonders ist als eifrige Sammlerin Schwester Luzida zu nennen, und in kurzem waren 23 000 Mk. für den E r w e i t e r u n g s b a u zusammengebracht. Der Kirchenvorstand beschloß im Frühjahr 1895, mit dem Bau zu beginnen. Den Plan hatte Stadtbaumeister Hämmerling entworfen, der Kostenanschlag lautete auf 56 000 Mk. Am 3. April 1895 wurde mit dem Ausschachten begonnen, und im Oktober 1896 konnten 24, allen modernen Anforderungen entsprechende Räume bezogen werden. Eine Schenkung zugunsten des Krankenhauses verdient besondere Erwähnung. Ein ungenannter Wohltäter schenkte am 22. Mai 1900 dem katholischen Kirchenvorstand das Haus Paradiesstraße 22, das an das Grundstück des Krankenhauses stieß, nebst Garten, unter der Bedingung, daß das Haus einzig zu Hospitalzwecken den Schwestern überlassen werden solle. Am 3. Dezember 1900 erhielt diese Schenkung die Genehmigung des Kaisers.

Nach der Erweiterung des Krankenhauses war Raum für ca. 200 Kranke und Altersschwache vorhanden, zu deren Pflege und Bedienung ca. 25 Schwestern im Hause weilten; ferner kamen noch die weiblichen Dienstboten hinzu. Die bisherige Krankenhauskapelle war zu klein geworden und genügte dem Bedürfnis nicht mehr. Die katholische Kirchengemeinde war nicht in der Lage, hierzu helfend einzugreifen, da sie den Bau der zweiten Pfarrkirche, St. Joseph, in Angriff genommen hatte. Darum suchten die Schwestern selbst Mittel zu einer K i r - c h e   f ü r   d a s   K r a n k e n h a u s zu sammeln. Am 27. Oktober 1902 richtete die Generaloberin des Mutterhauses in Aachen ein Schreiben an den Kirchenvorstand, in welchem sie diesen ersuchte, zum Zwecke des Kirchenbaues ein Kapital von 40 000 M. auf seinen Namen aufzunehmen, da die Schwestern in diesem Falle das Kapital zu niedrigem Zinsfuße erhalten könnten. Der Kirchenvorstand akzeptierte diese Anleihe. Die Landesversicherungsanstalt Rheinprovinz lieh die genannte Summe zu 3½% mit 1½% Amortisation. Nach erfolgter Genehmigung seitens der Behörden konnte am 31. März 1903 der erste Spatenstich geschehen. Der Bau wurde ausgeführt nach dem Plane des Architekten Jos. Rüben aus Aachen. Die an der Paradiesstraße gelegene Kirche ist durch eine Vorstation und Korridore mit dem Krankenhaus verbunden. Auch ist sie an die Luftheizungsanlage des Krankenhauses angeschlossen. Bauunternehmer Jos. Smets zu Höhenberg führte den Bau aus. Die Baukosten betrugen ca. 80 000 Mk. Am 30. Juli 1904 wurde das Gotteshaus, das etwa 700 Personen faßt, von Pfarrer Köllen benediziert. Das Glöcklein des Dachreiters, von Edelbrock in Geschen gegossen, hat den Ton f. Es wiegt 114 kg und trägt die Inschrift:

St. Francisci Namen trag ich,
Von meinem Herrn sing' und sag' ich,
Und ruf' zu tätigem Erbarmen
Mit Kranken und mit Armen.

Die Kirche wurde der hl. Familie geweiht und erhielt
daher den Namen N a z a r e t h - K i r c h e . (In derselben
wird auch der Gottesdienst für die katholischen Schüler des
Gymnasiums abgehalten.)

Nazareth-Kirche

Vorsteherin des Krankenhauses ist seit 1892 Schwester
Fides, vor ihr verwaltete dieses Amt Schwester Ildefonsa.

*

Durch die zusammenhängende Darstellung der Geschichte des Krankenhauses, in der sich ja auch das stetige
Wachsen der katholischen Gemeinde zeigt, sind wir in etwas
von der Geschichte der katholischen Pfarrgemeinde abgekom-
men; deshalb müssen wir unseren Blick ca. 30 Jahre zurück-
wenden.

Am 14. Januar 1875, (Jesu Namensfest), verschied P a -
s t o r N i e ß e n plötzlich, nachdem er soeben von einer
Abendandacht, die er in der Pfarrkirche gehalten hatte, zurückgekehrt war. Von 1849 bis 14. Januar 1857 hatte er als
Rektor und von diesem Tage an als Pfarrer in Kalk gewirkt

und unter vielen Mühen und Sorgen nur Gottes Ehre und das Wohl seiner Gemeinde gesucht[1]. Infolge des um diese Zeit in unserem Vaterlande herrschenden sogenannten Kultur- kampfes wurde die erledigte Pfarrstelle nicht besetzt, K a - p l a n K r a u s e n führte, wie schon Seite 156 erwähnt, als Pfarrverwalter die Seelsorge in der mehr und mehr anwach- senden Gemeinde weiter, in den ersten vier Jahren unterstützt von Kaplan Gebhard, der am zweiten Weihnachtstage 1879 starb. Beiden Geistlichen war die Befugnis, den schulplan- mäßigen Religionsunterricht halten zu dürfen, entzogen[2], und so konnte der Religionsunterricht von ihnen nur in der Kir- che erteilt werden. Erst nach Jahren wurde ein Schulsaal zu diesem Zwecke bewilligt. Einige Unterstützung fand Pfarrverwalter Krausen an den Geistlichen, die als Kranke im Krankenhause Aufnahme fanden: Rudolf Wiedemann 1878 bis 1879, Wilh. Schiefers 1879 – 80, Hub. Ommer 1880 – 86. Letzterer war von 1886 ab als Kaplan an der Pfarrkirche tä- tig, bis er 1892 zum Pfarrer von Ensen-Westhoven ernannt wurde.[3] Als im Jahre 1885 katholische Männer zusammen- traten und den katholischen Arbeiterverein gründeten, wurde Kaplan Ommer als Mitgründer erster Präses des jungen Ver- eins.[4]

---

1) Zu erwähnen ist, daß in den Jahren, da Pastor Nießen in Kalk wirkte, häufiger ältere Geistliche sich hier niederließen, so die emeritierten Pfarrer Süß, Wimmer und Krein, dann Jubilarpriester em. Gymnasial-Direktor erzbi- schöflicher, geistlicher Rat Jak. Katzfey, sowie Dr. Rudolphi, früher Direktor der Ritterakademie zu Bedburg, dann Reichstagsabgeordneter, † 1897. Die Genannten haben sämtlich auf dem alten Friedhofe ihre Ruhestätte gefunden.
Katzfey war lange Jahre hindurch Gymnasialdirektor in Münstereifel, er gab mehrere naturwissenschaftliche Schriften heraus. eines Fußübels we- gen hatte er sich eine Art Dreirad konstruiert, das er häufig zu benutzen pfleg- te. In hohem Alter zog er sich nach Kalk zurück, um in der Nähe der Marienkapelle seine Jahre zu beschließen. Er starb 1873 im Alter von 82 Jah- ren.
2) Erst Anfang Februar 1885 wurde diese Befugnis dem Pfarrverwalter wieder erteilt.
3) Jetzt Pfarrer in Aachen.
4) II. Vorsitzender war der früher schon genannte Theodor Schmitz, späterhin Ingenieur Weidenbach. Die einzelnen Präsides des Arbeitervereins waren nach Kaplan Ommer die Kapläne Dr. Sträter, Lob, Zillessen, Rohde,

Die Neubesetzung der Pfarrstelle erfolgte am 21. Dezember 1886, als friedlichere Verhältnisse eingetreten waren; der neue Pfarrer war J a k o b G r o ß, vorher Vikar in Laurensberg bei Aachen. Die feierliche Einführung geschah am 9. Januar. Viele seiner früheren Pfarrkinder erinnern sich noch gerne seiner herrlichen Predigten und seines großen Interesses für den Kirchengesang, der unter dem Organisten und Chordirigenten Wilh. Schlitzer eingehende Pflege fand. Ferner verdient die Gründung des Müttervereins Erwähnung; in besonderen Predigten, die hauptsächlich die christliche Erziehung der Kinder behandelten, fanden die Mütter Anregung und Belehrung. Auch verdankt die Jungfrauen-Kongregation Pfarrer Groß ihre Entstehung. Ferner wurde unter seiner Amtstätigkeit auch der Vinzenz-Verein in Kalk gegründet. Leider ließ die Gesundheit des Pfarrers zu wünschen, weshalb er zu Ostern 1891 die schwierige Pfarrstelle Kalk verließ, um die leichtere Stelle in Osterath bei Neuß zu übernehmen, (er starb am 23. Juni 1902 zu Thenhoven, seine Grabstätte ist in Osterath).

Als neuer Pfarrer von Kalk wurde am 10. Juni 1891 Pastor M a r t i n K ö l l e n, bisheran in Hochneukirch, durch Dechant Caumanns von Mülheim feierlich in sein Amt eingeführt. Neben den vielen Arbeiten für Seelsorge und Schule wandte er seine Aufmerksamkeit besonders sozialen Vereinen und Liebeswerken zu, sowie dem Schmucke der Pfarrkirche und der Kapelle. Die Kirche war bis dahin noch ziemlich schmucklos. Außer den drei Chorfenstern zeigten alle übrigen Fenster einfache, helle Verglasung. Die herrlichen Glasgemälde mit den Darstellungen aus dem Leben des Heilandes und der Gottesmutter, alle aus dem Atelier der Glasmaler Schneider und Schmolz in Cöln-Lindenthal hervorgegangen, die jetzt die Marienkirche zieren, verdanken wir Pfarrer Köllen, ebenso die schönen Chorstühle, die in Holz geschnitzten Statuen des hl. Herzens Jesu und Mariä,

---

Flöhr, Vaasen, Fröls; die beiden letztgenannten Kapläne von St. Joseph.
    Unter den Geistlichen, die späterhin im St. Josephshospital wirkten, ist besonders Rektor Christian Borka zu nennen, er starb 1898 im Alter von 45 Jahren.

die Aloysius-Gruppe sowie die einzigschöne Madonna mit
dem Kinde, die an der Frauenseite ihren Platz gefunden.[1]
Große Summen waren es, die er für den Schmuck der Kirche
zu sammeln wußte, und ebenso widmete er der Kapelle seine
Sorge. Unter den sozialen Vereinen, denen er seine Fürsorge
angedeihen ließ, sind der Arbeiterverein, der Jünglingsverein,
der Marienverein und der St. Elisabethenverein besonders zu
nennen. Den Jünglings- und den Marienverein gründete er
schon sofort nach dem Beginn seiner Wirksamkeit in Kalk,
beide dienen dem Wohle der heranwachsenden Jugend und
haben in der Zeit ihres Bestehens viel Gutes bewirkt. Während der erste durch Vorträge, Spiele und geselliges Zusammensein sowie durch kirchliche Veranstaltungen für die männliche Jugend sorgt,[2] sucht der Marienverein durch Näh-, Flick-
, Wasch-, Bügel- und Kochkurse für die Ausbildung der Mädchen zu wirken; auch hier wird geselliges und kirchliches
Wesen gepflegt. Den Unterricht erteilten in den ersten Jahren
mehrere in Nähen und sonstiger Handarbeit erfahrene Damen der Pfarre, dann Franziskanerschwestern, später Schwestern vom armen Kinde Jesu. Die letztgenannten Schwestern
erhielten am 12. November 1896 die ministerielle Genehmigung zu einer Niederlassung in Kalk zum Zwecke der Leitung eines Waisenasyls, einer Kleinkinderbewahrschule und
einer Haushaltungsschule. Das Haus, welches sie bezogen,
hatte Pfarrer Köllen 1895 erbauen lassen und Mariahilf genannt. Den 750 qm großen Bauplatz schenkten am 12. Februar 1894 die Erben Trimborn, die Baukosten von 19 860
Mk. wurden durch eine Verlosung, die ca. 8000 Mk. ergab,
eine Schenkung von 7000 Mk. und durch gesammelte Lie-
besgaben gedeckt. Am 29. November 1897 erteilte der Minister der geistlichen, Unterrichts- und Medizinal-Angelegen-

---

1) Vergl. Seite 36.
2) Derselbe zählt seit Jahren 300 – 350 Mitglieder. Präsides des
Jünglingsvereines waren zuerst Pfarrer Köllen, dann die Kapläne Lob, Conr.
Schmitz, Leop. Schlösser, Rohde, Wasiak, Alb. Schlösser und Weißenfels. Der
letztgenannte ist seit 1905 Präses; den Präsides stand der II. Vorsitzende zur
Seite, in den ersten drei Jahren, 1891 – 94, Ingenieur Weidenbach, seitdem
Hauptlehrer Bützler.

heiten den Schwestern die Genehmigung zur Gründung einer höheren Mädchenschule. Daraufhin wurde zur Unterbringung der Schulklassen ein besonderes Schulgebäude, anschließend an Mariahilf, errichtet, auch eine Turnhalle wurde erbaut. Im März 1904 wurde mit Genehmigung der geistlichen und weltlichen Obrigkeit das Haus Mariahilf den
Schwestern vom armen Kinde Jesu käuflich überlassen. Von
dem Kaufpreis von 17 000 Mk.[1] erhielt der katholische
Arbeiterverein 13 500 Mk. als Fond für ein von ihm zu er-
bauendes Vereinshaus.[2] Die Schwestern errichteten nun einen bedeutenden Erweiterungsbau, der jetzt ca. 150 Waisenkinder, für die drei besondere Schulklassen eingerichtet sind,
beherbergt. Auch sind hier die Räume für die Kleinkinderbewahrschule und den Haushaltsunterricht des Marienvereins.

Das Bedürfnis des Baues einer zwei-
ten katholischen Kirche ist schon Seite 158 erwähnt, war doch bis zum Jahre 1895 die Seelenzahl der katholischen Gemeinde auf ca. 20 000 gestiegen. Den Bemühungen des Pfarrers Köllen und verschiedener Herren des
Kirchenvorstandes gelang es, bald ein geeignetes Bauterrain
zu erhalten: Am 23. Juli 1895 boten die Erben Trimborn „zum
Zwecke der Errichtung eines Gotteshauses" einen Bauplatz
von 27 ar 15 qm als Geschenk an, dieser Platz lag auf dem
Terrain des alten Broicherhofes. Die Schenkung erhielt am

---

1) Die Schwestern erhielten das Haus zu diesem billigen Preise unter
folgenden Bedingungen: „Die Genossenschaft ist und bleibt verpflichtet, das
erworbene Waisenhaus Mariahilf auch in Zukunft nur für die Zwecke einer
Kleinkinderbewahrschule, eines Waisenasyles und einer Haushaltungsschule
zu benutzen; ferner wird ausdrücklich festgesetzt, daß das Haus Mariahilf,
welches der Pfarrer der Marienkirche ohne Inanspruchnahme der Kirchenkasse
erbaut hat, mit den genannten Wohlfahrtseinrichtungen 1. ein Annexum der
Marienkirche bleibt, 2. daß die betreffenden Wohlfahrtseinrichtungen für immer der ganzen Stadtgemeinde Kalk, an erster Stelle der katholischen Bevölkerung zur Verfügung gestellt werden müssen."
2) da der Arbeiterverein zur Zeit durch Sammlung von Gaben etc. zum
Baue mitgewirkt hatte.
Die Erben Trimborn überließen dem kath. Arbeiterverein ein Grundstück an der Annastraße unter der Bedingung, daß es zum Bau eines Vereinshauses benutzt werde, zu dem ermäßigten Preise von 16 500 Mark.
Über den Bau des Vereinshauses vergl. S. 135.

4. Januar 1897 die landesherrliche Genehmigung. Nachdem 1898 die Gebäulichkeiten des alten Broicherhofes abgerissen und die für das Terrain projektierten Straßen um den Kirchenbauplatz angelegt waren, konnte am 3. Juni 1899 der erste Spatenstich geschehen, der erste Stein wurde gelegt am 15. Juli. Beim B e g i n n   d e s   B a u e s waren ca. 60 000 Mk. vorhanden, die ein vorsorglich gebildeter Sammelverein aufgebracht hatte.

St. Josephs-Kirche.

Die feierliche G r u n d s t e i n l e g u n g erfolgte durch Erzbischof Hubertus Simar am Sonntag, den 27. Mai 1900, wobei sich ein großer Festzug aus der Marienkirche zum Bauplatze bewegte. Der Grundstein, aus den Steinen des Ölberges entnommen, fand seine Stelle im Chore, in der Höhe des Altares. Der Plan der schönen und geräumigen Kirche stammt von dem Diözesanbaumeister Renard aus Cöln. Die Maurerarbeiten führte Maurermeister Miebach aus. In der kurzen Zeit von stark zwei Jahren war der stattliche Bau vollendet. Schon am 8. Juli 1902 fand durch Pfarrer Köllen die Weihe der 2 neuen Glocken (Maria und Heribertus), die von Meister Otto in Hemelingen gegossen wurden, statt. Die erstgenannte hat den Ton f, die zweite den Ton g. Das Meßglöcklein trägt den Namen Tarzisius.[1] Am Sonntag, den 21. S e p t e m - b e r 1902 wurde die Kirche durch Pfarrer Köllen b e n e d i z i e r t und dem kirchlichen Gebrauche übergeben. Die Gesamtkosten des Baues belaufen sich auf 325 263,08 Mk. Davon wurden auf den Rohbau 271 889,97 Mk. verwandt, auf die innere Ausstattung und die Einfriedung 53 373,11 Mk. Es erfolgte nun die Teilung der bisherigen Pfarrgemeinde Kalk in die Pfarre St. Marien und das Rektorat St. Joseph. Vor Jahresschluß 1903 gehörten zum Rektorat St. Joseph 9000 Seelen, während St. Marien noch ca. 11 000 behielt. Als Seelsorger der neuen Gemeinde wurde Rektor Bertr. Kastert ernannt, bisher Vikar in Giesenkirchen. Seine Einführung geschah Ende September 1902. Am 9. August 1907 wurde R e k t o r K a s t e r t z u m P f a r r e r v o n St. Joseph ernannt. Er machte sich außer der Seelsorge und der Ausschmückung seiner Kirche durch seine sozialpolitische Tätigkeit für den Arbeiterverein und den von ihm gegründeten Gesellenverein verdient. Zur Seite stehen ihm die Kapläne Fröls und Linden, während an St. Marien unter Pfarrer und Dechant Köllen die Kapläne Weißenfels, Heißer und Moll tätig sind. An der Nazarethkirche wirkt der geistliche Rektor Bock.

Am Sonntag, den 30. August 1908 feierte Dechant Köllen sein goldenes Priesterjubiläum, an dem die ganze Bürgerschaft regen Anteil nahm. Am Vorabend bewegte sich ein imposanter Fackelzug, an dem sich 46 Vereine beteiligten, durch die Straßen der Stadt. 9 Gesangsvereine hatten sich zu einem Chore vereinigt und sangen am Pfarrhause: „Die Himmel rühmen des Ewigen Ehre". Sanitätsrat Dr. Reipen hielt die Ansprache. Am Tage selbst war Festgottesdienst,

---

1) Bekannt aus der Erzählung „Fabiola" von Wisemann.

dann Gratulationskur und später Festessen im Hotel Kronprinz, an dem Weihbischof Dr. Müller, Landrat Minten, die
Bürgermeister Albermann und Kuth, die katholische und die
evangelische Geistlichkeit, Industrielle und Bürger in großer
Zahl teilnahmen; am Abend war eine Festversammlung im
größten Saale der Stadt. Die Schulen der Marienpfarre ver-
anstalteten noch eine besondere Feier.

Um den Angehörigen der katholischen Pfarrgemeinden
gute Bücher zur Unterhaltung und Belehrung zu bieten, bestehen in beiden Pfarreien katholische Volksbibliotheken, die
sogenannte B o r r o m ä u s - B i b l i o t h e k. Es finden sich
dort die besten Werke alter und neuer Schriftsteller; wertvol-
le Neuerscheinungen werden möglichst sofort dem
Bücherbestande hinzugefügt. Die beiden Büchereien sind
bestrebt, dem Lesebedürfnisse weitester Kreise gerecht zu
werden.

*

Der Wunsch der Gemeinde Vingst, eine eigene Kirche
zu erhalten, wurde endlich auch erfüllt; an der im Jahre 1904
erbauten Martinuskirche wirkt seitdem Rektor Wasiak, vorher Kaplan an St. Marien.

Am Höhenberg ist eine St. Elisabethkirche im Bau begriffen.

X. Kapitel.

Geschichte der evangelischen Gemeinde.

Die auf dem rechten Rheinufer wohnenden Evangelischen des damaligen Landkreises Cöln, zu dem die Bürgermeisterei Deutz mit Kalk, Vingst und Poll gehörte, waren bis zur Abtrennung der evangelischen Gemeinde zu Deutz (1857) in die evangelische Gemeinde Mülheim am Rhein, welche bis ins Reformationsjahrhundert zurückreicht, eingepfarrt; ja selbst rheinaufwärts bis zum Siegkreise gehörten die dort wohnenden Evangelischen zur Mülheimer Gemeinde. Im Jahre 1855 kam ein Pfarrvikar nach Deutz, der spätere Pfarrer Thomas. Seine Aufgabe war es, die Evangelischen in Deutz und der Umgegend zu sammeln und eine Gemeinde zu bilden. Schon zwei Jahre später fand die Konstituierung der evangelischen Gemeinde Deutz, bei welcher auch Kalk eingepfarrt war, statt. Die Zahl der Evangelischen in Kalk war jedoch sehr gering. Der Ort Kalk fing um diese Zeit erst an, sich aus einem rein ländlichen Örtchen zu einem Industrieflecken zu erheben. Unter den zuziehenden Arbeitern und Fabrikbeamten waren auch einzelne Evangelische, im Jahre 1862 zählte man kaum 40. Pastor Thomas aus Deutz nahm sich in seelsorgerischer Beziehung ihrer an. Einige Jahre später taten sich mehrere evangelische Familien zusammen und beriefen einen Privatlehrer zum Unterricht ihrer Kinder, und am 1. Oktober 1865 konnte mit Hilfe der Königlichen Regierung eine evangelische Schule für Kalk eröffnet werden, an der seit 19. Februar 1866 Lehrer Carl Stein, jetzt noch Rektor des evangelischen Schulsystems tätig war. Die Gründung der evangelischen Volksschu- le war der erste Keim zur Bildung der evangelischen Gemeinde.

In dem Schulraume wurden alle vierzehn Tage von Pastor Thomas Bibelstunden gehalten, sonst aber waren die Gemeindemitglieder noch auf den Gottesdienst in der Muttergemeinde Deutz angewiesen.

Da die Zahl der Evangelischen stetig zunahm, — im August 1869 betrug sie schon 496 — so trat Pastor Thomas dem Gedanken näher, eine eigene Gemeindebildung in Kalk anzubahnen. Das Presbyterium der Gemeinde Deutz erklärte die Anbahnung eines Pfarrvikariats für Kalk für wünschenswert, glaubte jedoch dieselbe den oberen kirchlichen Behörden überlassen zu müssen, weil die drückende Steuerlast der Muttergemeinde eine pekuniäre Beihilfe hierzu zur Zeit nicht gestatte. Als jedoch zu Pfingsten des genannten Jahres in Deutz ein Hilfsprediger, Pastor Petersen, angestellt wurde, konnte der jungen Gemeinde in Kalk mehr Fürsorge zugewandt werden. Pastor Petersen, der noch in Deutz wohnen und in der dortigen Kirche seines Amtes walten mußte, setzte alle Kraft daran, für Kalk ein einigermaßen würdiges gottesdienstliches Lokal zu erhalten. Hierzu erwies sich der zweite für die evangelische Schule bestimmte noch unbenutzte Schulsaal — im jetzigen Polizeiamt — geeignet. Durch einen Vertrag mit der bürgerlichen Gemeinde konnte der genannte Schulsaal zum Betsaal eingerichtet werden; ein einfaches, schwarzbehangenes Kanzelpult mit davorstehendem Altartisch, ein einfaches Harmonium und 60 Stühle bildeten die Ausstattung des einfachen Raumes, der zur Not 100 bis 150 Personen fassen konnte. Am 1. Adventsonntag des Jahres 1869 fand die E i n w e i h u n g d e s B e t s a a l e s durch Pastor Petersen statt unter reger Beteiligung der Gemeinde. Dieser Tag kann als der eigentliche Gründungstag der evangelischen Gemeinde Kalk betrachtet werden. Jeden Sonntagnachmittag wurde von jetzt an regelmäßig Gottesdienst gehalten. Durch Verfügung vom 7. Mai 1870 hatte das Konsistorium Kalk zu einem P f a r r v i k a r i a t erhoben und Hilfsprediger Petersen die Verwaltung desselben übertragen, und am 31. Mai siedelte Pastor P e t e r s e n nach Kalk über, doch mußte er noch Sonntagmorgens in Deutz und nachmittags in Kalk predigen, erst vom September an wurde alle 14 Tage abwechselnd morgens und nachmittags Gottesdienst im Betsaale zu Kalk gehalten. Doch für die mehr und mehr anwachsende Gemeinde genügte bald der kleine Saal nicht mehr, zudem war dieser auch seiner eigentlichen Bestimmung zu übergeben, da die Schülerzahl der einklassigen Schule Ostern 1871 schon 121 betrug. Auf den Rat des Superintendenten Wolters faßte der provisorisch gebildete Kirchenvorstand in Übereinstimmung mit dem Pfarrvikar den Beschluß, ein Haus zu errichten, das in seinem unteren Teile einen geräumigen Betsaal und in seinem oberen Teile die Pfarrerwohnung enthalten sollte. Pastor Petersen erstand den großen Bauplatz an der Viktoriastraße für 4200 Taler, der Kostenanschlag des Baues lautete auf 5800 Taler. Doch mit Gottvertrauen begann man den Bau, und von allen Seiten strömten die Mittel herzu. Am 1. November 1872 konnte die feierliche Einweihung stattfinden. D e r n e u e B e t s a a l hatte ca. 260 Sitzplätze. Im Frühjahre 1873 wurde Pastor Petersen zum Pfarrer von Mettmann gewählt, sein Nachfolger war P a s t o r V i e t o r aus Bremen, bisheran Hilfsprediger in Elberfeld. Die Herrichtung der Pfarrerwohnung, die Auffüllung und Abschließung des Kirchplatzes, der bis dahin noch auf fast allen Seiten offen dalag, verursachten neue und nicht unerhebliche Kosten, doch auch jetzt fanden sich edle Wohltäter, so daß der neue Pfarrer schon 1000 Taler als ersten Grundstock für den Kirchenbau zurücklegen konnte. Im Mai 1874 wurde eine evangelische K l e i n k i n d e r s c h u l e eingerichtet, die anfangs in gemieteten Räumen, seit August 1875 in einem eigenen, auf dem Kirchplatze neben dem Pfarrhause errichteten Gebäude ihr Heim hatte. Der schöne geräumige Saal diente an Sonntagen auch dazu, eine Sonntagsschule (K i n d e r g o t t e s d i e n s t) aufzunehmen, auch der am 7. November 1875 gegründete M ä n n e r - u n d J ü n g l i n g s v e r e i n hielt hier seine Versammlungen ab, ebenso der F r a u e n v e r e i n.

In den Jahren 1873 und 74 erfuhr die Gemeinde eine äußerst starke Zunahme. Während das Jahr 1872 mit einer Seelenzahl von 1010 abschloß, betrug dieselbe am Schlusse des Jahres 1874 schon 1700 Seelen. Auch die Steuerkraft der Gemeinde hatte sich gehoben: 1871: 898 Mk., 1873: 1740 Mk., 1874: 2262 Mk. In der Hoffnung, daß die kirchlichen Behörden der Gemeinde Kalk auch fernerhin ihr so reichlich bewiesenes Wohlwollen bewahren würden, beauftragte der provisorische Kirchenvorstand im Frühjahr 1875 den Pfarrvikar, die einleitenden Schritte zur Konstituierung und staatlichen Anerkennung der Gemeinde Kalk als selbständige Kirchen- und Pfarrgemeinde zu tun. Doch fast zwei Jahre dauerte es, bis die Verhandlungen mit den kirchlichen und staatlichen Behörden zu Ende geführt waren, und so wurde am 3. Juli 1877 die bisherige Vikariatgemeinde Kalk durch die kirchlich und staatlich vollzogene Erektionsurkunde zu einer s e l b s t ä n d i g e n evangelischen K i r c h e n - u n d P f a r r g e m e i n d e erhoben.

Diese Urkunde hat folgenden Wortlaut:

„Auf Grund der mit den Interessenten gepflogenen Verhandlungen und mit Genehmigung des Herrn Ministers der geistlichen Angelegenheiten und des Evangelischen Oberkirchenrats wird hierdurch folgendes festgesetzt:

I. Die seit dem Jahre 1870 zu dem Pfarrvikariat Kalk gesammelten Evangelischen und zwar

a) in der ganzen Bürgermeisterei Kalk, einschließlich der Ortschaften Vingst und Poll;

b) in der Bürgermeisterei Deutz diejenigen, welche rechts von der gegenwärtigen Linie der Köln-Mindener Eisenbahn von Deutz nach Mülheim am Rhein und außerhalb des gegenwärtigen ersten Festungs-Rayons von Deutz wohnen;

c) in der Bürgermeisterei Heumar die westlich einer von Brück nach Heumar und Eil bis an die Siegburger Landstraße gezogenen Linie Wohnenden, einschließlich derjenigen in dem Dorfe Heumar;

d) in der Bürgermeisterei Zündorf;

e) in der Bürgermeisterei Mülheim a. Rh. diejenigen, welche auf dem Terrain des Hüttenwerkes Germania, begrenzt von dem sogenannten Herler Weg und der Siegburger Landstraße wohnen;

f) in der Bürgermeisterei Merheim diejenigen, welche von dem Chausseehaus am Höhenberg[1] zwischen der Siegburger und Bensberger Landstraße, ferner diejenigen, welche von der Kreuzung der beiden genannten Straßen abgerechnet, an der Südseite der Landstraße nach Bensberg bis zum Dorfe Brück, jedoch exklusive dieses Dorfes wohnen,

werden mit der Publikation der gegenwärtigen Urkunde aus dem Gebiet der Kirchen- und Pfarrgemeinde Deutz und Mülheim a. Rh. ausgepfarrt und bilden fortan die selbständige evangelische Kirchen- und Pfarrgemeinde Kalk mit dem Pfarrsitz in Kalk.

Die Lösung des bisherigen Parochialverbandes erfolgt beiderseits ohne Entschädigung.

II. Die Besetzung der Pfarrstelle an der Gemeinde Kalk erfolgt durch Wahl der Gemeinde.

III. Die evangelische Gemeinde Kalk tritt in den Verband der Kreissynode Mülheim a. Rh. Dieselbe trägt in konfessioneller Beziehung den Charakter einer, zu dem Gemeinsamen der beiden evangelischen Bekenntnisse sich bekennenden Gemeinden nach Maßgabe des § 2 der den Bekenntnisstand der evangelischen Gemeinden der Rheinprovinz regulierenden Bestimmungen der Kirchenordnung.

Cöln, den 3. Juli 1877.	Coblenz, den 21. Juni 1877.
(L.S.)	(L.S.)
Königliche Regierung	Königliches Consistorium.
Abtheilung des Innern	gez. Suethlage
gez. v. Guionneou.	

Es erfolgte nun nach Vorschrift der Kirchenordnung die Wahl der Gemeindevertretung, nämlich die Wahl einer aus 24 Mitgliedern bestehenden Repräsentation und des aus 8 Mitgliedern bestehenden Presbyteriums. Am 8. Oktober wurde der bisherige Pfarrvikar Vietor einstimmig zum Pfarrer der Gemeinde erwählt und am 24. Dezember als solcher vom Königlichen Konsistorium bestätigt. Eine recht große Aufgabe, die der jungen Gemeinde gestellt war, war die baldige Inangriffnahme des Kirchenbaues. War doch die Seelenzahl auf annähernd 2000 gestiegen und der Betsaal, der im höchsten Falle 300 Personen faßte, nicht mehr ausreichend. An Festtagen mußten, obschon Flur und Treppe

---

1) jetzt Bäckerei Weißgerber; in den sechziger Jahren war hier noch ein Chaussee-Schlagbaum und eine Chausseegeld-Hebestelle.

bis auf den Kirchplatz hinaus gedrängt voll Leute standen, hunderte wieder umkehren. Dem schon früher gegründeten Kirchenbaufonds wurde große Sorge zugewandt, und von vielen Seiten flossen reichliche Unterstützungen demselben zu. Vor allem waren es die allezeit hülfsbereiten Gustav-Adolf-Vereine, welche mit jedem Jahre reichlicher die Gemeinde mit ihren Gaben für den Kirchbau unterstützten. So spendeten dieselben 1874 für diesen Zweck 2332 Mk., 1875: 2490 Mk., 1876: 2431 Mk., 1877 und im I. Quartal 1878 sogar 7947,17 Mk. und im nächstfolgenden Jahre 5001,51 Mk. Dazu kam eine der Gemeinde im Jahre 1875 bewilligte Kirchenkollekte in der Rheinprovinz, die 2541,15 Mk. ergab, sowie noch manche größere Gabe von einzelnen Wohltätern. Aber alle diese Beiträge reichten doch zu dem Kirchenbau nicht aus. Auf Vorschlag des Pfarrvikars richtete deshalb der Kirchenvorstand einen Aufruf an sämtliche Presbyterien und Kirchenvorstände der evangelischen Gemeinden Deutschlands, die Bitte enthaltend, jedes Presbyterium möge der evangelischen Gemeinde Kalk 3 Mk. für den Kirchenbau zusenden. Dieser Aufruf hatte einen überraschend günstigen Erfolg, annähernd 1500 Presbyterien sandten ihre Gaben, viele bedeutend mehr als die erbetenen 3 Mk., einige hundert Mk. und darüber. Bis zum 31. März 1878 hatte sich der Kirchenbaufonds auf 31 349,92 Mk. erhöht. Unter diesen günstigen Umständen glaubten das Presbyterium und die Repräsentation, da andere erhebliche Einnahmequellen noch in sicherer Aussicht standen, wozu in erster Linie die noch ausstehende Hauskollekte im Rheinland zu rechnen war, den Kirchenbau getrost beginnen zu können.

Der Plan der Kirche war von Architekt Albes in Cöln in frühgotischem Stile entworfen, von Baurat Hase in Hannover begutachtet und von der Kirchenbaukommission, vom Presbyterium und von der Repräsentation angenommen worden. Am 8. Mai 1878 erfolgte der erste Spatenstich und am 16. Juni die feierliche G r u n d s t e i n l e g u n g   z u   d e r   n e u - e n   „ P r e s b y t e r k i r c h e “ . Hierbei hielt Superintendent Bartelheim aus Cöln die Weiherede. Der Grundsteinsurkunde wurden   die   Abschnitte   der   von   den   Presbyterien eingesandten Postanweisungen beigefügt. Während des Baues wurde in der Gemeinde eifrig gesammelt. Die Hauskollekte im Rheinlande ergab einschließlich einer Gabe von 1500 Mk. von Seiten des Schaafhausenschen Bankvereins einen Ertrag von ca. 13 000 Mk., infolgedessen stieg der Kirchenbaufonds bis zum 31. März 1880 auf fast 59 000 Mk. Im Jahre 1879 wurden die Gewölbe der Kirche fertiggestellt und der Turm

Presbyter-Kirche.

bis zum Helm. Im nächsten Jahre wurde der Turmhelm aufgesetzt und im Laufe des Sommers wurde die Kirche vollendet. Am 1. November 1880 war der Tag der E i n w e i - h u n g . Am Abend vorher wurde das Fest mit den drei von Frau Witwe Vorster geschenkten und von Meister Otto in Hemelingen gegossenen Glocken eingeläutet.

Morgens 10 Uhr begann das Fest mit einer Abschiedsfeier im alten Betsaal. Dann ordnete sich der Festzug, der sich durch die dichtgedrängte Masse der Anwesenden vom Betsaal aus um die neue Kirche in Bewegung setzte, bis er vor dem nördlichen Portal anlangte. Hier überreichte der Baumeister, Architekt Albes, dem Generalsuperintendenten Dr. Nieden die Schlüssel, welche dieser wieder dem Ortspfarrer übergab, der nun die Kirche im Namen des dreieinigen Gottes öffnete. Unter den gewaltigen Klängen des Händelschen „Hallelujah", die von der schönen vom Fabrikanten Dr. Grüneberg der Gemeinde geschenkten Orgel erschallten, hielt die große Festversammlung ihren Einzug in das neue Gotteshaus, dessen Weihe nun durch den Generalsuperintendenten erfolgte. Die ganze Stadt nahm Teil an der Freude der evangelischen Gemeinde, nun ein geräumiges, schönes Gotteshaus zu besitzen. Die Kirche ist dreischiffig, die Seitenschiffe sind sehr schmal, während das Mittelschiff ungewöhnlich breit ist. Durch diese Anordnung wird erreicht, daß der Prediger sowohl vor dem Altar als auch auf der Kanzel von fast allen Plätzen gesehen werden kann. Um den Raum der Kirche möglichst auszunutzen, gehen die Bänke ohne Mittelweg durch die ganze Breite des Mittelschiffes, so daß die Seitenschiffe hauptsächlich nur als Gänge benutzt werden. Infolge dieser Anordnung hat die Kirche ihre Eingangstüren an den beiden Längsseiten, während im Turm kein Portal angebracht ist. Dadurch ist der Vorteil erreicht, daß der ganze Turmraum zu Sitzplätzen verwandt werden kann. Die Längenausdehnung der Kirche beträgt 34 Meter, ihre Breite 14 Meter, die Höhe des Mittelschiffs 13,75 Meter, die Turmhöhe 43 Meter. Sie nimmt eine bebaute Fläche von 470 Quadratmetern ein. Die Gesamtkosten stellten sich nach dem Rechnungsabschluß auf 64 000 Mk.

Drei Jahre nach der Einweihung der evangelischen Kirche in Kalk konnte die evangelische Gemeinde ein zweites Gotteshaus in dem aufblühenden Orte P o r z [1]) errichten.

---

1) Porz war im Mittelalter ein bedeutender Ort. Nach Heriberts Klosterstiftung, 1003, war die Hauptgerichtsbarkeit des Deuzgaues hierhin verlegt worden. Der Amtmann von Porz war zugleich Schultheiß des Obergerichts,

Wie vorhin erwähnt, erstreckte sich die evangelische Gemeinde nach Süden fast drei Stunden weit. Dort, hauptsächlich in den Dörfern Porz, Zündorf und Wahn hatte sich in den letzten Jahren eine ziemlich große Anzahl Evangelischer angesiedelt, herbeigezogen durch den am Rheine erbauten Hochofen und durch die in der Nähe von Eil errichtete Dynamitfabrik. Ihrer nahm sich Pastor Vietor rege an, hielt ihnen in einem gemieteten Zimmer Bibelstunden und sorgte dafür, daß ein Lehrer aus Kalk den Kindern an den Mittwochnachmittagen zwei Stunden Religionsunterricht erteilte. Eine Gemeindeversammlung in Porz unter dem Vorsitz des Pfarrers beschloß, eine Kapelle zu erbauen, in welcher alle vier Wochen Gottesdienst abgehalten werden sollte. Das Presbyterium in Kalk war mit diesem Beschlusse einverstanden und förderte die Angelegenheit dadurch, daß die aus Porz eingehenden Kirchensteuern für den Kapellenbau bestimmt wurden. Der Besitzer des Hochofenwerkes in Zündorf-Porz schenkte in freundlichster Zuvorkommenheit und Freigebigkeit einen schönen, ein viertel Morgen großen Platz und auch die notwendigen Steine und den Sand zum Kapellenbau. Der Evangelische Oberkirchenrat in Berlin spendete 600 Mk., ferner spendeten die Gustav-Adolf-Vereine ihre Gaben, sodaß, als die Kapelle am 8. Dezember 1883 eingeweiht wurde, die sämtlichen Kosten einschl. Harmonium und Glöckchen - im ganzen 4500 Mk. - bis auf 800 Mk. gedeckt waren.

Im Jahre 1883 konnte in der evangelischen Gemeinde Kalk die Einrichtung einer Diakonissen-Station erfolgen. Schon einige Jahre vorher hatte Frau Witwe Vorster der Gemeinde zu diesem Zwecke ein Kapital von 3000 Mk. geschenkt, das von der Firma Vorster u. Grüneberg einstweilen verzinst wurde. Nach dem Tode der Geschenkgeberin erhöhten die Erben das Kapital auf 10 000 Mk. Im Herbst 1883 wurde von der Diakonissen-Anstalt Kaiserswerth zunächst eine Schwester gesandt, welche die Gemeinde-, Armen- und

---

das mit 15 Schöffen besetzt war, die anfangs vom Volke gewählt, später vom Grafen von Berg auf Lebensdauer ernannt wurden; der Gerichtsbezirk bestand aus acht Honschaften (Hundertschaften).

Krankenpflege unter Aufbietung aller Kräfte ausübte, im April
1885 wurde ihr eine zweite Schwester zur Seite gestellt. Die
Schwestern konnten jetzt ihre Tätigkeit erweitern, indem sie
auch im Frauenverein tätig mitarbeiteten und die der Schule
entwachsene weibliche Jugend in einem Sonntagsverein für
junge Mädchen um sich sammelten, um sie vor den nicht
geringen Versuchungen, die ihnen drohen, nach Möglichkeit
zu schützen.

Im Sommer 1889 beschloß das Presbyterium behufs
A n s t e l l u n g   e i n e s   o r d i n i e r t e n   H i l f s p r e -
d i g e r s mit dem Konsistorium in Coblenz und der Pastoral-Hilfsgesellschaft in Barmen in Verbindung zu treten. Dieser Beschluß wurde gefaßt in der Erwägung, daß die so weit
ausgedehnte Gemeinde durch ihr fortwährendes Wachstum
und durch die Häufung der seelsorgerischen Arbeiten der Kraft
eines zweiten Geistlichen bedürfe und es gerade in einer In-
dustrie- und Arbeiterstadt notwendig sei, den einzelnen
Gemeindemitgliedern die sorgfältigste seelsorgerische Pflege zuzuwenden. Das Konsistorium erwirkte vom Herrn Minister der geistlichen Angelegenheiten einen jährlichen Zuschuß von 600 Mk. für das Gehalt des Hilfspredigers, und
die Pastoral-Hilfsgesellschaft erklärte sich bereit, einen in
ihrem Dienste stehenden ordinierten Hilfsprediger nach Kalk
zu senden und ihm einen Gehaltszuschuß von 600 Mk. vorläufig auf die Dauer von drei Jahren, zu gewähren. So brauchte
die Gemeinde nur einen ebensolchen Zuschuß zu zahlen. Am
1. Advent 1889 wurde als Hilfsprediger der Kandidat min.
Goecke aus Barmen in sein Amt eingeführt. Außer der Seelsorge wandte der Hilfsprediger seine Sorge auch dem Vereinswesen, dem Jünglings- und Männerverein zu.

Schon anfangs der achtziger Jahre hatte sich in der Gemeinde ein Kuratorium gebildet, welches die Vorarbeiten für
die E r r i c h t u n g   e i n e s   e v a n g e l i s c h e n   K r a n -
k e n h a u s e s in die Hand nehmen sollte. Ein Aufruf, den
dieses Kuratorium erließ, hatte den Erfolg, daß von verschiedenen Fabrikbesitzern von Kalk erhebliche Summen zu dem
genannten Zwecke gezeichnet wurden. Die Firma Vorster u.
Grüneberg schenkte bei der Feier des 25 jährigen Bestehens

ihres Werkes die Summe von 12 000 Mk. für das Krankenhaus, unter der Bedingung, daß nach Fertigstellung des Hauses ein erkrankter Meister oder Arbeiter der Fabrik unent-
geltliche Verpflegung darin finden solle. So konnte das Kuratorium schon im Jahre 1884 ein passendes Grundstück für
das Krankenhaus erwerben. Dasselbe lag an der Hochstraße,
hatte die Größe von ca. 25 000 qm und wurde um den sehr
billigen Preis von 8000 Mk. erstanden. Jedoch wurde dieses
Grundstück nicht zu dem Krankenhausbau verwandt, sondern zum B a u   e i n e s   n e u e n   P f a r r - u n d G e -
m e i n d e h a u s e s. Das seit 1872 bestehende Pfarrhaus mit
dem früheren Betsaale war nämlich durch die Ausdehnung
der chemischen Fabrik Vorster u. Grüneberg, die ihre Fabrikanlagen und Gebäude nach und nach bis fast an die Grenze
des Pfarrgartens vorrücken lassen mußte, zu Wohn- und
Gemeindezwecken wenig mehr geeignet. Nach mancherlei
Verhandlungen kauften die Fabrikinhaber Vorster u. Grüneberg den im Besitz des Krankenhaus-Kuratoriums befindlichen Platz an der Hochstraße, damit dieser zum Austausch
für den an die chemische Fabrik abzutretenden Teil des
Kirchengrundstückes dienen und dann an der Hochstraße ein
neues Pfarr- und Gemeindehaus errichtet werden könne. Die
Firma Vorster u. Grüneberg bot dem Kuratorium zudem no-
tarielle Sicherheit, ihm zu gleichen Preise einen anderen, mindestens ebenso großen und gleich günstig gelegenen
Krankenhausbauplatz zu verschaffen. Die evangelische Gemeinde erhielt von der Firma für das alte Pfarrhaus und die
Kleinkinderschule mit dem dahinterliegenden Garten sowie
für den 4 m breiten Zugang an der südlichen Seite des Kirchplatzes die Summe von 42 000 Mk. Ferner gab die Firma zu
dem geplanten Neubau ein unverzinsliches und unkündbares
Darlehen mit 2 % Amortisation in Höhe von 10 000 Mk., das
sie später auf 14 000 Mk. erhöhte. So konnte denn der Bau
des neuen Pfarr- und Gemeindehauses im Mai 1890 mit fro-
hem Mut begonnen werden. Architekt Albes in Cöln hatte
die Pläne angefertigt. Das neue Gebäude besteht aus zwei
Häusern, nach Osten hin liegt das Pfarrhaus, dicht daneben,
nach Westen hin, das Gemeindehaus. Letzteres enthält im

Erdgeschoß zwei Säle, die zu mancherlei Gemeindezwecken
dienen, zu Bibelstunden, Sonntagsschule, Sitzungen der Repräsentation, Versammlungen des Jünglings- und Männer-
vereins, zu den Übungen des kirchlichen Gesangsvereins, des
Posaunenchors etc., ferner wird der nach dem Garten gelegene Saal an den Wochentagen für die Kleinkinderschule - Be-
wahranstalt - benutzt. Die Einweihung des Hauses erfolgte
am 1. November 1891.

Für einen neuen Krankenhaus-Bauplatz wurde bald in
hochherziger Weise gesorgt, in dem von den Erben des verstorbenen Fabrikanten Jul. Vorster ein zwischen der Garten-
straße und der jetzigen Thumbstraße[1] gelegenes Grundstück
von ca. 6 Morgen geschenkt wurde, das sich durch seine gesunde, freie Lage vorzüglich für ein Krankenhaus eignete.

Am 1. Advent 1894 (2. Dezember) wurde unter großer
Beteiligung von nah und fern das 25 j ä h r i g e B e s t e -
h e n d e r e v a n g e l i s c h e n G e m e i n d e K a l k
gefeiert. Aus diesem Anlaß wurden manche Gaben gespendet sowohl zur weiteren Ausstattung der Kirche als auch des
Gemeindehauses. An letzterem wurde im Laufe des folgenden Jahres aus den genannten Spenden eine offene Halle errichtet, um den Kleinkinderschülern bei schlechter Witterung
einen Spielraum zu verschaffen. Im gleichen Jahre wurde die
Kirche mit einer Heizungsanlage - Mitteldruck-Wasser-
heizung - versehen, da die Heizung durch Öfen mancherlei
Mängel gezeigt hatte. Im Frühjahre 1896 begann man mit
dem Einbau von Emporen in die Kirche nach den Plänen des
schon mehrmals genannten Architekten Albes; durch diese
Emporen erhielt die Kirche ca. 250 Sitzplätze mehr. Es war
dies notwendig geworden dadurch, daß laut Vertrag mit dem
Gouvernement in Cöln die in Kalk in Garnison liegenden
Soldaten zweimal monatlich die Kirche mitbenutzen sollten.[2]
In den Jahren 1901, 1903 und 1905 wurden die drei Fenster

---

1) Zur Zeit der Schenkung noch nicht ausgebaut.
2) 6 Jahre hindurch - bis zum 30. April 1903 - fanden zweimal monatlich vereinigte Militär- und Zivilgottesdienste statt. Von dem genannten Tage
an wurde der Vertrag gelöst, und das Militär zog von da an nach Deutz zur
Kirche.

des Chores mit prächtigen Glasgemälden geschmückt, Auf-
erstehung, Kreuzigung und Geburt des Heilandes darstellend.

Inneres der evangelischen Kirche.

Schon vorhin wurde von der im Herbst 1889 erfolgten
Anstellung des Hilfspredigers berichtet. Dem ersten Hilfsprediger Goecke folgten die Hilfsprediger Ahlmeyer, Wer-
ner, Gaul und Ruloff. Letzterem folgte anfangs Oktober 1895
Hilfsprediger van den Bruck. Demselben wurden zur
Pastorierung hauptsächlich die Außenbezirke von Kalk und
die entfernter liegenden Bürgermeistereien Heumar-Porz und
Zündorf-Wahn übertragen. Nachdem das Königliche Konsistorium in Coblenz und die Königliche Regierung zu Cöln
die Genehmigung erteilt hatten, daß mit dem 1. April 1900
eine zweite Pfarrstelle in der Gemeinde Kalk errichtet werde, wurde am 31. August desselben Jahres Hilfsprediger van
den Bruck mit allen abgegebenen 26 Stimmen zum zweiten
Pfarrer gewählt und nach Bestätigung der Wahl am 14. Oktober feierlich durch Superintendent Zurhellen aus Mülheim
am Rhein in sein Amt eingeführt.

Im Jahre 1902 wurde die Zahl der Repräsentanten entsprechend dem Wachstum der Gemeinde auf 40 erhöht und
die Zahl der Mitglieder des Presbyteriums von 8 auf 10 vermehrt, sodaß dasselbe mit Einschluß der beiden Pfarrer 12
Mitgliedern zählt. Vom 1. April 1902 ab wurde dem Pfarrer

Vietor ein Lehrvikar zugewiesen, diese Stelle wurde im Jahre 1905 in eine persönliche Hilfspredigerstelle umgewandelt.

Der Bau des evangelischen Krankenhauses wurde im Jahre 1903 in Angriff genommen. Im Juni geschah der erste Spatenstich, die feierliche Grundsteinlegung am 24. September desselben Jahres. Die Pläne waren entworfen und angefertigt von den Regierungsbaumeistern Siebold und Winckler, den Vorstehern des Baubureaus Bethel bei Bielefeld. Über die Schenkung des Grundstückes ist schon vorhin berichtet worden. Außer dem ca. 6 Morgen großen Bauplatze, der einen Wert von mindestens 350 000 Mk. hatte, schenkten die verschiedenen Glieder der Familien Vorster und Grüneberg für den Bau des Krankenhauses an bar 166 336 Mk., darunter befindet sich eine Gabe des Fabrikanten Fritz Vorster von 100 000 Mk. Außerdem stifteten sie noch 22 000 Mk. für Freibetten. Hierzu kommen noch sonstige Gaben. Der Krankenhausverein brachte von 1897-1904 die Summe von 17 889,55 Mk. auf, durch vier Kirchenkonzerte kamen 1499,99 Mk. zusammen, und der Frauenverein verwandte zur Ausschmückung des Betsaales 1595,42 Mk. Am 8. Dezember 1904 konnte die feierliche Einweihung geschehen, die nach Vollendung eines so großen Werkes sehr festlich gestaltet wurde. Unter den Festgästen waren erschienen: der Generalsuperintendent der Rheinprovinz, Dr. Umbeck aus Coblenz, Regierungspräsident von Balan, Oberregierungsrat Fink, Medizinalrat Dr. Russack, der Oberst des 53. Regiments von Blankenberg, Major Nordmann, Superintendent Zurhellen aus Mülheim, mehrere Pfarrer der Nachbarschaft, Bürgermeister Albermann mit mehreren Stadtverordneten, die Ärzte von Kalk, der Vertreter der katholischen Gemeinde, Pfarrer Köllen, ferner der Krankenhausvorstand, das Presbyterium und die Repräsentation. Alle Erschienenen waren einig in dem Lobe der zweckentsprechenden Einrichtungen des Hauses, und der Verdienste des Hauptwohltäters Vorster wurde gebührend gedacht. Das Haus war für 50 Betten eingerichtet, und man glaubte für den Anfang auf etwa 30 - 40 Kranken rechnen zu können. Jedoch schon nach einem Vierteljahr waren alle Betten belegt, und man mußte darauf bedacht sein, weitere Räumlichkeiten zu schaffen. Deshalb wurde im Mai 1905 der Beschluß gefaßt, an der östlichen Seite des Hauses einen Erweiterungsbau anzufügen, wodurch die Zahl der Betten auf 140 - 150 vermehrt werden konnte. Dieser Bau wurde 1907 vollendet. Oberin des Krankenhauses ist Schwester Hulda Rühle, die 6 Wochen vor der Einweihung des Hauses von der Diakonissen-Anstalt Kaiserswerth eintraf und die Leitung und Aufsicht übernahm.

Evangelisches Krankenhaus.

Ein zweites Pfarrhaus ließ die Gemeinde im Jahre 1907/08 im östlichen Teile der Stadt, an der Moltkestraße erbauen, das von Pastor van den Bruck bezogen wurde.

Von der Erbauung der Kapelle im benachbarten Orte Porz ist schon berichtet worden. Während bei der Einweihung derselben im Jahre 1883 in Porz und Umgegend nur etwa 150 Evangelische wohnten, war die Zahl derselben bis 1902 auf ca. 400 gestiegen, und bei dem Aufschwung, den der Ort infolge seiner äußerst günstigen Lage nahm, war ein dauernder Zuwachs mit Sicherheit zu erwarten. In einer Gemeindeversammlung am 2. Advent 1901 wurden als die ersten für die Filiale Porz zu erstrebenden Ziele hingestellt: die Anstellung eines eigenen Geistlichen,

die Erwerbung eines Grundstückes für Kirche und Pfarrhaus
und die Errichtung einer evangelischen Schule. Und diese
drei Wünsche wurden in verhältnismäßig kurzer Zeit verwirklicht: ein provisorischer Kirchenvorstand wurde gebildet, ein
Kirchenbauverein sammelte regelmäßig kleine Gaben, die
schon im ersten Jahre 1000 Mk. ausmachten, der Oberkirchenrat, die Pastoral-Hilfsgesellschaft und die Gustav-Adolf-
Vereine wurden gebeten, sich der entstehenden Gemeinde
anzunehmen. Pastor van den Bruck kaufte im Frühsommer
1902 ein sehr günstig gelegenes Grundstück auf seinen Namen zu Gunsten der Porzer Gemeinde zu 25 000 Mk. an,
während Fabrikdirektor L. Mannstaedt aus Kalk die erforderliche Geldsumme gegen Hypothek lieh. Der Oberkirchenrat bewilligte, vorerst auf 3 Jahre, einen Jahreszuschuß von
600 Mk. für einen anzustellenden Vikar, die Pastoral-Hilfsgesellschaft, die zugleich den Vikar entsandte, bewilligte denselben Betrag. Am 1. Juli 1902 wurde der von der Pastoral-
Hilfsgesellschaft entsandte ordinierte Hilfsprediger
Mühlendyck als Pfarrvikar in Porz durch den Superintendenten Zurhellen feierlich eingeführt. Mit Ostern 1904 wurde in
Porz eine einklassige evangelische Schule errichtet, die jetzt
schon zweiklassig ist. Seit Ostern 1909 ist die Gemeinde Porz
selbständig; sie hat ihre eigene Vertretung, die bald darauf
den bisherigen V i k a r M ü h l e n d y c k einstimmig zu
ihrem P f a r r e r wählte.

Für die evangelischen Kinder der H u m b o l d t - K o -
l o n i e war schon Ostern 1892 eine e v a n g e l i s c h e
S c h u l e mit einer Klasse eingerichtet worden, deren erster
Lehrer Weitzel jetzt Hauptlehrer der dortigen dreiklassigen
Schule ist. Seit Juni 1908 wirkt P a s t o r R o s e n k e i m e r
als Vikar dort. Seinen und Pastor van den Brucks Bemühungen ist es in den letzten Wochen des Jahres 1909 gelungen,
ein passendes Grundstück für Kirche und Pfarrhaus zu erwerben, so daß auch dort in absehbarer Zeit sich eine evangelische Kirche erheben wird.

Über die Gründung der e v a n g e l i s c h e n h ö h e -
r e n T ö c h t e r s c h u l e durch Pfarrer Vietor und deren
weitere Entwicklung wird im Kapitel Schulwesen berichtet.

Am 1. Oktober 1909 schied Pastor Vietor von Kalk, um in Bremen, seiner Geburtsstadt, seinen Lebensabend zu verbringen; dort starb er schon am 13. November, kaum sechs Wochen nach seinem Scheiden von Kalk. Die Gemeinde, die ihm soviel verdankt, wird sein Andenken stets in Ehren halten.

Die Wahl eines neuen Pfarrers fand am 16. Dezember 1909 statt, Pastor Junkereit aus Monheim bei Langenfeld wurde von der Gemeinde gewählt.

XI. Kapitel.

Das Schulwesen der Stadt.

A. Volksschule.

Die erste Schulklasse wurde in Kalk am 31. Mai 1850 eröffnet und zwar in einem neuerbauten kleinen Schulhause, das an der Stelle der jetzigen Marienkirche stand. Die Errichtung dieser Schule war schon am 26. Februar 1848 vom Gemeinderat beschlossen worden, Schwierigkeiten in der Beschaffung der erforderlichen Mittel und auch wohl die politischen Unruhen des Jahres verzögerten aber die Ausführung des Beschlusses. Interessant ist die Tatsache, daß die Kosten des Schulbaues zum größten Teile aus freiwilligen Beiträgen und zwar teils in barem Gelde, teils in Materialien zusammengebracht wurden. Der ganze Kostenaufwand betrug 1799 Taler 13 Sgr. 1 Pfg.; hiervon wurden 1099 Taler durch freiwillige Gaben aufgebracht, 700 Taler durch Anleihe.[1] Unten befand sich der Schulsaal und darüber die Wohnung des Lehrers. In der Chronik der Schule Kirchstraße, die bis zum Jahre 1874 leider nur sehr dürftige Notizen aufweist, steht an erster Stelle: „Die Einweihung der neuen Schule fand heute unter der kirchlichen Feier statt. Kalk, am 31. Mai 1850.

---

1) Stadtbericht von 1883/84, der einen Überblick über die früheren Verhältnisse der Gemeinde Kalk gibt.

Antwerpen, Pfarrer und Schulpfleger. Schaurte, Bürgermeister.[1] H.J. Scherf, Gemeinderat. M. Neuß. Nießen, Rektor daselbst."

Bis zu diesem Tage hatten die Kinder von Kalk die Schule in Vingst besucht.[2] Es waren 41 Knaben und Mädchen.

Alte Schule in Vingst, um 1828 erbaut.

Der erste Lehrer war Mich. Odenthal aus Berg.-Gladbach; er starb jedoch schon früh, und an seiner Stelle wurde 1857 L e h r e r   J a k .   B r ü c k   ernannt, der bis 1. Juli 1895 hier tätig war und dessen Andenken noch im Segen ist. Lehrer Brück war vorher etwa ein Jahr in Vingst tätig; sein Gehalt betrug dort 200 Taler pro Jahr, in Kalk betrug das Stelleneinkommen 250 Taler. Bei seinem Amtseintritt hierselbst war die Zahl der Schüler und Schülerinnen auf 98 gewachsen. Da diese Zahl aber stetig größer wurde, so musste ein Aspirant zur Aushilfe genommen werden. Im Jahre 1859 mietete der Gemeinderat von Adam Schleuter in der Paradiesstraße

---

1) von Deutz.

2) In den „Deutzer Akten" des Cölner Archivs finden sich interessante Verhandlungen über den Bau der Vingster Schule sowie über die Kostenbeiträge der Bewohner der Kalker Höfe zum Bau der ersten Schule in Vingst im Jahre 1828.

ein Lokal, das als Schulsaal eingerichtet wurde und zwar für
die Mädchen. Als Lehrerin wurde am 24. August des genannten Jahres die L e h r e r i n   M a r t h a   Z o r n aus Cöln
angestellt. (Sie wirkte in Kalk bis zum Sommer 1897 und
starb am 14. August des genannten Jahres. Auch ihr Andenken ist bei vielen Kalkern noch in dankbarem Gedächtnis.)
Durch das Wachstum der Bevölkerung stieg auch die Zahl
der Schulkinder, im Jahre 1861 betrug sie schon 264. Deshalb mußte auf die E r r i c h t u n g   e i n e s   n e u e n ,

Schulhaus an der Kirchstraße.

g r ö ß e r e n   S c h u l g e b ä u d e s Bedacht genommen
werden. Am 10. Januar 1862 kaufte die Gemeinde von den
Eheleuten Fr. Neuhöffer zu Volkhoven ein Grundstück a n
d e r   j e t z i g e n   K i r c h s t r a ß e zum Preise von 576
Talern 26 Sgr. und 3 Pfg., und auf diesem Terrain wurde nun in
den Jahren 1862 und 1863 eine vierklassige Schule gebaut;
das ganze Vorderhaus an der Straße enthielt die Wohnräume
für die Lehrer und Lehrerinnen. Auch ein Geistlicher, der erste

Kaplan, hatte eine Zeit lang hier seine Wohnung. (Später wurden die Wohnräume größtenteils zu Schulsälen umgeändert.) Die Kosten des neuen Schulhauses betrugen 8603 Taler 15 Sgr. 5 Pfg. = 25 810,55 Mk. An der Ostwand des Schulgebäudes hatten die „Brandleitern" ihren Platz, die bei einem etwa ausbrechenden Brande Verwendung fanden. Nachdem die neue Schule bezogen war, wurde die alte abgerissen, um der zu erbauenden Kirche Platz zu machen. Die Kinder der zugezogenen evangelischen Gemeindemitglieder besuchten zunächst die katholische Schule. Da aber auch ihre Zahl wuchs, so wurde am 1. O k t o b e r 1 8 6 5 e i n e e v a n - g e l i s c h e S c h u l e , eine Klasse enthaltend, eingerichtet. Als Schullokal dienten die vorderen Räume des ersten Stockwerks im Hause Viktoriastraße 45. In demselben Hause hatte auch der Lehrer seine Wohnung. Der erste, Rath mit Namen, verblieb nur kurze Zeit an der schwierigen Stelle; und so wurde am 19. Februar 1866 L e h r e r C a r l S t e i n aus Schwelm durch den damaligen Schulpfleger der evangelischen Schulen des Bezirks, Superintendent Jaeger aus Cöln, in sein Amt eingeführt, in dem er heute noch als Rektor wirkt. Da der Schulraum in der Viktoriastraße für die zunehmende Schülerzahl unzureichend war, so erwarb der Gemeinderat ein früheres Vergnügungslokal an der obern Hauptstraße (das jetzige Polizeiamt) mit dem dazugehörigen Grundstück, im ganzen 2 Morgen 7 Ruthen 20 Fuß = 52 ar 0,8 qm für den Preis von 31 500 Mk. Der frühere Eigentümer, J. A. Wahlen aus Cöln, übernahm für diesen Preis zugleich die Verpflichtung, in dem Gebäude zwei Schulsäle und Lehrerwohnung einzurichten. Diese Schule wurde um Pfingsten 1868 bezogen. Der zweite, noch unbenutzte Schulsaal wurde nach mietweiser Überlassung seitens der bürgerlichen Gemeinde als Betsaal für die kleine evangelische Gemeinde eingerichtet.[1]

Schneller als die Zahl der evangelischen Schüler vermehrte sich durch Zuzug die Zahl der katholischen Kinder. Schon 1863 war ein zweiter Lehrer, Neufeind mit Namen,

---

1) Nach dem Schriftchen: Die ersten 25 Jahre der evangelischen Gemeinde zu Kalk, von Pfarrer Vietor.

eingetreten, dessen Nachfolger 1865 P e t e r   S c h ä f e r, vorher in Cöln, wurde, 1864 eine zweite Lehrerin, C l a r a L e h m a c h e r, jetzt noch Hauptlehrerin des I. Systems, 1867 ein dritter Lehrer, Kahn mit Namen, 1869 eine dritte Lehrerin, a l l e   h a t t e n   i h r e   S c h u l s ä l e   i m   S c h u l h a u s e Kirchstraße[1]. Die Schülerzahl der einzelnen Klassen war damals eine recht hohe, öfters kam es vor, daß die Bänke nicht ausreichten und einzelne Kinder ihren Platz auf dem Podium am Lehrertische nehmen mußten. 1872 wurde an der evangelischen Schule die zweite Klasse errichtet, an diese wurde im Jahre 1873 L e h r e r   A u g.   S c h u m a c h e r berufen. Im folgenden Jahre begann die Gemeinde Kalk den B a u   e i n e r   s e c h s k l a s s i g e n   M ä d c h e n s c h u - l e auf dem südlichen Teile des oben erwähnten früheren Wahlenschen Grundstücks. Diese Schule, in der Nähe der P a r a d i e s s t r a ß e gelegen, enthielt außer den 6 Schulsälen auch 6 Wohnungen für die Lehrerinnen. Die Baukosten betrugen ca. 50 000 Mk. Nach ihrer Fertigstellung wurde sie von den vorhandenen katholischen Mädchenklassen bezogen, die Schule an der Kirchstraße wurde von jetzt ab nur noch für Knaben benutzt. Auch jetzt noch waren die einzelnen Klassen mit ca. 90 Kindern besetzt. Die obrigkeitliche Bestimmung, daß keine Schulklasse mehr als 80 Schüler haben dürfe, war die Ursache, daß zu Ostern 1875 die bis dahin vierklassige katholische Knabenschule um drei neue Klassen vermehrt wurde, sodaß eine erste Klasse, zwei zweite, zwei dritte und zwei vierte Klassen bestanden. Da zu Ostern jeden Jahres die Oberklasse Zuzug aus den beiden zweiten Klassen a und b erhielt, so war sie am stärksten bevölkert und zählte Ostern 1878 im ganzen 113 Schüler. Das Bedürfnis einer Teilung dieser Klasse war also äußerst dringend,

---

1) Das Gehalt für Lehrerinnen betrug damals in Kalk 150 Taler und freie Wohnung im Schulhause.

Eine Lehrerin war um Gehaltserhöhung eingekommen. Da aber im Gemeinderat bekannt wurde, daß die Lehrerin sich eine der damals neu aufgekommenen Petroleumlampen angeschafft hatte, - die noch 4 Taler kostete - , wurde der Antrag abgelehnt. Wer Geld für solche unnötigen Gegenstände habe, brauche kein höheres Gehalt.

und da die Verhältnisse an der Mädchenschule ähnlich waren, so beschloß der Schulvorstand, damals bestehend aus dem Bürgermeister Wiersberg und dem Fabrikbesitzer Wimmar Breuer, beim Stadtrate die Schaffung einer z w e i - t e n   H a u p t l e h r e r - und einer z w e i t e n   H a u p t - l e h r e r i n s t e l l e zu beantragen. Dieser Antrag wurde genehmigt und Lehrer P. Schäfer zum zweiten Hauptlehrer, Lehrerin Cl. Lehmacher zur zweiten Hauptlehrerin ernannt. Am 1. Oktober traten die Genannten in ihr neues Amt ein.

Die Zahl der Schulkinder wuchs von Jahr zu Jahr und so war es nötig, neue Schulbauten zu errichten. 1878 wurde die e v a n g e l i s c h e S c h u l e a n d e r V i k t o r i a - s t r a ß e erbaut, vier Schulsäle und zwei Lehrerwohnungen mit einem Kostenaufwand von ca. 30 000 Mk. Schon 1877 war die evangelische Schule vierklassig, aber vorerst nur mit drei Lehrern; 1879 trat für die vierte Klasse Lehrer Hoffmann ein. Als die neue evangelische Schule in der Viktoriastraße in Benutzung genommen wurde, konnten die drei frei gewordenen Säle der alten evangelischen Schule hinter dem Rathause, jetzt Polizei- und Meldeamt, für die katholische Schule benutzt werden.

1880 begann man den Bau einer fünfklassigen katholischen Schule in der Wipperfürtherstraße nebst Lehrerwohnung, die im Oktober 1881 in Benutzung genommen wurde, Baukosten 31 352 Mk. Schon im folgenden Jahr musste ein zweiter Flügel, sechs Säle enthaltend, angebaut werden.

Am 24. März 1879 trat gemäß Bestimmung der eingeführten Städteordnung an die Stelle des früheren Schulvorstandes eine S c h u l k o m m i s s i o n . Derselben gehörten an: die Fabrikbesitzer Joh. Mayer und Dr. Flemming, Pfarrer Vietor, Rentner Neuhöffer, Werkführer Kniffler, Dr. Harling und Baumeister Offermann.

Gewiß ist es von Interesse, einen Ü b e r b l i c k   ü b e r   d i e   S c h u l s y s t e m e   d i e s e r   Z e i t , über die einzelnen Klassen und ihre Schülerzahlen zu erhalten. Der Stadtbericht pro 1882/83 zählt auf:

I. Knaben-Cötus.

I.	Kl.	7. u. 8. Schulj.	Hauptlehrer Brück	60 Schüler	}	Große Knabenschule an der Kirchstraße
II.	Kl.	5. u. 6.	„ Lehrer Mannheim	81 „		
III.	Kl.	3. u. 4.	„ Lehrer Welsch	84 „		
IVa.	Kl.	2.	„ Lehrer Krath	88 „	}	In der alten evang. Schule am Rathause
IVb.	Kl.	1.	„ Lehrer Bützler	82 „		

II. Knaben-Cötus.

I.	Kl.	7. u. 8. Schulj.	Hauptlehrer Schäfer	56 Schüler	}	Große Knabenschule Kirchstraße
II.	Kl.	5. u. 6.	„ Lehrer Steigleder	82 „		
III.	Kl.	3. u. 4.	„ „ Raab	82 „		
IV.	Kl.	1. u. 2.	„ „ Rabe	92 „		

I. Mädchen-Cötus.

I.	Kl.	7. u. 8. Schulj.	Hauptlehrerin Zorn	57	}	Große Mädchenschule Paradiesstraße
II.	Kl.	5. u. 6.	„ Lehrerin Becher	75		
III.	Kl.	3. u. 4.	„ „ Beu	80		
IV.	Kl.	1. u. 2.	„ „ Mohr	80	}	Alte evang. Schule.

II. Mädchen-Cötus.

I.	Kl.	7. u. 8. Schulj.	Hauptlehrerin Cl. Lehmacher	62	}	Große Mädchenschule Paradiesstraße
II.	Kl.	5. u. 6.	„ Lehrerin Pleimes	75		
III.	Kl.	3. u. 4.	„ „ Hausmann	89		
IV.	Kl.	1. u. 2.	„ „ Hartmann	81	}	Alte evang. Schule.

Gemischter Cötus.

Klasse	A.	Hauptlehrer Wahl	79 Knaben u. Mädchen	}	Schule an der Wipperfürtherstraße
„	B.	Lehrer Hütte	100 „ „ „		
„	C.	Lehrerin N. Lehmacher	72 „ „ „		
„	D.	Lehrer Schönberger	79 „ „ „		
„	E.	„ Thill	97 „ „ „		

Evangelische Schule.

I.	Kl.	7. u. 8. Schulj.	Hauptlehrer Stein	70 Knaben u. Mädchen	}	Schule an der Viktoriastraße
II.	Kl.	5. u. 6.	„ Lehrer Schuhmacher	70 „ „ „		
III.	Kl.	3. u. 4.	„ „ Penz	57 „ „ „		
IV.	Kl.	1. u. 2.	„ „ Hoffmann	104 „ „ „		

Die Überfüllung der Klassen, wie sie im Schuljahre 1882/83 bestand, ließ sich nicht so rasch beseitigen. Schon wurden pro Jahr zwei neue Klassen errichtet, für die Gemeinde, an die so vielerlei neue Aufgaben herantraten, immerhin eine erhebliche Auslage. Noch Jahre hindurch gab es Klassen mit 70, 80 und mehr Schülern.

Die Lokalschulinspektion wurde in den ersten Jahrzehnten durch den Ortsgeistlichen wahrgenommen. Seit der Gründung der ersten Schulklasse in Kalk war es Rektor Nießen, der 1856 zum Pfarrer ernannt wurde. Er ver sah das Amt des Lokalschulinspektors bis zu seinem Tode, 15. Januar 1875. Für die evangelische Schule versah Pastor Thomas von Deutz das Amt des Lokalschulinspektors. Vom Jahre 1875 bis 1878 wirkte als Schulinspektor über die Schulen zu Kalk Geschäftsführer Büttinghausen. Nach seinem Tode wurde dieses Amt dem Fabrikdirektor M. Lehmann übertragen. Dieser war als Stadtschulinspektor tätig bis Ostern 1884, wo er infolge Arbeitsüberhäufung das liebgewonnene Amt niederlegte. Ihm folgte Rentner C. Neuhöffer, zugleich I. Beigeordneter der Stadt. Nach seinem Tode, 11. November 1890, übertrug die Königliche Regierung, übereinstimmend mit dem Beschlusse der Stadtverordneten-Versammlung, die Lokalschulinspektion, nach der Konfession der Schulen getrennt, den beiden Pfarrern der Stadt, Pfarrer Köllen und Pfarrer Vietor. Die Bestätigung seitens der Königlichen Regierung erfolgte am 24. September 1891.

Im Winter 1885/86 war die S c h u l e   a n   d e r   H e r - m a n n s t r a ß e errichtet worden. Sie war die erste, die eine Heizanlage erhielt, bis dahin waren sämtliche Schulsäle mit Öfen ausgestattet. Aber auch die sechs Klassenzimmer dieses Neubaues waren in nicht langer Zeit gefüllt, und es war notwendig, wieder neue Räume zu schaffen. Dies geschah 1891/92 durch den E r w e i t e r u n g s b a u   d e r   e v a n - g e l i s c h e n   S c h u l e an der Viktoriastraße. 1897/98 entstand die zwölf Klassen enthaltende n e u e   M ä d - c h e n s c h u l e   a n   d e r   P a r a d i e s s t r a ß e, die mit ihren breiten Treppen und Fluren und ihrer hübschen Ausstattung gegen die älteren Schulbauten wohltuend absticht. Das prächtige Schulhaus wurde Ostern 1898 bezogen. Das Schulhaus Hermannstraße, das jetzt für einige Jahre frei wurde, diente nun der Ostern 1896 eingerichteten h ö h e - r e n   K n a b e n s c h u l e als Schulhaus, bis deren neues Schulgebäude an der Lessingstraße fertig war und Ostern 1900 bezogen werden konnte. Allmählich füllte sich auch das Schulgebäude Hermannstraße wieder mit Schulklassen. Ein Saal im Parterre des Hauses war für die Volksbibliothek als Bibliothek- und Lesesaal eingerichtet worden.

Für den T u r n u n t e r r i c h t in den Schulen war bis

dahin noch wenig geschehen. Zwar stand auf jedem Schulhof für Knaben Reck und Barren, auch waren Springständer und Turnstäbe vorhanden, jedoch bei Regen und zur Winterszeit fiel das Turnen meist aus. Deshalb war oft von der Notwendigkeit einer Turnhalle die Rede, jedoch andere Aufgaben der Stadt, die dringender waren, gingen vor. Erst als die höhere Schule zu einem Progymnasium erhoben wurde, da erhob sich auch bald eine T u r n h a l l e   a u f   d e m   S c h u l h o f e   K i r c h s t r a ß e, und der nördlich anstoßende Garten, der bis dahin verpachtet war, wurde als Turnplatz eingerichtet. Die Halle, die von der Firma Meyer-Hagen mit trefflichen Geräten reichlich ausgestattet ist, konnte im Sommer 1901 zuerst benutzt werden, und so war wenigstens für die Oberklassen der Knaben-Volksschulen mit gesorgt.

Wenn schon B ü r g e r m e i s t e r   T h u m b dem Volksschulwesen stets große Aufmerksamkeit zugewandt hatte, so war dies unter dem neuen Stadtoberhaupte, B ü r - g e r m e i s t e r   A l b e r m a n n, in noch erhöhterem Maße der Fall. Zunächst war es eine stete Sorge desselben, die bis dahin noch immer recht hohe Schülerzahl der einzelnen Klassen auf n o r m a l e   F r e q u e n z z a h l e n zu bringen. Dies konnte nur durch Einrichtung einer größeren Zahl neuer Klassen geschehen, die nicht nur den gewohnten jährlichen Zuwachs an Schulneulingen aufnahmen, sondern durch die auch die überfüllten Klassen entlastet wurden. Das geschah durch Bewilligung und Einrichtung von vier neuen Klassen zu Ostern 1902 und von drei neuen Klassen Ostern 1903. Hierdurch wurde die Höchstzahl der Klasse auf 65 Kinder gebracht, manche Klassen blieben sogar unter 60, gegen die früheren Verhältnisse ein gewaltiger Fortschritt, der es möglich machte, den einzelnen Kindern größere Aufmerksamkeit zuzuwenden. Dieses Prinzip führte auch zur E i n r i c h - t u n g   e i n e r   H i l f s s c h u l e für schwachbegabte Kinder. Schon öfters war die Einrichtung einer solchen Schule von der Lehrerschaft angeregt worden, nun wurde der Gedanke ausgeführt, und Ostern 1905 trat die Hilfsschule mit 30 Kindern unter dem Lehrer H. Welsch ins Leben. Auch der S c h u l a r z t f r a g e wandte der Bürgermeister seine Aufmerksamkeit zu; am 30. März 1904 wurde Sanitätsrat Dr. Reipen mit dem Amte des Schularztes betraut. Am 1. April 1907 wurde auch Dr. Schulte als Schularzt berufen und die vorhandenen Schulsysteme je zur Hälfte den genannten Ärzten zugewiesen. Eine bessere und gründlichere Reinigung der S c h u l r ä u m e war schon seit Ostern 1903 angeordnet worden. Bis dahin betrug die Entschädigung für Reinigung pro Klasse und Jahr 24 Mk., jetzt erhielten die Reinigungsunternehmer 50 Mk. pro Klasse, wofür sie täglich unter Verwendung von nassem Sägemehl die Schulräume zu reinigen hatten. Ebenso wurde den Schulhöfen mehr Aufmerksamkeit geschenkt, Abflussrinnen und Baumpflanzungen wurden angelegt. Im Herbst 1903 erfolgte die E i n f ü h r u n g v o n T u r n - u n d J u g e n d s p i e l e n an den freien Nachmittagen für die Schüler der einzelnen Volksschulen. Auch war Kalk eine der ersten Städte, in denen der Z e i c h e n - u n t e r r i c h t n a c h d e r n e u e n M e t h o d e erteilt wurde. In besonderen Kursen 1904 und 1909 erhielten die Lehrer und Lehrerinnen die notwendige Ausbildung in der neuen Zeichenmethode.

I m B a u n e u e r u n d z w e c k e n t s p r e - c h e n d e r S c h u l h ä u s e r blieb die Stadt selbstverständlich nicht zurück. Nach den Herbstferien 1902 war die neue

Schulhaus an der Bismarckstraße.

16klassige Volksschule an der Wipperfürtherstraße bezogen worden. Die beiden nebenein-
anderliegenden Schulhäuser hatten nun zusammen 28 Klassen, boten also Raum für 2 vierzehnklassige Systeme, jedes
7 Knaben- und 7 Mädchenklassen enthaltend. Aber schon nach
vier Jahren musste wieder ein Neubau errichtet werden, die
Schule an der Bismarckstraße. 16 Klassenzimmer, 2 Zeichen-
säle, Rektor- und Lehrerzimmer, Haushaltungsschule mit drei
Doppelherden, Turnhalle und alle Nebenräume finden sich
in dem prächtigen Gebäude, das dem ganzen Stadtteile zur
Zierde gereicht. Der Kostenanschlag lautete auf 250 000 Mk.

Zu Ostern 1908 erhielt auch das Waisenhaus
Mariahilf, in dem damals ca. 120 Waisenkinder unter Aufsicht und Pflege der Schwestern vom armen Kinde Jesu untergebracht waren, eine besondere zweiklassige Waisenhausschule, der Ostern 1909 eine dritte Klasse zugefügt wurde.

Mit dem 1. Dezember 1907 wurde in den städtischen
Volksschulen auch die wohltätige Einrichtung der
Schulsparkasse eingeführt, sämtliche Lehrer und Leh-
rerinnen hatten sich bereit erklärt, die gerade nicht geringe
Arbeit im Interesse der guten Sache zu übernehmen.

Die Beteiligung der Schulkinder war eine höchst erfreu-
liche. So betrug die Zahl der Sparer am 31. März 1908 2041,
die Summe der Spareinlagen 12 867 Mk., am 31. März 1909
waren 2742 Sparer verzeichnet, die Einlagen hatten die Höhe
von 40 291 Mk. erreicht.

Rückzahlungen werden nur geleistet, a) bei Entlassung
aus der Schule, b) bei Verzug nach auswärts, c) beim Todes-
falle des Kindes, d) vor der ersten hl. Kommunion bezw.
Konfirmation.

Wie sehr die Einrichtung der Schulsparkasse den Eltern
gerade für die Bestreitung der mit der letztgenannten Feier
verbundenen Kosten willkommen ist, zeigt die Tatsache, daß
im Februar 1910 an 218 Kommunionkinder und 52 Konfir-
manden mehr als 6000 Mk. zurückgezahlt worden sind.

Im Herbst 1908 wurde auch der Unterricht in
Knabenhandarbeit, der schon seit 1890 als Unter-

richt in Papparbeiten an einem Schulsystem bestanden hatte, durch Aufnahme von Kerbschnittarbeiten erweitert und dieser Unterricht an mehreren Schulsystemen eingeführt. Mit Ostern 1910 haben alle Systeme diesen Unterricht.

Aus vorstehendem dürfte sich zur Genüge ergeben, wie Schulkommission und Stadtrat unter Bürgermeister Albermann in bester Weise für die Volksschule gesorgt haben. Auch darf nicht unerwähnt bleiben, wie die genannten Korporationen in drei aufeinanderfolgenden Jahren, 1904, 1905 und 1906, Grundgehalt, Mietsentschädigung und Alterszulagen der Lehrpersonen so regelten, daß sie den Gehaltsverhältnissen der Stadt Mülheim gleich und denjenigen der Stadt Cöln ziemlich nahe kamen, ein Ziel, das die Lehrpersonen von Kalk lange Jahre hindurch vergeblich erstrebt hatten.

Koch- und Haushaltungsschule, Schulhaus Bismarckstraße.

Mit dem 1. Oktober 1909 trat eine n e u e B e s o l - d u n g s o r d n u n g in Kraft, durch welche die Lehrpersonen der Stadt in ihren Bezügen an Grundgehalt, Alters- und Ortszulagen ihren Kollegen und Kolleginnen in Cöln gleichgestellt wurden, und auch sind die Amtszulagen für Rektoren, Hauptlehrer und Hauptlehrerinnen denen in Cöln gleich. Ein Unterschied findet sich (bis zur Eingemeindung von Kalk) nur in der Mietsentschädigung, da Kalk einer niedrigeren Servisklasse angehört als Cöln.

Aus der Übersicht Seite 191, in der die Schulklassen 1882/83 aufgeführt sind, ist zu ersehen, daß damals in Kalk das Vierklassensystem eingeführt war. Jede Klasse hatte zwei Schuljahre; einzelne Klassen jedoch, namentlich die unteren, hatten ein Schuljahr, es war also schon der Weg zum Sechsklassensystem eingeschlagen. Dies wurde Ostern 1884 eingeführt; die vier unteren Klassen hatten nun je einen Jahrgang, während die zweite und erste je zwei Schuljahre umfassten. Im Jahre 1895 wurde zu Ostern durch Verfügung Königlicher Regierung wie in Cöln so auch in Kalk das Siebenklassensystem eingeführt. Von jetzt ab hatte nur die Oberklasse zwei Schuljahre, während die sechs übrigen je ein Schuljahr umfassten.

Am 19. März 1901 ernannte die Königliche Regierung zu Cöln die Hauptlehrer B ü t z l e r , B r e m m und S t e i n zu R e k t o r e n und übertrug jedem derselben die Lokalschulaufsicht über das von ihm geleitete Knaben- und Mädchensystem. Die bisherigen Lokalschulinspektoren Pfarrer Köllen und Pfarrer Vietor wurden unter dem Ausdruck des Dankes und der Anerkennung für ihre Tätigkeit von diesem Ehrenamte entbunden. Beide blieben auch weiterhin als Mitglied der Schulkommission in gewohnter Weise tätig zum Besten der Schule.

Da die Zahl der Schulklassen der katholischen Schulen in den letzten Jahren stark gewachsen und das dritte Schulsystem nunmehr ausgebaut war, so wurde die Stadt zu Ostern 1901 in drei Schulbezirke geteilt, I. Bezirk, II. und III. Bezirk; für den dritten Bezirk wurde Hauptlehrer M a u ß aus Sürth als Rektor ernannt. Als am 1. April 1907 das neue Schulhaus an der Bismarckstrasse bezogen wurde, fand eine Einteilung der Stadt in vier Schulbezirke statt, zugleich wurden hierbei die für die St. Marien- und St. Joseph-Pfarre festgesetzten Pfarrgrenzen berücksichtigt. Zur Marienpfarre gehören der I. und IV. Schulbezirk, zur Josephspfarre der II. und III. Bezirk. Als vierter Rektor wurde Hauptlehrer S c h ü t t aus Oberhausen berufen. Demselben wurde das II. Schulsystem übertragen, während Rektor Bremm das IV. Schulsystem übernahm.

Seitdem sind schon wieder sieben neue Klassen des V.
Systems i. E. entstanden, sowie eine dritte Klasse am Waisenhause (Ostern 1909); zugleich sind die Klassen der evangelischen Volksschule auf 15 angewachsen, sodaß die Stadt Kalk
im Schuljahr 1909 im ganzen 83 Volksschulklassen zählt.
Seit 1. April 1908 ist an die Stelle der früheren
Schulkommission die S c h u l d e p u t a t i o n getreten, der
außer dem Bürgermeister als Vorsitzenden, die beiden dienst-
ältesten Pfarrer der katholischen und der evangelischen Konfession, drei Beigeordnete, drei Stadtverordnete, zwei Rektoren und ein Lehrer angehörten.

Ü b e r s i c h t
über die einzelnen Schulsysteme der Stadt Kalk im Schuljahre 1909/10.

K a t h o l i s c h e   V o l k s s c h u l e n .
I. System, Rektor Bützler.
Lehrer: Bützler, Steigleder, Krath, Wolff, Lehmacher,
Dollmann, M. Müller.
Lehrerinnen: Clara Lehmacher, Hauptlehrerin; Mohr,
Görgen, Aust, Weidenstraß, Hilgers, Trilling.
II. System, Rektor Schütt.
Lehrer: Schütt, Schönberger, Eich, Grüßen, Fuß, Beckers,
Dünchem.
Lehrerinnen: Kath. Lehmacher, Hauptlehrerin; Elise Honnef,
Schnell, Siebelist, Steigleder, Kniffler, Etzbach.
III. System, Rektor Mauß.
Lehrer: Mauß, Meuren, J. Müller, Hilleke, Gustke,
Caspar, Segschneider
Lehrerinnen: Linder, Hauptlehrerin; Junker, Barth, Hehnen,
Schulten, Graffelder, Steinmann.
IV. System, Rektor Bremm.
Lehrer: Bremm, Dörner, Brüll, Lichtherz, Ockenfels,
Theile, Heuser.
Lehrerinnen: Beu, Hauptlehrerin; Hartung,
Christ. Hausmann, Marg. Honnef, Westphalen,
Müllenbach, Schnitzler.

V. System, i. E., Rektor Bützler.
Lehrer: Rechmann, Kriebs, Weber, Hammer.
Lehrerinnen: M. Hausmann, Germscheid, Flothen.
Städtische Waisenhausschule.
Rektor Schütt.
Hauptlehrer Dickopp, Lehrer Schützendorf.
Lehrerin Collet.

Evangelische Volksschule.
Rektor Stein.
Lehrer: Stein, A. Schumacher, H. Schumacher, Hoffmann,
Frentzen, Ammer, Bosch.
Lehrerinnen: Prang, Hauptlehrerin; Reuter, Willig, Stein-
berg, Tienes, Link, Schmid, Paulus.

Schule für schwachbegabte Kinder.
Lehrer Welsch, Lehrerin Krautworst.

B. Fortbildungsschule.

Die städtische Fortbildungsschule wurde 1898 unter Bürgermeister Thumb ins Leben gerufen und zwar als F o r t -
b i l d u n g s s c h u l e m i t f r e i w i l l i g e m B e s u -
c h e. Ehe jedoch die Stadtverwaltung eine solche Anstalt
einrichtete, hatte schon jahrelang eine Einrichtung bestanden, die, wie die Fortbildungsschule, für die Weiterbildung
der gewerblichen Jugend tätig war, d i e Z e i c h e n -
s c h u l e d e s A r b e i t e r v e r e i n s. Ganz besonders
deshalb ist diese Tatsache erwähnenswert, weil sie zeigt, daß
Männer des Arbeiterstandes zuerst die Notwendigkeit einer
solchen Schule einsahen und Mittel und Wege fanden, dieselbe einzurichten. Nachdem 1885 die Gründung des katholischen Arbeitervereins durch Kaplan Ommer, den ersten
Präses des Vereins, erfolgt war, wurde Ostern 1886 die
Zeichenschule des Arbeitervereins und zwar zunächst für die
Söhne der Mitglieder eröffnet. Unterrichtslokal war der Saal

der Restauration zur Post – neben dem jetzigen Hotel Kronprinz. – Zeit des Unterrichts war Sonntagsmorgens von 10 bis 12 Uhr und zwar an allen Sonntagen des Jahres, Ferien gab es nicht. Leiter und Lehrer war I n g e n i e u r M . W e i d e n b a c h, der dieses Amt unentgeltlich als Ehrenamt führte. Es wurde hauptsächlich Zeichnen von Maschinenteilen geübt, also Fachzeichnen, denn die größte Zahl der Schüler – anfangs 20, später bis zu 70 – bestand aus Maschinenschlossern, Vorzeichnerlehrlingen, Drehern etc. Als Schulgeld wurden 50 Pfg. pro Monat von jedem Schüler erhoben. Armen Schülern wurde das Schulgeld erlassen. Zwei Vorstandsmitglieder des Arbeitervereins unterstützten den Lehrer, indem der eine das Amt des Kassierers, der zweite die Ausgabe der Zeichenmaterialien besorgte. Von Zeit zu Zeit wurde eine Ausstellung der angefertigten Zeichnungen sowie eine Prämierung der tüchtigsten Schüler veranstaltet. Diese Veranstaltung beehrten Bürgermeister Thumb, Stadtverordnete und Betriebsleiter der hiesigen Werke mit ihrem Besuche. Auch wurde jährlich im Sommer ein Ausflug veranstaltet, an dem die ärmeren Schüler unentgeltlich teilnahmen.

Als Pfarrer Köllen im Jahre 1891 den katholischen Jünglingsverein gründete, übertrug der Arbeiterverein diesem neuen Vereine die Zeichenschule unter der Bedingung, daß auch junge Leute, die nicht Mitglieder des Vereins seien, die Zeichenschule besuchen könnten. Sodann richtete Pfarrer Köllen auch eine Fortbildungsschule für Deutsch und Rechnen ein, die aber nur etwa ein Jahr lang bestand. Die Zeichenschule jedoch blühte unter Ingenieur Weidenbach bis zur E i n r i c h t u n g d e r s t ä d t i s c h e n F o r t b i l - d u n g s s c h u l e, die am 1. Juli 1898 eröffnet wurde. Im Stadtbericht erscheint im Voranschlag pro 1897/98 zum ersten Mal eine Ausgabe für diese Anstalt: „Zur Einrichtung einer Fortbildungsschule 800 Mk.", jedoch erst im folgenden Etatsjahre wurde der eingesetzte Kredit in Anspruch genommen, indem an dem vorhin genannten Tage die Eröffnung erfolgte. Der Unterricht wurde in zwei Sälen des Schulhauses Paradiesstraße gehalten. Leiter der Schule war der Lei-

ter der zwei Jahre vorher eröffneten höheren Knabenschule,
D r. K o h n. Es wurden vier Wochenstunden, Deutsch und Rechnen erteilt und an Sonntagmorgen von 10 bis 12 Uhr Zeichnen. Der Lehrplan war der Cölner Schule entlehnt. Die Zahl der Schüler betrug ca. 88. Um den Schulbesuch der Schüler, die ja nicht verpflichtet waren zu kommen, regelmäßiger zu gestalten, waren sogenannte Kontrollbüchlein eingeführt, in denen der betreffende Lehrer in jeder Stunde den einzelnen Schülern den Schulbesuch durch Namensunterschrift bescheinigte. Ostern 1899 wurde die zweite Zeichenklasse eröffnet und 1900 die dritte; es bestanden nun drei Zeichenklassen und drei Klassen für den Wochenunterricht. Der Unterricht wurde von fünf Volksschullehrern und einem Ingenieur erteilt, letzterer gab Zeichnen in der Oberklasse. Es waren hauptsächlich Maschinenschlosser, die am Zeichnen teilnahmen. Die Leitung der Schule ging von Dr. Kohn an dessen Nachfolger über, an Dr. P a u l u s, seit 1. Oktober 1900 Direktor des hiesigen Progymnasiums, und nach dessen Beförderung zum Direktor des Gymnasiums in Culm an P f a r - r e r K ö l l e n. Die Schülerzahl hatte keine dem Wachstum der Bevölkerung entsprechende Steigerung erfahren, sie betrug ca. 100; es machte also noch kaum ein Fünftel der jungen Leute, zu deren Fortbildung die Schule gegründet war, von dieser Einrichtung Gebrauch. Die Schule mit freiwilligem Besuch hatte gewiß ihre Vorteile, indem sie meist strebsame, eifrige Schüler ihr eigen nannte, jedoch diejenigen, denen eine Fortbildung besonders not tat, die blieben der Schule fern. Eine Folge dieser überall gemachten Wahrnehmungen waren V e r h a n d l u n g e n, die am 2. August 1901 durch den Regierungs- und Gewerberat Dr. Velde aus Berlin im Auftrage des Ministeriums für Handel und Gewerbe mit der städtischen Verwaltung unter Zuziehung von Vertretern der Kaufmannschaft und des Handwerkerstandes gepflogen wurden, z w e c k s A u s b a u d e r K a l k e r F o r t b i l - d u n g s s c h u l e u n d E i n f ü h r u n g d e s o b l i g a - t o r i s c h e n U n t e r r i c h t s. Schulkommission und Stadtrat erklärten sich mit dieser neuen Einrichtung einverstanden, jedoch unter der Bedingung, daß die Stadt nur ein

Viertel der entstehenden Kosten zu tragen hätte, die übrigen drei Viertel solle die Staatskasse übernehmen. Dieser Antrag der Stadt wurde jedoch vom Staate abgelehnt, und nach erneuten Verhandlungen erklärten sich Schulkommission und Stadtrat bereit, auch den Schulzwang unter der Voraussetzung einzuführen, daß der Staat nur die Hälfte der Kosten decke.

Mit dem 1. April 1903 ging die Leitung der Schule durch Beschluß der Stadtverordnetenversammlung an R e k t o r B ü t z l e r über. Sein Bestreben, weitere Kreise der Arbeiterbevölkerung und der Industriellen für die Fortbildungsschule zu interessieren, hatte den Erfolg, daß sich bis Ostern 70 junge Leute zur Aufnahme meldeten und bis zum 1. Juli noch weitere 36. Bei der Einrichtung der dadurch notwendig werdenden neuen Klassen konnte nun auch der B e r u f d e r S c h ü l e r in etwa berücksichtigt werden, was bis dahin, der geringen Schülerzahl wegen, nicht möglich gewesen war. So wurde denn von den Klassen der Unterstufe eine für Metallarbeiter, eine für Techniker und Holz- und Bauarbeiter und eine für Kaufmanns- und Bureaulehrlinge bestimmt und der Lehrplan diesen Berufsgruppen angepaßt, während Ober- und Mittelklasse Schüler aller Berufe umfaßten. Mit dem 1. Juli des Jahres wurde auch der Versuch gemacht, denjenigen Schülern, welche in ihrem Berufe die Kenntnis der französischen Sprache von Nutzen ist, französischen Unterricht zu bieten. Der Kursus begann mit 23 Schülern, meist Bureaulehrlingen und Technikern, von denen jedoch bald die schwächeren ausschieden, während ältere, auch solche, die die Fortbildungsschule bereits absolviert hatten, eintraten. Der französische Unterricht wurde Mittwochs abends von 6 ½ bis 8 ½ Uhr von Sprachlehrer Meuren erteilt. Das Schulgeld für die Teilnehmer am französischen Unterricht war ebenso bemessen wie das Schulgeld für Teilnahme am Wochen- und Zeichenunterricht, 1,50 Mark pro Quartal. Armen Schülern wurde dasselbe auf Antrag der Eltern erlassen. Zur Erzielung eines regelmäßigen Schulbesuchs wurden die früher erwähnten Kontrollbüchlein benutzt; fehlte ein Schüler ohne Entschuldigung, so wurde der Vater bezw. der Meister durch besonderes Schreiben (per Formular) benachrichtigt. Wie sich schon die Fürsorge der Stadtverwaltung für die Schule unter Bürgermeister Albermann durch die bereitwillige Errichtung der neuen Klassen gezeigt hatte, so dokumentierte sie sich weiterhin durch Einrichtung eines besonderen Zeichensaales mit praktischen Zeichentischen. Für Zeichenmodelle sorgten auf die Bitte des Schulleiters die Firmen Humboldt, Mayer und Schuster.

Die vorhin erwähnten Verhandlungen über die Ausgestaltung der Fortbildungsschule zu Kalk zur Schule mit Pflichtbesuch kamen am 19. Juni 1903 zum Abschluß, indem der Stadtrat unter den genannten Bedingungen die E i n - f ü h r u n g   d e s   S c h u l z w a n g e s   f ü r   d i e F o r t b i l d u n g s s c h ü l e r, mit dem Schuljahr 1904 beginnend, genehmigte. Der Schulzwang sollte sich zunächst auf diejenigen jungen Leute beziehen, welche zu Ostern 1904 aus der Volksschule entlassen würden. In den Jahren 1905 und 1906 sollten dann die weiteren Klassen angefügt werden und somit 1906 der Ausbau der Schule vollendet sein. Im Laufe des Schuljahres 1903/04 wurden O r t s s t a t u t und L e h r p l a n ausgearbeitet und alles Nötige vorbereitet, um mit Ostern 1904 die Aufnahme der neuen Schüler, deren Zahl nach den Volksschullisten ca. 170 betrug, ordnungsmäßig bewirken zu können. Der damals durch den Schulleiter nach den von Regierungs- und Gewerbeschulrat von Czyhak angegebenen Richtlinien ausgearbeitete Lehrplan stellte die Gewerbekunde in den Mittelpunkt des Unterrichts, und die übrigen Unterrichtsfächer, Deutsch (Lesen, Aufsatz, Geschäftsaufsätze) und Rechnen nebst Raumlehre, sowie Buchführung schlossen sich enge an die G e w e r b e - k u n d e an. Bei Gelegenheit des (alljährlich stattfindenden) sechswöchigen Kursus in Leipzig für Leiter und Lehrer an Fortbildungsschulen, an dem Rektor Bützler im Sommer 1904 teilnahm, wurde der Kalker Lehrplan von den Leipziger Fortbildungsschuldirektoren Pache und Heimann sehr günstig beurteilt und in den spätern Leipziger Kursen mehrfach empfohlen.

Zur Aufnahme der obengenannten ca. 170 Schüler waren für den Unterricht in Deutsch und Rechnen 5 Klassen

vorgesehen, sodaß auf die Klasse im Durchschnitt 35 Schüler kamen, d. i. 5 unter der zulässigen Höchstzahl. Die V e r -
t e i l u n g   d e r   S c h ü l e r   a u f   d i e   K l a s s e n soll-
te nach dem B e r u f e in folgender Weise erfolgen: 1 Klasse für M e t a l l a r b e i t e r, 1 Klasse für H o l z - u n d
B a u a r b e i t e r, 1 Klasse für N a h r u n g s m i t t e l - u n d
B e k l e i d u n g s g e w e r b e, 1 Klasse für u n g e l e r n t e
A r b e i t e r und 1 Klasse für K a u f l e u t e.

Hierbei wurde angenommen, daß nach dieser Einteilung
die Schüler sich ungefähr gleichmäßig auf die 5 Klassen verteilen würden, ohne in einer einzigen die höchstzulässige Zahl
von 40 Schülern zu überschreiten; schon kurz nach Beginn
des Unterrichts mußte infolge Überfüllung der Metallarbeiterklasse eine zweite Klasse für Metallarbeiter eingerichtet werden, ohne daß eine der anderen Klassen trotz der stellenwei-
se ziemlich geringen Schülerzahl aufgehoben werden konnte, wenn die Einteilung der Schule nach Berufen nicht ge-
fährdet, ja beinahe unmöglich gemacht werden sollte. Weiterhin ergaben sich für die i n   d e n   W a l z w e r k e n
b e s c h ä f t i g t e n jungen Leute Schwierigkeiten in der
Innehaltung der Unterrichtsstunden und zwar wegen des in
diesen Werken notwendigen Schichtwechsels (Tag- und
Nachtschicht). Die Schulkommission beschloß daher, für diese Schüler von Ostern 1905 ab im Interesse des Unterrichts
eine besondere Klasse mit besonderen Unterrichtsstunden einzurichten. Ostern 1905 erhielten alle 6 Klassen neue Unterstufen. Die Einrichtung der besonderen Walzerklasse konnte
noch nicht erfolgen, da zu wenig derartige Schüler vorhanden waren. Inzwischen stellte sich die Notwendigkeit heraus, diejenigen Schüler, die aus der 3., 4. oder gar 5. Volks-
schulklasse entlassen worden waren, gesondert zu unterrichten, weil sie dem Unterricht der anderen nicht zu folgen ver-
mochten und den Fortschritt des Unterrichts hinderten. Es
wurde deshalb Herbst 1905 für diese Schüler eine sogenannte H i l f s k l a s s e eingerichtet und zwar zunächst nur die
Unterstufe, dafür aber die für Lehrlinge des Nahrungsmittel-
und Bekleidungsgewerbes Ostern 1905 neu eingerichtete Unterstufe aufgehoben und die hierin befindlichen wenigen

Metzger- und Bäckerlehrlinge der Mittelstufe dieser Klasse
zugewiesen.

Ostern 1906, also im 3. Schuljahr, ergab sich die Notwendigkeit, eine dritte Metallarbeiterklasse einzurichten, da
mehr als 90 Schüler der Unterstufe im Eisen- und Maschinen-
gewerbe beschäftigt waren. Dagegen war die Zahl der Lehrlinge des Nahrungsmittel- und Bekleidungsgewerbes wieder
äußerst gering (7), so daß diese der einen Klasse, die schon
Ober- und Mittelstufe umfaßte, zugeteilt werden konnten. Um
jedoch in dieser Klasse eine Durcharbeitung des Lehrplanes
zu ermöglichen, wurde die Stundenzahl von 4 auf 6 erhöht;
von da ab wurde die Unterstufe an jedem Montag von 6 ½ -
8 ½ Uhr für sich allein, die Mittel- und Oberstufe Dienstags
in denselben Stunden ebenfalls für sich, dagegen am Donnerstag die Schüler aller Stufen zusammen unterrichtet. Die
bereits seit längerer Zeit (siehe oben) geplante sogenannte
Walzerklasse wurde gleichfalls eingerichtet und zwar sollte
sie wegen der geringen Schülerzahl alle 3 Jahrgänge umfassen. Im übrigen wurde für alle bestehenden Klassen (A, B,
D, F, G) neue Unterstufen gebildet.

Ostern 1907 fand die Entlassung der zu Ostern 1904
aufgenommenen Schüler statt. Die Lehrer der bisherigen
Oberstufe übernahmen mit dem neuen Schuljahre die neue
Unterstufe. Neu eingerichtet wurde nur eine Unterstufe der
dritten Metallarbeiterklasse und eine Unterstufe der Hilfsklasse.

Zu Ostern 1908 erhielt die dritte Metallarbeiterklasse
wieder eine neue Unterstufe.

Anfang des Schuljahres 1909 mußte eine Teilung der
Unterstufe der Klasse für „Arbeiter und Tagelöhner" etc.
vorgenommen werden, da diese Klasse die Höchstzahl überschritten hatte und bereits 50 Schüler zählte.

Am Z e i c h e n u n t e r r i c h t nehmen nur diejenigen
Schüler teil, welche des Zeichnens für ihren Beruf bedürfen.
Zur Teilnahme am Zeichenunterricht sind demnach nicht
verpflichtet die sogenannten ungelernten Arbeiter (Tagelöh-
ner, Laufburschen usw.), ferner Kellner, Friseure, Bäcker,
Metzger, Walzwerkarbeiter, Kaufleute und Schreiber.

Die übrigen Schüler bilden entsprechend der oben beschriebenen Einteilung auch besondere Zeichenklassen.

In der Klasse für Holz- und Bauarbeiter wurden auch die Maler und Anstreicher im Zeichnen unterrichtet, sowie die Buchbinder, Schneider, Schuhmacher und Sattler, von denen allerdings nur vereinzelte vorhanden waren.

Die Klassen der Oberstufe wurden mit Fachleuten als Zeichenlehrer besetzt, nämlich A, B und C mit je einem Ingenieur, D mit einem Architekten.

Im Laufe des Schuljahres 1906 zeigte es sich, daß nicht alle Metallarbeiter das Ziel der Mittelstufe im Zeichnen erreichten, sei es aus mangelnder Begabung, mangelndem Fleiße oder auch infolge von Schulversäumnis; auch erschien es ratsam, die Zahl der Schüler, die in den Klassen der Oberstufe ca. 36 betrug, in etwa zu verringern. Es wurde deshalb von Ostern 1907 ab aus Schülern der Ober- und Mittelstufe aller drei Metallarbeiterklassen eine sogenannte Hilfsklasse gebildet und ihr alle diejenigen Schüler zugewiesen, die nicht zur Oberstufe zugelassen werden konnten, weil sie das Ziel der Mittelstufe nicht erreicht hatten; dazu erhielt sie aus jeder der drei Klassen der Mittelstufe 4 bis 6 schwächere Schüler, um hier eine Verminderung der Schülerzahl auf 30 und weniger zu erreichen.

Diese Verringerung der Schülerzahl erfolgte auch in Beachtung und Ausführung der unterm 28. Januar 1907 vom Herrn Minister für Handel und Gewerbe erlassenen „Grundsätze für die Erteilung des Zeichenunterrichts in gewerblichen Fortbildungsschulen." Wie überhaupt recht vieles, was die „Grundsätze" für die gewerbliche Fortbildungsschule fordern, an der hiesigen Schule schon seit ihrem Bestehen (1904) erstrebt, und verwirklicht worden war; stets wurde festgehalten, daß auch der Zeichenunterricht den Berufsinteressen der Schüler dienen soll, und daß deshalb auf die fachliche Gestaltung des Zeichenunterrichts hingearbeitet werden muß."

Im Schuljahre 1906 war die Zahl der Holz- und Bauarbeiter eine so geringe, daß zu Ostern 1907 Ober- und Mittelstufe der Holz- und Bauarbeiterklasse zu einer Klasse unter

Leitung des Architekten vereinigt wurden. Es ging dies umsoeher, da die hiesige Maler- und Anstreicherinnung gebeten hatte, ihre Lehrlinge, die bisheran mit den Holz- und Bauarbeitern unterrichtet wurden, durch einen ihrer Meister, selbstredend im Rahmen der Fortbildungsschule und in Übereinstimmung mit der Schulleitung unterrichten zu dürfen. Es wurde dies auch gestattet, und zwar wurde der Unterricht der geringen Schülerzahl wegen für alle drei Stufen in einer Klasse erteilt.

Im Anfange des Schuljahres 1908 wurde die fachliche Gliederung der Schule noch mehr erweitert, indem außer der Maler- und Anstreicherklasse noch eine besondere Klasse für die „schmückenden" Gewerbe: Graveure, Schriftsetzer, Buchdrucker, Buchbinder und Stukkateure eingerichtet wurde; dann mußte diese Klasse noch die wenigen Konditoren, ferner die Sattler, Schuhmacher und Schneider aufnehmen. Der geringen Schülerzahl wegen genügte auch hier für alle 3 Stufen eine Klasse.

Die Kosten zur Unterhaltung der Schule werden aus Beiträgen der Arbeitgeber (pro Schüler und Jahr 4 Mark), sowie aus Zuschüssen des Staates und der Stadt bestritten. Der Staat gibt einen jährlichen Zuschuß in Höhe der Hälfte des nicht durch Schulgeld gedeckten Kostenbetrages; die Kosten für Heizung, Reinigung und Beleuchtung etc. trägt die Stadt allein.

Es betrugen im Jahre

1907: Schülerzahl 667, Schulgeld 2199 Mk., Staatszuschuß 5 772 Mk., sonstige Einnahmen 443 Mk., insgesamt 8 414; die Ausgaben betrugen: 17 681 Mk.; mithin Zuschuß der Stadt: 9 267 Mk.

1909: Schülerzahl 650, Schulgeld 2 200 Mk., Zuschuß des Staates 6 555 Mk., sonstige Einnahmen 545 Mk.; gesamt 9 300 Mk., Ausgaben 19 300 Mk., mithin Zuschuß der Stadt 10 000 Mk.

Am Schlusse eines jeden Schuljahres fand seit 1904 in der städtischen Turnhalle in der Kirchstraße bei Gelegenheit der Entlassung der 17 jährigen Schüler eine P r ü f u n g der genannten Schüler in Berufs- und Gewerbekunde, Deutsch und Rechnen statt, der Bürgermeister und Stadtverordnete, Fabrikherren und Handwerksmeister nebst dem Lehrerkollegium der Fortbildungsschule beiwohnten. Hiermit war zugleich eine A u s s t e l l u n g von Zeichnungen und sonstigen Arbeiten der Schüler aller Jahrgänge verbunden, die stets regen Besuch zu verzeichnen hatte.

Die A u s s t e l l u n g z u O s t e r n 1910 zeigt außer den genannten Arbeiten auch L e h r l i n g s a r b e i t e n u n d G e s e l l e n s t ü c k e der Fortbildungsschüler, die großenteils nach Zeichnungen aus der Fortbildungsschule von den Lehrlingen unter Aufsicht ihres Meisters angefertigt sind. Diese Art der Ausstellung ist einer Anregung des Handwerker-Kreisverbandes der Kreise Cöln-Land und Mülheim Rhein (Stadt und Land) zu verdanken, der eine solche Ausstellung für den 17. April 1910 in Brühl vorbereitet hat. Die Arbeiten der Kalker Fortbildungsschüler gelangen auch dort zur Ausstellung.

***

C. Gymnasium.

***

Am 22. November und am 20. Dezember 1895 faßte das Stadtverordnetenkollegium auf Anregung des Bürgermeisters Thumb den Beschluß, zu Ostern 1896 in Kalk e i n e h ö h e r e S c h u l e ins Leben zu rufen, falls die Königl. Regierung die Genehmigung erteilte. Als Ziel wurde zunächst eine vollberechtigte, sechsklassige Anstalt, auf der die Schüler die wissenschaftliche Befähigung zum einjährig-freiwilligen Militärdienst erlangen könnten, ins Auge gefasst. Nach eingegangener Genehmigung wurde die Schule am 21. April 1896 mit 23 Schülern und zwei Klassen, S e x t a und Q u i n t a , in dazu gemieteten Räumen des Hauses Poststrasse 8 eröffnet. Beide Klassen zerfielen in zwei Abteilungen, eine gymnasiale und eine lateinlose, reale, die jedoch in den meisten Fächern (außer Latein und Französisch) gemeinsam

unterrichtet wurden. Als Leiter der Anstalt wurde der wis-
senschaftliche Lehrer Dr. Jos. K o h n vom Kgl. Gymnasium
zu Neuß berufen, als 2. wissenschaftlicher Lehrer Nik.
S c h m i t t vom städtischen Gymnasium zu Prüm. In den
Elementarfächern unterrichteten die Volksschullehrer Hub.
S c h i s s e l und Herm. S c h u m a c h e r, während Pfarrer
K ö l l e n, bezw. seit Herbst Kaplan L o b den katholischen,
Hilfsprediger v a n d e n B r u c k den evangelischen Religionsunterricht erteilten. Zu Ostern 1897 wurde die Q u a r -
t a hinzugefügt, und zwar auch mit einer Gymnasial- und
einer Realabteilung, die aber auch wieder außer den beiden
oben genannten Fächern kombiniert unterrichtet wurden.
Dagegen blieb die Sexta in diesem Jahre trotz ihrer 28 Schüler ungeteilt, und zwar wurde der Unterricht dieser Klasse
nach dem gymnasialen Lehrplan erteilt. Die Gesamtschüler-
zahl betrug Ostern 1897 bereits 74. Als 3. wissenschaftlicher
Lehrer trat jetzt Karl H ü t z e r aus Cöln in das Lehrerkollegium ein. Lehrer H. S c h i s s e l wurde aus seiner bisherigen
Dienststelle am hiesigen 1. Schulsystem zunächst auf ein Jahr
beurlaubt, um seine Kraft ganz der neuen Anstalt widmen zu
können. Den katholischen Religionsunterricht erteilte zunächst wieder Pfarrer K ö l l e n, dann von Herbst ab Kaplan
C o n r. S c h m i t z, den evangelischen Religionsunterricht
Hauptlehrer S t e i n und Lehrer H. S c h u m a c h e r.
   Im folgenden Jahre wurde zu Ostern die U n t e r t e r -
t i a eröffnet mit 20 Schülern, von denen 12 der Gymnasial-,
8 der Realabteilung angehörten. Außer der Sexta (38 Schüler) blieb in diesem Jahre auch die Quinta (30 Schüler) ungeteilt und wurde nach dem reinen Gymnasiallehrplan unterrichtet. Die Gesamtfrequenz war zu Ostern 1898 auf 113
Schüler gestiegen. Die Schule erhielt zum Herbst 1898 abermals einen neuen kath. Religionslehrer in der Person des
Kaplans S c h w a m b o r n. Als wissenschaftlicher Lehrer war
Ostern 1898 der Mathematiker und Naturwissenschaftler Albert S a l o w neu in das Lehrerkollegium eingetreten, bisher Probekandidat am Gymnasium zu Waren in Mecklenburg;
zum Herbst kam hinzu der Neusprachler Gustav J a n s e n,
bisher wiss. Hilfslehrer am Realgymnasium Siegen.

Lehrer S c h i s s e l trat nun ganz in den Dienst der höheren Schule über. Da die bisherigen Räume nicht mehr ausreichten, wurde die Anstalt vom Beginn des Schuljahres 1898 ab in dem Volksschulgebäude an der Hermannstraße 18 a untergebracht. In der Stadtverordnetensitzung vom 17. März 1899 beschloß man jedoch die Errichtung eines neuen e i g e n e n S c h u l g e b ä u d e s für das Gymnasium, und als Grundstück für den Neubau bestimmte die Stadtverordnetenversammlung den südlichen Teil des von den Erben Heukeshoven für 145 000 Mk. erworbenen Terrains an der Hauptstraße (vergl. Seite 118). Das für Schulhaus und Schulplatz gewählte Grundstück hat eine Größe von 26,4 a und wurde auf 50 000 Mk. bewertet. Dem Beschlusse der Stadtverordnetenversammlung vom 24. Juni 1898 entsprechend, genehmigte der Minister der geistlichen, Unterrichts- und Medizinalangelegenheiten durch Verfügung vom 4. Mai 1899, daß die bisherige höhere Knabenschule zu Kalk zu einem P r o - g y m n a s i u m mit wahlfreiem Englisch von Untertertia an aufwärts ausgebaut und der Aufsicht des Kgl. Provinzial-Schulkollegiums unterstellt werde.

Ostern 1899 wurde die O b e r t e r t i a angefügt. Von den 20 Schülern desselben gehörten 12 der Gymnasial-, 8 der lateinlosen Realabteilung an. Außer Sexta und Quinta wurden in diesem Jahre auch Quarta und Untertertia nach dem gymnasialen Lehrplan ungeteilt unterrichtet, da die Realabteilung der Quarta zu Ostern 1899 nur noch vier Schüler zählte. Peter B ä d o r f, bisher wiss. Hilfslehrer am städt. Gymnasium und Realgymnasium zu Cöln, trat neu in das Lehrerkollegium ein. Die Schülerzahl betrug nach Ostern 124. Im Laufe dieses Schuljahres wurde das neue Schulgebäude an der jetzigen Lessingstraße nach dem Plane des Stadtbaumeisters K e ß l e r errichtet, und Ostern 1900 fand die Übersiedelung der Anstalt in das neue Heim statt. Zu den vorhandenen Klassen trat nun die U n t e r s e k u n d a und zwar nach dem reinen Gymnasiallehrplan. Die letzte der lateinlosen Realabteilungen, die der Obertertia, welche zu Ostern 1900 nur noch 5 Schüler gehabt hatte, wurde nach Beschluß der Stadtverordnetenversammlung aufgelöst. Dagegen wurde in

Unter- und Obertertia der wahlfreie Ersatzunterricht für das
Griechische (R e a l g y m n a s i a llehrplan) eingeführt. Die
Schülerzahl war auf 145 gestiegen. Kaplan S c h w a m -
b o r n, der bisher den kath. Religionsunterricht nebenamtlich erteilt hatte, trat nunmehr als Oberlehrer in das Kollegium ein. Durch Verfügung des Kgl. Provinzial-
Schulkollegiums wurden auch die bisherigen wissenschaftli-
chen Lehrer S c h m i t t, H ü t z e r, S a l o w, J a n s e n und
B ä d o r f, die ebenfalls durch die Stadtverordnetenversammlung vom 22. Dezember 1899 zu O b e r l e h r e r n gewählt
worden waren, als solche bestätigt. Mit dem Schluß des Sommersemesters schied der bisherige Leiter der Anstalt Dr.
K o h n aus, um eine Oberlehrerstelle am Kgl. Gymnasium
in Emmerich zu übernehmen. Seine Verdienste um das rasche Aufblühen der Schule werden im Stadtberichte lobend
anerkannt.

Am 1. Oktober 1900 erfolgte die Einführung des von der
Stadtverordneten-Versammlung gewählten und durch Allerhöchste Ordre vom 30. Juli bestätigten neuen Direktors Dr.
P a u l u s, bisher Oberlehrer am städt. Gymnasium und Realgymnasium an der Kreuzgasse zu Cöln. Nach Abhaltung der
ersten Reifeprüfung am Progymnasium wurde durch Erlaß des
Ministers der geistlichen, Unterrichts- und Medizinal-Angelegenheiten vom 26. Februar 1901 die bisherige höhere Knabenschule als P r o g y m n a s i u m mit Ersatzunterricht für das
Griechische von Untertertia aufwärts anerkannt. Doch schon zu
Ende Mai 1901 schied Direktor Paulus wieder aus, da er zum
Direktor des Kgl. Gymnasiums in Kulm in Westpr. ernannt
worden war (jetzt Direktor des Gymnasiums in Siegburg).

Als neuen Direktor wählte das Stadtverordnetenkollegium am 4. Juni 1901 den Oberlehrer Dr. S t e p h a n
vom Kgl. Gymnasium an Apostel zu Cöln. Diese Wahl erhielt ihre Bestätigung durch Allerhöchste Ordre vom 21. Juli
1901. Kurz nach Beginn des Wintersemesters, am 18. September, fand die Einführung des neuen Direktors statt. Gleichzeitig trat ein neuer wissenschaftlicher Hilfslehrer in das
Lehrerkollegium ein: Karl T h o m a s, bisher Hilfslehrer am
städt. Progymnasium zu Eschweiler. Damals gehörten 177

Schüler der Anstalt an. Ein vom Stadtrat am 15. November 1901 beschlossenes Statut des Progymnasiums erhielt am 25. März 1902 die Genehmigung des Kgl. Provinzial-Schulkollegiums, und daraufhin fand in der Stadtverordneten-sitzung vom 4. April 1902 die Wahl des K u r a t o r i u m s statt. Am Schlusse des Sommersemesters 1902 schied Ober-lehrer S c h w a m b o r n von der Anstalt und übernahm die Religionslehrerstelle am Kgl. Gymnasium zu Neuß. An sei-

Gymnasium.

ne Stelle trat Oberlehrer S c h w e i t z e r , bisher Religions-lehrer an der städt. mittlern Mädchenschule I in Cöln. Ober-lehrer S a l o w war zum Herbst 1901 an das städt. Gymnasi-um zu Belgard in Pommern übergetreten; er wurde durch Oberlehrer W i l l e r s ersetzt, der bisher Probekandidat und wiss. Hilfslehrer an der Oberrealschule zu Düren gewesen war. Mit Beginn des Schuljahres 1902 erhielt der bisherige wiss. Hilfslehrer T h o m a s eine neugeschaffene Oberlehrer-stelle, und an seine Stelle trat als wiss. Hilfslehrer Robert V e l t m a n, bis dahin an der höhern Stadtschule in Bernkastel.

Am 30. Dezember 1902 beschloß das Kuratorium, und ihm folgend am 5. Januar 1903 die Stadtverordnetenversamm-lung, beide einstimmig, das städt. Progymnasium zu einer Vollanstalt, und zwar zu einem h u m a n i s t i s c h e n

G y m n a s i u m auszubauen und damit schon zu Ostern
1903 zu beginnen. Der Minister der geistl., Unterrichts- und
Medizinal-Angelegenheiten genehmigte diesen Beschluß unterm 24. März ds. Js., jedoch mit der ausdrücklichen Bedingung, daß für die Erweiterung der Anstalt jetzt und in Zukunft Staatsmittel nicht beansprucht werden, vielmehr die
Stadt Kalk alle entstehenden Mehrkosten im vollen Umfange
aus eigenen Mitteln bestreite, und daß das Lehrerkollegium
in dem erforderlichen Maße vervollständigt werde. So konnte dann zu Ostern 1903 die Obersekunda eröffnet werden und
zwar mit 7 Schülern. Der bisherige wiss. Hilfslehrer Veltman
wurde zum Oberlehrer gewählt und bestätigt, und da zwei
Lehrer der hiesigen Volksschulen, Rektor Mauß und Lehrer
H. S c h u m a c h e r, sowie ein Seminarkandidat, Anton
K r e y e s, eine Anzahl Unterrichtsstunden übernahmen, so
war für die notwendige Vervollständigung des Lehrerkolle-
giums wenigstens vorläufig gesorgt.

Die Anfügung der U n t e r p r i m a erfolgte zu Ostern
1904; dieselbe zählte anfangs 10 Schüler, im Laufe des Sommers traten noch 2 hinzu. Mit Beginn dieses Schuljahres trat
Oberlehrer Dr. Viktor M ü l l e r neu in das Kollegium ein;
derselbe übernahm außer Deutsch und Geschichte in verschiedenen Klassen den gesamten evangelischen Religionsunterricht, den bis dahin Pastor v a n d e n B r u c k und Lehrer
H. S c h u m a c h e r erteilt hatten. Ferner wurden durch Verfügung des Kgl. Provinzial-Schulkollegiums der wiss. Hilfslehrer und Probekandidat Dr. S c h m i t z und der Seminarkandidat Dr. S c h r a m m e n der Anstalt zur Aushilfe überwiesen. Der kath. Schulgottesdienst fand vom 9. September
1904 an in der eben fertiggestellten und geweihten Hospital-
kapelle, der sog. Nazarethkirche statt; bis dahin war die St.
Marienkirche dazu benutzt worden.

Mit Beginn des Schuljahres 1905 wurde die O b e r p r i -
m a eröffnet und damit war der Ausbau des Vollgymnasiums
vollendet. Die 8 Schüler der Oberprima wurden mit Genehmigung des Provinzial-Schulkollegiums in sämtlichen
Lehrgegenständen mit den Unterprimanern unterrichtet. Auch
heute sind die beiden Primen noch kombiniert. Oberlehrer

W i l l e r s übernahm zu Ostern dieses Jahres eine Oberlehrerstelle an der städt. Realschule zu Eisleben, und an seine Stelle trat der Mathematiker Oberlehrer M o h r, bis dahin Oberlehrer am städt. Progymnasium zu Malmedy. Der bisherige Probekandidat und wiss. Hilfslehrer Dr. S c h m i t z wurde Oberlehrer an der Anstalt. Dr. S c h r a m m e n blieb als Probekandidat und wurde als wiss. Hilfslehrer voll beschäftigt. Vom 6. bis 10. Oktober unterzog der Kgl. Provinzial-Schulrat Dr. A b e c k, der seit Januar 1904 das Dezernat der Anstalt übernommen hatte (vorher hatte es der Provinzial-Schulrat Dr. M e y e r gehabt) die Anstalt in allen ihren Klassen und Einrichtungen einer eingehenden Besichtigung, wie sie als Vorbedingung für die Anerkennung jeder neunstufigen höhern Lehranstalt vorgeschrieben ist. Aufgrund des Revisionsberichtes genehmigte dann der Minister durch Erlaß vom 9. Dezember 1905 die Abhaltung der e r s t e n R e i f e p r ü f u n g im nächsten Ostertermin. Die erste schriftliche Prüfung fand vom 29. Januar bis 1. Februar 1906 statt, die mündliche unter dem Vorsitz des Kgl. Prov.-Schulrats Dr. A b e c k am 12. Februar. Als gewählter Vertreter des Kuratoriums hatte der Vorsitzende desselben, B ü r g e r - m e i s t e r A l b e r m a n n, in der Prüfungskommission Sitz und Stimme. Durch Verfügung des Ministers vom 7. März 1906 wurde dann den 6 Oberprimanern, welche die Prüfung bestanden hatten, das Zeugnis der Reife zugesprochen und gleichzeitig das bisherige städtische Progymnasium zu Kalk als vollberechtigtes Gymnasium mit Ersatzunterricht für das Griechische in Tertia und Untersekunda anerkannt. So war denn in verhältnismäßig kurzer Zeit das von der Stadtverwaltung und dem Lehrerkollegium angestrebte Ziel erreicht worden.

Das Schuljahr 1906 begann mit einer Anfangsfrequenz von 233 Schülern. Mit Beginn desselben machte man auf Grund eines Beschlusses der Lehrerkonferenz vom 4. April den Versuch, den sog. fünfstündigen V o r m i t t a g s - u n t e r r i c h t einzuführen. Um denselben auch während des Winters mit seinen dunklen Morgenstunden durchführen zu können, wurden in den Herbstferien die sämtlichen Lehrzimmer der Anstalt mit Vorrichtungen für künstliche

Beleuchtung versehen; man wählte das System der indirek-
ten Belichtung mittels Decken-Gaslampen. Da die Einrichtung des Vormittagsunterrichts sich bewährte, so wurde derselbe auch in der Folge beibehalten. Die Schüler der Sexta
und Quinta haben dadurch an allen sechs Nachmittagen der
Schulwoche frei, die der Quarta und Untersekunda an vier,
die der Tertien, Obersekunda und Prima, auch wenn sie sich
am wahlfreien englischen bezw. hebräischen Unterricht be-
teiligen, an drei Nachmittagen. Die seit dem Ausscheiden des
Oberlehrer W i l l e r s unbesetzt gebliebene 11. Oberlehrer-
stelle erhielt der Probekandidat und wiss. Hilfslehrer Dr.
S c h r a m m e n.

Am 24. August 1906 wählte die Stadtverordnetenversammlung auf Vorschlag des Kuratoriums den bisherigen
Leiter der Anstalt, der bis dahin nur als Progymnasialdirektor
berufen und bestätigt war, zum D i r e k t o r   d e s   G y m -
n a s i u m s. Die Wahl wurde bestätigt durch Allerhöchste
Ordre vom 18. Oktober 1906. Am Schluß des Schuljahres
1906/07 schied Oberlehrer Dr. Peter S c h m i t z aus dem
Lehrerkollegium aus, um an das städt. Realprogymnasium i.
E. zu Cöln-Lindenthal überzugehen. Für ihn trat ein zu Ostern
1907 Oberlehrer Dr. K e m p, bisher am städt. Progymnasium
in Malmedy. Ein hochgeschätztes Mitglied des Lehrerkolle-
giums, Oberlehrer H ü t z e r, wurde infolge einer äußerst hef-
tig auftretenden Blinddarmentzündung im Juli 1907 durch
einen allzufrühen Tod seinem Wirkungskreise entrissen, betrauert von allen, die ihn kannten. Mit Beginn des Wintersemesters 1907/08 übernahm behufs Entlastung des Lehrers am
Gymnasium Schissel, der hiesige Organist und Musiklehrer
J. K l o t h die Leitung des vierstimmigen Chorgesanges an
der Anstalt, und infolgedessen konnten fortan wieder wö-
chentlich 2 Chorgesangstunden abgehalten werden. Als Ersatz für den verstorbenen Oberlehrer Hützer wurde Dr.
K ö t t, bisher Probekandidat und wiss. Hilfslehrer am Kgl.
Gymnasium zu Krotoschin, zum Oberlehrer gewählt; am 5.
Oktober 1907 trat er sein Amt an. Mit Ostern 1908 ging die
Anstalt in den Geschäftsbereich des Prov.-Schulrats Dr.
S c h u n c k über. Derselbe unterzog am 25., 26. und 27. No-

vember 1909 die gesamte Anstalt der üblichen alle drei oder
vier Jahre stattfindenden Revision. Die realgymnasialen Cöten
der mittleren Klassen haben sich erfreulich entwickelt; im
laufenden Schuljahr gehören ihnen mehr als die Hälfte sämtlicher Tertianer und Untersekundaner an. Die Schülerzahl
betrug zu Anfang des letzten Schuljahres 248.

D. Höhere Mädchenschulen.

a) K a t h o l i s c h e h ö h e r e M ä d c h e n s c h u l e .

Da das Bedürfnis einer weiteren Ausbildung der Mädchen als die Volksschule sie zu vermitteln hat, sich hier schon
früh geltend machte, so entstanden schon vor längeren Jahren private Mädchenschulen in Kalk, die außer den vorge-
schriebenen Elementarfächern den fremdsprachlichen Unterricht pflegten.

In den achtziger Jahren bestand eine solche Schule unter der Leitung von Frau Ww. Reyhers in der Mittelstraße.
1885 rief Pastor Vietor im Einverständnis mit Familienvä-
tern seiner Gemeinde eine Familienschule ins Leben, die sich
allmählich zur jetzigen evangelischen höheren Töchterschule
entwickelte.

Eine katholische höhere Schule für Mädchen wurde erst
13 Jahre später gegründet in der A n s t a l t d e r G e n o s -
s e n s c h a f t d e r S c h w e s t e r n v o m a r m e n
K i n d e J e s u s . Im Jahre 1895 hatte Pfarrer Köllen in der
Eintrachtstraße das Haus „Maria Hilf" erbauen lassen, weil
die stets wachsende Zahl der Waisenkinder, die bis dahin in
einem kleineren, gemieteten Hause in der Paradiesstraße
untergebracht waren, ein eigenes Waisenhaus erforderte.

Mit dessen Leitung wurden die „Schwestern vom armen Kinde Jesus" (Mutterhaus Simpelveld) betraut. Nachdem die Schwestern am 11. Januar 1897 Maria-Hilf bezogen
und das Waisenhaus (unter gleichzeitiger Eröffnung der bis

heute im gleichen Hause geführten Industrieschule und
Kinderbewahranstalt) eingerichtet hatten, wurde die ministe-
rielle Genehmigung zur Gründung einer privaten höheren
Mädchenschule erwirkt.

Am 7. Februar 1898 erhielt die Schulvorsteherin durch
Verfügung der Königlichen Regierung zu Cöln die Konzession, diese private höhere Mädchenschule zu errichten und
zu leiten. Der nach den für die damaligen höheren Mädchenschulen geltenden Bestimmungen vom Jahre 1894 aufgebaute
Lehrplan wurde am 4. März von der gleichen Behörde genehmigt und die Schule am 21. April 1898 mit 38 Schülerinnen, 3 Klassen und 5 Lehrpersonen eröffnet.

Die Errichtung eines eigenen Schul-
gebäudes ermöglichte den weiteren Ausbau der Anstalt.
Bereits mit Beginn des zweiten Schuljahres, Ostern 1899,
mußte die vierte und mit dem dritten, Ostern 1900, eine fünf-
te Klasse eingerichtet werden. Zum Herbsttermin 1901 wurden die ersten Schülerinnen entlassen zur Fortsetzung ihrer
Studien in den oberen Klassen der städtischen höheren Mädchenschule in Cöln. Die ständige Zunahme der Zahl der Schülerinnen führte Ostern 1905 abermals zur Errichtung einer
neuen Klasse, um die Schülerinnen bis zur Prima der städtischen höheren Schule vorbereiten zu können.

Ostern 1907 gingen die ersten aus der neuen Oberklasse entlassenen Schülerinnen in die Prima der St. Apernschule
in Cöln über.

Die neuen gesetzlichen Bestimmungen über Reform der höheren Mädchenschulen in Preußen vom August 1908 brachten
der Anstalt eine völlig neue Organisation.

Die stets wachsende Zahl der Schülerinnen und dankens-
werte finanzielle Unterstützung durch die Stadtverwaltung
in Form eines jährlichen Zuschusses ermöglichten es, die
Anstalt als „höhere Mädchenschule" im modernen Sinne
umzugestalten. Mit dem neuen Schuljahr 1909 präsentierte
sich die Schule als voll ausgebaute, nach den neuesten gesetzlichen Bestimmungen in Bezug auf Lehrpläne und Lehrkräfte organisierte zehnklassige höhere Mädchenschule im

Sinne der Bestimmungen vom 18. August 1908 und wurde im Oktober 1909 dem Königlichen Provinzial-Schulkollegium zu Coblenz unterstellt. Somit erwerben die Schülerinnen der Anstalt alle für die weiblichen Gewerbsberufe geforderten Berechtigungen.

Die Schule hat 10 Jahreskurse (10 Klassen). Das Lehrerkollegium zählt 17 Lehrkräfte: 9 weltliche Lehrkräfte (5 männliche – 2 Oberlehrer, 1 Religionslehrer,[1] 1 Zeichenlehrer, 1 Gesanglehrer – 4 weibliche) und 8 Ordensschwestern. Die erste Schulvorsteherin war Schwester Aquilina. Sie wurde im Herbst 1905 als Leiterin der „Bürgerschulen" nach Wien (Döbling) berufen. Die jetzige Schulvorsteherin ist Schwester Anna Fidelis (seit Herbst 1905). Seit Ostern 1909 ist Schwester Aquilina Oberin von „Maria Hilf".

Die ständige Weiterentwicklung der Schule erfordert bauliche Erweiterungen, die augenblicklich vorgenommen werden. Zu Ostern 1910 werden die neuen Schulräume zur Verfügung stehen.

b) E v a n g e l i s c h e   h ö h e r e   M ä d c h e n s c h u l e .

Bereits im Jahre 1885 war durch Pfarrer Vietor eine F a m i l i e n s c h u l e ins Leben gerufen worden. Sie erwuchs dem Bedürfnisse, den Töchtern, deren Eltern es wünschten, in Kalk selbst eine höhere Schulausbildung zu teil werden zu lassen. Damals waren es die Eltern von zehn Schülerinnen, die sich zusammen schlossen und die Lehrerin Köllner als Leiterin der Schule beriefen. Als die Zahl der Schülerinnen sich mehrte, wurde außer Rektor Stein, der von Anfang an einige Stunden übernahm, eine frühere Schülerin der Anstalt, A. Witzmann, die ihr Examen als Lehrerin abgelegt hatte, als Hilfslehrerin angestellt. In dieser Weise bestand die Familienschule lange Jahre.

Im Frühjahr 1903 trat eine Versammlung von Eltern, die sich für die Gründung einer T ö c h t e r s c h u l e inter-

---

1) Während die beiden Gymnasialoberlehrer, sowie Zeichen- und Gesanglehrer nebenamtlich tätig sind, ist Religionslehrer Eichen im Hauptamte tätig.

essierten, zusammen und wählte ein provisorisches Kuratorium, dessen Aufgabe es war, die Gründung einer evangelischen höheren Töchterschule in die Wege zu leiten, die Mittel dazu zu beschaffen, und die Genehmigung der Königlichen Regierung zu erwirken. Das Presbyterium der evangelischen Gemeinde war mit dem Plane einverstanden, bestätigte das Kuratorium und genehmigte die von demselben aufgestellten Satzungen. Die Sammlungen hatten einen äußerst günstigen Erfolg; In kurzer Zeit waren über 20 000 Mk. zusammengebracht.[1)] Frl. L e h r e r i n K ö l l n e r erhielt von der Königlichen Regierung zu Cöln zugleich mit der Konzession für eine private höhere Töchterschule die Ernennung zur Vorsteherin, und so konnte die Schule zu Ostern 1904 mit 37 Kindern eröffnet werden. Neben der Vorsteherin wirkten noch zwei Lehrerinnen an der Anstalt. Von den drei Klassen waren zwei in einer gemieteten Wohnung an der Breuerstraße untergebracht, während die dritte im Gemeindehause ihr Unterkommen fand. Ostern 1905 stieg die Zahl der Schülerinnen auf 42, und so mußte man darauf denken, ein e i g e n e s S c h u l g e b ä u d e zu errichten. Auch jetzt flossen wieder reichliche Mittel und so begann man im südlichen Teile des Pfarrgartens, der durch seine Größe und seine ruhige Lage zu diesem Zwecke ganz besonders geeignet war, den Bau eines neuen Schulhauses. Der Bau wurde so angelegt, daß man im Bedarfsfalle durch Aufbau von zwei weiteren Stockwerken Räume für eine neun- oder zehnklassige Anstalt schaffen konnte.

Dieser E r w e i t e r u n g s b a u wurde im Herbst 1909 in Angriff genommen. Die Anstalt zählte zum Ende Dezember 1909 70 Schülerinnen; sie hat vier Klassen mit 5 Lehrerinnen und 2 Aushilfskräften.

Die Schule erhält, wie auch die katholische höhere Mädchenschule, einen jährlichen Zuschuß seitens der Stadt.

---

1) Darunter 6500 Mk. von verschiedenen hiesigen Industriellen und 3400 Mk. aus Bremen.

XII. Kapitel.

Die städtischen Betriebe.

A. Schlachthof

Selbst in kleineren Städten hat man es längst für zweckmäßig befunden, das Schlachten der größeren Tiere, vorwiegend aus gesundheitlichen Rücksichten, von dem Wohnhause des Schlächters nach dem städtischen Schlachthofe zu verweisen. So ging auch die hiesige städtische Verwaltung schon seit Jahren mit dem Plane um, hier in Kalk einen Schlachthof zu errichten, der allen gesundheitlichen und technischen Anforderungen der Neuzeit entsprechen solle. Schon im Jahre 1883 sicherte sich die Stadt durch Kauf ein an der Mülheimerstraße, fast an der Stadtgrenze gelegenes Grundstück, welches im Jahre 1898 durch eine Schenkung noch vergrößert wurde. Zur Erledigung der notwendigen Vorarbeiten wählte die Stadtverordnetenversammlung eine Kommission, die eine Reihe von neueren Schlachthöfen in größeren und mittleren Städten besuchte, um die gemachten Erfahrungen bei dem Baue des Schlachthofes in Kalk zu verwerten. Das hiernach von dem Stadtbaumeister Keßler aufgestellte Projekt sowie der Kostenanschlag in Höhe von 370 000 Mk. wurde genehmigt, und so konnte im Frühjahre 1897 mit dem Bau begonnen werden. Als Maßstab für die

Größenbestimmung des Schlachthofes wurde die Fleisch- versorgung einer Stadt von 30 000 Einwohnern zu Grunde gelegt, auch wurde auf eine Erweiterung desselben für eine Einwohnerzahl von 40 000 Bedacht genommen.

Am 4. Mai 1898[1] wurde der neuerbaute Schlachthof in Anwesenheit einer größeren Festgesellschaft eröffnet. Als Vorsteher des Schlachthofes war T i e r a r z t K r i n g s vom städtischen Schlachthof in Cöln berufen worden.

Städtischer Schlachthof.

Die praktisch gebaute und äußerst sauber gehaltene Anlage enthält:

1. das Verwaltungsgebäude mit den notwendigen Bureaus und dem Saale für die Trichinenschauer,

2. die Großviehschlachthalle, einschließlich besonderer Abteilung für Kälber, Schafe etc., mit anschließender Kaldaunenwäsche,

3. die Schweineschlachthalle mit zugehöriger Kaldaunenwäsche,

4. das Kühlhaus, zwischen den beiden Hallen,

---

1) Vergl. Seite 115 und 118.

5. das Maschinenhaus[1],

6. das Kesselhaus,

7. das Düngerhaus nebst Kläranlage,

8. Stallungen und Remisen,

9. den Pferdeschlachthof

10. den Polizeischlachthof (für kranke Tiere),

11. die Freibank (für den Verkauf minderwertigen Fleisches).

Die Tötung der Tiere geschieht mittels der Schlachtmaske oder des Schußapparats.

Im Jahre 1905 wurde anschließend an die Großviehstallungen ein Häutelager errichtet und zwar für die Kalker Häuteverwertungsgenossenschaft.

Auch besitzt der Schlachthof eine Eisfabrik, in der jährlich ca. 7500 Zentner Kristalleis hergestellt werden.

Das Personal des Schlachthofes besteht aus dem Direktor, einem Rechnungsführer, einem Hallenmeister, einem Maschinenmeister, einem Obertrichinenschauer, 4 Trichinenschauern, 2 Hallenarbeitern, 2 Heizern, einem Schlosser und einem Eiszieher.

Um ein Bild von dem Betriebe unseres Schlachthofes zu geben, diene folgende Ü b e r s i c h t a u s d e m R e c h n u n g s j a h r e 1907. In diesem Jahre wurden im hiesigen Schlachthofe geschlachtet: 524 Ochsen, 545 Bullen, 1372 Kühe, 178 Jungrinder, 2039 Kälber, 8783 Schweine, 612 Schafe, 370 Ziegen, 191 Pferde.

Hiervon wurden dem freien Verkehr entzogen:

a) Vernichtet:

2 Pferde und 6 Kühe wegen Septieämie (Blutvergiftung),

1 Bulle, 5 Kühe, 2 Jungrinder, 1 Schwein wegen Tuberkulose,

2 Kühe wegen mangelhafter Ausblutung (Notschlachtung).

---

1) Gleichzeitig mit der Erbauung des Schlachthofes fand eine Verschmelzung der Kanalwasserpumpstation, welche die Abwässer der Stadt in den nach Mülheim führenden Hauptkanal pumpt, mit dem Maschinenbetriebe des Schlachthofes statt. Die Gasmotoren, welche bis dahin die Arbeit des Pumpens besorgten, wurden außer Betrieb gesetzt; die Zentrifugalpumpen sind nun mit den Dampfmaschinen der Schlachthofanlage verbunden.

b) Auf die Freibank verwiesen:

3 Ochsen, 39 Kühe, 19 Schweine wegen Tuberkulose,
1 Ochse und 1 Kuh wegen Finnen,
1 Schwein wegen Mischer'scher Schläuche,
3 Kühe und 1 Kalb wegen Gelbsucht,
3 Schafe wegen allgemeiner Wassersucht,
1 Schwein wegen blutiger Beschaffenheit des Fleisches,
5 Schweine wegen Geruchs- und Geschmacksabweichungen
des Fleisches (Binnen-Eber, Zwitter),
1 Kuh wegen Herzschlag,
2 Schweine wegen Rhachitis (Knochenkrankheit),
1 Ziege wegen Abmagerung.

An Organen wurden verworfen :

a) Rinder:

12 Köpfe, 10 Zungen, 773 Lungen, 283 Lebern, 138 Därme,
626 sonstige einzelne Organe, 62 sämtliche Eingeweide,
1830 kg Fleischteile.

b) Kälber:

4 Lungen, 4 Lebern, 11 sonstige einzelne Organe,
4 sämtliche Eingeweide, 17 kg Fleischteile.

c) Schweine:

4 Zungen, 6663 Lungen, 198 Lebern, 85 Därme, 288 sonstige einzelne Organe, 31 sämtliche Baucheingeweide, 48 kg
Fleischteile.

d) Schafe:

1 Kopf, 1 Zunge, 372 Lungen, 121 Lebern, 1 Darm, 3 sonstige einzelne Organe, 2 sämtliche Baucheingeweide, 5 kg
Fleischteile.

e) Ziegen:

4 Lungen, 4 Lebern.

f) Pferde:

8 Lungen, 9 Lebern, 123 kg Fleischteile.

Der Nutzen der Fleischbeschau und des städtischen
Schlachthofes dürfte sich in diesen Zahlen klar zeigen.

*

Im Jahre 1906 ist auf dem Grundstücke des städtischen
Schlachthofes auch eine S ä u g l i n g s m i l c h a n s t a l t

errichtet worden.[1] Dieselbe verdankt ihr Entstehen der Sorge unserer Stadtverwaltung, die Sterblichkeit der Säuglinge, die so oft durch ungeeignete und schlechte Milch hervorgerufen wird, entgegenzutreten. Die Säuglingsmilchanstalt, deren Betrieb der Leitung des Schlachthofdirektors untersteht, hat die Lieferung einer besonders guten Säuglingsmilch übernommen, um auch weniger bemittelten Volkskreisen eine gute und billige Säuglingsmilch zu liefern. Die in der offenen Armenpflege unterstützten Personen erhalten die Säuglingsmilch unentgeltlich.

B. Gasanstalt.

Der Stadtbericht über das Jahr 1900 enthält den ersten eingehenden Bericht über die Gasanstalt. Dieselbe war, wie schon früher berichtet, von Ingenieur Otto Kellner in Deutz hier gegründet worden.[2] Am 1. April 1900 ging sie nach einem Vertrag der Erben O. Kellner mit der Stadt Kalk in den Besitz der letzteren über. Die Gasanstalt produzierte in dem Berichtsjahre 1900 1 053 080 cbm Gas. Die Zahl der Gaslaternen in den Straßen der Stadt betrug am Schlusse des Jahres 264, nämlich 176 Abend- und 88 Nachtlaternen, zwei Fünftel der Gesamtzahl war mit Gasglühlicht versehen. Nachdem im Jahre 1903 alle Öfen der Gasanstalt in eine Reihe gestellt waren, war es im Jahre 1904 möglich, für das Füllen der Retorten maschinelle Hilfsvorrichtungen anzuschaffen, wodurch die früher während dieser Arbeit eintretenden Gasverluste auf ein Minimum beschränkt wurden. Gleichzeitig wurden die Lager und Förderverhältnisse für Kohlen, Koks und Reinigungsmasse wesentlich verbessert. So wurden Reinigerhaus, Regenerierschuppen, Koksschuppen, Koksplatz und Kohlenschuppen durch eine Hängebahnanlage verbunden und diese an einen im Retortenhaus vor den Öfen laufenden Fahrstuhl angeschlossen.

---

1) Vergl. auch Seite 130.
2) Vergl. Seite 91.

Die mit Fuhrwerk ankommenden Kohlen werden, soweit sie nicht als Vorräte im Kohlenschuppen II anzustapeln sind, im Kohlenschuppen I aufgeschlagen, hier in Lademulden geschaufelt und mittels Hängebahn und Fahrstuhl direkt bis in die Retorten geschoben. Der vorhandene hohe Schornstein wurde in einen Kokslöschturm umgewandelt. Endlich wurde eine Arbeiterstube mit Waschraum und 2 Brausebädern eingerichtet.

Während des Jahres 1905 wurden erhebliche Neuanlagen nicht gemacht. Die stetige, rasche Zunahme in der Gasabgabe zwang zu einem Entschlusse, wie die notwendigen Gasmengen für die Folge zu beschaffen seien. Da eine Vergrößerung des Gaswerkes auf dem jetzigen Platze nicht möglich war, entschloß man sich, die fehlenden Gasmengen von der Stadt Cöln zu kaufen, die hierfür sehr günstige Preise stellte.

Die zum Bezuge des Cölner Gases erforderlichen Anlagen wurden im Jahre 1906 hergestellt. Unter Benutzung vorhandener Rohrstrecken wurde ein Anschluß des Cölner Gasleitungsnetzes an die Kalker Gasanstalt ausgeführt; in dieser fand ein großer Gasmesser und ein Kapselradgebläse Aufstellung, die durch eine Druckleitung mit dem vorhandenen Gasbehälter verbunden wurden. So kann während der Nacht- und Tagesstunden Gas aus dem Cölner Rohrwerk angesaugt, in die hiesigen Behälter gedrückt und in der Hauptbeleuchtungszeit in das Rohrnetz der Stadt Kalk abgegeben werden. Über wesentliche Neubauten und Veränderungen ist in den folgenden Jahren nicht zu berichten.

Die Gasabgabe des Gaswerks betrug
1904 . . . . 1 060 840 cbm,
1908 . . . . 1 418 200 cbm,
hiervon aus dem Cölner Rohrnetz . . . 39 800 cbm.

Der Reingewinn des Jahres 1908 erreichte die Höhe von 97 976,86 Mk., gegen das Vorjahr ein Mehr von 26 630,89 Mk. Dieser Mehrgewinn wurde sowohl durch bessere Betriebsergebnisse als auch durch Ersparnisse erreicht.

Direktor des Gaswerks ist seit 1. Dezember 1908 Ingenieur Windschuh, seine Vorgänger waren die Direktoren Wirtz und Oechelhäuser.

*

Übersicht über die Kosten der Straßenbeleuchtung.

Jahr	Geleistete Brennstunden:	Der Stadt in Rechnung gestellte Kosten:[2]	Kosten einer Brennstunde:
1904	956 997	19 116,68 Mk.	2,00 Pfg.
1906	1 088 732	23 288,12 „	2,14 „
1908[1]	1 265 280	28 071,88 „	2,22 „

1) 334 Kandelaber- und 127 Wandlaternen, nachts brennen 144 Laternen.

2) Hierbei sind Unterhaltung, 4% Zinsen und 6% Abschreibung der ganzen Straßenbeleuchtungsanlagen eingeschlossen.

XIII. Kapitel

Kurze Geschichte der freiwilligen Feuerwehr Kalk.

Wenn es auch nicht möglich ist in dem engen Rahmen dieses Buches aller Vereine und Vereinigungen zu gedenken, die sich im Laufe der Jahre in Kalk gebildet haben und von denen manche viel Schönes und Herrliches erreichten, so ist es doch Pflicht, das Wirken eines Vereines hervorzuheben, der durch seine Arbeiten und seine Tätigkeit in nunmehr zweiunddreißig Jahren Hab und Gut, Leben und Eigentum der Kalker Bürger geschützt und für sie große Opfer an Zeit und Mühen, ja sogar an Blut und Leben gebracht hat. Es ist dies die f r e i w i l l i g e F e u e r w e h r K a l k .

Das Gründungsjahr der freiwilligen Feuerwehr ist das Jahr 1877. Damals war die Gemeinde Kalk, wie aus den früheren Kapiteln zu ersehen ist, schon in mächtigem Aufblühen begriffen. 17 Fabriken bestanden hierselbst, und die Zahl der Einwohner war auf 9000 gewachsen. Für eine geordnete Feuerwehr war aber bis dahin noch äußerst wenig geschehen, sodaß die vorhandenen Feuerlöschgeräte ein recht trostloses Bild boten.

Im Jahre 1843 waren die ersten Feuerlöschgeräte, bestehend in einer Leiter und zwei Brandhaken, für den Ort beschafft worden, und es scheint, als ob diese wenigen Gegenstände für die damaligen Verhältnisse ausreichend gewesen seien. Im Jahre 1860 wurde zum ersten Male in der Etatsaufstellung für die Landbürgermeisterei Deutz eine größere Summe, nämlich 100 Taler, für Feuerlöschgeräte vorgesehen. Es geschah dies „mit Rücksicht auf die schnelle Zunahme an Einwohnern und an städtisch gebauten Häusern in Kalk". Die genannte Summe sollte als Grundstock zur Anschaffung einer größeren Feuerspritze dienen. Als nun auch mehrere Feuerversicherungsgesellschaften Beiträge geleistet und die Landbürgermeisterei den Fond verstärkt hatte, konnte im November 1862 eine Feuerspritze im Preise von 300 Talern beschafft werden. Dazu kamen noch 30 lederne Feuereimer und ein Hanfschlauch. Dies war bis 1877 alles, was an Löschgerätschaften vorhanden war. Hierzu sind noch die schon genannten Brandhaken und einige schwerere Leitern zu rechnen, die an mehreren Stellen des Ortes untergebracht waren. Es ist wohl einzusehen, daß diese wenigen Gerätschaften für den aufstrebenden Ort nicht ausreichend waren, und nur dem Umstande, daß die F a b r i k f e u e r w e h r d e r M a s c h i n e n b a u - A k t i e n g e s e l l s c h a f t H u m - b o l d t, die mit drei vollständigen Spritzen ausgerüstet, in Brandfällen im Orte mit tätig war, mag es zuzuschreiben sein, daß d e r Gemeinderat größere Ausgaben für Feuerlöschapparate für vorläufig zurückstellbar hielt.

Doch in einzelnen Bürgern reifte der Gedanke, daß für die Sicherheit der Stadt gegen Feuergefahr mehr geschehen müsse. Als die ersten und eifrigsten Förderer dieses Gedankens werden die Bürger Offermann, Zweiffel, Seidenfaden, Schwamborn und Lamertz genannt, und ihrer eifrigen Arbeit gelang es, die „F r e i w i l l i g e F e u e r w e h r K a l k " ins Leben zu rufen. Die Gründungsversammlung war am 19. November 1877. Nachdem ein Vorstand gewählt war, wurden die Statuten am 29. November 1877 dem Gemeinderat zur Genehmigung eingereicht. Zugleich beantragte der Vorstand, der Gemeinderat wolle der Wehr 1. die Summe von 2000 Mk. bewilligen zur Beschaffung der notwendigen Uniformen und Löschgeräte, 2. ihr die der Gemeinde Kalk gehörenden Löschgeräte zur Benutzung überweisen und 3. aus der Gemeindevertretung eine Brandkommission wählen, unter deren Aufsicht die Wehr stehen solle. Diese Anträge wurden in der Sitzung vom 12. August 1878 genehmigt. Nun konnte endlich die Anschaffung der Geräte und der Uniformen erfolgen. Die letzteren wurden beschafft für 2 Hauptleute, 1 Zeugwart, 12 Steiger, 20 Spritzenmannschaften und 7 Ordnungsmannschaften. Hieraus geht schon die Einteilung der Mannschaft hervor; außerdem bestand noch eine „Wasserabteilung", da um diese Zeit Kalk noch keine Wasserleitung besaß. Die E i n ü b u n g d e r M a n n s c h a f t e n für ihren Dienst geschah durch Mannschaften der Cölner Berufsfeuerwehr unter dem Feldwebel Massaloup. Durch Sammlungen in der Bürgerschaft wurden die Mittel zum B a u e i - n e s S t e i g e r h a u s e s aufgebracht; nach Genehmigung des Gemeinderates konnte dasselbe auf dem Schulhofe an der Kirchstraße errichtet werden.

Am 4. Februar 1879 fand die erste Alarmierung statt. D e n e r s t e n B r a n d bewältigte die Feuerwehr am 7. April 1879 in zweieinhalbstündiger Arbeit. Seitdem hat die Wehr bis Ende 1909 ca. 150 mal in schwerer Arbeit mit dem verheerenden Elemente gerungen. Vom friedlichen Tagewerke oder aus wohlverdientem Schlummer, aus dem Kreise der trauten Familie oder von Erholung und Vergnügen wurden die Mitglieder zu ernster und oft recht gefahrvoller Arbeit gerufen, und stets ist die Wehr treu ihrer Pflicht nachgekommen.

Nicht immer hat sie die verdiente Anerkennung gefunden; hat es doch sogar einmal eine Zeit gegeben, wo die Vertretung der Gemeinde es ablehnte, die Kosten für eine kleine Reparatur an Schläuchen, die vom Kommando der Feuerwehr als dringend notwendig veranlaßt worden war, zu decken[1].

---

1) Es war dies im Jahre 1881, nach dem Tod des Bürgermeisters Wiersberg. Das Kommando der Wehr stützte sich bei dieser Forderung auf § 11 der Statuten: „Die Geräte und Ausstattungsstücke der Feuerwehr sollen auf Rechnung der Gemeinde durch den Vorstand der Wehr beschafft und unterhalten werden und ist solches vom Hauptmann beim Bürgermeister zu beantragen." Die Statuten waren von der Brandkommission unter Vorsitz des Bürgermeisters festgestellt und durch Unterschrift als für beide Teile geltend anerkannt worden. 27. Mai 1879.

Dieser Konflikt hätte fast zur Auflösung der Wehr geführt. Unter den Bürgermeistern Thumb und Albermann fand die Wehr jedoch stets freundliches Entgegenkommen und jederzeit tatkräftige Unterstützung.

In den 32 Jahren des Bestehens hat die Wehr folgende Führer gehabt:

1. Offermann, von 1877 bis 1879,
2. Zweiffel von 1879 bis 1886,
3. Hämmerling von 1886 bis 1894,
4. Wildermann von 1894 bis jetzt.

Alle haben stets danach gestrebt, die Mitglieder der Wehr tüchtig in ihrem freiwillig übernommenen Amte zu machen. Dazu waren häufig wiederkehrende Übungen nötig, die Selbstüberwindung, Pflichttreue und manche Opfer an Zeit und Mühe erforderten. Diese Übungen fanden durchgehends an jedem Sonntagmorgen statt. Hierzu kamen noch dann und wann Probealarmierungen, dazu dienend, die Schlagfertigkeit und Schnelligkeit der Wehr zu erhöhen.

Die folgenden kurzen Notizen mögen einen Ü b e r - b l i c k   ü b e r   d i e   T ä t i g k e i t   u n d   z u g l e i c h   ü b e r   d i e   E n t w i c k l u n g   der Wehr geben:

1877. Gründung der Wehr.

1878. Ausrüstung und Einübung der Mitglieder.

1879. Ausrücken der Wehr zur Bekämpfung von 3 Schadenfeuern.

1880. Verlegung des Geräteraums von Hauptstraße (Gebäude der Industrie) nach dem Spritzenhause, Schulhof Kirchstraße.

Bekämpfung zweier Brände, Mülheimerstr. 27 und 10.

1881. Brand Hauptstraße 144.

Einführung der Wasserleitung in Kalk.

Anlage von 30 Hydranten.

Beschaffung einer neuen Feuerspritze.

1882. Bekämpfung eines Brandes zu Höhenberg.

Fünfstündige Arbeit der Wehr beim Bau eines Dammes gegen die andrängenden Rheinfluten. (28. November).

1883. Die Wehr schließt sich einem Verbande der Wehren von Deutz, Mülheim, Leverkusen und Ehrenfeld an und

beschickt die Verbandstage regelmäßig. 1 Fabrikbrand
Höhenberg. Die Fabrikfeuerwehr der Maschinenbau-
Aktiengesellschaft Humboldt verpflichtet sich durch ein
Schreiben an das Kommando, auf Wunsch jederzeit zu
Hülfe zu eilen und sich für diesen Fall dem Komman-
danten freiwillig unterzuordnen.

1884. Löschung dreier kleinerer Brände.

1885. 2 größere Brände, am 15. Juli in der Fabrik Vorster und
Grüneberg, nach harter Arbeit von der Wehr in 2¼ Stunden bewältigt; am 28. Juli in der Trieurfabrik Mayer
und Co., unter Mithilfe der Humboldt- und der Deutzer
Wehr in 3¼ Stunden gelöscht.

1886. Bau eines neuen Gerätehauses der Wehr an der
Hermannstraße, also ziemlich im Mittelpunkte der Stadt.

1887. Verlegung des Steigerturms von Kirchstraße nach
Schulhof Hermannstraße. Erhöhung des Turmes um
ein Stockwerk. 1 Schadenfeuer gelöscht. Gründung der
Feuerwehrkapelle.[1]

1888. Die Stadt bewilligt 1500 Mk. für neue Uniformen der
Wehr. Großfeuer, nachts in einer Schreinerei Paradiesstraße ausgebrochen, in 2 Stunden gelöscht.

1889. Die Firma Mayer und Co. machte der Wehr eine vollständige Feuerspritze zum Geschenk, als Anerkennung
für die beim Brande in ihren Werkstätten geleistete Hilfe.

1890 und 1891. Abhaltung von Samariterkursen. Die Stadt
blieb vom Feuer verschont. Die regelmäßigen Übungen
sorgten für die Erhaltung der Schlagfertigkeit der Wehr.

1892. Löschung zweier Brände.

1893 und 1894. Je 3 Schadenfeuer gelöscht.

1895. Kursus im Rettungs- und Sanitätswesen; Leiter des
Samariterkurses A. Gerber, Cöln. 3 Schadenfeuer bewältigt.

1896. Kursus im Feuerlöschdienst für die gesamte Mannschaft
unter Leitung eines Oberfeuerwehrmanns der Cölner
Berufswehr.

---

1) Dieselbe wird bis heute von dem Gründer der Kapelle, Musiker
Grundmann, geleitet.

Beschaffung eines Rauchapparats mit Atmungsapparat. Großfeuer bei Schuster und Co., nachts, in 2½ Stunden gelöscht.

1897. Hilfe bei Löschung zweier Großfeuer, bei Vorster und Grüneberg und bei Hagen. Bei der Explosion eines Schwungrades in der Fabrik Felser u. Cie. transportierte die Wehr zwei Verwundete zum Krankenhause. 1 kleineres Schadenfeuer wurde gelöscht.

1898. Beschaffung einer 13 m hohen, fahrbaren Magirusleiter im Preise von 1100 Mk.; die Summe wurde von hiesigen Industriellen und einigen Feuerversicherungsgesellschaften gespendet. 4 Brände gelöscht.

1899. Achtmal wurde die Feuerwehr zu Hilfe gerufen.

1900. 7 Brände gelöscht.

1901. Die Wehr rückte 8 mal zur Löschung von Schadenfeuern aus. Am 19. Oktober nachts Großfeuer in den Magazinen von Humboldt an der Humboldtstraße. Durch zu späte Entdeckung und Meldung des Brandes stand beim Eingreifen der Wehr das ganze Magazin in Flammen, auch die gegen überliegenden Häuser hatten an den Dächern schon Feuer gefangen. In 4 stündiger Arbeit wurde unter Mithülfe der hiesigen Fabrikwehren, der Cölner Feuerwehr und Mannschaften des 53. Infanterieregiments das Feuer bewältigt, so daß die Werkstätten des Humboldt keine Betriebsstörung erlitten. Es war dies der größte Brand, den die Wehr bis jetzt zu verzeichnen hatte.

1902. Am 4. Januar Brand im Warenhause Ed. Linz, Hauptstraße. Um 2 Uhr 6 Minuten nachmittags brach das Feuer bei Reparatur einer Gasleitung im Keller aus, und um 2 Uhr 20 Minuten standen die gesamten Geschäftsräume mit ihren so leicht brennbaren Waren, Keller, Erdgeschoß und erste Etage, vollständig in Flammen. Wenige Minuten nach Ausbruch des Brandes waren von dem Hydranten der gegenüberliegenden Fabrik Mayer und Co. aus zwei Schläuche gelegt worden; kurze Zeit darauf traf die gesamte freiwillige Wehr ein, der sich bald noch die Fabrikwehren von Vorster u. Grüneberg, Humboldt und Hagen zugesellten. Um 5 Uhr war das Feuer gelöscht. Auch die benachbarten Gebäude, die wiederholt Feuer fingen, wurden vor nennenswertem Schaden bewahrt.

25. September nachts, Brand im Kesselhause der Gebr. Reimbold; im Verein mit Mannschaften der Humboldtwehr in 3 Stunden gelöscht.

Am Sonntag, den 26. Oktober, Feier des 25 jährigen Bestehens der Wehr. Am Vorabend Kommers; am Sonntagmorgen brachte die Feuerwehrkapelle dem Hauptmann Wildermann, dem stellv. Hauptmann Prinz und dem Abteilungsführer Hamm, die seit 25 Jahren der Wehr angehörten, eine Serenade. Später Trauergottesdienst für die verstorbenen Kameraden. Nachmittags große Schauübung auf dem Übungsplatze und am Steigerhause, dann Festzug durch die Stadt. Auswärtige Wehren und Ortsvereine beteiligten sich daran. (Für neue Uniformen der Wehr hatte die Stadtverwaltung 2000 Mk. gegeben.) Abends Festversammlung. Redner: Hauptmann Wildermann, Bürgermeister Albermann. Letzterer überbrachte der Wehr die Glückwünsche und den Dank der Stadt, überreichte dem Hauptmann die Summe von 1800 Mk. sowie ein künstlerisch ausgeführtes Diplom, den beiden anderen Jubilaren je ein Geldgeschenk. Auf den Wunsch des Hauptmannes Wildermann bildete die Ehrengabe von 1800 Mk. den Grundstock zu einer Stiftung für Feuerwehrmänner.

Im Jahre 1902 leistete die Wehr Hilfe bei der Löschung zweier Brände. Abhaltung eines Samariterkursus.

1903. Das Jahr war das unruhigste für die Mitglieder seit Bestehen der Wehr. Neben den zahlreichen regelmäßigen Übungen wurde die Wehr 22 mal in Anspruch genommen, es waren meist kleinere Schadenfeuer, die aber leicht hätten größeren Umfang annehmen können. Bei einem Zimmerbrande in der Hermannstraße waren vier Kinder durch Rauch bewußtlos. Bei dreien hatten die

Wiederbelebungsversuche Erfolg. - Der zehnte Brand des Jahres 1903 war am Fronleichnamstage abends in den Lagerhallen und Stallungen der Brauerei Bardenheuer, wo die Wehr im Verein mit den Fabrikwehren der Firmen Hagen, Humboldt, Chemische Fabrik sowie der freiwilligen Feuerwehr Humboldtkolonie und einer Dampfspritzenabteilung der Cölner Wehr gegen das wütende Element kämpfte. Bis 3 Uhr morgens war die Wehr tätig, und kaum waren die müden Wehrleute wieder eingerückt, da erschallte aufs neue der Hilferuf. Um 5 Uhr eilte die Wehr zur Sandstraße, wo die Heu- und Strohvorräte eines Fuhrunternehmers in Flammen standen. Noch drei Stunden hatte die Wehr zu arbeiten, ehe das Feuer hier gelöscht war. In der zweiten Hälfte des Monats wurde die Wehr noch dreimal bei Bränden zu Hilfe gerufen.

1904. Unter den 11 Bränden des Jahres 1904 sind besonders zwei bemerkenswert, nämlich vom 7. August und vom 14. September. An dem erstgenannten Tage brannten die Heu- und Strohvorräte des Pferdehändlers Wolf in der Mülheimerstraße. Aus fünf Strahlrohren schleuderte die Wehr gewaltige Wassermassen in die lodernden Flammen. Ein erstickender Qualm erschwerte die Arbeit sehr, nur mit Hülfe der Rauchmasken konnten die Strahlrohrführer vorgehen und auch dann nur 2 - 3 Minuten auf ihrem Posten ausharren, so daß beständig gewechselt werden mußte. Der Führer der Wehr zog sich bei den Löscharbeiten eine schmerzhafte, langdauernde Rauchkrankheit zu. Fast 2 ½ Stunden mußte die Wehr angestrengt arbeiten, ehe die Gefahr vorüber war, und bis 2 Uhr nachts waren noch starke Wachen nötig, das immer wieder durchbrechende Feuer niederzuhalten.

Der Brand am 14. September wird noch lange im Gedächtnisse vieler Bürger von Kalk fortleben. Im Keller des Material-, Farb- und Eisenwarengeschäftes Schleuter neben dem Rathause war gegen 10 Uhr morgens Feuer ausgebrochen. Als die sofort herbeigeeilte freiwillige Feuerwehr und mehrere Fabrikwehren von der Straße aus beschäftigt waren den Kellerbrand zu ersticken, erfolgte plötzlich eine heftige Explosion der im Keller befindlichen feuergefährlichen Stoffe. Alle Fensterscheiben des Hauses und namentlich die großen Spiegelscheiben des Ladenlokals wurden zerschmettert, und die Glasscherben und Splitter flogen durch den gewaltigen Luftdruck weithin in die Straße. Der II. Brandmeister Prinz, der an Stelle des erkrankten I. Brandmeisters Wildermann die Löschungsarbeiten leitete, wurde von der Gewalt der Explosion weit fort in die Straße geschleudert und durch Glassplitter schwer verletzt. Ebenso erging es den Wehrleuten Haarhausen, Metzger und Kottge, während die Wehrmänner Betzing und Hupach leichter verletzt wurden. Die Verletzten wurden zum Krankenhause gebracht, während die anderen Wehrleute in der Bekämpfung des Feuers fortfuhren und nun, von der inzwischen herbeigeeilten Cölner Wehr mit ihrer Automobildampfspritze unterstützt, das verheerende Feuer bewältigt wurde. Prinz und Metzger erlangten ihre Arbeitsfähigkeit nie wieder, ersterem waren durch die Glassplitter die Sehnen der Handgelenke zerrissen worden. Die furchtbare Gewalt, mit der die beiden Feuerwehrleute weggeschleudert wurden, hat wohl mit zu ihrem baldigen Tode beigetragen. Metzger starb am 21. Februar 1906, Prinz am 5. August 1908. Die übrigen Verletzten tragen noch heute die Narben der Wunden, die sie im Kampfe gegen das verheerende Element davontrugen.

1905. Es brach in diesem Jahre 12 mal Feuer aus, 10 mal in Wohnhäusern, 2 mal in Fabriken.

1906. Unter den 7 Schadenfeuern dieses Jahres ist besonders der Brand der Gnadenkapelle am 7. Dezember zu erwähnen, über den in dem Kapitel „Geschichte der Kapelle" berichtet ist.[1]

1907 wurde die Wehr fünfmal zur Hilfe herbeigerufen, es handelte sich um geringere Schadenfeuer.

---

[1] Seite 36.

Die Wehr feierte unter großer Anteilnahme der Bürgerschaft und der Stadtverwaltung ihr 30. Stiftungsfest. Bürgermeister Albermann überreichte den Jubilaren Prinz und Hamm das ihnen vom Kaiser verliehene Allgemeine Ehrenzeichen.

1908 steht der Anzahl der Alarme nach an zweiter Stelle. 13 mal wurde die Hilfe der Wehr in Anspruch genommen. In der Generalversammlung vom 7. März wurde beschlossen, die neuen Verbandssatzungen, die vom Vorstande des Provinzialfeuerwehrverbandes ausgearbeitet worden waren, anzunehmen. Nach diesen Satzungen muß die Wehr aus zwei vollständigen Löschzügen bestehen, jeder zu mindestens 25 aktiven Mitgliedern. Um den neuen Satzungen nachzukommen, wurde die Wehr um 15 neue Mitglieder vermehrt. Der bisherige erste Brandmeister Wildermann erhielt den Titel Oberbrandmeister.

1909. Unter den 8 Bränden dieses Jahres ist ein Großfeuer in der Wagenfabrik Mohr, Sandstraße besonders zu verzeichnen. An den großen Holzvorräten fand das Feuer reiche Nahrung, sodaß die Häuser der Nachbarschaft und die angrenzenden Werkstätten der Fabrik Schuster und Co. in großer Gefahr schwebten. In 3 stündiger schwerer Arbeit gelang es der Wehr, im Verein mit den Fabrikwehren der Firmen Humboldt, Mannstaedt und Hagen sowie der Vingster Gemeindefeuerwehr den Brand auf seinen Herd zu beschränken.

Die vorstehenden Notizen genügen wohl, um allen Einsichtigen ein Bild von der Einrichtung und der Tätigkeit der freiwilligen städtischen Feuerwehr Kalk zu geben, und niemand wird den wackeren Männern Achtung und Anerkennung versagen. Um so höher ist die Arbeit der Feuerwehrleute anzuschlagen, wenn man berücksichtigt, wie sie alle die Übungen ohne Vergütung übernahmen. Die geringe Vergütung von 30 Pfennig pro Arbeitsstunde auf der Brandstelle, die von der Stadt gezahlt wurde, war gewiß keine Entschädigung, die der Mühe und der gefahrvollen Arbeit entsprach.

Mit Recht hat daher die Stadtverwaltung öfters den Mitgliedern der Wehr herzlichen Dank und hohe Anerkennung ge-
zollt. Daß die Stadt mehrmals größere Summen für Uniformen und Ausrüstungsstücke bewilligte, ist schon erwähnt. In
den früheren Jahren erhielt die Wehr von der Stadt pro Jahr
300 Mk. Zuschuß, derselbe wurde später um 150 Mk. erhöht.
Über die Verwendung dieses Betrages sagt der Stadtbericht
von 1903: Aus dem jährlichen Zuschuß von 450 Mk. werden
bestritten: die Fernsprechanschlußgebühren für den Anschluß
Nr. 492, der Beitrag zum Verbande und zur Haftpflichtversi-
cherung, die Feuerversicherung der Geräte, ferner die Instandhaltung der Geräte und Uniformen, Deckung der Hydranten
gegen Einfrieren, endlich die Beschaffung von Fackeln, Ker-
zen, Öl, Putzzeug, Botenlohn etc. Die Mannschaften sind auf
Kosten der Stadt gegen Unfälle im Dienste bei der Rheinischen Provinzial-Feuerwehr-Unfallkasse versichert.

Mit April 1910 hört Kalk auf ein selbständiges Gemeinwesen zu sein; die B e r u f s f e u e r w e h r d e r S t a d t
C ö l n, wozu Kalk fürderhin gehören wird, übernimmt dann
den Feuerlösch- und Rettungsdienst.

Die Kalker freiwillige Feuerwehr auf dem Schulhofe an der Paradiesstraße.

XIV. Kapitel

Industrie und Fabrikanlagen in Kalk.

Hoch Kalk.

Melodie: Dort wo der alte Rhein.

Wo stolze Eichen an den Bergen ragen,
Wo Burg und Dom sich spiegeln in der Flut,
Wo Rebenhügel goldne Trauben tragen,
Daraus man preßt des Weines Purpurglut;
:,: Am schönen Rhein, da läßt sich's fein
Froh und zufrieden sein.
Ein jeder lobt den grünen Rhein. :,:

Und doch! und doch! Auch abseits läßt sich's leben
In einer Stadt, die nicht der Rhein umfließt,
Wo schlanke Schlote zu den Wolken streben,
Wo Schaffenslust des Lebens Müh' versüßt.
:,: In jener Stadt, wo Kraft und Tat
gar viel geschaffen hat,
Da reift der Arbeit goldene Saat. :,:

Was früher nur ein Ziel für Sonntagsgäste,
Ein Wallfahrtsort für fromme Beter war,
Da baute man der Industrie Paläste
Und fleiß'gen Händen bot man Arbeit dar.
:,: Der Industrie weiht das Genie
Die Kräfte spät und früh;
Der Menschengeist er rastet nie! :,:

Aus mächt´gen Essen seh´ ich Funken sprühen,
Das Eisen dehnt die nerv´ge Männerfaust,
Wie Drachenaugen Kesselfeuer glühen,
Es zischt der Dampf, das Räderwerk, es saust.
　:,: Was Menschenkraft nicht mehr errafft,
　　Wo sie erlahmt, erschlafft,
　　Da helfend die Maschine schafft. :,:

Rühmt nur den Rhein mit tausend schönen Worten,
Ich lobe Kalk, die jugendfrische Stadt,
Die sich vor allen andern deutschen Orten
Aus eigner Kraft so schnell entwickelt hat.
　:,: Sie soll ein Heim der Arbeit sein,
　　Stimmt alle mit mir ein,
　　Um K a l k ein volles Glas zu weih´n. :,:

Im V. Kapitel, enthaltend die Entwicklung des Ortes Kalk in den Jahren 1830 bis 1870, ist in längerer Ausführung die Entstehung der ersten industriellen Anlagen hierselbst behandelt; es sind dort auch die Ursachen dargelegt, weshalb um diese Zeit die Industrie sich besonders entwickelte und weshalb Kalk sich für die Ansiedlung von Fabriken eignete. Das ganze Wachstum und das Aufblühen des Ortes beruhte auch in der Folge auf dem Wachstum und dem Aufblühen der Industrie, und jeder Stillstand und jeder Rückgang in der Industrie zeigt sich deutlich in den Finanzverhältnissen in der Gemeinde wie in der Bautätigkeit, nicht zuletzt auch in dem Etat der Armen-Verwaltung und der Armenfürsorge. So zeigen denn auch alle folgenden Kapitel den fortlaufenden innigen Zusammenhang zwischen Stadt und Industrie, die erstere steht gleichsam auf den starken Schultern der zweiten. Diesem engen Verhältnis hat die Stadt auch Ausdruck gegeben, indem sie die Abzeichen der Industrie Amboß, Zahnrad und Hämmer in ihr Wappen aufnahm.

　In dem folgenden Abschnitt soll nun von den einzelnen Fabriken und industriellen Anlagen unserer Stadt die Rede sein. Kurze Mitteilungen über Gründung und Entwicklung der einzelnen Werke, die Art ihrer Erzeugnisse etc. sollen uns einen Einblick verschaffen in die ausgedehnte Mannigfaltigkeit der Betriebe und ihrer Fabrikate, durch welche der Name Kalk in alle Länder und Erdteile getragen wurde.

Der größte Teil unserer Fabriken dient der E i s e n i n d u s t r i e, besonders der M a s c h i n e n f a b r i k a t i o n, weshalb wir diese an erster Stelle aufführen; hierauf lassen wir die F a b r i k a n l a g e n folgen, w e l c h e m i t d e n M a s c h i n e n f a b r i k e n i n B e z i e h u n g s t e h e n, sei es durch Herstellung von Modellen, von Treibriemen oder Transportwagen. Dann wenden wir uns den beiden großen Werken zu, welche sich mit der B e a r b e i t u n g v o n Z i n k u n d B l e i befassen, und nachdem wir uns danach mit den chemischen Fabriken beschäftigt haben, statten wir zum Schluß den beiden hiesigen G r o ß b r a u e r e i e n einen Besuch ab.

Maschinenbau-Anstalt „Humboldt".

In dem Werke „Praktische Sozialpolitiker" von J. H. Schütz, Cöln, Verlag von P. Neubner, heißt es über die Gründung:

Aus bescheidenen Anfängen im Jahre 1856 unter der damaligen Firma Sievers & Cie.[1] ist das auf seinen Spezialgebieten heute so bedeutende Werk, die Maschinenbau-Anstalt Humboldt in Kalk bei Cöln hervorgegangen. An der Hauptstraße zu Kalk rechts beginnend, stand damals zunächst ein aus Brettern hergestellter Bau, in welchem das technische Bureau, die Direktion und das kaufmännische Bureau untergebracht waren. Hieran schloß sich die in Fachwerk ausgeführte Maschinenfabrik an; diese besteht noch heute und wird teils als Raum für Feuerwehr-Utensilien, Krankenzimmer und Blechmagazin benutzt. Die Zahl der in der Maschinenfabrik beschäftigten Arbeiter belief sich auf 16. Im August 1857 wurde das Kesselhaus fertiggestellt und die

---

1) Maschinenfabrik für den Bergbau von Sievers u. Co. Die Inhaber waren Herm. Sievers, Wimmar Breuer und Martin Neuerburg.

inzwischen montierte vertikale Dampfmaschine in Betrieb
genommen. Bis zu diesem Tage wurde der Betrieb durch ein
V o r g e l e g e bewerkstelligt, welches von 4 Tagelöhnern
bewegt wurde. Die Fabrikation beschränkte sich anfangs auf
die Herstellung von Maschinen und Apparaten für
E r z w ä s c h e n, welche durch das angrenzende Bensberger
Revier der Fabrik zunächst hinreichende Beschäftigung zuführte. Bis Ende August 1857 stieg die Arbeiterzahl schon
auf 58 Mann. Neben der Ausführung von Erzwäschen ging
man alsbald zum Bau von K o h l e n w ä s c h e n über, übernahm überhaupt sämtliche für den B e r g b a u notwendigen Artikel, sowie die Apparate und Maschinen für Z e r -
k l e i n e r u n g. Die anfangs primitiven Einrichtungen wurden mehr und mehr vervollkommnet; die Fabrik von S i e -
v e r s & C i e. war bald durch ihre vorzüglichen Maschinen in allen Ländern, in denen Bergbau betrieben wurde, bekannt und fast überall hatte sie sich den Markt erobert. So
arbeitete die Firma Sievers & Cie. mit etwa 300 bis 350 Arbeitern bis zum Jahre 1870. Im Oktober 1870 ging die Firma
Sievers & Cie. in die neubegründete Maschinenbau-Aktien-
Gesellschaft Humboldt über. Im April 1871 begann man den
weiteren Ausbau des Humboldt, und im Jahre 1875 war der
„Humboldt" soweit als vorgesehen, ausgebaut. Erster Generaldirektor des Humboldt war Martin Neuerburg, seit Jahren
Leiter und Chef der Firma Sievers & Cie., dessen Name in
der Neuerburgstraße erhalten ist. Die Zahl der Arbeiter stieg
fortwährend.

Die Zahl betrug am

1. Januar	1872	450
1. Juli	1872	650
1. Januar	1875	900
1. Juli	1875	1150
1. Januar	1876	1300
1. Juli	1876	1400

Aus diesen steigenden Zahlen kann man zugleich auf
das Wachstum der Bevölkerung Kalks schließen, da die Fabrik Vorster und Grüneberg, jetzt Chemische Fabrik Kalk,
sich in ähnlicher Weise entwickelte.

Im Jahre 1883 löste sich die Maschinenfabrik-Aktien-Gesellschaft Humboldt durch Liquidation auf und wurde in die Firma M a s c h i n e n b a u - A n s t a l t   H u m b o l d t übergeführt. Neuerburg war Generaldirektor bis 1877, ihm folgten die Direktoren Sachs und Rebrich bis 1879, dann die Direktoren Groß und Hundhausen, denen 1880 Schmidt beigegeben wurde. (Der erstgenannte war technischer, der zweite kaufmännischer Dirigent.) Von 1882 ab war Schmidt Generaldirektor bis zu seinem Tode, 1891. 1892 folgte ihm Generaldirektor Hegener, der 1895 zurücktrat; diesem folgte Lenné bis 1903, seitdem liegt die Leitung in den Händen des Generaldirektors Bergrat Zörner, welcher bis dahin Handelsdirektor der Kgl. Bergwerksdirektion Saarbrücken war.

Mit dem allgemeinen Bergbau, insbesondere aber mit demjenigen des rheinisch-westfälischen Kohlenrevier, auf das engste verbunden, hat das Werk nach jahrzehntelangem Ringen und Kämpfen schrittweise mit dem Emporblühen des Bergbaues neuen Aufschwung genommen und steht heute auf dem Gebiete der Erz- und Kohlenaufbereitung

Erzaufbereitungsanlage Lüderich bei Bensberg.

als ältestes und bedeutendstes Spezialwerk dieser Branche
vor unseren Augen.

Um diesen ersten und wichtigsten Fabrikationszweig
des „Humboldt" haben sich mit der Zeit weitere, meist dem
Bergbau dienende oder mit diesen zusammenhängende Spezialitäten angegliedert. Zu diesen gehören u. a. der Bau von
Bergwerksmaschinen aller Art, als Wasserhaltungs- und För-
dermaschinen, Luftkompressoren, Bohrmaschinen, Ventilatoren, Pumpen aller Art usw.; Dampfmaschinen und Kessel-
bau, Eisenkonstruktions- und Brückenbau (u. a. Herstellung
eiserner Gebäude für komplette Aufbereitungsanlagen), gelochte Bleche zu jedem Zwecke. Mit einem Worte liefert
das Werk heute in seinen eigenen Werkstätten hergestellte
vollständige Anlagen, mittels welcher die Rohprodukte, Erze
und Kohle, aus der Erde herausgeholt, von allen anhaften-
den unedlen Bestandteilen (Schlacken, Gesteine, Berge,
Schiefer usw.) befreit und als fertige Verkaufsware (Metal-
le: Gold, Silber, Kupfer, Zink, Blei, Zinn usw., sowie die
verschiedenen fertigen Kohlensorten) in die Waggons ver-
laden werden.

Als weitere Spezialitäten werden auch hergestellt: Maschinen für die chemische und keramische Industrie, für
Gummifabriken, für die Drahtseil-, Kabel- und Litzenfabrikation, moderne Dampfmaschinen jeder Art und Größe, Gasmotoren und Dampfturbinen für elektrische
Beleuchtungs- und Kraftübertragungsanlagen sowie für die
sonstigen industriellen Betriebe, (der Humboldt war die erste
deutsche Firma, welche den Bau von Dampfturbinen aufnahm), Eismaschinen und Kühlanlagen für Schlachthäuser,
Brauereien usw., Wasserreinigungsapparate etc.

Besonders sei noch erwähnt, daß vor wenigen Jahren
auch der Bau von Lokomotiven aufgenommen und eine besondere Abteilung für diesen Zweck errichtet wurde.

Die Fabrikanlagen des „Humboldt" umfassen folgende Abteilungen:

1. Die Gießerei. In derselben werden hergestellt:
Maschinenguß aller Art und Stücke jeder Größe, insbesondere Dampfzylinder, Retorten für chemische Fabriken,

Herdgußstücke, sowie als Spezialität Hartguß für alle Arten von Zerkleinerungsmaschinen.

Mit Rücksicht auf den außerordentlich gesteigerten Bedarf der eigenen Werkstätten an Gußstücken hat diese Abteilung mehrfach eine wesentliche Vergrößerung erfahren.

Für Schablonenarbeiten in Sand, wie Herstellung großer Seilscheiben, Induktionsringe usw. sind die erforderlichen Einrichtungen in gediegener Weise durchgeführt. Auch die Lehmformerei ist mit den vorteilhaften, dem Fortschritte der Neuzeit entsprechenden Einrichtungen ausgestattet, ferner ist eine Sandaufbereitung neuesten Musters in Betrieb. Die Gießerei ist mit sehr großen Trockenöfen ausgerüstet, außerdem sind transportable Trockenapparate bewährten Systems in Anwendung.

Auch die Modellschreinerei, reichlich mit den nötigen Arbeitsmaschinen versehen, hat ebenso wie die Gießerei, sich im Laufe der letzten Jahre hinsichtlich Größe und Produktion verdoppelt.

2. Die Schmiede. Die große Schmiede hat eine Grundfläche von 30 x 125 m und ist gegenwärtig mit 65 Schmiedefeuern, den nötigen Schweißöfen, Dampfhämmern verschiedener Größe, Winkelbiegmaschinen, Richtpressen, Matrizenpressen usw. ausgerüstet. Dieselbe arbeitet in der Haupt-

Schmiede des „Humboldt" aus den 70er Jahren.

sache für den eigenen Bedarf, d. h. liefert Schmiedeteile für
die verschiedenen Werkstätten des Maschinenbaues sowohl,
als auch für die Abteilung Lokomotivbau.

3. Die Kesselschmiede dient zur Herstellung von
Industriedampfkesseln aller Art, Lokomotivkesseln, Wasser-
reinigungsapparaten und sonstigen Blecharbeiten. Sie ist
ausgestattet mit einem elektrisch betriebenen Laufkran, einer großen Anzahl Werkzeugmaschinen, hydraulischen Niet-
maschinen, Preßluftwerkzeugen usw.

4. Neben der Kesselschmiede liegt die in letzter Zeit
ganz bedeutend vergrößerte Eisenkonstruktionswerkstätte, in
welcher Brücken, Eisenhochbauten aller Art, — insbesondere auch für die Gebäude von Erz- und Kohlewäschen —,
Schacht- und Fördergerüste, Hochofengerüste usw. hergestellt
werden. Sie ist ausgerüstet mit einer Anzahl moderner Bohr-
und sonstiger Werkzeugmaschinen, hydraulischen Niet-
maschinen und einem elektrisch betriebenen Montage- und
Verladekran von 20 m Spannweite. Der Montagebau zum Zu-
sammenbau der Konstruktionen hat eine Grundfläche von
etwa 20 m Breite und 128 m Länge.

Zwischen der Schmiede und der Gießerei befindet sich
die neuerdings auf eine Leistung von 3000 P. S. erweiterte
elektrische Zentrale zur Erzeugung der für die Beleuchtung
der Werkstätten und Bureaus, sowie zur Speisung der die
Arbeitsmaschinen antreibenden Elektromotoren erforderlichen elektrischen Energie.

5. Der Maschinenbau. In den verschiedenen Werkstätten (dem sogenannten „Großen Maschinenbau", „kleinen Maschinenbau", „Zerkleinerungsmaschinen" und der „Blech-
werkstätte") werden hergestellt: Apparate und Maschinen zum
Zerkleinern und für die mechanische Aufbereitung von Er-
zen, Kohle und sonstigen Mineralien, Förder- und Wasser-
haltungsmaschinen, Luftkompressoren, Gesteinsbohr-
maschinen, Ventilatoren und sonstige Bergwerksmaschinen,
Pumpen aller Art, Maschinen für Hütten- und andere industrielle Betriebe, moderne Dampfmaschinen jeder Art und
Größe, Dampfturbinen für elektrische Beleuchtungs- und
Kraftübertragungsanlagen sowie für alle sonstigen industri-

ellen Betriebe, Gasmotoren, Dampfdruckaufzüge, Eismaschinen und Kühlanlagen, Einrichtungen für die chemische und keramische Industrie, Maschinen für Gummifabrikation, für Drahtseil-, Kabel- und Litzenfabrikation usw.

6. Der Lokomotivbau besteht aus den Werkstätten Dreherei, Rahmenbau, Montierung, Kupferschmiede und Lakkierung, welche sämtlich mit den vollkommensten, den Fortschritten der Neuzeit entsprechenden Einrichtungen ausgerüstet sind. In den mechanischen Werkstätten ist der Fräserei in weitgehendstem Maße besonders Rechnung getragen worden. Seit Eröffnung des Betriebes ist die Abteilung Lokomotivbau mit Aufträgen vorzugsweise für die preußische Staatseisenbahn-Verwaltung versehen.

Schnellzugslokomotive für die Preußische Staatsbahn.

Die gegenwärtige Produktion des Lokomotivbaues beträgt 100 Lokomotiven pro Jahr, geplant ist die Einrichtung für 120.

7. Die Perforieranstalt. In dieser Abteilung, der ältesten und bedeutendsten deutschen Fabrik für gelochte Bleche, wird dieser Artikel in den verschiedensten Ausführungen und für die mannigfaltigsten Verwendungszwecke hergestellt. Es werden dort fabriziert: Waffelbleche (Ersatz für Riffelbleche zum Abdecken von Kanälen, Bodenbelag usw.), Gitterbleche, Gardinenbleche, Sortiersiebe, Bleche für Brauereien, chemische Fabriken, für Separations- und Reinigungsmaschinen, Trieurbleche, Bleche für Müllereizwecke, Zuckerfabriken Zementfabriken, für Dynamozwecke, Bleche für Heizkörperverkleidungen, für architektonische Zwecke usw.

8. Die Versuchsanstalt. Dieser wichtigen, mit den mannigfaltigsten, zu Experimentierzwecken dienenden Apparaten ausgestatteten Einrichtung verdankt der „Humboldt" seinen Weltruf auf dem Gebiete der Erz- und Kohlenaufbereitung. Dieselbe dient dazu, um in kleinem und größerem Maßstabe praktische Aufbereitungsversuche mit Erz- und Kohleproben aus aller Herren Länder auf dem sogenannten mechanischen nassen Wege und mittels aller sonstigen Hilfsmittel der Chemie, Elektrizität, des Magnetismus usw. durchzuführen.

Versuchsanstalt (Nasse Aufbereitung).

Die mit der größten Genauigkeit und Sorgfalt ausgeführten Versuche geben einerseits volle Aufklärung über die Aufbereitungswürdigkeit und zweckentsprechende Behandlung der verschiedenen Materialien bezw. über die Rentabilität oder Nichtrentabilität neuer bergbaulicher Unternehmungen und bilden andererseits die sicherste Grundlage für die Ausarbeitung der Projekte, der Kostenanschläge, und Formulierung der seitens der Fabrik für die Leistung der zu liefernden Anlage einzugebenden Garantien.

Die Arbeiterzahl betrug im Januar 1908 ca. 3600.

Von den Wohlfahrtseinrichtungen des „Humboldt" sind besonders folgende zu erwähnen: Als sich in den 70er

Jahren das Werk in schneller Weise entwickelte und die Zahl der Arbeiter andauernd stieg, machte sich ein Mangel an passenden Arbeiterwohnungen sehr fühlbar. Um den Arbeitern solche zu beschaffen, wurde die sogenannte Humboldt-Arbeiterkolonie begründet, in welcher für die Arbeiter insgesamt 42 angenehme, gesunde und bequem eingerichtete Wohnhäuser erbaut wurden. Es lag dieser Gründung der Gedanke zu Grunde, den Arbeitern zu ganz mäßigen Preisen gute Wohnungen zu verschaffen und ihnen Gelegenheit zu geben, die Häuser gegen kleine Abzahlungen als Eigentum zu erwerben. Viele Arbeiter haben von dieser Einrichtung Gebrauch gemacht und sind dadurch in bequemer Weise in den Besitz eines eigenen Heims gelangt.

Arbeiter-Speisesaal

Seit jeher bestanden zwischen der Leitung des „Humboldt" und den Arbeitern recht patriarchische Verhältnisse. Hierfür spricht auch wohl der Umstand, daß eine große Anzahl Arbeiter mehr als 25-30 Jahre und noch länger beim „Humboldt" beschäftigt sind.

Es ist ein Grundsatz des Werkes, indem die Verwaltung weit über den Rahmen der gesetzlichen Verpflichtungen hinausgeht, die Invaliden und kranken Arbeiter, sowie die Witwen verstorbener Arbeiter dauernd und reichlich zu unterstützen.

Den Arbeits-Verhältnissen wird stets die größte Sorgfalt gewidmet, indem die Werkstätten und ihre Einrichtungen in hygienischer Hinsicht stets dem Fortschritt der Neuzeit gefolgt sind; zu erwähnen sind z.b. die durch Einführung des elektrischen Betriebes in den meisten Werkstätten geschaffenen hellen und staubfreien Arbeitsräume.

Im Werke sind Baderäume eingerichtet, welche jedermann unentgeltlich zur Verfügung stehen. Für auswärts wohnende Arbeiter sind besondere Speisesäle vorhanden, in denen dieselben ihr Essen einnehmen können. Den größten derselben, an der Neuerburgstraße gelegen, hat der Generaldirektor des „Humboldt", Bergrat Zörner, auf Bitte des Dechanten und Pfarrers Köllen in freundlichem Entgegenkommen dem katholischen Jünglingsverein Kalk, der ca. 350 Mitglieder zählt, für seine sonntäglichen Versammlungen zur Verfügung gestellt.

Das Bandeisen-Walzwerk Felser & Cie.

Das Werk gehörte zu den ersten Fabrikanlagen unseres Ortes. Im Jahre 1858 wurde es von dem Vater des jetzigen Inhabers für die H e r s t e l l u n g   v o n   F e i n e i s e n gegründet. Die Produktion betrug in den ersten Jahren zwischen 1000 und 2000 Tonnen. Im Laufe der Zeit entwickelte sich die F a b r i k a t i o n   v o n   B a n d e i s e n   a l s   S p e z i a l i t ä t, bis die Fabrik schließlich das sonstige Feineisen überhaupt nicht mehr herstellte, sondern sich ganz der Bandeisenfabrikation widmete. Nachdem das Werk durch Neubauten im Jahre 1896 eine bedeutende Vergrößerung erfahren hatte, wurde der Walzwerkbetrieb in die neuen Gebäudeteile verlegt.

Sind die Fabriktore an der Rolshoverstraße für eine Weile geöffnet, damit einer der schweren Rollwagen mit Bandeisen beladen werden kann, so bleibt manch einer der Vorübergehenden stehen, um einen Blick in das Innere des Werkes mit seinen auf den Transportbändern gleitenden, rotglühenden Eisenschlangen zu werfen. Der B e t r i e b bietet auch wirklich ein interessantes Bild. Mit schweren Zangen heben die Arbeiter die glühenden, aus den Schweißöfen kommenden Stahlknüppel zwischen die obere und die mittlere Walze des Triowalzwerkes; die Walzen ziehen das Eisen durch, pressen es auf die Dicke ihres Abstandes und strecken es auf die mehrfache Länge. Andere Arbeiter, die diesseits der Walze stehen, fassen das Stück mit ihren Zangen und stecken es zwischen die untere und mittlere Walze, die es mit großer Schnelligkeit nach der anderen Seite durchziehen und wieder aufs mehrfache strecken. So muß die unheimlich in die Länge wachsende glühende Schlange ihren Weg hin und her durch die verschiedenen Kaliber machen, immer wieder von den Zangen, die von flinken Händen regiert werden, gefasst, bis sie nach wenigen Augenblicken, immer noch glühend, über den mit glatten Eisenplatten belegten Boden der gewaltigen Halle bezw. durch eine besonders hierfür angelegte eiserne Rinne als fertiges Band daherschießt. Nach dem Erkalten erfolgt das Durchschneiden des Bandeisens in die gewünschten Längen mittels am Boden angebrachter Kreissäge und das durch sinnreiche Vorrichtungen bewirkte Zusammenschnüren der Bunde.

Der Betrieb der Walzwerke erfordert es, daß die Arbeiter in Tag- und Nachtschicht beschäftigt sind; auch sind in dem eigenartigen Betriebe des Bandeisen-Walzwerks flinke, jugendliche Arbeiter unter 16 Jahren nicht zu entbehren, weshalb auch solche ausnahmsweise hier in Wechselschicht arbeiten dürfen.

Das Werk stellt jährlich ca. 10 000 Tonnen Bandeisen her, die in Rheinland und Westfalen, Nord- und Mitteldeutschland sowie im Auslande Absatz finden.

Die Zahl der bei Felser u. Cie. beschäftigten Arbeiter und Angestellten beträgt ca. 80.

Kalker Trieur-Fabrik und Fabrik gelochter Bleche.

Johann Mayer.

Ein Lebensbild.

Am 7. Juli 1908 verschied im Alter von nahezu 90 Jahren Johann Mayer, der Begründer der Kalker

c h e   M a y e r   &   C i e. Mit ihm erlosch ein arbeitsvolles
Leben, reich gesegnet in den Erfolgen seines Unternehmens,
aber nicht weniger reich an edlen Werken, unvergeßlich für
alle, die ihm nahe standen.

Diese Zeilen sollen erzählen von einem stillen, an Sorgen und Mühen, aber auch an Erfolgen reichen Leben, sie
sollen reden von einem Manne, der sich durch Fleiß und
Tatkraft emporrang zu einer hochgeachteten Stellung im Dienste der Industrie, der – einst selbst ein einfacher Arbeiter –
einen Fabrikbetrieb geschaffen, welcher beinahe vierhundert
fleißigen Menschen lohnenden Erwerb gibt.

Das alte Cöln mit seinem aus den Trümmern erstande-
nen Dom, seinen herrlichen Kirchen und alten Patrizierhäu-
sern und seinen engen, winkeligen Gassen, war Mayers Vaterstadt. Am 24. April 1819 wurde er dort geboren, sein El-
ternhaus stand in einer der schmalen Gassen am Altermarkt,
wo seine Eltern ein Korbwarengeschäft betrieben. In treuer
Elternhut wuchs er zu einem kräftigen, frischen Knaben heran, und ein Festtag wars für ihn, wenn er mit der frommen
Mutter nach Kalk zum alten Gnadenkapellchen pilgern durfte. Mit 13 Jahren wurde er aus der Schule entlassen; der Vater starb, und der Knabe begann nun eine fünfjährige Lehrzeit bei einem Silberschmied, dem Meister Joh. Schmitz in
der Marzellenstraße. Nach Beendigung der Lehrzeit zog der
Jüngling hinaus in die Welt, um zu schauen, zu lernen und zu
arbeiten. Nach Wien zog ihn sein Herz, zur Kaiserstadt an
der blauen Donau. Nach glücklicher Wanderschaft kam er
1839 dorthin, und mit seinen tüchtigen Fachkenntnissen fand
er bald in einer großen Silberwarenfabrik Stellung und für
seine Schaffenslust ein ausgedehntes Feld. Zwei Jahre blieb
er in der österreichischen Kaiserstadt, dann nahm er den
Wanderstab wieder zur Hand, um nach der geliebten Mutter
Wunsch zurückzukehren zum Vaterhause im alten Cöln. Über
Prag, Dresden und Berlin wanderte er zurück, und gern bot
Meister Schmitz dem Heimgekehrten aufs neue Beschäftigung in seiner Werkstätte, in der er im ganzen 23 Jahre arbeitete.

Im Jahre 1846 vermählte sich Joh. Mayer mit Anna Breuer in Cöln, deren Eltern in einem Hause „Unter Taschenmacher" ein Drechsler- und Pfeifenwarengeschäft hatten. Eine treffliche Erziehung und nicht minder gute Schulbildung hatte Anna Breuer erhalten, letztere bei den Ursulinerinnen, welche damals wie heute den Ruf vorzüglicher Erzieherinnen genossen. In dem Rahmen ihrer stillen Häuslichkeit wurde sie ihrem Manne das Muster einer liebenden Gattin, ihren beiden Kindern Anna und Magdalene eine sorgsame Mutter. Treulich hat sie alle Sorgen mit ihrem Manne getragen und in nimmermüdem Fleiß geschafft und gearbeitet.

1858 trat Joh. Mayer durch Vermittlung seines Schwagers Wimmar Breuer, welcher Teilhaber der von ihm und Neuerburg gegründeten Firma S i e v e r s & C i e. in K a l k war, in die Perforierwerkstätte des genannten Etablissements als Meister ein. Bei Sievers & Cie., nachmals Maschinenbauanstalt Humboldt, blieb Joh. Mayer vier Jahre, bis er am 29. Juni 1862 mit dem B a u e i n e r e i g e - n e n , v o r l ä u f i g n o c h k l e i n e n F a b r i k begann zur H e r s t e l l u n g g e l o c h t e r B l e c h e. Zunächst arbeitete Mayer nur mit einer Lochmaschine, und das ganze Personal bestand aus drei Mann, erst zu Beginn des folgenden Jahres konnte zur Aufstellung einer Dampfmaschine geschritten werden. Noch bis Oktober 1863 mußte der Fabrikherr die zum Lochen der Bleche nötigen Stanzen und Matrizen selbst anfertigen, da erst fand sich ein tüchtiger Mann, der für diese subtile Arbeit Geschick besaß und von Joh. Mayer bald zum perfekten Stanzenverfertiger ausgebildet wurde. Mehr und mehr hob sich das Unternehmen; gelochte Bleche aller Art wurden in für damalige Verhältnisse ansehnlichen Quantitäten hergestellt und auch kleinere Schlosserarbeiten, bei denen gelochte Bleche Verwendung fanden, übernommen. 1867 beschäftigte die Fabrik zwanzig Arbeiter. Auf die Mithilfe fremden Kapitals angewiesen, hatte sich Joh. Mayer nach leistungsfähigen Kompagnons umgesehen; jedoch hatte er mit ihnen anfangs wenig Glück. In allzuängstlicher Weise legten sie dem Unternehmungsmute Mayers alle nur denkbaren Hindernisse in den Weg. Erst 1873 ge-

lang es ihm, zwei Cölner Herren[1] als stille Teilhaber zu gewinnen, die in kulantester Weise ihr Interesse mit dem Gedeihen des Etablissements verbanden, bis 1885, nach Ablauf
des Gesellschaftsvertrages, dieses Verhältnis gelöst wurde.

Neue Gedanken brachte für den vorwärtsstrebenden,
rastlos arbeitenden Mann der Besuch der Pariser Weltausstellung im Jahre 1867. Die Hoffnung, dort unter den industriellen Erzeugnissen aller Völker Anregung zu neuem Schaffen zu gewinnen, hatte ihn angetrieben, die Reise nach der
Seinestadt zu unternehmen.

Bald fand er unter der Unmenge von Maschinen eine,
die sein Interesse besonders fesselte. Trieur war sie benannt,
konstruiert von Bachon in Dijon, und ihre Arbeit war, den
Unkrautsamen aus dem eingeschütteten Getreide zu entfer-
nen. Ein einfacher, runder Fülltrichter führte durch ein Rohr
das zu reinigende Getreide in einen rotierenden Zylinder aus
gebohrtem Zellenblech. Letzterer hatte eine waagerechte
Lage, und in seinem Innern befand sich ein muldenförmig
gebogenes Blech, auf welches die in den Zellen gehobenen
Körner niederfielen. Ein Räderwerk gab diesem Blech eine
schüttelnde Bewegung, um die darauf gefallenen Körner zu
dem Auslauf des Zylinders zu bringen. Da sich die gebohrten
Zellen durch eingeklemmte Körner leicht verstopften, so war
ein Hammer angebracht, der sich mit jeder Drehung des Zylinders hob und dann auf den letzteren niederfiel, so daß er
die festsitzenden Körner herausklopfte. In Deutschland kannte
man diese Getreide-Reinigungsmaschine kaum dem Namen
nach, aber Joh. Mayer sah sofort ein, daß der Trieur eine
Zukunft habe und ein äußerst nützliches Gerät für die Landwirtschaft und für die Müllerei werden könne. Auf manchem
schlecht bestellten Ackerstücke zeigte sich ja häufig genug
nicht das Unkraut unter dem Weizen, sondern der Weizen
verschwand fast unter Kornblumen, Mohn und Raden, so daß
man glauben konnte, die bunte Blütenpracht sei gesäet worden, und aus Versehen seien Weizenkörner dazwischengera-
ten. Kam schließlich die Ernte zum Müller, dann war sie

1) J.M. Heimann und F.C. Heimann.

natürlich viel geringwertiger als reine Frucht, das Mehl wurde bläulich und unansehnlich, sogar ungesund und schädlich. Diesen Übelständen abzuhelfen und seiner Fabrik durch Konstruktion und Herstellung möglichst vollkommener Unkrautauslesemaschinen weiteren Ausbau und neue Blüte zu verschaffen, das war jetzt des fleißigen Mannes Sinnen und Trachten. Voll von Plänen, wie dieses Ziel zu erreichen, kehrte er in die Heimat zurück, und nun begann ein unausgesetztes Grübeln, Versuchen und Verbessern. Klar war es ihm von vornherein, daß die Herstellung formrichtiger Zellen aus massivem Material, die sich nicht mit Körner zusetzen, die erste und die Hauptaufgabe sei, und neben dieser endlich von Joh. Mayer gefundenen Lösung erschienen die übrigen Konstruktionsänderungen verhältnismäßig leicht. Wieviele mühevolle Arbeit, wieviele fruchtlose und kostspielige Versuche, wieviele Opfer an Zeit und Geld, die ihm in seinen damaligen Vermögensumständen nicht leicht wurden, waren erforderlich, bis endlich das erste Trieurblech in massiver Zinkplatte eingepresst fertig dalag! An all diese Mühe und Sorge dachte aber wohl nicht einer seiner Konkurrenten, welche die Erfindung Joh. Mayers ohne viel Kopfzerbrechen zur Anwendung brachten. Die unvollkommenen Patentgesetze Preußens waren daran schuld, daß Mayer sein Werk nicht gesetzlich geschützt sah.

Nach Herstellung seines Trieurbleches ersann der strebsame Mann die Konstruktion einer soliden, allen Anforderungen in vollkommener Weise entsprechenden Unkrautsamen-Auslesemaschine, und so entstand der „Trieur, System Mayer", heute eine weltbekannte Maschine, die Windfege, Rüttelsiebe, abnehmbare Zylindersiebe, sowie Unkrautsamenmulde mit Schnecke besitzt. Es war zu Anfang des Jahres 1868, als die erste deutsche Unkrautsamen-Auslesemaschine aus der Mayerschen Fabrik hervorging, und bereits sechs Jahre später, Mitte des Jahres 1874, konnte die Fabrik mit ihren dreißig Arbeitern die Fertigstellung des tausendsten Trieurs festlich begehen.

Von dieser Zeit an steigerte sich der Absatz in außerordentlicher Weise, Ehre und Anerkennung wurde der Firma in

reichstem Maße zuteil und zwar nicht nur in Deutschland. Längere Zeit war nur eine und dieselbe Zellenbohrung zur Anwendung gebracht worden, nämlich die den deutschen Getreidearten und den hier vorkommenden Unkrautsamen entsprechende. Da aber Joh. Mayer den Gedanken zur Ausführung
brachte, die Trieurzellen den in den verschiedenen Ländern
gebauten Getreidearten und den darin vorkommenden
Unkrautsamen anzupassen, so stimmte bald auch das Ausland
in das Lob ein, welches im Vaterlande dem Mayerschen Trieur
allerorten gespendet wurde. Auf der Weltausstellung in Phil-
adelphia im Jahre 1879 war dieser Trieur die einzige deutsche
landwirtschaftliche Maschine, welche prämiert wurde.

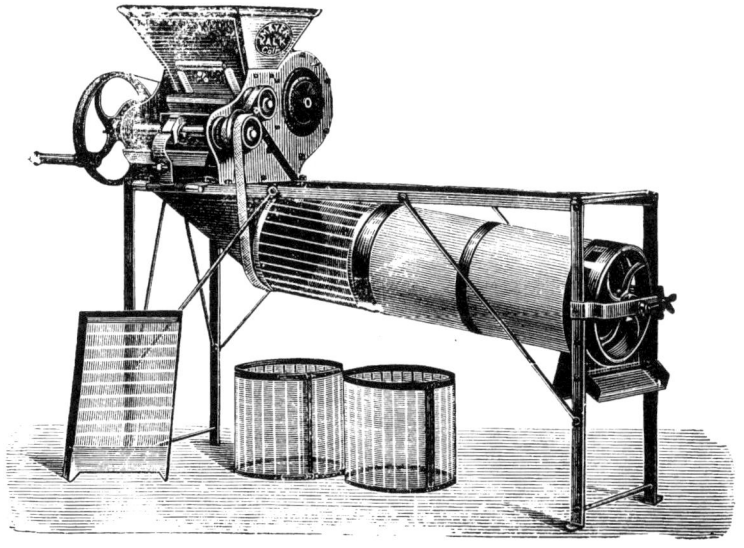

Trieur, System Mayer, mit Speisewalze und Rüttelsieb.

Damals äußerten sich die amerikanischen Zeitungen
übereinstimmend dahin, daß die sonst im Bau und in der
Erfindung landwirtschaftlicher Maschinen so hoch stehenden Amerikaner am deutschen Trieur doch noch recht viel
lernen könnten. In gleicher Weise wurde der Mayersche Trieur
auf den australischen Weltausstellungen ausgezeichnet.

Mit dem wachsenden Rufe des Fabrikats hielt der Absatz desselben gleichen Schritt, und als im Jahre 1887 die
Firma Mayer & Cie. das Fest ihres 25 jährigen Bestehens

feierte, da waren 40 000 Trieure aus der Fabrik hervorgegangen, und zehn Beamte und an zweihundert Arbeiter fanden bei Mayer & Cie. lohnende Beschäftigung. Diese Zahlen erschöpfen aber bei weitem nicht die Bedeutung der von Joh. Mayer gemachten Erfindung. In jeder größeren Stadt Deutschlands sind im Laufe der Jahre Trieurfabriken entstanden, und dem einstigen schlichten Silberarbeiter gebührt das Verdienst, einen neuen, lohnenden Industriezweig in Deutschland eingeführt zu haben, der vielen Tausenden Brot gibt, der ferner zur Volksgesundheit beiträgt dadurch, daß er das zu mahlende Getreide von schädlichen Beimengungen, Mutterkorn, Unkrautsamen etc. reinigt. Sehr hoch anzuschlagen ist auch der Vorteil, den der Trieur dem Landmann für die Reinigung des Saatgutes bringt. Sieht man doch jetzt dank der Anwendung des Trieurs Felder, in denen keine einzige Blume, keine Rade, kein Mohn die Kinder verlockt, der bunten Blüten wegen das hochragende Getreide zu zertreten. Gewiß ist ein Roggenfeld mit seinen wogenden Halmen, ein Weizenfeld mit den goldbraunen Ähren schön, wenn einzelne blaue Cyanen, purpurne Raden und feuriger Klatschmohn zwischen den schlanken Halmen zum wolkenlosen Himmel emporschauen, aber wer wollte diese Schönheit nicht gerne entbehren, wenn sie unvernünftige kleine und große Kinder verlockt, die Gottesgabe des Brotkornes gering zu achten und die Halme schonungslos zu verderben!

Daß Mayersche Trieure auch die Getreidekörner derselben Art je nach ihrer Größe voneinander sondern und so Weizen, Gerste oder Roggen erster, zweiter und dritter Qualität in die verschieden untergestellten Gefäße oder untergebundenen Säcke gelangen lassen, sei nur nebenbei erwähnt. Jeder Denkende wird schon selbst finden, zu welchen Zwecken die verschiedenen Sorten am besten Verwendung finden.

In seinem rastlosen Vorwärtsstreben fand Joh. Mayer feste Stützen an seinen beiden Schwiegersöhnen, die im Jahre 1878 als Teilhaber in die Firma eintraten, Heinrich Zweiffel und Wilhelm Krüger. Als Ingenieure waren beide befähigt und voll Eifer, an dem Aufschwung des Geschäftes und an der Vervollkommnung seiner Einrichtungen mitzuarbeiten.

Eine Aufsehen erregende Erfindung auf dem von der Firma
Mayer & Cie. gepflegten Gebiete wurde Wilh. Krüger im
Dezember 1878 patentiert, nämlich der in den Kreisen der
Bierbrauer und Mälzer beliebte Trieur „Gerstensortier-Halb-
körner und Unkrautsamen-Auslesemaschine Patent Krüger."

So konnte der stets für das Gedeihen seines Werkes und
das Wohl der Seinen arbeitende und schaffende Mann sich
seiner Erfolge von Herzen freuen. Doch „des Lebens unge-
mischte Freude ward keinem Sterblichen zu teil." Im Jahre
1884 starb seine Tochter, Frau Anna Krüger, und im Februar
1887 sein Schwiegersohn Heinrich Zweiffel, letzterer nach
lang andauerndem Siechtum.

Zu den Seinen zählte er auch von jeher seine Arbeiter
und Beamten. Wenn irgendwo Krankheit, Tod oder anderes
Unglück an die Türe seiner Untergebenen anpochte, da fanden letztere stets bei ihrem verehrten Chef ein mitfühlendes
Herz und eine offene Hand, die der Not steuerte. Stolz darauf, selbst ein praktischer, einfacher Arbeiter gewesen zu sein,
hielt er stets an dem Grundsatze fest: „Jeder Arbeiter ist seines Lohnes wert", und indem er auskömmliche Löhne zahlte, sicherte er sich einen treuen und zufriedenen Arbeiter-
stamm.

Auch im größeren Kreise der Bürgerschaft Kalks wurde
ihm Anerkennung in reichem Maße. Lange Jahre war er Mitglied des Gemeinderates, bis ihn seine Schwiegersöhne wie
im Geschäft so auch hier vertreten konnten. Die Stadt ehrte
ihn dadurch, daß sie ihn zu ihrem Ehrenbürger ernannte.

In dem prächtig erbauten und wohnlich eingerichteten
Hause an der Hauptstraße, gegenüber der Stätte, wo sein Werk
von den kleinsten Anfängen zu gewaltigem Umfange gewachsen war, wohnte Joh. Mayer noch viel Jahre, bis seine beiden
Enkel die Leitung des Werkes übernehmen konnten. Dann
zog er sich nach Cöln zurück, um dort den Abend seines
Lebens zuzubringen. Obgleich er sich in den letzten Lebens-
jahren nicht mehr dem Geschäfte widmete, wachte er doch
mit immer gleichbleibendem Interesse darüber, daß die alten
und guten Geschäftsverbindungen nicht an Herzlichkeit ein-
büßten.

Am 4. April 1903 entriß ihm der Tod die treue Gefähr-
tin seines Lebens, mit der er 57 Jahre in treuer Liebe verlebt
hatte. Treulich hatte sie die Sorgen früherer Tage mit ihrem
Manne getragen, und viele hatten in ihr eine willige Berate-
rin und Helferin gefunden. Einfach, wie sie in ihrer Jugend
gewesen, blieb sie in ihrem ganzen Leben. Auch seine Tochter Magdalene, Witwe Zweiffel, sowie seinen Schwiegersohn
Wilhelm Krüger überlebte er noch, beide starben im Jahre
1906. Während die körperlichen Kräfte unter der Last des
zunehmenden Alters schwanden, blieb der Geist noch klar
bis zum Ende. Fast 90 Jahre alt verschied Joh. Mayer am
7. Juli 1908, betrauert von allen, die ihn kannten, nicht zum
wenigsten von den armen Waisenkindern von Kalk, denen er
seit vielen Jahren ein treuer Wohltäter gewesen.

Außer dem Hauptwerke in Kalk gehören der Firma
Mayer & Cie. noch an die Trieurfabrik zu Dresden-Neustadt,
gegründet 1887, ferner die Eisengießerei im Gebiet der Gemeinde Vingst, an der Olpenerstraße, 1893 erbaut und die
Trieurfabrik Pfersee bei Augsburg, 1892 gegründet.

Diese vier Werke liefern Trieure, Reinigungs- und Sor-
tiermaschinen für Getreide, Kleesamen, Leinsamen, Hülsen-
früchte etc., vollständige Anlagen und Einrichtungen zur
Reinigung von Getreide für Mühlen, Lagerhäuser, Getreide-
speicher, ferner vollständige Einrichtungen zur Reinigung der
Gerste und zur Malzbereitung für Mälzereien und Brauerei-
en, dann Auslese- und Sortiermaschinen für Kaffeebohnen,
Einzelteile zu solchen Anlagen, gelochte Bleche aller Art,
Heizkörper, Verkleidungen etc. Die Gießerei stellt auch
Eisengußwaren aller Art her.

⁊⁊⁊

Kalker Werkzeugmaschinen-Fabrik
vormals Breuer, Schumacher & Cie., Akt.-Ges.

Die Kalker Werkzeugmaschinenfabrik, Breuer,
Schumacher & Cie. Akt.-Ges. in Kalk, im Jahre 1870 als
Kommanditgesellschaft unter dem Namen: Kalker Werk-
zeugmaschinenfabrik, L. W. Breuer, Schumacher & Cie. ge-

gründet, wurde 1899 in eine Aktien-Gesellschaft umgewandelt. Das Werk hat sich aus sehr bescheidenen Anfängen zu
seiner heutigen Größe entwickelt. Wie schon sein Name besagt, befaßte sich die Firma anfangs mit der H e r s t e l l u n g
v o n W e r k z e u g m a s c h i n e n, deren Bau auch heute
noch eine ihrer ersten Spezialitäten bildet. Dem wachsenden
Bedürfnis des Maschinenmarktes Rechnung tragend, nahm sie
im Laufe der Zeit auch den Bau anderer Maschinen auf, unter

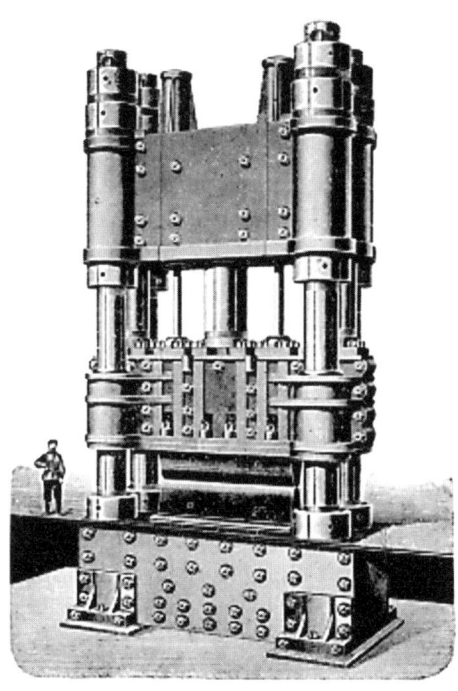

**Dampf-hydraulische Schmiedepresse für 10 000 000 kg
Druck zum Schmieden und Biegen von Panzerplatten und
zur Herstellung größter Schmiedestücke. Gesamtgewicht der
12 m hohen Schmiedepresse 1 000 000 kg. Eine dieser gewaltigen Schmiedepressen wurde ausgeführt für die Dillinger
Hüttenwerke, eine zweite für die Obuchowoskischen Stahl-
werke in St. Petersburg.**

denen heute folgende Gattungen als Spezialitäten gepflegt werden: Werkzeugmaschinen, H i l f s m a s c h i n e n f ü r
H ü t t e n - u n d W a l z w e r k e , S t a h l - u n d W a l z -
w e r k s a n l a g e n , H y d r a u l i s c h e M a s c h i n e n .

260 Daneben stellt die Firma auch alle anderen vorkommenden Maschinen her, die auf vorstehenden Spezialmaschinen basieren. Die vortreffliche Ausführung dieser Maschinen sowie deren hervorragende Leistungen haben es dem genannten Werke ermöglicht, heute mit an der Spitze der Maschinen bauenden Firmen zu stehen und seine Abnehmer in allen Teilen der Welt zu finden, sodaß es einen Weltruf auf dem Gebiete des Maschinenbaues genießt. So stehen heute in allen Ländern des europäischen Festlandes und Großbritanniens Maschinen der Kalker Werkzeugmaschinenfabrik jeglicher Art, und selbst in die überseeischen Länder haben die Maschinen der Firma Eingang gefunden. So z.B. legen heute größere maschinelle Anlagen in Argentinien, in den Vereinigten Staaten von Nordamerika, in China und Japan beredtes Zeugnis ab von dem deutschen Gewerbefleiß im allgemeinen und unserer heimischen Industrie im besonderen. Die tadellosen einwandfreien Ausführungen ihrer Anlagen haben der Firma einen großen in- und ausländischen Kundenkreis gesichert.

Die Zahl der Arbeiter und Beamten nahm natürlich der steigenden Beschäftigung des Werkes entsprechend zu und betrug im Januar 1910 680. Neben den Erfolgen, welche die Firma außerhalb zu erringen gewusst hat, hat sie jedoch das Wohl ihrer Arbeiter nicht aus dem Auge gelassen. So nahm sie vor einigen Jahren einen Umbau ihrer Werkstätten vor, sodaß heute die gesamte Arbeiterschaft in hohen, hellen und luftigen Räumlichkeiten untergebracht ist. Auch ist eine Badeanstalt im Jahre 1908 erbaut worden, die den Arbeitern zur Verfügung steht. Die Arbeiter wählen selbst aus ihrer Mitte einen Ausschuß, dessen Mitglieder etwaige Wünsche der Direktion unterbreiten; dieselben werden alsdann in eingehende Erwägung gezogen und es wird ihnen nach Möglichkeit Rechnung getragen. Weiter unterhält die Firma ein Arbeiterunterstützungskonto, aus welchem Arbeiter, die ohne ihre Schuld in Not geraten sind, angemessene Unterstützungen gewährt werden.

Der Gründer der Firma war der Fabrikant Gustav Wippermann, welcher sich um die Hebung der Kalker Industrie große Verdienste erworben hat. Gustav Wippermann gründete im Jahre 1871 die Firma Gustav Wippermann & Cie., welche später den Namen Kalker Maschinenbau Akt. Ges. bezw. Siller & Dubois erhielt und sich in der Hauptsache mit der Fabrikation von Bergwerksmaschinen, sowie dem allgemeinen Maschinenbau beschäftigte. Später wurde die Fabrik von der Maschinenbauanstalt Humboldt erworben und unter deren Namen weitergeführt. Im Jahre 1879 trat Gustav Wippermann aus und rief die Firma Gustav Wippermann, Maschinenfabrik und Eisengießerei ins Leben. Im Jahre 1886 gründete er die heutige Rheinische Sensenfabrik Gustav Wippermann & Cie.

Die Maschinenfabrik fabriziert folgende Spezialitäten: M a s c h i n e n   f ü r   d e n   B e r g b a u , Zerkleinerungsmaschinen aller Art und Schotteranlagen, maschinelle Bühneneinrichtungen für Theater, Einrichtungen für Sprengkapsel- und Pulverfabriken usw. Der Bau von Dampfmaschinen, welcher z. Zt. sehr forciert wurde, hat in den letzten Jahren unter der fortschreitenden Entwicklung der Saug-Gasanlagen und Elektromotoren sehr zu leiden gehabt. Bauguß, eine Spezialität der Gießerei, kommt heute für diese kaum noch in Frage, da mehr und mehr Eisenkonstruktion verwandt wird.

Nach dem im Jahre 1898 erfolgten Tode von Gustav Wippermann wurde die Firma in eine Gesellschaft mit beschränkter Haftung umgewandelt, welche ausschließlich von Familienmitgliedern gebildet wird.

❧❧❧

Façoneisen-Walzwerk L. Mannstaedt & Cie., Aktien-Gesellschaft.

Das im Jahre 1872 unter dem Namen „Aktien-Ges. Zeus" begründete Werk wurde kurz nach seiner Inbetriebsetzung dem benachbarten Unternehmen, der damaligen „Maschinen-

Aktien-Gesellschaft H u m b o l d t" als Abteilung I angegliedert. Der Betrieb dieser Abteilung umfaßte außer dem eigentlichen Fertigeisen-Walzwerk ein Puddelwerk, sowie eine
kleinere Unterabteilung für die Herstellung feuerfester Erzeugnisse. Unter dem gegen die Mitte der 70er Jahre eingetretenen allgemeinen Niedergang der Industrie hatte das junge Werk schwer zu kämpfen. Verschlimmert wurde seine Lage
später noch durch den sich vollziehenden Umschwung in der
Eisenverhüttung (Einführung des Thomas- und Siemens-
Martin-Verfahrens), infolgedessen ein großer mit erheblichen
Kosten errichteter Teil des Unternehmens, das Puddelwerk,
allmählich gänzlich brachgelegt wurde. Im Jahre 1891 wurde der Puddelbetrieb endgültig stillgelegt, da eine Anpassung
dieses Betriebsteils an die neuen Verfahren zur Herstellung
des zum Walzprozeß nötigen Rohmaterials schon mit Rücksicht auf die frachtlich recht ungünstige Lage des Werkes nicht
durchführbar war. Eine Zeit lang schien die Lebensfähigkeit
des Unternehmens fast völlig in Frage gestellt, doch hatte
inzwischen der seit April 1878 an die Spitze dieser Abteilung
I der Gesellschaft „Humboldt" gerufene Direktor L .
M a n n s t a e d t sen. bereits den richtigen Weg zur Rettung
eingeschlagen, indem er den Walzwerksbetrieb ganz allmählich auf die heute noch beibehaltene, weiter ausgebaute Bahn
zur Herstellung solcher Walz-Erzeugnisse leitete, deren Fabrikation wegen der Geringfügigkeit ihrer jeweiligen Bedarfs-
mengen oder wegen ihrer Schwierigkeit sich für eine Durchführung in den gemischten Großbetrieben nicht eignet. Die
durch diese Erweiterung des Fabrikationsgebietes eintretende Gesundung des Unternehmens, die anfänglich nur bescheidenen Umfang aufwies, erschien der derzeitigen Generaldi-
rektion der Gesellschaft „Humboldt" nicht ausreichend, weshalb sie den Antrag auf gänzliche Niederlegung des
Walzbetriebes stellte. Nur der damalige Vorsitzende des Auf-
sichtsrates der Gesellschaft „Humboldt", der weitsichtige, industrielle Pfadfinder, Geheimer Kommerzienrat E u g e n
L a n g e n , verlor nicht das Vertrauen in die Richtigkeit des
eingeschlagenen, neuen Weges und erklärte sich mit dem
Vorschlage des Direktors L . M a n n s t a e d t einverstan-

den, das Walzwerk gänzlich von der Gesellschaft „Humboldt"
abzutrennen und unter eigene Verwaltung zu stellen. So wurde im Jahre 1885 die Kommanditgesellschaft „L. Mannstaedt & Cie." gegründet unter Führung des bisherigen Abteilungsdirektors L. Mannstaedt sen., als Girant. Der Umfang des Werkes war um diese Zeit immer noch ein recht bescheidener, es beschäftigte etwa 250 Arbeiter und Beamte und erzeugte auf drei Walzenstraßen etwa 7000 Tonnen Walzfabrikate im Jahre, unter Aufwendung von etwa 700 PS. an Maschinenkraft. Indessen fanden die Erzeugnisse des Werkes im Kreise der Verbraucher immer mehr Anklang, so daß die einmal begonnene Aufwärtsentwicklung stetig blieb. Zur Zeit beschäftigt das Werk nahezu 950 Arbeiter und Beamte und erzielt unter Aufwendung von etwa 4500 PS. an Maschinenkraft eine Jahresproduktion von nahezu 50 000 Tonnen. Diese Entwicklung machte es schon im Jahre 1896 zur Notwendigkeit, das Unternehmen auf eine breitere geldliche Grundlage zu stellen, und wurde dasselbe daher in genanntem Jahre in eine Aktiengesellschaft umgewandelt. An die Spitze derselben trat wiederum L. Mannstaedt sen., der auch heute noch mit seinen beiden Söhnen, Carl und Ludwig Mannstaedt, den Vorstand der Gesellschaft bildet.

Der hier kurz angedeutete Aufschwung ist umso bedeutungsvoller, als das Werk durch die Heranschaffung des in großen Quantitäten erforderlichen Rohmaterials (Eisen, Stahl, Kohlen) nicht nur hohe, unwirtschaftliche Frachtlasten zu tragen hat, sondern auch dieses Material zumeist von den großen Hüttenwerken beziehen muß, die das in ihren Anlagen gewonnene Rohmaterial auch selbst zu fertigem Walzgut verarbeiten und somit zu den Konkurrenten des Mannstaedt′schen Werkes zählen. Daß die von dem Werke hinsichtlich seines Arbeitsgebietes eingeschlagene, neue Richtungslinie tatsächlich zur Ursache seiner ebenso erfreulichen, wie ungewöhnlichen Entwicklung geworden ist, zeigt eine Durchsicht der älteren und neueren Musterbücher der Gesellschaft. Während in den Musterbüchern aus der ersten Zeit nur Stabeisen und wenige, einfache Winkeleisen das fast ausschließliche Walzprogramm darstellte, weist dieses

Programm schon zu Anfang der 90er Jahre eine größere Anzahl von Walzprofilen komplizierteren Querschnittes auf.
Heute zeigen in über 8000 Abbildungen drei getrennte Musterbücher die schwierigsten Walzprofile für den Bau von Maschinen, Schiffen, Telephon- und Telegraphenlinien, Brük-
ken, Eisenbahnen, Eisenbahnwagen, Automobilen, Tresors,
Geschränken, landwirtschaftlichen Maschinen und Geräten
etc., für die Einrichtung von Fabriken und Bergwerken, für
Glasdach- und Eisenbetonkonstruktionen, für Werkzeug-,
Schloß- und Baubeschlag-Fabrikationen, für zahllose Gegenstände der Feineisenkonstruktion u. s. f. Während nun für die
hier angedeuteten Industrien vorwiegend W a l z p r o f i l e
f ü r   r e i n   t e c h n i s c h e   Z w e c k e gefertigt werden,
stellt das Werk ferner in einer Unzahl weiterer Profile M a -
t e r i a l   f ü r   d a s   K u n s t g e w e r b e her, so besonders
f ü r   d i e   A r b e i t e n   d e r   K u n s t s c h l o s s e r e i
u n d   K u n s t s c h m i e d e r e i, wie für schmiedeeiserne
Geschäftshausfassaden und Schaufensteranlagen, Treppen,
Pavillons, Veranden, Erker, Gitter, Geländer, Türen und Tore,
Kandelaber, Beleuchtungskörper, Heizkörperverkleidungen,
schmiedeeiserne Möbel etc., sowie für die vielerlei einschlägigen Kleinkonstruktionen, wie Gesimse, Rohrbekleidungen,
Umrahmungen usw. Ganz besonders sind es hier die einzig-
artigen unter dem Namen „M a n n s t a e d t - E i s e n " in der
gesamten Technik bekannt gewordenen, glatten und ornamen-
tierten Profilleisten, die wesentlich dazu beitrugen, den Ruf
des Werkes und damit auch den Namen unseres Gemeinwesens als Industriestadt in die ganze eisenverbrauchende Welt
hinauszutragen. Die in Rede stehenden Profilleisten (vergl.
nebenstehende Abbildungen) konnten nämlich früher nur in
Gußeisen hergestellt werden, und da das Gußeisen weder
durch seine Festigkeitseigenschaften, noch durch die für seine technische Behandlung maßgebenden Eigenschaften, wie
Biege- und Schmiedbarkeit, den sich immer steigernden Ansprüchen der verschiedenen Gewerbe genügen konnte, war
es ein großer Fortschritt, daß man nun in dem neuen
Mannstaedt'schen Erzeugnis die kompliziertesten Profilleisten mit den ausdruckvollsten Ornamentierungen in dem

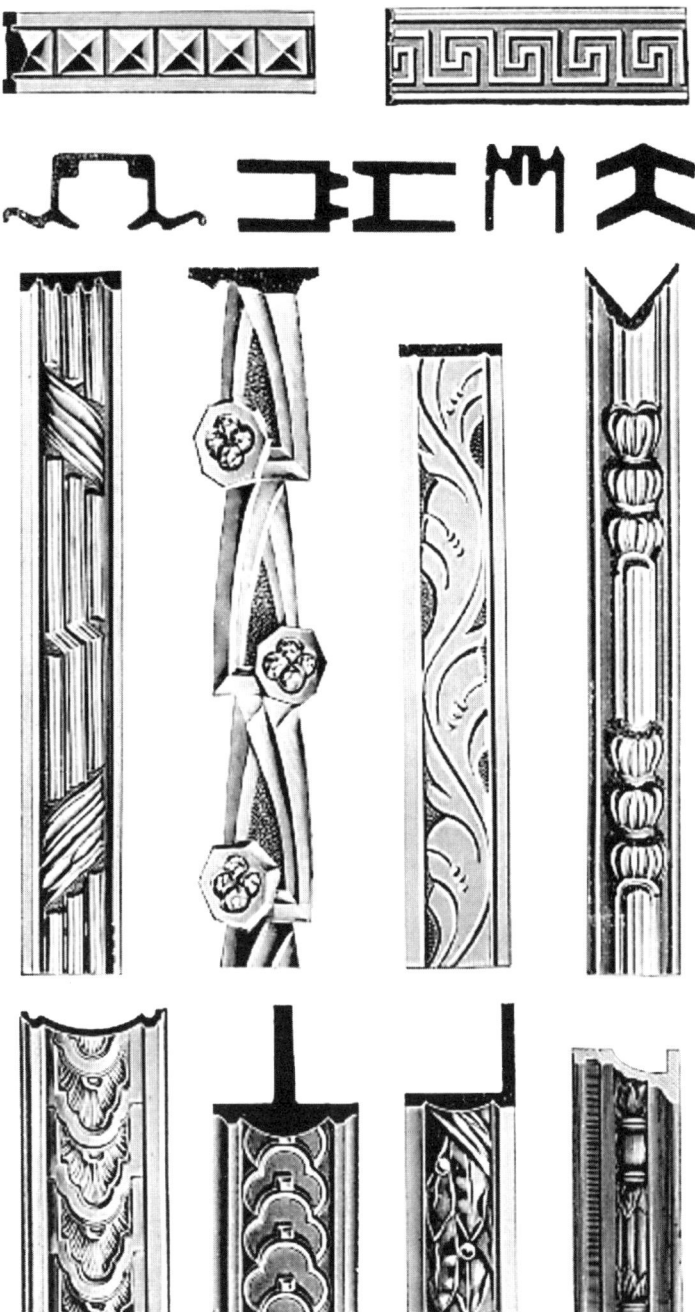

Einige Muster von Mannstaedt-Eisen.

für die Kunstschlosserei und Schmiederei einzig echten und brauchbaren Material, dem Schmiedeeisen, erhalten konnte. Für die Vielseitigkeit und Leistungsfähigkeit des Werkes auf walztechnischem Gebiet ist ferner bezeichnend, daß der größte Teil der geführten Walzprofile außer in Eisen auch in Bronze, Kupfer und Aluminium hergestellt wurde. Der hervorragende Anteil der Firma an dem technischen Fortschritt unserer Zeit ist denn auch durch zahlreiche, nur höchste Auszeichnungen auf den größten Welt- und Fachausstellungen, so z. B. in Chicago, Berlin, Barcelona, Wien, Hannover, Melbourne, Leipzig, Cöln usw. sowie durch Verleihung von zwei Staatsmedaillen anerkannt worden. Bezeichnend für die heutige Bedeutung der Mannstaedt'schen Erzeugnisse ist übrigens die Tatsache, daß die Musterbücher der Firma, worunter sich auch besondere Lehr- und Beispielbücher für die Bewertung, Bearbeitung und Behandlung der Walzprofile, insbesondere für das Kunstgewerbe befinden, in den meisten einschlägigen Fachschulen der Welt mit als Unterlagen für den Unterricht dienen.

Einige Blumen und Blätter von Mannstaedt & Cie.

Seit etwa 12 Jahren hat das Werk in besonderer Abteilung auch die Herstellung von Fertigwaren aufgenommen, nämlich solcher Gegenstände, die aus dem in der Abteilung Walzwerk des Werkes hergestellten Walzgut angefertigt werden. Es sind dieses in der Hauptsache Grubenstempel, Automobilfelgen, Gießerei-Kernstützen, Mauereckschoner,

Treppenstufen-Schutzschienen, schmiedeeiserne Türum-
rahmungen für Krankenhäuser, Schulen, Kasernen etc., Gitter-
ornamente usw.

Ein Rundgang durch das im Laufe der Jahre auch räum-
lich vergrößerte Werk zeigt uns, was eine umsichtige Leitung im Verein mit einem steten Stamm treuer Mitarbeiter
aus einem ehemals scheinbar dem Untergang geweihten
Unternehmen gemacht hat. Acht modern eingerichtete Walzenstraßen reihen sich in dem Hauptbau des Werkes aneinander. Während große Lagerplätze und Hallen für die Vorräte in Stahl und Kohlen, 11 Dampfkessel von rund 200 qm
Heizfläche und 6 Kamine, der wuchtige Kühlturm einer
Kondensationsanlage, sowie das Maschinenhaus der elektrischen Zentrale von etwa 1000 PS. Leistungsfähigkeit die
westliche Längsseite des Hauptbaues umsäumen, umschließen denselben in nördlicher und östlicher Richtung die ausgedehnten Façon- und Ziereisenläger, sowie eine Anzahl Gebäude, welche Hülfs- und Nebenbetrieben, wie Eisenrichterei
und Verputzerei, Walzendreherei, Schreinerei, Schlosserei
dienen, sowie die geräumigen Werkstätten der Abteilung für
Fertigwaren mit ihren zahlreichen maschinellen Einrichtungen. In allen diesen Betrieben zeigt sich uns ein auf der Höhe
der Zeit stehendes Unternehmen, und zwar nicht allein in
seinen Einrichtungen für den Erwerb, auch in bezug auf die
Fürsorge für die hier tätigen Arbeiter und Beamten. Eine
vorzüglich ausgestattete Badeanstalt steht den im Werk Beschäftigten kostenlos zur Verfügung, ebenso ein Speisesaal
für die auswärts wohnenden Arbeiter. In einem ansprechen-
den Ausschankhäuschen wird Milch und Mineralwasser zu
Einkaufspreisen verabreicht. Durch vom Werk bereitgestell-
te Mittel sind Beamten- und Arbeiter-Unterstützungskassen
errichtet, die im Falle der Not segensreich wirken u. s. f. Ein
Kennzeichen für das gute Verhältnis zwischen Leitung und
Untergebenen ist die Tatsache, daß der größere Teil der Arbeiter und Beamten, unter denen sich 33 Jubilare befinden,
über 10 und 15 Jahre auf dem Werk beschäftigt sind. Alles in
allem bildet das „Walzwerk Mannstaedt", wie das Unternehmen kurzweg genannt wird, in dem Kreise unserer vater-

städtischen Industrie eine Stätte, die erheblich zu dem heutigen Wohlstand und Ansehen unseres Gemeinwesens beigetragen hat.

Eisengießerei P. Stühlen in Cöln-Deutz, Fabrik in Kalk.

Das Werk wurde am 1. Februar 1867 durch Ingenieur P. Stühlen[1] gegründet.

Bis zum Jahre 1874 wurde die Fabrikation von Gußwaren aller Art in der Fabrik in Deutz betrieben, woselbst etwa 100 Arbeiter und Beamte beschäftigt waren. 1874 wurde die Fabrikationsstätte nach Kalk verlegt.

Das Werk betreibt:

5 Kupolöfen mit einer jährlichen Leistungsfähigkeit von 75 Millionen Kilogramm.

Als Spezialität werden heute fabriziert:

1. Muffen- und Flanschenröhren nach der deutschen Normaltabelle, für Gas-, Wasser- und Dampfleitungen etc.

    Tagesproduktion in den Dimensionen von 40 bis 1000 mm 8000 laufende Meter,

2. Formstücke für Gas-, Wasser- und Dampfleitungen, sowie gußeiserne Röhren jeder Art.

3. Gußeisen zu Ofengarnituren und zu Apparaten für Gasanstalten und chemische Fabriken,

4. Gußteile zu Bauzwecken, Säulen, Maschinenteile etc.

Das Absatzgebiet des Werkes erstreckt sich in der Hauptsache über den europäischen Kontinent.

Die Arbeiterzahl betrug Anfang des Jahres 1908 etwa 500.

Der sozialen Fürsorge der Geschäftsinhaber ist zu verdanken:

1. Die Gründung einer Arbeiterunterstützungskasse, welche bei Gelegenheit des 25jährigen Bestehens der Fabrik ins Leben trat,

---

1) Herausgeber des im Jahre 1864 erschienenen P. Stühlen's Ingenieur-Kalender.

2. die Gründung der Invalidenkasse, einer von dem Gründer des Werkes P. Stühlen sen., bei seinem Ausscheiden aus der Firma im Jahre 1904 erstmals dotierten Kasse,
3. die Beamtenunterstützungskasse.

Entsprechend der wachsenden Arbeiterzahl hat sich der Bestand der verschiedenen Kassen mit den Jahren durch weitere Spenden der Geschäftsinhaber vermehrt.

Das Werk bietet Arbeitern und Beamten Gelegenheit, in eigenen Häusern gut und billig zu wohnen, hat Badeanstalt — Wannen- und Brausebäder — für Beamte und Arbeiter, Speisesaal für Arbeiter etc.

Die Fabrikate des Werkes wurden ausgezeichnet mit
der bronzenen Medaille, Cöln 1875,
der silbernen Medaille, Düsseldorf 1880,
der goldenen Medaille, Frankfurt a. M. 1881.

Kalker Fabrik für gelochte Bleche, W. Breuer & Probst.

Die Firma wurde im Jahre 1877 von den inzwischen verstorbenen Fabrikanten Wimmar Breuer in Kalk und Ernst Probst in Erbach im Rheingau gegründet. Ersterer war auch Mitbegründer der Firma Sievers & Co., der späteren Maschinenbauanstalt Humboldt. Die Fabrik Breuer & Probst befaßt sich hauptsächlich mit der Herstellung von gelochten Blechen jeder Art und aus jedem Metall. Aus kleinen Anfängen entstanden, hat sie sich im Laufe der Zeit auf diesem Gebiete einen Weltruf erworben. Die Firma fabriziert gelochte Bleche für die Zuckerindustrie, also Zentrifugensiebe aus Messing bezw. Kupferblech, Filterpreßbleche, gelochte Bleche für Schnitzelpressen, Rübenwaschtrommeln etc., ferner rund und quadratisch gelochte Bleche für alle Industriezweige, speziell für Aufbereitungszwecke, Sieb- und Sortiervorrichtungen, komplette Sortiertrommeln mit Hartstahlsieb-

Verschiedene Zierbleche.

feldern für Basalt, Kies, Sand etc., dann Lochungen für verschiedene Spezialitäten: Raspelbleche, Kartoffelreibe- und Schälbleche, Kaffeeschäl- und Sortierbleche, Bleche für Dampf-Entöler, auch Gitter- und Zierbleche für Heizungs- und Lüftungsanlagen, Schutzgitter, Abdeckplatten, Fenster- und Gardinenbleche in den verschiedensten Mustern.

Die Gründung der Firma geschah im Jahre 1880 von P. Udelhoven und Karl Engel in Kalk, Helenenstraße Nr. 10, und zwar fast ohne Mittel. Der Betrieb wurde mit 2-3 Arbeitern in gemietetem Lokale eröffnet, alles wurde von Hand gearbeitet, Werkzeugmaschinen wurden von Hand bewegt, später besorgte dies eine 3 P.S. Dampfmaschine. Durch Fleiß der Gründer und Hilfe der Söhne Udelhovens kam die Firma 1890 dazu, das jetzige Grundstück an der Wipperfürtherstraße Nr. 16 käuflich zu erwerben, neu zu bebauen und den Betrieb dorthin zu verlegen. Im Januar 1908 wurden 20 Arbeiter beschäftigt. Die Leitung des Unternehmens ist in den Händen der jetzigen Inhaber, der drei Söhne des verstorbenen ersten Gründers P. Udelhoven.

Der Betrieb wird durch eine 18 P. S. Dampfmaschine und alle nötigen Hilfsmaschinen geführt und ist heute in der Lage, bezügl. Preis und Güte der Arbeit mit der größeren Konkurrenz in die Schranken zu treten.

Erzeugnisse sind: D a m p f k e s s e l und Apparate, Spezialität: B l e c h a u s s c h w e i ß u n g e n und E i s e n - k o n s t r u k t i o n.

❧❧❧

Ph. Schuster & Cie., G.m.b.H., Maschinen- und Armaturen-Fabrik.

Die Firma wurde im Jahre 1885 von Philipp Schuster und E. Rodenkirchen unter der Firma Schuster & Rodenkirchen begründet. Nach Verlauf von 5 Jahren schied E. Rodenkirchen aus und wurde das junge Unternehmen von Ph. Schuster unter F i r m a P h . S c h u s t e r & C i e. a l s K o m m a n d i t - G e s e l l s c h a f t weitergeführt.

Aus kleinen Anfängen — es wurden im Jahre 1885 14 Arbeiter beschäftigt — nahm die Entwicklung des Werkes unter umsichtiger und tatkräftiger Leitung stetigen Fortgang, sodaß heute etwa 250 Arbeiter in den verschiedenen Abteilungen tätig sind.

Am 1. Oktober 1904 wurde die Umwandlung der bisherigen Kommanditgesellschaft in eine G.m.b.H. vollzogen.
In der Hauptsache fabriziert das Werk s ä m t l i c h e
A r m a t u r e n f ü r d e n A u s s c h a n k v o n B i e r,
sie hat auf diesem Gebiete im Laufe der Jahre einen Weltruf
erworben. Eine besondere Spezialität ist die H e r s t e l l u n g
e i n e s p a t e n t i e r t e n V e n t i l e s, w e l c h e s
z u m V e r s c h l u ß v o n S t a h l f l a s c h e n f ü r
K o h l e n s ä u r e, S a u e r s t o f f, W a s s e r s t o f f
u n d s o n s t i g e k o m p r i m i e r t e b e z w. h o c h -
g e s p a n n t e G a s e d i e n t. Von diesen Ventilen stehen
ca. 1 Million Stück bei den bedeutendsten Werken des In-
und Auslandes in überwiegendem Maße bei Kohlensäure-
werken in Verwendung. Die große Verbreitung dieses Ventiles
ist wohl der beste Beweis für die großen Vorzüge und die
gute Beschaffenheit desselben und hat die Firma dadurch zu
der enormen Entwicklung der Kohlensäure-Industrie nicht
unwesentlich beigetragen.

Außerdem werden noch A r m a t u r e n f ü r D a m p f
i n g r ö ß e r e n M e n g e n, f e r n e r s o l c h e f ü r G a s,
W a s s e r und alle sonstigen einschlägigen Artikel hergestellt.

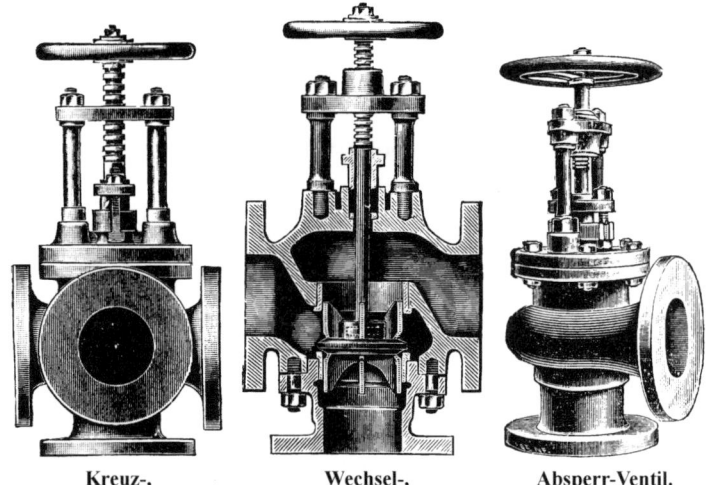

Kreuz-,   **Wechsel-,**   **Absperr-Ventil.**

Die Firma betreibt sodann noch eine Konstruktions-
werkstätte für den B a u v o n W a s s e r r e i n i g u n g s -

a p p a r a t e n, Behältern, Reservoiren und sämtlichen sonstigen Blecharbeiten.

In der geräumigen Metallgießerei wird außer dem Guß
für den eigenen Bedarf auch R o h g u ß i n a l l e n L e -
g i e r u n g e n hergestellt.

Das Absatzgebiet erstreckt sich in der Hauptsache auf
das gesamte Europa, doch werden auch fortlaufend Lieferungen nach den Überseeländern ausgeführt.

◄◄◄◄◄◄

Gebr. Reimbold, Fabrik comprimierter Wellen.

Die Firma Gebr. Reimbold wurde im Herbst 1886 durch
Zusammentritt von Ingenieur Franz Reimbold und Kaufmann
Ernst Reimbold gegründet und im Februar 1887 handels-
gerichtlich eingetragen.

Die Brüder beschlossen nach Studium und Kenntnis-
nahme der Fabrikation von patent compressed steel shafting
in Amerika diesen Artikel in Europa einzuführen und herzustellen. Sie mieteten eine leerstehende Fabrik mit Kessel und
Dampfmaschine in Mettmann bei Düsseldorf und brachten
im Sommer 1889 die e r s t e n „k o m p r i m i e r t e n
W e l l e n" in Europa auf den Markt. Anfangs war der Absatz ein sehr schwieriger, besonders in Deutschland und England, während bei Frankreich, Italien, Russland etc. sich bedeutende Zollstreitfragen entspannen. Kaum waren die Aussichten auf einen lohnenden Absatz vorhanden, da kaufte 1890
die Firma Terrain in Kalk, errichtete dort eine größere Fabrik
und ist seit April 1891 hier handelsgerichtlich eingetragen.
Das Werk in Mettmann wurde nach Mietablauf verlassen. Anfangs beschickte das Werk die Ausstellungen und erhielt 1888
in Brüssel die bronzene und 1889 in Melbourne (Australien)
die silberne Medaille, 1890 wieder 2 Medaillen etc., so auf
allen beschickten Ausstellungen.

Der Absatz hob sich, sodaß die Firma über 1 Million
Mark Jahresversand verzeichnete, aber mit dem Bekanntwer-
den der komprimierten Wellen entstanden Konkurrenz-
fabrikate wie minderwertige Nachahmungen, sodaß heute

leider in England, Frankreich und besonders in Deutschland viel einfach gezogenes Rundeisen oder gewöhnlich abgedrehte Eisenwellen unter dem von Gebr. Reimbold geführten Namen komprimierte Wellen mit Preisunterbietungen auf den Markt kommen.

Die Arbeiterzahl betrug im Januar 1908 75 Arbeiter, ohne Meister und Kontorangestellte.

Rheinische Sensenfabrik Gustav Wippermann & Cie.

Die Gründung des Etablissements erfolgte am 1. Juli 1886 unter der Firma „Rheinische Sensenfabrik, Grünewald & Cie. Kalk-Köln". Mitinhaber war der Fabrikant Gustav Wippermann. Durch den erfolgten Tod Grünewalds wurde am 15. März 1893 die Firma in „Rheinische Sensenfabrik, Gustav Wippermann & Cie. in Kalk, Kommanditgesellschaft auf Aktien" umgeändert.

Die Leitung des Unternehmens blieb in den Händen des Fabrikbesitzers Gustav Wippermann sen., welcher von Anfang an mit in der Verwaltung des Geschäftes war und dasselbe bereits seit dem Tode Grünewalds allein geleitet hatte.

Im Jahre 1898 wurde auch Gustav Wippermann sen. der Firma durch den Tod entrissen, und übernahm nunmehr Fabrikbesitzer Gustav Wippermann jun. die Leitung des Unternehmens. Die Firma selbst blieb in unveränderter Weise bestehen.

Die Fabrikation besteht in Sensen, Sichten und Strohmessern; die Fabrikationsweise ist ungefähr folgende:

Die Stahlknüppel, hauptsächlich in Dimensionen 40x15 mm, werden vorerst auf entsprechende Größen ausgestreckt; dann wird die Hamme, auch Angel genannt, und der Knopf (Warze) geschmiedet. Hierauf erfolgt das Breiten des ausgereckten Stückes, wodurch die Form der Sense entsteht. Sodann wird der Rücken der Sense mittels einer Patent-Aufruck-Maschine hochgestellt. Nunmehr kommt die Sense unter den Glattschmiedehammer, um ein gleichmäßiges Sensenblatt zu erzielen. Nachdem nun das Sensenblatt an der Schneide mittels einer Maschinenschere auf die vorgeschriebene Form zugeschnitten ist, erfolgt nunmehr die für die Sensen passende Hammerstellung und Stempelung der Sensen mit den Fabrikzeichen. Hierauf wird das Härten der Sense vorgenommen, dann das Richten, Schleifen, Andengeln und evtl. auch Polieren derselben.

Die Sense ist nunmehr fertig gestellt; sie geht also, wie aus vorstehendem ersichtlich ist, durch viele Hände, ehe sie zum Versand gelangen kann.

Die anfängliche Produktion im Jahre 1886/1887 betrug ca. 60 000 Stück Sensen, Sichten und Strohmesser, wohingegen die Produktion im Geschäftsjahr 1908/1909 ca. 200 000 Stück Sensen, Sichten und Strohmesser erreichte.

Die Arbeiterzahl betrug im Jahre 1886/1887 ca. 40 und 1908/1909 durchschnittlich 68.

Das Absatzgebiet erstreckt sich auf ganz Deutschland, Belgien, Schweiz, Holland und Dänemark.

Auch versendet die Fabrik durch Vermittlung von Exporteuren nach überseeischen Ländern.

Steinhaus & Flüs, Metallgießerei und Armaturen-Fabrik.

Das Unternehmen wurde im November 1892 gegründet und beschäftigt gegenwärtig durchschnittlich 16-20 Arbeiter.

In der Metallgießerei werden hergestellt: Roh gegossene und fertig bearbeitete Stücke in allen vorkommenden Legierungen für die Hütten-, Maschinen-, Elektrizitäts- und Automobilbranche nach Zeichnungen und Modellen. Die Fabrikate der Armaturenfabrik sind: Sämtliche Armaturen für Gas, Wasser, Maschinen und Dampfkessel, Ventile, Hähne, Wasserstandsanzeiger, ferner liefert die Firma Fett- und Ölschmierapparate. Spezialität: Bier-Armaturen. Hauptabsatzgebiet: Rheinland und Westfalen.

Aus kleinen Anfängen heraus hat sich die im Jahre 1875 gegründete Firma in steter Entwicklung zu einem bedeutenden Werke emporgearbeitet, in dem im Jahr 1909 ca.100 Leute beschäftigt wurden. Ein besonderer Aufschwung vollzog sich mit der Übernahme des Werkes durch den jetzigen Inhaber Peter Koch, der es sich zur Hauptaufgabe machte, die bis dahin noch nicht sehr vorgeschrittene F a b r i k a t i o n v o n M i n i a t u r m o d e l l e n f ü r M u s e e n, A u s - s t e l l u n g e n u n d E r f i n d u n g e n s o w i e v o n U n t e r r i c h t s m o d e l l e n f ü r t e c h n i s c h e L e h r a n s t a l t e n zu erweitern und diese Fabrikation vermöge umfangreicher Betriebserweiterungen und vorzüglicher maschineller Einrichtungen in ganz neue Bahnen brachte. Später wurde neben der Herstellung von Holzmodellen, Metallmodellen und Modellplatten auch die F a b r i k a t i - o n v o n F o r m m a s c h i n e n a l l e r S y s t e m e aufgenommen. Als Absatzgebiete kommen außer dem gesamten Inlande nahezu alle Kulturländer der Welt in Betracht.

Im Jahre 1905 lieferte die Firma für die englische Marine ein Turbinengehäusemodell, welches für die Dampfturbinen der vielbesprochenen Ozeanriesendampfer Lusitania und Mauretania bestimmt war, die vermöge ihrer Dampfturbinen die derzeit größte Schiffsgeschwindigkeit haben. Das Modell besaß eine Länge von 15 m, einen Durchmesser von 7,5 m und belief sich das Holzgewicht auf 26 000 kg. Der Transport erforderte allein elf Eisenbahnwaggons.

Für die chinesische Regierung wurden Geschützmodelle geliefert, die als Meisterwerke des Modellbaues angesehen werden.

Im Herbste 1909 wurde die Fabrik nach Cöln-Nippes verlegt.

Heinr. Schwarze, Modellfabrik.

Die im Jahre 1900 gegründete Fabrik liefert H o l z - m o d e l l e aller Art bis zu den größten Dimensionen nach Zeichnung und Muster für Maschinenfabriken und Gießerei-

en, ebenfalls Metallmodelle in sauberer und exakter Ausführung sowie Modellplatten fertig montiert für Formmaschinen
aller Systeme. Auch werden Miniaturmodelle hergestellt für
Ausstellungen, Erfindungen und technische Lehranstalten.
Die Fabrikate der Firma finden hauptsächlich Verwendung
in Rheinland und Westfalen, dann aber auch in ganz Deutschland, Schweiz und Österreich-Ungarn. Die Arbeiterzahl beträgt durchschnittlich 20-25.

Die Treibriemenfabrik Edm. Baumann.

Die Treibriemenfabrik Edm. Baumann, Mittelstraße 27,
wurde im Jahre 1875 durch Joh. Christ. Baumann, dem Vater
des jetzigen Inhabers gegründet. Sie entstammte dem Bedürfnis der hiesigen Fabriken, stets gute und tadellose Treibriemen für die Kraftübertragung von den Kraftmaschinen zu
den Arbeitsmaschinen zur Verfügung zu haben. Der Betrieb
war ein reger, und als nach 25 Jahren die Werkstatträume in
der Humboldtstraße den gesteigerten Anforderungen nicht
mehr entsprachen, wurde der Betrieb im Dezember 1900 in
die neuerbauten Geschäftsräume Mittelstraße verlegt.

Treibriemen von guter Qualität und größter Zerreißfe-
stigkeit können nur aus bestem Ochsenkernleder hergestellt
werden. Um stets das entsprechende Material zu haben, kauft
die Firma selbst die rohen Ochsenhäute und läßt sie mittels
Eichenlohe nach dem altbewährten Grubenverfahren gerben.
Aus den einzelnen fertig gegerbten Häuten wird das Kernstück, also die eigentliche Rückenhaut herausgeschnitten, in
nassem Zustande gestreckt und dann in Spannung getrock-
net. Mittels besonderer Schneidmaschine wird das Kernstück
nun nach Zweck und Art der herzustellenden Riemen in
schmälere oder breitere Streifen oder Bahnen geschnitten.
Hierauf erfolgt das Zusammensetzen der einzelnen Stücke
zu dem oft 20 bis 30 m langen Treibriemen. Vorher jedoch
werden dieselben in nassem Zustande auf einer Spezialma-
schine auf das Äußerste gestreckt und in Spannrahmen ge-
trocknet; hierdurch erhält der Riemen größere Übertragungs-
fähigkeit und unbedingt geraden Lauf. Dann werden die ein-

zelnen Stücke an beiden Enden durch eine Maschine in einer Länge von 10-20 cm abgeschrägt; indem diese abgeschrägten Teile nun aufeinandergelegt, gekittet und genäht werden, hat der Riemen an dieser Stelle dieselbe Dicke und Gleichmäßigkeit wie an den übrigen Stellen. Das Werk stellt Treibriemen in einer Breite bis zu 1 m her; Riemen von ½ m Breite, von Baumann geliefert, laufen in Kalk bei Gebr. Sünner und bei Stühlen. Treibriemen für elektrischen Betrieb werden nur verkittet. Um die bei sehr schnell laufenden Maschinen, Dynamos, elektrischen Motoren etc. zwischen Riemen und Riemenscheiben entstehende Luftkompression zu beseitigen, werden die hierbei verwandten Treibriemen perforiert. Außer diesen Riemen stellt die Firma Baumann auch die sogenannten Halbkreuzriemen her, durch welche Riemenscheiben verschiedener Winkelstellung angetrieben werden. Ferner werden fabriziert: Rundschnur, Kordelleder, lederne Druckschläuche, Ledermanschetten für hydraulische Pressen, Pumpenklappen, Ventilklappen etc. - Absatzgebiet ist hauptsächlich Deutschland. - Die Arbeiterzahl beträgt 8-10.

Herm. Jos. Mohr, Wagenfabrik und Sägewerk.

Die Gründung des Geschäfts geschah durch den jetzigen Inhaber im Jahre 1868 zu Cöln. Die Übersiedelung nach Kalk erfolgte im März 1870. Die Stellmacherei Mohr, zuerst Ecke Mittel- und Sandstraße, fertigte hauptsächlich Karren, Roll-, Geschäfts- und Möbelwagen an. Die Schmiedearbeiten wurden bis zum Jahre 1885 von Wagenschmieden unseres Ortes ausgeführt; in dem genannten Jahre fügte der Geschäftsinhaber seiner Stellmacherei, die sich immer mehr entwickelte, eine Schmiede hinzu. Das Aufziehen der glühenden Radreifen um die Räder geschah der nicht ausreichenden Werkstatträume wegen draußen auf der Straße, und die Jugend, die stets mit Interesse zuschaute, wie die rotglühenden großen Reifen aus dem Glühofen gezogen, um die Räder gelegt und dann durch Aufgießen von Wasser plötzlich abgekühlt wurden und sich fest um die Felgen preßten, lernte aus eigener Anschauung: Wärme dehnt die Körper aus, Kälte zieht sie zusammen.

Da eine Vergrößerung des Betriebes durchaus notwendig war, ließ H. J. Mohr in den Jahren 1889 und 1890 einen
geräumigen Neubau an der Mitte der Sandstraße errichten
und verlegte sein Werk nun dorthin. Die neuen, hohen und
hellen Werkstätten sind mit allen für einen solchen Betrieb
notwendigen und wünschenswerten Hilfsmaschinen ausgerüstet. So besitzt die Stellmacherei ein Horizontalgatter-Sä-
gewerk zum Zersägen der mächtigen Eichen- und Buchen-
stämme, die in Menge den Lagerraum füllen, ferner Band-,
Kreis- und Pendelsäge, Fräs-, Bohr- und Stemmaschinen,
Kopierdrehbänke zum Anfertigen der Radspeichen sowie
Maschinen zum Zapfenschneiden, Büchseneinbohren, ferner
Langlochbohrer etc. Zum Schleifen der Sägen und Hobel-
messer dienen automatische Schleifmaschinen.

Die Schmiede ist ausgestattet mit Gebläsemaschinen
zum Anfachen der Schmiedefeuer, mit einem Friktions-
hammer, dessen Bär 100 kg wiegt, mit Stauch- und Eisen-
biegmaschinen, letztere um Eisen in kaltem Zustande zu biegen; ferner besitzt die Schmiede zwei Bohrmaschinen, Stanz-
maschine, Scheren, eine Schmirgelschleifmaschine zum
Schleifen der Beschläge (statt des Feilens). Zum Glühen der
Radreifen dient ein großer Glühofen. Die gesamten Hilfsmaschinen werden durch eine Dampfmaschine von 30 Pfer-
destärken in Bewegung gesetzt. Daß durch eine solche Fülle
praktischer Maschinen eine Menge von Arbeit geleistet werden kann, liegt auf der Hand. Die Arbeiterzahl beträgt 18-20.

Außer der Herstellung von Karren der verschiedensten
Arten, Rollwagen und Geschäftswagen beschäftigt sich die
Firma Mohr vorzugsweise mit dem Bau von M ö b e l w a -
g e n , die von 5 bis 10 und mehr Meter Länge hergestellt
werden. Die Polsterung der Innenwände, äußerer Anstrich,
Anbringen der Aufschriften etc., kurzum die ganze Fertigstellung erfolgt in den Werkstätten. Hunderte der großen Möbelwagen, mit dem Fabrikzeichen der Firma H. J. Mohr versehen, rollen durch ganz Deutschland bis ins Ausland. Auch
schweizerische Spediteure haben mehrfach Möbelwagen von
hier bezogen. Eine zweite Spezialität, durch die Maschinen
und Dampfkesselfabrikation der Kalker Eisenindustrie her-

vorgerufen, ist der Bau von Kesselwagen zum Transport von Dampfkesseln. Diese gewaltigen Wagen werden bis zur Tragfähigkeit von 1000 bis 1200 Zentnern hergestellt. Im Jahre 1904 wurde ein solcher mit 30 cm breiten Rädern für eine Firma in St. Petersburg gebaut.

Die Jahresproduktion beträgt ca. 120 Wagen und Karren; außerdem werden alle Reparaturen ausgeführt.

Die Wagenfabrik Mohr bietet ein interessantes Beispiel, wie ein handwerksmäßiger Betrieb sich durch unermüdlichen Fleiß und rechte Benutzung moderner Hilfsmittel zum Fabrikbetrieb ausbauen läßt.

Das Zinkwalzwerk Kalk

ist Eigentum der Schlesischen Aktien-Gesellschaft für Bergbau und Zinkhüttenbetrieb zu Lipine O. S. (General-Direktor: Königl. Bergrat Remy) und wurde am 1. Januar 1877 von der Vorbesitzerin käuflich übernommen.[1]

Nach wiederholter Erweiterung und nach Erwerbung des angrenzenden Grundstückes der vormaligen Röhren-Dampfkesselfabrik Walter & Cie.[2] verfügt das Werk z. Zt. über folgende Betriebsmittel: Eine Kesselanlage von 900 qm Heizfläche bei 10 ½ Atm. Überdruck, 5 Walzenzugmaschinen, darunter eine elektrisch betriebene, 10 Walzenstraßen und ein Rundzinkwalzwerk, 3 Schmelzöfen, von denen einer als Doppelschmelz- und Raffinierofen gebaut ist, eine Abdampfturbinenanlage, die bei 300 kW Leistung neben der Beleuchtung die Kraft für eine Doppelwalzenstraße und für alle Werkzeugmaschinen, Grob- und Fertigscheren, Pumpen und Hilfsapparate liefert, mehrere Ersatzmaschinen und Motoren und eine Zentralkondensation.

Die Fabrikation erstreckt sich hauptsächlich auf die Herstellung von Zinkblechen, die in verschiedenen Stärken und Dimensionen angefertigt werden. Hervor-

---

1) Das Werk war bis dahin Eigentum der Maschinenbau-Aktien-Gesellschaft Humboldt.
2) Seit einigen Jahren in Dellbrück b. B.-Gladbach.

gehoben seien: Bleche in Handelsware, Hart-, Weich- und Vernickelungsbleche. Die Zinkbleche werden im Werk weiterverarbeitet zu Deckleisten, Spitz- und quadratischen Dachrauten, Wellen- und Waschbrettblechen, geschnittenen Badewannenteilen, runden Scheiben, Zinkzylindern zu Elementen und dergl.

Die Bleche genügen allen Ansprüchen der Gebrauchstechnik und haben im Handel einen ausgezeichneten Ruf. Die Erzeugnisse des Werkes finden daher eine vielseitige Verwendung zu Bauzwecken und in der Ornamentik, zu Ausrüstungsgegenständen und Gerätschaften im Hausgebrauch, als Verpackung von Web- und Seidenstoffen, Streichhölzern, Tee bei Seetransporten, in der Landwirtschaft und in Getreidemühlen, z. B. als Trieurbleche, im Berg- und Hüttenwesen, z. B. bei der elektrolytischen Goldaufbereitung und in der Elektrotechnik, in der Gerberei und in der Papierfabrikation, in der Spielwarenindustrie, im Musikinstrumentenbau, in der Schiffahrt und mit einem sehr bedeutenden Prozentsatz im Kriegswesen zur Anfertigung von Patronenhülsen, Kartuschbüchsen und Geschoßgefäßen.

Das Absatzgebiet erstreckt sich im Norden bis Hamburg und Lübeck, wird östlich etwa von der Elbe begrenzt und umfaßt Süddeutschland und die Reichslande. Doch ist auch der Export nach dem Auslande und über See nicht unwesentlich.

Gottfried Hagen, Kalk, Kölner Akkumulatorenwerke.

Das Geschäft wurde im Jahre 1827 zu Cöln von Franz Hagen, dem Großvater des heutigen Inhabers gegründet.

Anfangs befaßte sich die Firma nur mit Metallhandel; später nahm sie auch die H e r s t e l l u n g v o n B l e i r ö h r e n auf und arbeitete zunächst mit 2 Rohrpressen.

Unter dem Sohne des Geschäftsgründers, dem im Jahre 1900 verstorbenen Fabrikanten Gottfried Hagen wurde der Betrieb bedeutend vergrößert: die Rohrpressen wurden vermehrt und ein B l e i w a l z w e r k sowie eine J a g d - s c h r o t f a b r i k (letztere in Mechernich in der Eifel) eingerichtet. Außerdem wurde die Fabrikation ausgedehnt auf B l e i k r ü m m e r, B l e i p l o m b e n und K u p f e r- u n d Z i n k p o l e f ü r g a l v a n i s c h e E l e m e n t e. Im Jahre 1880 trat der jetzige alleinige Inhaber des Geschäftes, Konsul Franz Hagen, als Teilhaber in die Firma ein. 1884 wurde für Rechnung der Elektriziteit-Maatschappy System de Khotinsky, Rotterdam die H e r s t e l l u n g v o n e l e k t r i s c h e n A k k u m u l a t o r e n aufgenommen, und 1890 begann die Firma Akkumulatoren eigenen Systems direkt auf den Markt zu bringen. Der Betrieb wurde in diesem Jahre nach Kalk verlegt.

Durch die E n t w i c k l u n g d e s K r a f t f a h r - w e s e n s gegen Ende der 90er Jahre stieg der B e d a r f i n t r a n s p o r t a b l e n A k k u m u l a t o r e n ganz bedeutend. Da dieser Artikel dem Werte nach zum größten Teile aus Hartgummi besteht und das hierfür erforderliche vorzügliche Hartgummimaterial in durchaus gleichmäßiger Beschaffenheit von den Gummifabriken nicht zu erhalten war, wurde im Jahr 1900 zur E r r i c h t u n g e i n e s e i g e - n e n G u m m i w e r k e s geschritten. Die Abteilung „Gummiwerke" stellt nicht nur Bestandteile für Akkumulatoren her, sondern auch sämtliche Hart- und Weichgummiwaren für technische Zwecke (Schläuche, Dichtungen, usw.)

Die große N a c h f r a g e n a c h e l e k t r i s c h e n W a g e n veranlaßte die Firma im Jahre 1904 eine S p e z i a l f a b r i k f ü r E l e k t r o m o b i l e ins Leben zu rufen. Dieser Teil des Unternehmens bedurfte schon nach kurzer Zeit seines Bestehens einer Erweiterung.

Die für die deutsche Ausfuhr so ungünstigen neuen Handelsverträge machten es nötig, für Bleirohr und Walzblei im Auslande eine Zweigfabrik zu bauen, da die Firma sonst auf den größten Teil ihrer Ausfuhr in diesen Artikeln hätte verzichten müssen. Als Ort für das ausländische Unternehmen wurde Merxem bei Antwerpen gewählt. Der Betrieb des Merxemer-Werkes wurde 1906 eröffnet. Das Hauptabsatzgebiet für die sämtlichen Erzeugnisse der Firma Gottfried Hagen ist Deutschland, es findet jedoch eine beträchtliche Ausfuhr statt nach sämtlichen übrigen Staaten Europas ein-

schließlich Türkei, Kleinasien und Ägypten, ferner nach den
Vereinigten Staaten von Nordamerika sowie nach Argentinien.
Im Januar 1908 betrug die Zahl der Beamten und Arbeiter zusammen ungefähr 850 Personen.

Es besteht eine Küche mit Speiseräumen für Beamte und Arbeiter, ferner eine 18zellige Badeanstalt sowie ein elektrisches Lichtbad. Auch hat die Firma eine Unterstützungskasse für Arbeiter ins Leben gerufen. Ein Männergesangsverein, der das Volkslied besonders pflegt, hat sich aus den Angestellten und Arbeitern der Firma gebildet. Sowohl bei freudigen als bei traurigen Anlässen - Beerdigung von Angehörigen des Werkes - ist er zur Stelle.

Die Chemische Fabrik Kalk, G. m. b. H.

Die Geschichte der Firma Vorster und Grüneberg, der jetzigen Chemischen Fabrik Kalk, zeigt ein ähnliches Bild wie das der meisten neuzeitlichen Großbetriebe: eine allmähliche Entwicklung aus kleinen Anfängen und eine Kette von Erfolgen und Enttäuschungen, die von Arbeiten und Sorgen begleitet waren. Auch hier wurde nicht etwa durch die Macht des Kapitals den Unternehmern müheloser Gewinn zuteil, sondern der Erfolg des Werkes beruhte zunächst auf den Persönlichkeiten der Gründer, deren Intelligenz, Wagemut, Fleiß und Sparsamkeit die Grundlage zu der späteren Entwicklung und der heutigen Ausdehnung des großen Fabrikbetriebes gebildet haben. Ein Blick auf die Lebensgeschichte der beiden Gründer des Werkes wird uns von der Wahrheit des Gesagten überzeugen.

Julius Vorster wurde im Jahre 1809 auf dem Gute seines Vaters, Vorsterhausen bei Hamm in Westfalen, geboren. Die schlechten Zeiten und die Kriege Napoleons hatten auch den Wohlstand der Familie Vorster stark erschüttert, mußte doch einmal der französische Marschall Davoust mit seinem Stabe und 3000 Mann auf Vorsterhausen verpflegt werden. Der junge Vorster, in seinem Fortkommen ganz auf sich selbst angewiesen, kam daher schon früh als Lehrling in eine Drogen- und Materialwarengroßhandlung in Cöln. Ohne materielle Beihilfe der Eltern gelang es ihm, durch hervorragende kaufmännische Begabung, eisernen Fleiß und größte Sparsamkeit von Stufe zu Stufe steigend, in den vierziger Jahren des vorigen Jahrhunderts in Cöln ein eigenes Geschäft in Drogen und Chemikalien zu begründen. Besonders großen Absatz hatte das Geschäft in Salpeter, nach seiner Art und seiner Herkunft „natürlicher Bengalsalpeter" genannt. Derselbe wurde von den rheinisch-westfälischen Pulverfabriken, die namentlich Pulver für Bergwerke herstellten, in großen Mengen verbraucht. Als nun 1854 der russisch-türkische Krieg, auch Krimkrieg genannt, ausbrach, und England, um Rußland die Herstellung von Pulver zu erschweren, ein Ausfuhrverbot für Bengalsalpeter erließ, mußte Vorster sich für sein Geschäft nach anderem Salpeter umsehen. So kam er in Geschäftsverbindung mit Dr. Hermann Grüneberg, der schon während des Krimkrieges eine Fabrik in Stettin gegründet hatte, die als Ersatz für Bengalsalpeter künstlichen Salpeter herstellte.

Hermann Grüneberg wurde 1827 in Stettin geboren. Schon früh erwachte in ihm die Liebe zu den Naturwissenschaften und namentlich zur Chemie, deren Studium er sich mit großem Eifer widmete. Als Apotheker und Chemiker ausgebildet, beschäftigte er sich zunächst mit der Herstellung von Bleiweiß, dann aber mit der Fabrikation von künstlichem Salpeter, wovon er während des oben erwähnten Krieges große Bestellungen für Rußland erhielt. Dieses neue Erzeugnis, auch Kalisalpeter genannt, wurde durch Zersetzung von Chilesalpeter mit russischer Pottasche gewonnen. Es ist somit wesentlich ein Verdienst Grünebergs, einen Fabrikationszweig in Deutschland eingeführt zu haben, der ein ausländisches Produkt, den Bengalsalpeter, für die Folge fast gänzlich verdrängt hat. — Als nach Beendigung des Krimkrieges der Bedarf an Kalisalpeter nachließ, wurde die Fabrikation von Bleiweiß wieder aufgenommen. 1857 aber übertrug Grüneberg die Leitung seiner Fabrik einem Freunde und benutzte die erworbenen Geldmittel, um einen langgehegten Wunsch auszuführen, nämlich weiter zu studieren.

Er begab sich nach Berlin und dann nach Paris; nachdem er hier zwei Semester eifrig studiert hatte, besuchte er
im Herbst 1858 Südfrankreich, England und Schottland zur
Besichtigung industrieller Anlagen und Fabriken und kehrte
reich an technischen Erfahrungen nach Deutschland zurück.
Auf der Durchreise in Cöln lernte er Julius Vorster kennen
und trat mit ihm in Verbindung, um im Rheinlande, einem
der größten Verbrauchsgebiete von Salpeter, eine Salpeter-
fabrik zu gründen. So entstand am 1. November 1858 die
Firma Vorster und Grüneberg. Wie bescheiden der Anfang
des Unternehmens war, geht daraus hervor, daß Julius Vorster 15 000 Taler und Dr. Grüneberg 5000 Taler einschoß. Im
Februar 1859 wurde der Fabrikbetrieb in Kalk eröffnet, wo
die Firma die Gebäulichkeiten einer kleinen früheren Eisengießerei (Biber und Berger) erworben hatte.

In der neuen Fabrik in Kalk wurde in der ersten Zeit der
Kalisalpeter aus Natronsalpeter und russischer Pottasche hergestellt. Als aber der Preis der russischen Pottasche erheblich in die Höhe ging, suchte der erfinderische Geist Grünebergs einen Ersatz für dieselbe; er fand diesen Ersatz bald in
der sehr kalireichen Rübenpottasche oder Schlempekohle,
einem Nebenprodukt der Rübenzuckerfabrikation. Auch Soda
wurde aus der Schlempekohle hergestellt, seit 1860 auch
Pottasche, Chlorkalium und schwefelsaures Kali. Neues
Material zur Fabrikation von Kalisalzen bot sich in den im
Jahre 1860 in Staßfurt bei Magdeburg aufgeschlossenen
„Abraumsalzen". Die Fabrik verarbeitete im folgenden Jahre
versuchsweise größere Posten derselben. Auf Grund der in
Kalk gemachten Erfahrungen wurde in Staßfurt eine größere
Chlorkaliumfabrik eröffnet. Die neu entstandene Industrie war
sehr gewinnbringend, und so konnte das Geschäft erheblich
ausgedehnt werden. Die Produktion in Kalisalpeter in der
Fabrik in Kalk betrug im Jahre 1863 29 172 Zentner und im
folgenden Jahre 48 139 Zentner, für die damalige Zeit ganz
bedeutende Ergebnisse. Die Pottaschefabrikation ergab im
Jahre 1866 23 508 Zentner.

Neben seinen umfangreichen Arbeiten als technischer
Leiter der Fabriken entwickelte Dr. Grüneberg eine rastlose

Tätigkeit, um den Absatz der in Staßfurt hergestellten Kali-
salze an die Landwirtschaft zu heben. Er verfaßte eine Anzahl von Broschüren, welche die Bedeutung des unentbehrli-
chen Pflanzennährstoffes Kali zum Inhalt hatten. Eingehen-
des Studium der Werke Justus von Liebigs und der Verkehr
mit französischen Agrikultur-Chemikern veranlaßte Dr.
Grüneberg, überhaupt die Herstellung künstlicher Düngemittel aufzunehmen. 1864 begann er in Kalk die Fabrikation von
Superphosphat; als Rohstoff dienten die in Nassau vorkommenden Phosphorite, weshalb die Firma dort eine Anzahl
Phosphoritgruben erwarb.

Zu gleicher Zeit wurde in Raderberg bei Cöln die Darstellung von schwefelsaurem Ammoniak begonnen.

Wenn bis dahin das Unternehmen in höchst erfreulicher
Weise aufgeblüht war, so sollten auch schwere Stunden nicht
fehlen. 1867 wurde die Firma durch verschiedene Bankrotte
in England schwer betroffen, und auch geschäftliche Unternehmungen in der Darstellung von Kalisulfat aus Kainit
brachten Verluste statt des erhofften Gewinnes. In diese Zeit
fällt der Eintritt des ältesten Sohnes von Vorster, des Kauf-
mannes Julius Vorster jr. in das Geschäft. Auf seine Anregung hin nahm die Firma die Herstellung von Bittersalz und
kalzinierter schwefelsaurer Magnesia auf, da die Darstellung
von Chlorkalium infolge der Überproduktion - zehn Fabriken - wenig einträglich geworden war. Die genannten neuen
Artikel wurden in England in den Textilfabriken in großen
Mengen verwandt. Da auch die Geschäfte in Pottasche, Kalisalpeter etc. gute finanzielle Ergebnisse brachten, so gestaltete sich die Lage um 1870 wieder günstiger.

Am 1. Oktober 1875 trat der zweite Sohn Vorsters, der
Chemiker Fritz Vorster, als technischer Leiter der Kalker
Fabrik ein. Im Oktober 1876 starb der Mitbegründer der Firma, Julius Vorster, betrauert von den Seinigen und allen seinen Untergebenen. Seiner Tatkraft und seinem Fleiße war das
rasche Aufblühen des Werkes wesentlich mit zu verdanken.

Die Firma wurde nach dem Tode Julius Vorsters in eine
Kommanditgesellschaft umgewandelt. Nun wurden in der
Kalker Fabrik unter Leitung von Fritz Vorster große Umän-

derungen und Verbesserungen vorgenommen, um die Leistung der Salpeter- und der Pottaschefabrikation zu erhöhen; noch mancherlei neue Fabrikationszweige fanden Aufnahme. Auch wurde durch Ankauf des anstoßenden Geländes der Grundriß so vergrößert, daß auf viele Jahre hinaus und noch bis heute eine weitere Entwicklung der Fabrik möglich wurde.

Die Fabrikation künstlicher Düngemittel nahm nicht den raschen Verlauf, wie ihn Dr. Grüneberg gewünscht und erhofft hatte. Das große Mißtrauen, das noch gegen die Anwendung künstlicher Düngemittel bestand, ließ sich nicht so schnell überwinden. Im Jahre 1878 wurden nur ca. 2500 Tonnen Superphosphat und Mischungen abgesetzt, wovon fast die Hälfte als Stückgut zum Versand kam. Erst allmählich und mit der durch die Erfahrung gewonnenen Erkenntnis der außerordentlich günstigen Wirkung der künstlichen Düngemittel dehnte sich der Versand über die Rheinprovinz aus. Seit 1878 wurde die Düngerfabrik dem Kaufmann Scheibler unterstellt, der sich dieses Geschäftszweiges besonders annahm. Neben der stetigen Entwicklung des Superphosphatgeschäftes wurde für das Werk die Einführung der Thomasschlacke als Düngemittel höchst bedeutungsvoll. Diese, ein Abfallprodukt der Stahlfabrikation, enthält verhältnismäßig viel Phosphor. 1879 hatte Thomas-Gilchrist sein Verfahren[1], den im Roheisen häufig vorkommenden Phosphor auszuscheiden, bekannt gemacht, und sofort machten die Chemiker Versuche, diesen Phosphor als Düngemittel nutzbar zu machen, zunächst jedoch ohne Erfolg. Mehr als 5 Jahre vergingen, ehe man herausgefunden hatte, daß die rohe Thomasschlacke in ganz fein zerkleinertem Zustande und mit einem Gehalte von 12 bis 20 % Phosphorsäure imstande war, die Pflanzen selbständig zu ernähren. Die von Scheibler geleitete Abteilung der Firma schloß 1885 die ersten Verträge mit Stahlwerken zur Lieferung der Schlacke, heute ist sie an zwanzig verschiedenen Thomasmehlwerken des In- und Auslandes beteiligt. Die wachsende Ausdehnung

---

1) Thomasverfahren, Thomasprozeß.

des Düngergeschäftes hatte schon 1885 dazu geführt, diesen Zweig von der Firma Vorster und Grüneberg abzutrennen und dafür eine eigene Kommanditgesellschaft „Scheibler & Co." zu gründen.

Die Firma Vorster und Grüneberg hatte jedoch nicht nur die Fabrik in Kalk, die Stammfabrik, in Betrieb, sondern im Laufe der Jahre waren noch viele Zweigfabriken gegründet worden. Von der Fabrik in Staßfurt zur Verarbeitung der dortigen Abraumsalze, ist schon berichtet worden, späterhin wurde dort noch eine zweite Fabrik derselben Art errichtet, ebenfalls eine solche in Leopoldshall. Dann wurde die Fabrik in Raderberg zur Herstellung von Ammoniak erwähnt. 1869 eröffnete die Firma eine Ammoniakfabrik in Nippes, es wurden dort die Gaswässer vieler Städte verarbeitet und das darin befindliche Ammoniak gewonnen. Dann entstanden Ammoniakfabriken der Firma in St. Petersburg, Dortmund, Essen, Düsseldorf, Hamburg und Leipzig. Jahre hindurch brachte diese Fabrikation guten Gewinn; als aber die Städte nach und nach dazu übergingen, ihre Gaswässer selbst zu verarbeiten, mußte in verschiedenen dieser Werke der Betrieb eingestellt werden, so 1879 in Raderberg, weil die Stadt Cöln den erwähnten Beispielen folgte. Auch die Kaliwerke in Staßfurt und Leopoldshall hatten wechselnde Schicksale, wie die mancherlei neuen Erfindungen auf dem Gebiete der Chemie sowie scharfer Wettbewerb und Überproduktion es mit sich brachten. Es würde zu weit führen alle diese neu errichteten Anlagen und ihre Produkte aufzuzählen[1], da die Fabrik in unserer Stadt ja unser Interesse in erster Linie in Anspruch nimmt.

Das Werk in Kalk war inzwischen fortdauernd weiter ausgebaut und vergrößert worden. Der ersten im Jahre 1881 errichteten Schwefelsäurefabrik, verbunden mit einer Salpetersäurefabrik, folgte 1892/93 eine zweite in weit größerem Umfange.

Nachdem im April 1892 durch das Reichsgesetz die neue

---

1) So wurde 1883 in Moskau eine Salmiakgeist-Fabrik angelegt, 1900 jedoch an andere Unternehmer übertragen.

Gesellschaftsform der Gesellschaften mit beschränkter Haftung eingeführt worden war, machte die Firma Vorster und Grüneberg als eine der ersten von dieser Form Gebrauch und wandelte sich am 1. Juli 1892 um in die Chemische Fabrik Kalk, Gesellschaft mit beschränkter Haftung, wobei Julius Vorster, Fritz Vorster und Chemiker Richard Grüneberg, der zweite Sohn von Dr. Hermann Grüneberg, Geschäftsführer wurden.

Dr. Hermann Grüneberg starb am 7. Juni 1894. Sein Hinscheiden wurde von allen ihm Nahestehenden schmerzlich beklagt. In der Geschichte der chemischen Großindustrie wird sein Name als der eines Pfadfinders neuer Bahnen fortleben.

Für den Betrieb der Kalker Fabrik ergaben sich gegen Ende der 90er Jahre unerwartete Schwierigkeiten, indem die Pottaschefabrikation, die in langen Jahren dem Werke reichen Ertrag und Ehre gebracht hatte, infolge einer neuen Erfindung und gefährlicher Konkurrenz halber eingestellt werden mußte. An ihrer Stelle wurde nun Ammoniaksoda fabriziert.

Im Jahre 1902 wurde die Abteilung Düngerfabrik „Scheibler & Co." wieder mit der Firma Chemische Fabrik Kalk G. m. b. H. vereinigt. Als im Jahre 1905 der langjährige Direktor der Fabrik in Leopoldshall, Kästner, starb, übertrug die Firma das dortige Werk an eine andere chemische Fabrik, sodaß die Chemische Fabrik Kalk nach fast 50 jähriger Tätigkeit in der Kaliindustrie nun in dieser keine unmittelbaren Interessen mehr besitzt.

Am 1. November 1908 feierte die Chemische Fabrik Kalk das 50 jährige Bestehen des Werkes in Kalk. Aus Anlaß dieser Feier, die glanzvoll verlief, machten die Inhaber der Firma große Stiftungen, besonders für die Arbeiter der Fabrik, sowie für wohltätige und gemeinnützige Zwecke. Der Festschrift, die am genannten Tage erschien, sind die vorstehenden Mitteilungen entnommen, wie auch die folgenden die über die Produkte der Fabrik, über die Größe des Betriebes, Arbeiterzahl, Wohlfahrtseinrichtungen usw. Auskunft geben.

Haupterzeugnisse sind Massenartikel der chemischen

Großindustrie, besonders Schwefelsäure, Salpetersäure, Salz-
säure, Soda, kaustische Soda, Natronsulfat, Ammoniaksalze,
Salmiakgeist, wasserfreies Ammoniak, künstliche Düngemittel. Die Produktion der sämtlichen Unternehmungen der Firma beträgt über 600 000 Tonnen - (außer der Fabrik in Kalk
gehören hierzu die Ammoniakfabrik in Cöln-Nippes, die
Düngerfabrik in Cöln-Ehrenfeld und die in Euskirchen, ferner ist die Firma Hauptbeteiligte bei der Kohlen-
destillationsanlage „Ammonium G. m. b. H." in Weitmar bei
Bochum. — Auch ist sie bei einer großen Anzahl in- und
ausländischer Unternehmungen, insbesondere an Thomas-
schlackenmühlen beteiligt. Die Bewegung von Eisenbahnwagen war im Zu- und Abgang des Geschäftsjahres 1907 in
den verschiedenen Fabriken der Firma 67 755, davon in Kalk
58 000; die an die Eisenbahn für ein- und ausgehende Güter
gezahlten Frachten betrugen 1 463 000 Mk., für die Kalker
Fabrik allein 1 300 000 Mk.[1]

Die Zahl der Arbeiter beträgt ca. 1200. An Wohlfahrtseinrichtungen sind Badeanstalten und geräumige Speisesäle
zu nennen, sowie Wartezimmer für die Frauen und Kinder,
welche den Arbeitern Essen bringen. Auch sind zu erwähnen
Milchausschank, Selterswasserfabrikation für die Arbeiter und
Mittagessenkantine, dann Freibetten für bedürftige Arbeiter
in den beiden Krankenhäusern der Stadt.

Dr. Flemming, Chemische Fabrik.

Die Gründung des Werkes erfolgte 1875, der Betrieb
beschäftigt sich mit der R e i n i g u n g   v o n   G l y -
z e r i n e. Eine Entwickelung des Werkes war nicht möglich,
da die Fabrik inmitten bebauten Terrains an der Haupt- und
Breuerstraße liegt und die bei weiterer Ausdehnung des Be-
triebs entstehenden Dünste eine Belästigung der Nachbarschaft befürchten ließen.

---

1) Seit Sommer 1909 verbindet eine elektrisch betriebene Güterbahn
die Chemische Fabrik Kalk mit dem Hafen in Cöln-Deutz, sodaß die mit Schiffen ankommenden Rohstoffe oder abgehenden Fabrikate billiger und schneller als mit Lastfuhrwerk befördert werden.

Die Firma sucht durch Jahresprämien ihren Arbeitern besondere Vorteile zu verschaffen.

೫೧೫೧೫೧

Chemische Fabrik von Wassermann & Jaeger.

Die im Jahre 1879 gegründete Fabrik hat als Hauptfabrikationszweige die H e r s t e l l u n g   d e r   v e r s c h i e d e n e n   M e t a l l o x y d e, Zinn-, Kupfer-, Eisen-, Kobalt- und Uranoxyd, die vorzugsweise in der Emaille-, Glas-, Porzellan- und keramischen Industrie Verwendung finden, ferner die D a r s t e l l u n g   v o n   Z i n n a s c h e n zum Polieren von Marmor, Granit, Syenit und anderer Gesteinsarten sowie auch von Metallen. Außerdem stellt die Fabrik noch her wetter- und wasserfeste C a s e i n f a r b e n in jeder gewünschten Nuance für Außen- und Innenanstrich.

Das Absatzgebiet erstreckt sich über alle fünf Erdteile, hauptsächlich aber auf Europa.

Für die mit der Fabrikation betrauten Arbeiter bestehen in gesundheitlicher Hinsicht die besten Schutzvorrichtungen. Die Anzahl der Beamten und Arbeiter der Firma beträgt 18.

೫೧೫೧೫೧

Dr. Rickmann & Rappe, Chemische Fabrik.

Die Chemische Fabrikationsabteilung der Firma wurde im Jahre 1890 in Kalk gegründet. Sie beschäftigte sich im Anfang lediglich mit der H e r s t e l l u n g   v o n   Z i n n o x y d, einem zum Weißfärben von Emaille benutzten Präparat. Im Laufe der Zeit wurde auch die F a b r i k a t i o n   a n d e r e r   P r o d u k t e aufgenommen, w e l c h e   i n   d e r   E m a i l l e w a r e n -   u n d   G l a s f a b r i k a t i o n   u n d   d e r   k e r a m i s c h e n   I n d u s t r i e   V e r w e n d u n g   f i n d e n, hierunter befinden sich mehrere durch deutsche Reichspatente und ausländische Patente geschützte Fabrikationsverfahren. Diese Spezialisierung der Fabrikationen sicherten der Fabrik ein nicht unbedeutendes Absatzgebiet im In- und Auslande, sodaß von Jahr zu Jahr eine regelmäßige Vergrößerung des Betriebes notwendig wurde. Die

Anlagen sind mit allen neuzeitlichen Einrichtungen versehen, auch sind für die Arbeiter in gesundheitlicher Beziehung
die weitgehendsten Schutzmaßnahmen getroffen.

Brauerei Gebrüder Sünner.

Die Brauerei Gebr. Sünner wurde im Jahre 1859 zwecks
Vergrößerung aus dem Stammhause in Deutz nach
Kalk verlegt und zwar auf das Terrain der ehemaligen
Braunkohlezeche „Neu-Deutz". (vergl. Seite 55). Im Jahre
1889 wurden umfangreiche Neu- und Umbauten des ganzen
Betriebes vorgenommen, und in den Jahren 1906 und 1907
wurde der Betrieb durch bedeutende Neubauten, Kellereian-
lagen, Faßhallen und Bureaugebäude erweitert.

Der Hauptbau umfaßt drei große Malzsilos, aus welchen
das zur Verwendung kommende Malz mittels Elevatoren und
Transporteuren durch eine Entstäubungs- und Poliermaschine
zu einer vierwalzigen Schrotmühle gelangt. Im Untergeschoß
hat ein Doppelsudwerk für 50 Zentner Einmaischung Aufstellung gefunden; die Einrichtung ist derart, daß bei Tag und
Nachtbetrieb 17 Sude pro Woche gemacht werden können.
Gleich neben dem Sudhause liegen die Maschinenräume. Eine
Dampfmaschine von „Germania" Chemnitz mit Sulzer-Ven-
tilsteuerung und eine im Jahre 1889 montierte Compound-
maschine von „Humboldt" Kalk mit zusammen 155 Pferde-
stärken geben die Kraft für die verschiedenen Betriebszwei-
ge.

Die elektrische Licht- und Kraftanlage besteht aus einem „Lahmeyer"-Dynamo (Aachen), mit 130 Amper und einem „Helios"-Dynamo mit 400 Amper Leistung, ferner drei
Heliosmotoren von 25 H. P. zum Antreiben von Pumpen,
Faßwaschmaschinen und Aufzügen.

Direkt gekuppelt und teils mit Transmissionsantrieb
befinden sich im Maschinenhause noch drei Eiskompressoren
(2 Germania und 1 Humboldt). In Verbindung mit dem
Maschinenhause befindet sich der Raum für den Eisgenerator
für eine Eiserzeugung von stündlich 1000 kg Blockeis, so-

wie für die verschiedenen Pumpen der Bier-, Keller- und Schwimmerkühlung.

Im Kesselhause steht ein Wasserreiniger System „Reisert", für stündlich 2½ cbm Leistung; zwei Röhrendampfkessel von Walther & Cie., A.-G. in Dellbrück mit 275 qm Heizfläche liefern den Dampf für den gesamten Brauerei- und Brennereibetrieb. Über dem Maschinenhause befinden sich die luftigen Aufenthaltsräume und Badezimmer für das 60 Mann betragende Personal.

Anschließend an diese Hochbauten befinden sich unter Hallenbauten die Gär- und Lagerkeller der Brauerei, diese sind je für die untergärigen und obergärigen Biere in sich voneinander streng getrennt. In den Gärkellern stehen 54 Bottiche mit je 40 Hektoliter Inhalt. Die Lagerkeller halten Fässer von 10 bis 100 Hektoliter. Der Gesamtlagerraum wurde durch die ausgedehnten Erweiterungsbauten im Jahre 1906 auf 20 000 Hektoliter gebracht.

Diese letzten Neubauten wurden ganz in Eisenbeton ausgeführt und liegen über den neuen Lagerkellerabteilungen, ebenso die neue Schwankhalle, auf welcher die zurück kommenden Transportfässer innen und außen durch besondere Maschinen gereinigt werden. Von hier gelangen dieselben in die Abfüllhalle, in welcher die Fässer mittels einer isobarometrischen Abfüllanlage wieder gefüllt werden.

Die ganze Neuanlage wird von einem Eisenbetongewölbe mit 24 m Spannweite auf eine Länge von 30 m überspannt. An dieser Langseite zieht sich eine überdeckte Ladebühne hin, von wo aus die Expedition durch den aus 13 Pferden schwersten belgischen Schlages und 4 Laufpferden bestehenden Fuhrpark erfolgt.

Mit dem Brauereibetriebe verbunden ist noch eine Kornbranntweinbrennerei, in welcher die verschiedenen Sorten Kornbranntwein und Wacholder aus Malz und Roggen hergestellt werden.

Im Jahre 1881 gründete Jos. Bardenheuer hier in Kalk auf dem Grundstücke Hauptstraße Nr. 8 eine Brauerei unter dem Namen „Brauerei zum Heidelberger Faß."[1] Drei Jahre später wurde dieser Brauerei eine Eismaschine angegliedert, wodurch die Kellerkühlung bewerkstelligt und das für die Kundschaft erforderliche Eis fabriziert wurde. Das Natureis, welches bis dahin im Winter in großen Massen eingekellert werden mußte, wurde dadurch für die Brauerei überflüssig. Zur Herstellung des für den eigenen Bedarf erforderlichen Malzes wurde im Jahre 1886 neben der Brauerei eine Mälzerei gebaut, und zwar die erste pneumatische Mälzerei (System Saladin), die auf deutschem Boden entstanden ist.

Diese Brauerei, die sich in der kurzen Zeit ihres Bestehens zu einer Großbrauerei entwickeln konnte, wurde im Jahre 1888 in die heute noch bestehende Aktiengesellschaft mit der Firma „Kalker Brauerei-Aktiengesellschaft vorm. Jos. Bardenheuer" umgewandelt.

Das Geschäft nahm weiter einen erfreulichen Aufschwung, der jedoch bald durch die im letzten Jahrzehnt eingetretene, große Konkurrenz wesentlich gehemmt wurde. Zudem ist heute die Belastung des Brauereigewerbes durch die bedeutende Erhöhung der staatlichen Brausteuer und allseitige Einführung der kommunalen Biersteuer, sowie durch die fortwährende Steigerung der Arbeitslöhne eine derartig drückende, wie sie kein anderes Gewerbe zu ertragen hat.

Die Kalker Brauerei braut in ihrer mit den modernsten Maschinen und Apparaten ausgestatteten Brauerei außer einem in den jüngsten Jahren in der Cölner Gegend wieder sehr beliebt gewordenen obergärigen Biere, ein nach Pilsener Brauart hergestelltes Exportbier und ein bekömmliches, angenehmes Lagerbier. Sämtliche Biere finden meistens in Kalk

---

1) Eine kleine Brauerei und Wirtschaft unter dem gleichen Namen bestand dort schon in den siebziger Jahren.

Autotypie-Buchdruck-Schellpresse, Modell 1909, mit vier Auftragwalzen; Buchdruckerei Franz Paling.

und Cöln und in der nächsten Umgebung in Fässern und Fla-
schen ihren Absatz.

Augenblicklich werden in dem Betriebe ca. 75 Arbeiter
beschäftigt.

Franz Paling, Buch-, Kunst- und Akzidenz-Druckerei.

Im Jahre 1897 wurde die Firma von dem jetzigen Inhaber in ganz kleinem Umfange gegründet. Im Anfang war eine
kleine Schnellpresse, welche mit Hand in Bewegung gesetzt
wurde, in Betrieb und ein Arbeiter beschäftigt. Nach kurzer
Zeit wurde durch Aufstellung eines Gasmotors zum Kraft-
betrieb übergegangen. Bald hatte sich die Firma durch ihre
sauberen Lieferungen von Drucksachen einen ziemlich großen Kundenkreis erworben, und die Aufträge liefen so zahlreich ein, daß sich die gemieteten Räume trotz mehrfacher
Vergrößerungen als zu klein erwiesen und auch an eine Vermehrung des Schriften- und Maschinenmaterials gedacht
werden mußte. Im Jahre 1906 wurde dann ein Grundstück in
der Mittelstraße Nr. 12 erworben und ein umfangreicher
Neubau errichtet, der 1907 bezogen wurde. Gleichzeitig
wurden weitere Buchdruckpressen aufgestellt und elektrischer
Betrieb eingerichtet. Mit der Vermehrung des Maschinenmaterials hielt die Einstellung von Arbeitern gleichen Schritt.
Aber auch nach dieser bedeutenden Vergrößerung mußte man
im Jahre 1909 wieder zur Aufstellung einer weiteren großen
Autotypie-Schnellpresse, neuester Bauart, mit vier Auftrags-
walzen schreiten und die Betriebsräume mußten durch An-
bauten wieder vergrößert werden; augenblicklich beschäftigt
die Druckerei 15 Personen.

Die Firma, welche den besseren Akzidenz-, Prospekt-,
Katalog- und besonders den Autotypiedruck pflegt, wurde
auf der Handwerks-Ausstellung Köln 1905 prämiert.

Auch die Buchdruckerei Paling steht in enger Beziehung
zu den hiesigen Fabrik-Etablissements, indem sie einen erheblichen Teil der Prospekte und illustrierten Kataloge liefert, durch
welche die Fabriken ihre Erzeugnisse und Fabrikate in ihrem
Kunden- und Interessentenkreise bekannt machen.

XV. Kapitel.

Das Verkehrswesen der Stadt.

A. Post.

Die Postanstalt zu Kalk wurde gegründet als eine Post-expedition II. Klasse am 1. März 1863.[1] Bis dahin gehörte der Ort zum Landbestellbezirke des Postamts in Deutz. Der Postexpediteur übernahm am 1. Mai 1869 die Verwaltung der Kommunalkasse in Kalk als Nebenamt. Nach zehnjähri-gem Bestehen der Postexpedition mußte die Umwandlung derselben in eine Postverwaltung, nach der jetzigen Benen-nung in ein Postamt II. Klasse, ins Auge gefaßt werden; die-se Umwandlung kam am 1. August 1874 zur Ausführung. Die Kommunal-Telegraphenstation wurde mit diesem Tage von der Reichs-Telegraphenverwaltung übernommen.

Die Umwandlung in ein Postamt I. Klasse erfolgte am 1. April 1892.

Im Jahre 1889 wurde das Postgebäude an der Balduin-und Corneliusstraße erbaut und am 28. Juli 1890 in Betrieb genommen. Dieses Gebäude ist im Jahre 1908 durch einen Erweiterungsbau vergrößert worden.

---

1) Vergl. Seite 94 sowie Seite 110.

Am 1. Dezember 1900 wurde eine Fernsprech-Vermittelungsstelle hier eingerichtet.

Von der Gründung der hiesigen Postanstalt (1. März 1863) ab bis Mitte Juni 1872, dem Zeitpunkte der Eröffnung der Eisenbahn zwischen Mülheim und Bensberg, vermittelten die zwischen Cöln und Gummersbach bezw. Cöln und Bensberg verkehrenden Personenposten den hiesigen Postverkehr. Nach Aufhebung dieser Verbindungen wurden Güterposten zwischen Cöln und Kalk eingestellt.

Vom 1. Juni 1886 ab, dem Tage der Inbetriebnahme der Eisenbahnstation Kalk Süd, ist Kalk in die Reihe der Eisenbahn-Postanstalten getreten, wodurch die Postverbindungen bedeutend verbessert worden sind.

In den früher zum hiesigen Landbestellbezirke gehörigen Orten Rath-Heumar, Vingst und Höhenberg sind im Laufe der Zeit Postagenturen eingerichtet worden, die dem hiesigen Postamt zugeteilt sind.

========

Uebersicht
über die Entwickelung des Verkehrs bei dem Kaiserlichen Postamt in Kalk.

A. Personal.

1875:	2	Beamte,	3	Unterbeamte
1885:	4	„	8	„
1895:	10	„	19	„
1905:	31	„	36	„
1908:	39	„	47	„

B. Postverbindungen.

1875:	8	ankommende,	8	abgehende
1885:	12	„	12	„
1895:	39	„	38	„
1905:	39	„	37	„
1908:	39	„	41	„

Gegenstand	1875	1885	1895	1905	1908
Eingegangene Briefsendungen	182 000	338 850	850 044	2 494 800	2 772 500
Aufgegebene Briefsendungen	208 000	312 372	737 932	2 238 200	2 687 400
Eingegangene Paket- und Geldsendungen......	13 680	22 806	44 166	99 495	109 398
Aufgegebene Paket- und Geldsendungen......	8 640	15 804	36 135	72 963	81 819
Eingegangene Nachnahmesendungen............	1 800	3 528	6 333	22 617	30 681
Eingegangene Postaufträge	1 440	3 054	4 460	3 765	3 809
Ausgezahlte Postanweisungen	3 480	13 544	28 240	59 369	76 241
im Betrage von ......M	173 160	908 810	1 735 360	3 580 515	3 992 637
Eingezahlte Postanweisungen	9 840	23895	43 408	97 427	117 594
im Betrage von ......M	438 480	1 162 654	2 268 060	6 071 128	7 050 091
Bearbeitete Telegramme	5 640	9 115	22 625	51 855	54 068
Gesprächsverbindungen	-	-	-	1 626 465	1 652 120
Porto und Telegrammgebühren............M	24 547	45 652	89 948	232 569	284 063
Barumsatz ......M	656 398	1 943 822	4 142 146	10 668 139	12 024 062

B. Straßenbahn.

Über den Verkehr zwischen Kalk und Deutz in den siebziger Jahren mittels Omnibus ist im VII. Kapitel berichtet worden, ebenso über den Bau der Pferdebahnlinie Deutz-Schiffbrücke-Kalk im Jahre 1876. Die Eröffnung des Betriebes fand am 23. Mai 1877 statt, nachdem am 18. Mai die Probefahrt stattgefunden hatte. In der ersten Zeit des Bestehens wurde mehrmals der Versuch gemacht, die Wagen durch kleine Lokomotiven fortbewegen zu lassen. Es blieb jedoch bei dem Versuch, und mehr als fünfundzwanzig Jahre vermittelte die Pferdebahn, über deren nicht gar große Schnelligkeit ein damals viel gesungenes Fastnachtslied sich mit Humor ausließ, den Verkehr zwischen Kalk und Deutz.

Zum Zwecke der Unterbringung der für den Bahnbetrieb erforderlichen Pferde und Wagen erwarb die Betriebsunternehmerin in Kalk in der Viktoriastraße das Tabakfabrikgebäude der Firma Arnold Böninger I und baute dasselbe zu einem Straßenbahn-Bahnhofe um. Es wurden in demselben Stallungen für 30 - 40 Pferde, eine Wagenhalle zur Aufnahme von 12 Wagen und die erforderlichen Nebenräumlichkeiten (Fourage, Speicher, Beschlagschmiede) hergerichtet. Bei Verstärkung des Betriebes mußte später von der Straßenbahngesellschaft das Nachbargrundstück, Viktoriastraße 18 erworben und ebenfalls zu Bahnhofszwecken hergerichtet werden, und zwar wurden Stallungen zur Unterbringung von weiteren 30 - 40 Pferden eingerichtet. Bei Übernahme des Unternehmens durch die Stadt Cöln wurde der Bahnhof nicht mit übernommen, sondern für den elektrischen Betrieb auf dem Gemeindegebiet der Stadt Cöln an der Kalkerstraße in Cöln-Deutz ein neuer Bahnhof errichtet. Die Neubauten bestanden ursprünglich aus einer Wagenhalle zur Aufnahme von ca. 60 elektrischen Triebwagen, einem Verwaltungsgebäude und einer Revisionswerkstätte. Infolge weiterer Verstärkung des Wagenparks wurde die Errichtung einer weiteren Wagenhalle zur Aufnahme von 45 Wagen nötig.

Die Einführung des elektrischen Betriebes erfolgte im Jahre 1902. Nachdem am 14. April mit der Streckung der Gleise begonnen war, fing man am 24. Juli mit der Spannung der Leitungsdrähte an, und am 16. September wurde das neue Verkehrsmittel, das den so lange gehegten Wunsch der Kalker Bürger, über die Brücke bis nach Cöln fahren zu können, erfüllte, dem Betrieb übergeben. War schon 25 Jahre früher die Sorge der Eltern für die Sicherheit ihrer Kinder beim Überschreiten der Fahrbahn eine nicht geringe gewesen, so war dieselbe jetzt umsomehr berechtigt, und nicht umsonst ließ die Direktion der Straßenbahn in allen Schulen Zettel an die Kinder verteilen, in denen dieselben vor mutwilligem und leichtsinnigen Überschreiten der Gleise vor herannahenden Wagen der elektrischen Straßenbahn eindringlich gewarnt wurden.

Ungefähr zwei Jahre später erfolgte die Eröffnung der elektrischen Kleinbahn Cöln-Kalk-Rath-Heumar, nämlich am 20. Januar 1904, einige Zeit später wurde die Strecke bis zum Königsforst weiter geführt.

Nach abermals zwei Jahren, am 27. November 1906, wurde die Strecke Cöln-Kalk-Brück eröffnet. Beide Strecken bieten den Bewohnern Kalks Gelegenheit, in kurzer Zeit

den prächtigen Königsforst zu erreichen und sich in der herrlichen Waldluft neue Kraft zu fleißiger Arbeit zu holen. Auch
weitere Märsche in das Bergische, nach Bensberg,
Hoffnungsthal, dem sagenreichen hohen Lüderich und zu
weiteren Punkten des Bergischen Landes bieten viel des Schönen und reiche Erholung. Die Direktion der Städtischen Vor-
ortbahnen hat sich durch die Herausgabe eines hübsch ausgestatteten Führers, betitelt „Zwischen Sieg und Wupper"
[zum Preise von 20 Pfennig bei den Schaffnern der Vorort-
bahnen zu haben], großes Verdienst um die Kenntnis der
schönsten Punkte des Königsforstes und des Bergischen erworben.

In gleicher Weise wie die Bahnen nach Rath und Brück
dient den Bewohnern von Kalk die Kleinbahn Cöln-B.-Glad-
bach, an welcher nur wenige Minuten von der Nordgrenze
Kalks, die Haltestelle „Kalkerstraße" eingerichtet ist.

Die Betriebsdichte betrug nach der Eröffnung der Bahn
15 Minuten und in den Abendstunden 30 Minuten. Bei der
stetigen Zunahme der Einwohnerzahl reichte dieser Betrieb
zur ordnungsgemäßen Bewältigung des Verkehrs schon nach
wenigen Jahren nicht mehr aus. Es wurde ein 7 ½ Minuten-
Betrieb eingeführt. Ende der 80er Jahre reichte auch dieser
Betrieb nicht mehr aus, und es wurde wegen der damals ein-
gleisigen Strecke zur Einstellung von Doppelwagen gegrif-
fen. Zur Zeit verkehren die Züge, bestehend aus je einem
Trieb- und Beiwagen, in der Regel alle 5 Minuten.

Betriebsergebnisse
der Kalker Straßenbahnlinien.

Betriebsjahr	Bezeichnung der Linien	Länge km	Zurück-gelegte Wagen-kilometer	Anzahl der beförderten Personen	Betriebs-einnahme ℳ	Bemerkungen
1899	Deutz-Kalk	3,50	358 786	1 606 011	179 645	Pferdebetrieb pro Kalenderjahr
1900	„	3,46	364 236	1 732 806	179 117	desgl.
1901	Kalker Bahn	3,50	370 299	1 667 029	150 537	Pferdebetrieb pro Rechnungsjahr 1./4. 00 – 31./3. 02.
1902	Ehrenfeld-Kalker Bahn	8,12	682 721	2 583 938	287 369	Gemischter Betrieb Zwischenbetrieb Dom bezw. Deutz-Kalk. Linie wurde bis Ehrenfeld durchgeführt.
1903	Lindenthal-Kalker Bahn	9,527	1 269 330	4 085 127	402 703	Elektrischer Betrieb. Neben der Ehrenfeld-Kalker Linie wurde eine weitere Linie Linden-thal-Kalk eingerichtet.
	Ehrenfeld-Kalker Bahn	8,22	800 518	2 961 062	299 418	
			2 069 848	7 046 189	702 121	
1904	Lindenth.-Kalk	9,53	1 306 224	4 295 646	410 463	
	Ehrenfeld-Kalk	8,22	756 064	3 113 350	294 026	
			2 062 288	7 408 996	704 489	
1905	Lindenth.-Kalk	9,53	1 434 906	4 834 517	421 476	
	Ehrenfeld-Kalk	8,22	936 630	3 720 583	325 907	
			2 371 536	8 555 100	747 383	
1906	Lindenth.-Kalk	9,53	1 483 630	5 427 244	457 647	
	Ehrenfeld-Kalk	8,22	1 096 253	4 398 530	361 705	
			2 579 883	9 825 774	819 352	
1907	Lindenth.-Kalk	9,53	1 535 149	5 711 248	471 930	
	Ehrenfeld-Kalk	8,22	1 209 187	4 721 356	376 079	
			2 744 336	10 432 604	848 009	
1908	Lindenth.-Kalk	9,54	1 566 346	5 960 208	487 290	
	Ehrenfeld-Kalk	8,22	1 170 651	4 647 757	359 163	
			2 736 997	10 607 965	846 453	

Bis zum Jahre 1874 entbehrte Kalk einer Bahnstation, obschon es an der Deutz-Gießener Bahnstrecke günstig gelegen war; alle dieserhalb unternommenen Verhandlungen hatten keinen Erfolg. Erst die Erbauung der sogenannten Rheinischen Eisenbahn, der Linie Troisdorf-Speldorf, die zwischen Vingst und Gremberg unter der Deutz-Gießener Bahnstrecke hergeführt wurde, brachte dem Orte Kalk eine Eisenbahnstation, einen Personenbahnhof, dessen Eröffnung am 1. Oktober 1875 stattfand. Derselbe lag an der Stelle des jetzigen Güterbahnhofgebäudes Kalk Nord; die mit Gebüsch und Bäumen hübsch bepflanzten Bahnhofsanlagen bildeten viele Jahre hindurch eine Zierde der oberen Hauptstraße. Sehr bedeutend ist der Verkehr auf dieser Eisenbahnstation nicht geworden. Um so größer waren die von der Bürgerschaft gehegten Hoffnungen auf eine Bahnstation an der Deutz-Gießener Strecke, welche eine direkte Verbindung mit Cöln-Hauptbahnhof bringen sollte. Der allgemeine Wunsch war, dieselbe möge ihre Stelle auf dem Grundstücke südlich des jetzigen Postgebäudes erhalten. Der Stadtbericht über das Jahr 1884/85 erwähnt Verhandlungen zwischen der Stadt und der Eisenbahnverwaltung, die Bergisch-Märkische Bahn sollte nämlich über Deutz nach Kalk geführt werden. Die genannten Verhandlungen führten auch insoweit zum Ziel, als am 1. Juli 1886 die Eröffnung des neuen Bergisch-Märkischen Bahnhofs Kalk, später Kalk Süd genannt, stattfand, jedoch konnte die Lage des Bahnhofes - weit östlich von der gewünschten Stelle und auf dem Gebiet der Gemeinde Vingst - die Stadtverwaltung ebensowenig befriedigen, wie dem größten Teil der Einwohner von Kalk.[1] An demselben Tage fand die Schließung des Rheinischen Bahnhofs für den Personenverkehr statt. Der Güterverkehr blieb dagegen diesem Bahnhofe erhalten. Der Hauptwagenladungsverkehr wickelte sich jedoch auf dem Güterbahnhof an der unteren Hauptstraße ab.

Ganz gewaltige Umänderungen der Bahnhofsanlagen in Kalk fanden in den letzten Jahren statt, über die in folgen-

1) Vergl. Seite 105.

dem nach einem Vortrag des Regierungsbaumeisters Eggert
— gehalten am 26. Juni 1909 bei einer Besichtigung der Bahnanlagen durch den Architekten- und Ingenieurverein für
Rheinland und Westfalen[1) — sowie nach Angaben des Ober-
bahnhofs-Vorstehers berichtet wird.

Die neuen Bahnanlagen in Kalk-Nord.

Für die Entwickelung des rechtsrheinischen Cölns im
weiteren Sinne, wozu auch die beiden Städte Kalk und Mülheim gehören, ist die Neugestaltung der Bahnanlagen von
großer Wichtigkeit. Hervorzuheben ist einmal die Beseitigung
der Schiffbrückenlinie mit dem jetzigen Bahnhof Deutz und
damit die Freimachung des rechten Rheinufers und die Er-
möglichung des Baues einer zweiten festen Rheinbrücke an
Stelle der Schiffbrücke, ferner die Beseitigung der für den
Straßenverkehr äußerst unbequemen Kreuzungen der zahlreichen verkehrsreichen Straßen mit den Bahnen in Schienen-
höhe. Unter der mit diesen Bahnübergängen verknüpften Be-
nachteiligung des Straßenverkehrs hatte insbesondere die
Stadt Mülheim in empfindlicher Weise zu leiden. In Mülheim bestanden aus der Zeit der Privatbahnen drei Bahnhöfe: Dem Rhein am nächsten der Cöln-Mindener, daneben der
Bergisch-Märkische und noch weiter östlich der schon seit
längerem für den Personenverkehr geschlossene Rheinische
Bahnhof. Alle drei Bahnhöfe nebst den anschließenden Strek-
ken durchschnitten die verkehrsreichen Straßen in Schienen-
höhe. Um diese Mißstände zu beseitigen, wurde der Bau eines neuen gemeinschaftlichen Bahnhofes in Mülheim auf dem
Gelände des früheren Rheinischen Bahnhofes an der
Güterzuglinie Speldorf-Troisdorf beschlossen.

Das Gesamtbild ist nun folgendes: Von Norden kommen vier Linien, die Düsseldorfer-, die Elberfelder-, die
Bensberger- und die Speldorfer Linie. Vor Mülheim werden
aus jeder der drei erstgenannten Linien Gütergleise abgezweigt, die sich neben die Speldorfer Gütergleise legen und

---

1) Bericht des Kölner Local-Anzeiger vom 27. Juni 1909.

sämtlich zu dem Rangierbahnhof Kalk-Nord weitergeführt
werden. Neben der Düsseldorfer Linie liegt der Rangierbahnhof und der Ortsgüterbahnhof Mülheim. Den Rangierbahnhof verbindet ein Gleispaar mit Kalk-Nord. Die Personen-
gleise laufen zu drei nach Linien geordneten Gleispaaren in
den Personenbahnhof ein und gehen von da zunächst als
zweigleisige und demnächst viergleisige Strecke weiter nach
der neuen Rheinbrücke. Bei der Bauausführung ergab sich
nun die Schwierigkeit, daß die Verbindungslinien zwischen
dem neuen Bahnhof Mülheim und der Rheinbrücke den Rangierbahnhof Deutzerfeld in seinem nördlichen Ende durchschnitten. Bevor daher der Bau hier weiter Fortschritte machen konnte, mußte die Gleisanlage des Bahnhofes
Deutzerfeld wesentlich eingeschränkt werden, und dies war
bei den ohnehin seit langer Zeit unzulänglichen Verhältnissen des Bahnhofes nur möglich nach Schaffung einer leistungsfähigen Ersatzanlage. Diese war nach dem Gesamtplan
durch den neuen Rangierbahnhof Kalk-Nord zu schaffen. Der
Rangierbahnhof Kalk-Nord mußte dabei zunächst soweit
ausgebaut werden, daß er imstande war, die Rangieraufgaben
des Bahnhofes Deutzerfeld aufzunehmen. Da der Bahnhof
Kalk-Nord in seinem südlichen Ende eng mit Kalk-Süd zusammenhängt, mußte ferner die Hochlegung des letzteren
Bahnhofes einer gleisfähigen Ausgestaltung des Bahnhofes
Kalk-Nord vorausgehen. Nachdem Ende Mai 1909 die Linie
Kalk-Süd hochgelegt worden war, konnte ein Teil des Güter-
verkehrs des Bahnhofes Deutzerfeld inzwischen nach dem
fertiggestellten westlichen Teile des Rangierbahnhofes Kalk-
Nord verlegt werden. Dadurch wurde erst die Möglichkeit
gegeben, die nördlichen Gleise des Bahnhofes Deutzerfeld
zu beseitigen und die Verbindungslinie nach dem neuen Mülheimer Bahnhofe zu schließen, sodaß dieser am 1. Juli in
Betrieb genommen werden konnte.

Der Rangierbahnhof Kalk-Nord, von dem zunächst nur
die westliche Hälfte fertiggestellt und in Betrieb genommen
wurde, ist als zweiseitige Anlage geschaffen worden, weil
der Verkehr in den beiden Hauptrichtungen von Norden nach
Süden und von Süden nach Norden annähernd gleich groß

ist. Der Bahnhof Kalk-Nord hat die von Norden kommenden Güter, die nach Süden und nach der linken Rheinseite weitergehen, nach zehn Richtungen zu rangieren, nämlich: nach Gießen, Betzdorf, Oberlahnstein, Koblenz, Mannheim, Aschaffenburg, Eifeltor (linksrheinische und Eifelbahn), Nippes (Aachen und Neuß), Cöln-Gereon, Cöln-Hafen und Bonntor. Ferner sind die von Süden kommenden Güter nach 13 Richtungen auszusondern, nämlich: nach Bensberg, Osterfeld, Speldorf, Frintrop, Elberfeld (nördliche Linie), Elberfeld (südliche Linie), Vohwinkel, Düsseldorf, Düsseldorf-Derendorf-Bilk, Düsseldorf-Lierenfeld, Kupferdreh und zwei Leerwagengruppen die nach Norden gehen.

Für jede dieser Richtungsgruppen ist eine genügend große Gleisgruppe vorgesehen, in der die einzelnen Wagen unmittelbar aus den Einfuhrgleisen durch Hinüberdrücken über Ablaufberge einrangiert werden. Außer diesen zugbildenden Gleisen sind ferner noch besondere Gleisgruppen für die Ordnung der Wagen nach Unterwegsstationen vorhanden. Zur Erhöhung der Wirtschaftlichkeit des Betriebes und zur Beschleunigung des Wagenumlaufs wird das Ordnen der Wagen nach Stationen bereits auf der zugbildenden Station vorgenommen. Kalk-Nord wird eine zugbildende Station größten Stils sein, die einen täglichen Umschlag von 10 000 Wagen haben wird. Es kann dann eine Trennung des Nahverkehrs vom Fernverkehr auch eher durchgeführt werden.

Außer den Rangieraufgaben hat der Bahnhof Kalk-Nord auch noch die jetzt dem Güterbahnhof Deutz zugewiesenen Umladegeschäfte des Stückgutverkehrs aufzunehmen, der den bedeutenden Umfang von 1700 Tonnen täglich hat. Für diese Umladeanlage ist eine zwischen den beiden Hauptgleisgruppen angeordnete, vierschiffige, eiserne Halle, von 400 Meter Länge und 80 Meter Breite vorgesehen, deren Kosten einschließlich der inneren Einrichtung auf eine Million Mark veranschlagt sind. Je zwei äußere und innere durchlaufende Gleise teilen die ganze Anlage in einen Nordschuppen, der zur Aufnahme der nach Norden gehenden Güter bestimmt ist, und einen Südschuppen, in dem die nach Süden gehen-

den Güter behandelt werden. Jeder Schuppen zerfällt in einen mittleren 160 Meter langen Teil, der vorwiegend zum
Stapel bestimmt ist, und in zwei je 120 Meter lange Teile, die
mit je vier dem eigentlichen Umladeverkehr dienenden Stich-
bühnen versehen sind. Die beladenen Wagen werden in die
400 Meter langen durchlaufenden Gleise gesetzt, während
die leeren Wagen in den 120 Meter Stumpfgleisen aufgestellt
werden. Die Güter, welche direkt umgeladen werden können, werden mit Stehkarren von Wagen zu Wagen gefahren
oder auf kurze Zeit längs der durchlaufenden Gleise gestellt.
Letzteres geschieht besonders, wenn geschlossene Stückgüter-
wagen für bestimmte Plätze gebildet werden.

Die Ladebühnen sind massiv gebaut und mit starken
Platten aus Stampfasphalt abgedeckt. Im Innern der Halle ist
neben den erforderlichen Diensträumen ein Aufenthaltsraum
errichtet, der für 500 Arbeiter Raum bietet. Zur besseren
Ausnutzung des verfügbaren Platzes ist dieses Gebäude auf
Säulen ruhend angeordnet, so daß möglichst viel Raum für
Ladezwecke benutzt werden kann.

Die Versorgung der ganzen Bahnhofsanlage mit Nutz-
wasser geschieht von dem in der Südweststrecke erbauten
Wasserturm aus, der einen Behälter von 600 Kubikmeter
Rauminhalt besitzt, und von einer am Rhein auf dem Güterbahnhof Deutz errichteten Pumpstation gespeist wird. Vom
Wasserturm aus verzweigt sich das Rohrnetz über den ganzen Bahnhof hin und versorgt u. a. acht Lokomotivkrane, von
denen jeder eine Leistungsfähigkeit von drei Kubikmeter in
der Minute besitzt.

Der ringförmige Lokomotivschuppen zwischen Kalk-
Nord und Kalk-Süd dient zur Aufstellung von 32 Lokomotiven und ist mit einer zentralen Rauchabführung und zwei
hohen Schornsteinen versehen. Die Bekohlung der Lokomotiven geschieht von einer vier Meter hohen Kohlenbühne
herab, auf die ein Zustellungsgleis für Kohlenwagen herauf-
führt. Das Kohlenlager umfaßt 10 000 Quadratmeter Fläche.
Von den 22 Stellwerken der Bahnhöfe Mülheim und Kalk-
Nord sind 10 als elektrische Kraftstellwerke gebaut, die bequem und sicher bedient werden können.

Der Umfang der bei dem Bau der beiden Bahnhöfe zu bewältigenden Arbeiten ergibt sich aus folgenden Zahlen: Zur Aufschüttung des Bahnkörpers mußten 4 400 000 Kubikmeter Bodenmasse aus den bei Dellbrück und Rath-Heumar im Königsforste, 10 Kilometer entfernt liegenden Entnahmestellen durch besondere Kieszüge herangeschafft werden. Gewaltige Trockenbagger füllten im Königsforst die Wagen, ganze Hügelreihen verschwanden dort. Hier in Kalk hörte man bis in die Nacht herein das Rufen der Italiener, Kroaten ec., die das Aufkippen der Kieswagen besorgten.

Die Länge der auf beiden Bahnhöfen gelegten Gleisen beträgt 133 Kilometer, das ist mehr als die Entfernung von Cöln nach Lüttich. Die Menge des eingebauten Bettungsmaterials besteht aus 338 000 Kubikmeter Rheinkies und Basaltkleinschlag. Zur Heranschaffung mußten 2 Jahre hindurch täglich zwei Arbeitszüge von je 40 Wagen gefahren werden.

Die Gesamtkosten der neuen Bahnanlagen belaufen sich auf 25 000 000 Mark.

Der Bahnhof Kalk-Nord wird nach der vollständigen Inbetriebnahme am 1. April 1910 einer der größten Bahnhöfe Deutschlands sein, der die neuesten Einrichtungen aufweist. Die Zahl der Beamten und Arbeiter wird sich auf ca. 1400 belaufen. Die Leitung ruht in den Händen eines Oberbahnhofsvorstehers, dem noch 4 Bahnhofsvorsteher zur Seite stehen. Täglich müssen ca. 250 Güterzüge vollständig gebildet und ausrangiert werden. Außerdem durchfahren noch annähernd 100 Güterzüge den Bahnhof ohne behandelt zu werden. In den Umladehallen werden täglich 850 Wagen Stückgüter ent- und beladen.

Das Haupt-Dienstgebäude des Bahnhofs Kalk-Nord liegt an der Olpenerstraße, Aufgang in der Unterführung. Es enthält die Diensträume für den Bahnhofsvorstand, geräumige Telegraphen-, Schreib- und Unterrichtssäle, ferner Ruhe-, Aufenthalts- und Waschräume, sowie Badeeinrichtungen für Beamte und Arbeiter.

Damit die fremden Lokomotiv- und Zugpersonale, welche bis zur Übernahme des nächsten Dienstes längeren oder kürzeren Aufenthalt haben, Ruhe und Erholung finden, sind an der Vingster Unterführung in der Nähe des Lokomotivschuppens ein Übernachtungs- und ein Aufenthaltsgebäude errichtet. Das erstere enthält im Hochparterre und im 1. Stock 37 luftige Zimmer mit 75 Betten, sodann gemütliche Aufenthaltssäle und praktisch eingerichtete Waschräume. Im Erdgeschoß liegen 16 Badezellen mit Wannen und Brausen, ferner Waschküche und Trockenräume sowie die Heizanlage. Das Aufenthaltsgebäude, mit geräumiger Veranda, enthält zwei größere Restaurationsräume, sonstige Aufenthaltszimmer, Leseräume und Waschräume. 6 Zimmer sind zum Vermieten an einzelstehende Beamte und Arbeiter eingerichtet. Beide Häuser geben rühmliches Zeugnis von der Fürsorge, welche die Eisenbahn-Verwaltung ihren Beamten und Angestellten angedeihen läßt.

In der Nähe dieser Gebäude liegen noch die Bureaus der beiden Bahnmeister, das Materialienmagazin, die Betriebswerkstätte ec.

Zu erwähnen ist noch die große Militärladerampe, die von der Vingster Kirchstraße aus zu benutzen ist und für Militärtransporte bestimmt ist.

Der Ortsbahnhof Kalk-Nord.

Während der hochgelegene Bahnhofsteil dem durchgehenden Rangier- und Umladeverkehr dient, ist der in Straßenhöhe gelegene Teil des Bahnhofes, zu dem ein Gleis von dem hochgelegenen Teile an der Herlerstraße hinunterführt, für den Ortsverkehr bestimmt. Das Gebäude der Güterabfertigung für den Ortsbahnhof, welches zugleich die Stationskasse sowie den Güterschuppen für Ortsgüter enthält, liegt am Eingange des Ortsbahnhofs an der Hauptstraße. Ein feststehender Kran von 15 000 kg Tragfähigkeit dient zur Verladung von schweren Gütern. Für feuergefährliche Gegenstände sowie für Fahrzeuge und für Vieh sind besondere Rampen vorhanden. Wie bedeutend der Ortsgüterverkehr in Kalk-Nord ist, geht daraus hervor, daß im Jahre 1909 an Ortsgütern 27 600 Tonnen Stückgüter und 456 370 Tonnen Wagenladungsgüter in der Güterabfertigung behandelt wurden. Die Zahl der Frachtbriefe belief sich auf 163 317 Stück.

Der neue Bahnhof Kalk-Süd.

An Stelle des alten Bahnhofes Kalk-Süd, der durch die neuen Bahnhofsanlagen und durch die Hochlegung der Bahnstrecken im Jahre 1908 abgebrochen und für die Zeit des Umbaues durch ein kleines provisorisches Gebäude ersetzt wurde, erhebt sich nun, 1908/1909 erbaut, der neue Bahnhof Kalk-Süd an der Strecke Cöln Hauptbahnhof - Niederlahnstein und Cöln-Deutz - Gießen. Er zerfällt in 2 Teile, den hochgelegenen für den Personen- und Eilgutverkehr und den tiefgelegenen für den Ortsgüterverkehr.

Auf der Station Kalk-Süd halten nur die Personenzüge. Täglich verkehren nach Cöln Hauptbahnhof 16, nach Niederlahnstein-(Frankfurt) 12, nach Siegburg-(Gießen) 6, nach Cöln-Deutz (Bensberg) 15 Züge, wozu im Sommer (an den Sonntagen) noch ca. 20 Sonderzüge nach den verschiedenen Richtungen kommen.

Im Monat werden durchschnittlich 15 000 bis 16 000 Fahrkarten verkauft.

Am 20. Mai 1909 wurde der Bahnhof in Betrieb genommen. Augenblicklich[1] — die Anlagen sind noch nicht fertiggestellt — befinden sich auf dem Bahnhofe 4 durchgehende Gleise für den Personen- und Güterverkehr, (demnächst 8 für Personen- und 2 für Güterzüge) 5 Aufstellungsgleise für die hier beginnenden und endigenden Bensberger Züge, 4 Stellwerke (3 auf dem hochgelegenen, 1 auf dem tiefgelegenen Bahnhofsteil), 1 Eilgutschuppen, 1 im Bau begriffener Lokomotivschuppen mit vorläufig 5 Ständen, 1 Drehscheibe, 1 Wasserkran, 1 Rampe für den Milchempfang, 2 Viehrampen (1 hoch- und eine tiefgelegene), 2 Waagen. Im tiefgelegenen Bahnhof befinden sich 2 Ladestraßen mit je 2 Aufstellungsgleisen. Zur Beförderung des Gepäcks und Expressgutes von und nach den Zügen dienen zwei elektrische Aufzüge,

---

1) Januar 1910.

während die Reisenden durch den Personentunnel zu den 2 Bahnsteigen gelangen. Nach Fertigstellung der Südbrückenlinie benutzen die Züge von Cöln-Süd nach Kalk-Nord und umgekehrt die beiden am Empfangsgebäude vorbeiführenden Gütergleise, die Personenzüge die acht neuen Personenzuggleise.

Der Umfang des Eilgut- und des Wagenladungsverkehrs erhellt aus folgenden Angaben: Der Empfang von Eilgut beträgt monatlich 360 — 380 t, der Versand 150 — 170 t. Der Wagenladungsverkehr erreicht pro Monat die Höhe von 6 400 — 6 600 t im Empfang und 1 300 — 1 500 t im Versand. An Vieh kommen monatlich ca. 40 — 50 Stück Großvieh und ca. 150 Stück Kleinvieh an. Die Zahl der abgefertigten Frachtbriefe beträgt im Monat ca. 2000 im Empfang und ca. 1500 im Versand.

Das Personal, an dessen Spitze ein Bahnhofsvorsteher steht, zählt 33 Beamte und Hilfsbeamte und 12 Arbeiter.

XVI. Kapitel

Kurze Geschichte
des 5. Westfälischen Infanterie-Regiments No. 53.

Auszug aus dem Werke „Geschichte des 5. Westfälischen Infanterie-Regiments von E. Deutelmoser, Hauptmann, aggregiert dem Generalstabe der Armee."

Das Regiment verdankt seine Entstehung der Umformung und Neugestaltung des preußischen Heeres, die der nachmalige Kaiser Wilhelm I. als Prinzregent im Jahre 1859 ins Werk setzte, und sich schon nach kurzem Bestehen in drei ruhmreichen Feldzügen glänzend bewähren sollte.

Das neugebildete Regiment erhielt am 4. Juli 1860 seinen heutigen Namen. Es gehörte zu dem von General Herwarth von Bittenfeld kommandierten VII. Armeekorps. Stab und I. Bataillon waren in Münster, das II. Bataillon in Borken, dann in Coesfeld, das III. in Warendorf untergebracht.

Im Verbande der dem General von Wintzingerode unterstellten 13. Division nahm das 53. Infanterie-Regiment im Jahre 1864 am K r i e g   g e g e n   D ä n e m a r k teil.

Bei den Düppeler Schanzen traf das Regiment mit dem Feinde zusammen. Bei einer Erkundung des I. Bataillons gegen Rackebüll und Düppel am 1. März erhielt Leutnant Vetter eine tödliche Wunde. Er war der erste unter den wackeren Offizieren des Regiments, der für das Vaterland starb. Aber auch unter den Mannschaften fanden sich Beispiele kühnster Tapferkeit. Das blutigste Ringen war am 18. April bei dem Sturm auf die Düppeler Schanzen, wo die Stürmenden wie ein verheerendes Unwetter aus den Laufgräben hervorbrachen, überschüttet von einem Hagel von Kartätschen und Gewehrgeschossen. Das Regiment eroberte die Schanze IV in heftigstem Kampfe; 14 Geschütze und 5 dänische Kompagniefahnen (Danebrogs) bildeten die Siegestrophäen des Regiments, viele Gefangene fielen in seine Hände. Aber auch die Verluste waren zahlreich: 2 Offiziere und 40 Mann tot, 7 Offiziere und 68 Mann verwundet. Auch am Übergang nach Alsen nahm ein Teil des Regiments anteil und fügte den bereits errungenen Kriegslorbeeren noch neue hinzu.

Eine Zeit erhebenden Erfolges hatten die Dreiundfünfziger durchlebt, und die verdiente allerhöchste Anerkennung für die kriegerischen Ruhmestaten blieb ihnen nicht versagt. Am 7. Dezember 1864 ernannte König Wilhelm I. seinen Sohn, den Kronprinzen Friedrich Wilhelm, zum Chef des Regiments. Großer Jubel erhob sich, als diese Freudenbotschaft eintraf, noch verstärkt durch das nachstehende Telegramm des hohen Regimentschefs:

Durch die Gnade Sr. Majestät des Königs zum Chef des Regiments ernannt, begrüße ich meine neuen Regimentskameraden, mit denen ich die Feuertaufe in demselben Feldzuge erhalten habe, in aufrichtiger Freude und Kameradschaft.

gez. Friedrich Wilhelm, Kronprinz.

Schon am 15. Dezember begrüßte der hohe Chef sein Regiment auf dem Neuplatz in Münster und zeichnete die im Feldzug Dekorierten durch anerkennende Worte aus.

Die Bundesfestung Mainz wurde nun der neue Standort des Regiments. Am 16. Dezember 1864 hielt es seinen Einzug in die neue Heimat.

Im Feldzug gegen Österreich 1866, bei dem die Hauptentscheidung in Böhmen fiel, kämpfte das Regiment in der Mainarmee und zwar im Verbande der 14. Division, die der General von Goeben führte. Diese Armee hatte die Niederwerfung der außerhalb Böhmens stehenden feindlichen Armeen zur Aufgabe; standen doch die süddeutschen Staaten sowie Sachsen, Kurhessen und Hannover auf Seite Österreichs.

Die 14. Division rückte von Minden aus, wo sich die Truppen derselben versammelt hatten, in Hannover ein, dessen Hauptstadt am 17. Juni erreicht wurde. Die hannoverische Armee hatte nach eiliger Versammlung bei Göttingen Süddeutschland erreichen wollen. Da die preußische Division von Beyer ihr jedoch den geraden Weg dorthin versperrt hatte, blieb den Hannoveranern zur Vereinigung mit den Bayern nur der Weg über Thüringen. Es galt nun, ihnen auch diesen zu verlegen. An der Lösung dieser Aufgabe war das 53. Regiment mit beteiligt und trug zum Gelingen derselben bei. Auch am weiteren Verlaufe des Feldzugs gegen die süddeutschen Staaten hatte das Regiment ruhmreichen Anteil. So kämpfte es am Tage der Schlacht bei Königgrätz (3. Juli) bei Dermbach gegen die Bayern, ebenfalls an den folgenden Tagen bei Zella und Neidharthausen; die Verluste der 53er waren 3 Offiziere, darunter der tapfere Kommandeur des II. Bataillons, von Gontard.

Am 10. Juli stieß das Regiment wieder mit dem Feinde zusammen und zwar bei Kissingen. In dem erbitterten Kampfe blieben die Dreiundfünfziger Sieger; 74 Gefangene fielen bei der Verfolgung dem Regimente in die Hände. Die eigenen Verluste betrugen 3 Offiziere und 100 Mann. Bei dem nun folgenden Kampfe bei Aschaffenburg am 14. Juli gegen die Hessen und Österreicher nahm das Regiment 7 Offiziere und 521 Mann gefangen, wogegen die Verluste auf eigener Seite verhältnismäßig gering waren, nämlich 2 Offiziere und 3 Mann.

Am 4. August rückten die Dreiundfünfziger in Würzburg ein. Die doppelt überlegene feindliche Armee war in drei Tagen über den Main zurückgeworfen worden.

Der Friede zu Prag, am 23. August 1866, brachte Preußen drei blühende Provinzen. Es trat nun an die Spitze des neugegründeten Norddeutschen Bundes, der ein einheitliches Heer und eine gemeinsame Flotte erhielt. Die süddeutschen Staaten wurden durch ein Schutz- und Trutzbündnis mit den norddeutschen verbrüdert. Zu all diesen Erfolgen hatte das 53. Regiment rühmlich beigetragen. Auch sein hoher Chef war sieggekrönt aus dem Feldzug zurückgekehrt; auf den

blutgetränkten Gefilden Böhmens hatte er die höchste Auszeichnung für Kriegsverdienst, den Orden pour le mérite, aus
der Hand seines Königlichen Vaters empfangen. Dem Regiment wurden viele Orden und Ehrenzeichen zuerkannt.

Als neuer Standort wurde dem 53. Regiment die Festung
Wesel angewiesen; am 16. September traf es dort ein.

In seinem letzten Standorte Mainz war das Regiment
dem VIII. Armeekorps zugeteilt; mit der Verlegung nach
Wesel trat es in den Verband des VII. Armeekorps zurück.

D e r   K r i e g   g e g e n   F r a n k r e i c h 1870/71, zu
dem ganz Deutschland einmütig sich erhob, sah auch unser
Regiment wieder in den vordersten Reihen.

Drei Armeen wurden zum Einmarsch in Frankreich aufgestellt: Die erste Armee unter General von Steinmetz bei
Trier, die zweite Armee unter Prinz Friedrich Karl südwest-
lich von Mainz, die dritte Armee unter Kronprinz Friedrich
Wilhelm bei Landau. Das 53. Regiment befand sich bei der
ersten Armee. Das VII. Armeekorps führte General von
Zastrow.

Nachdem das Regiment von Aachen aus nach anstren-
genden Märschen durch die Eifel Trier erreicht hatte, rückte
die Division am 2. August gegen die Saar vor und nahm am
6. August am Sturm auf die Spicherer Höhen teil. Zwar glänzend war der erste in diesem Kriege errungene Erfolg, aber
auch groß und schwer waren die Opfer und die Verluste des
Regiments: 14 Offiziere und 209 Mann waren tot oder verwundet.

Schon einmal, am 3. Juli 1866, hatte das Regiment
gleichzeitig mit seinem hohen Chef gesiegt, und auch heute
wieder waren fern von seiner Siegesstätte in einer zweiten
blutigen Schlacht die eisernen Würfel gefallen: bei Wörth
hatte Kronprinz Friedrich Wilhelm den Marschall Mac Mahon
aufs Haupt geschlagen.

Die deutschen Heere folgten dem Feinde gegen die
Mosel-Linie, während die Franzosen jetzt bei Metz unter
Bazaine 170 000 Mann und bei Chalons unter Mac Mahon
120 000 Mann versammelten. Es galt eine Vereinigung dieser beiden Heere zu verhindern und Bazaine bei Metz allein

zu schlagen. So entspannen sich die blutigen Kämpfe um Metz am 14., 16. und 18. August. An dem harten Kampfe bei Colombey-Nouvilly am 14. August nahmen das I. und II. Bataillon des 53. Regiments teil; die 7. Kompagnie verlor ihre sämtlichen Offiziere, viele Unteroffiziere und Mannschaften. Das Füsilierbataillon war zur Bedeckung des Bahnhofs Courcelles sur Nied abgezweigt und blieb dort bis zum 16. August. Am 17. und 18. August kämpfte ebenfalls wieder das I. und II. Bataillon der Dreiundfünfziger gegen den Teil des französischen Heeres, der sich im Bois de Vaux, einem Gebirgswalde, festgesetzt hatte. Erst am frühen Morgen des 19. August wichen die Franzosen und gingen auf Metz zurück. 44 Stunden hatten die Truppen das Gewehr nicht aus der Hand gelegt und mit bewundernswerter Ausdauer allen aufreibenden Einflüssen eines zähen Kampfes getrotzt.

Nach der Einschließung von Metz nahm das 53. Regiment an der Belagerung dieser Festung teil. Am 31. August suchte Bazaine die Einschließungslinie zu sprengen, um sich mit dem heranrückenden Heere Mac Mahons bei Diedenhofen zu vereinigen. So kam es zur zweitägigen Schlacht bei Noisseville, an der auch die 53er rühmlichen Anteil nahmen. Zwei Tage später erhielt die Belagerungsarmee vor Metz die Botschaft von dem herrlichen Siege bei Sedan. Mac Mahons Armee war vernichtet, Kaiser Napoleon gefangen. Der Weg nach Paris war nun frei, und bald war die feindliche Hauptstadt von den Siegern eingeschlossen.

Die Truppen vor Metz richteten sich zu längerer Belagerung ein. Arbeitsdienst an den Verschanzungsanlagen und Biwakseinrichtungen füllte den größten Teil der Zeit aus. Die rauhe und nasse Witterung brachte große Strapazen mit sich, dazu herrschten Ruhr und Typhus. Der Platz des Regiments in der Einschließungslinie wechselte mehrfach während der 70 tägigen Belagerung. Am 27. Oktober kapitulierte die Festung Metz. 173 000 Mann wurden kriegsgefangen, ungeheure Mengen von Kriegsmaterial fielen den Siegern zu. Die erste Armee konnte nun nach Nordfrankreich entsandt werden, um den französischen Versuchen zum Entsatze von Paris entgegenzutreten. Das VII. Armeekorps blieb jedoch

zurück, um Metz zu besetzen und den Transport der zahlreichen Gefangenen zu vermitteln. Bis zum 9. November war
das Regiment bei Metz. Dann rückte es ab, um an der Belagerung von Diedenhofen teilzunehmen. Dieselbe dauerte vom
13. bis zum 24. November. Am Abend dieses Tages wurde
die Festung durch Kapitulation mit 199 Geschützen und bedeutenden Vorräten übergeben. Nun wurde das Regiment bei
der Belagerung von Mezieres und bei der Einschließung von
Montmedy verwandt. Während der Einschließung hatte es
mehrere Gefechte gegen Franktireurs zu bestehen, die alle
siegreich verliefen. Am 1. Januar 1871 kapitulierte Mezieres.
Mit dieser Stadt war die letzte der Festungen gefallen, die die
Eisenbahn Diedenhofen-Reims gesperrt hatten. So war eine
neue wichtige Verbindungslinie mit der Heimat gewonnen.

Die 14. Division war jetzt zu anderweitiger Verwendung
frei. Sie wurde nun nach dem Kriegsschauplatz in Südfrankreich entsandt. Das Regiment hatte auf dem Vormarsch mehrere kleinere Zusammenstöße mit dem Feinde zu bestehen.
Dann ging der Marsch über das mit Eis und Schnee bedeckte
Juragebirge weiter nach Süden. Am 29. Januar kam es zu
einem äußerst heftigen Kampfe bei dem Dorfe Chaffois, südlich von Besançon, bei dem zahlreiche feindliche Offiziere
und 1800 Mann in die Gefangenschaft des 53. Regiments
gerieten. Die eigenen Verluste betrugen 6 Offiziere und
46 Mann. Der letzte Kampf der Dreiundfünfziger in diesem
Feldzuge war siegreich beendet. Bourbakis Armee trat am 1.
Februar auf Schweizer Gebiet über und wurde hier entwaff-
net.

Das Regiment wurde nun in der Richtung nach Norden
in Marsch gesetzt und bezog Ende März in der Gegend von
Luneville Quartiere. Garnisonsmäßiger Dienst füllte die Zeit
bis zum Frieden aus, der am 10. Mai in Frankfurt geschlossen wurde. Bald darauf begann die Beförderung in die Heimat. Am 3. Juni trafen das I. und III. Bataillon in ihrem neu-
en Standorte Münster ein, das II. Bataillon erreichte am
13. Juni seine Garnisonstadt Paderborn.

Mit gerechter Befriedigung konnten die Dreiundfünfziger sich sagen, daß sie zur Erreichung der herrlichen

Erfolge des glorreichen Krieges rühmlich das Ihrige beigetragen hatten. Eine große Anzahl von Auszeichnungen wurde dem Regiment zu teil.

Im Jahre 1877, nach dem Kaisermanöver, erhielt das Regiment wieder neue Standorte. Der Stab mit dem I. und dem Füsilierbataillon kam nach Aachen, das II. Bataillon nach Jülich.

Mehrmals mußte das Regiment zur Bildung neuer Truppenteile beitragen.

Ein Jahr tiefster Trauer war für ganz Deutschland und insbesondere auch für die Armee und das Regiment das Jahr 1888. Am 9. März schloß Kaiser Wilhelm der Große die Augen zum ewigen Schlafe. Am 11. März leistete das Regiment seinem bisherigen Chef als Kaiser Friedrich III. den Eid der Treue. Wie gern hätte das deutsche Volk bei seiner Trauer um den geliebten heimgegangenen Herrscher Trost gefunden in der hoffnungsfreudigen Zuversicht auf eine lange glückliche Regierungszeit des neuen Kaiserlichen Herrn, doch eine tückische Krankheit sollte schon so bald den edlen Helden fällen, der allen Stürmen des Krieges so siegreich widerstanden hatte. Noch ein letztes Zeichen treuer Zuneigung gab der Kaiser seinem 53. Regiment am 22. März, dem Geburtstage seines verewigten Vaters, durch folgende Ordre:

Ich wünsche dem Regiment, als dessen Chef Ich mich fortgesetzt ansehe - wenn dies auch in den Listen nicht besonders aufgeführt werden soll - bei Meinem Regierungsantritt Mein warmes Wohlwollen und Meine volle Anerkennung seines Verhaltens im Kriege und im Frieden zu betätigen, indem ich hierdurch bestimme, daß dasselbe statt der Regimentsnummer als Auszeichnung eine Krone in Epaulettes und auf den Schulterklappen, für welche die Probe nachfolgen wird, erhalten soll. Sie haben dies dem Regiment bekannt zu machen, zu dem Ich die feste Zuversicht hege, daß es diese Auszeichnung jederzeit in Ehren führen wird.

Charlottenburg, den 22. März 1888.

gez. F r i e d r i c h .

An den Oberst Hemke.

Am 15. Juni wurde der hohe Dulder durch den Tod von
seinem Leiden erlöst. Unauslöschlich lebt sein Andenken fort
in allen deutschen Herzen.

Am 11. September 1889 stand das Regiment bei Minden zum ersten Male vor Kaiser Wilhelm II. in der Parade.
Seine Majestät zeichnete es dadurch aus, daß er es zweimal
bei den anwesenden Fürstlichkeiten vorbeiführte.

Am 1. April 1895 schied das Regiment aus der alten
Kaiserstadt Aachen, wohin auch im Jahre 1890 das II. Bataillon verlegt worden war. Sein neuer Standort war Cöln. Das
II. und III. Bataillon bezogen die Kasernen in der Ulrich-
gasse und am Weidenbach, während die beiden anderen Bataillone in Außenwerken untergebracht wurden. Als nun im
Laufe des Jahres 1895 und im ersten Viertel des folgenden
Jahres die Kaserne in Kalk vollendet worden war, bezog am
1. April 1896 das Regiment mit dem I. und II. Bataillon die
neue Kronprinz-Kaserne in Kalk. Von der Bevölkerung herz-
lich begrüßt, hielten die beiden Bataillone mit klingendem
Spiele ihren Einzug in die festlich geschmückte Stadt. Am
Eingange der Kaserne wurde das Regiment durch den Bürgermeister Thumb, dem sich die Stadtverordneten angeschlossen hatten, bewillkommnet. Ein Festmahl, seitens der Stadt
dem Offizierskorps geboten, beschloß den Tag.

Am 5. September 1898 fand bei Gelegenheit des Kaiser-
manövers die Parade des VII. Armeekorps auf dem Exerzier-
platz bei Minden statt. H i e r b e i e r n a n n t e d e r
K a i s e r s e i n e S c h w e s t e r , d i e F r a u P r i n -
z e s s i n A d o l f z u S c h a u m b u r g - L i p p e ,
P r i n z e s s i n v o n P r e u ß e n , z u m C h e f d e s
5 3 . I n f a n t e r i e - R e g i m e n t s und erneuerte so dessen alte Beziehungen zum Königlichen Hause. Beim Para-
demarsch setzte sich der Kaiser zweimal an die Spitze des
Regiments, um dasselbe an seinem hohen Chef vorbeizu-
führen. Die Frau Prinzessin begrüßte nach beendetem Vor-
beimarsch der Truppen, von Sr. Majestät begleitet, das ihr
verliehene Regiment. In einer Ansprache an das Offizierskorps gab der Kaiser der festen Zuversicht Ausdruck, daß
der in Krieg und Frieden trefflich bewährte Truppenteil

der neuen Auszeichnung sich würdig erweisen werde. Die Allerhöchste Kabinettsordre über die Ernennung des hohen Regimentschefs hat folgenden Wortlaut:

„Ich habe die Prinzessin Adolf zu Schaumburg-Lippe, Prinzessin von Preußen, Königliche Hoheit, zum Chef des 5. Westfälischen Infanterie-Regiments Nr. 53 ernannt und beauftrage das Generalkommando, dies dem Regimente mit der Weisung bekannt zu machen, seinem hohen Chef den Rapport und die Offizier-Rangliste vorschriftsmäßig einzureichen."

Minden, den 5. September 1898.

gez. W i l h e l m , R.

Am 28. November begrüßte die Frau Prinzessin das Regiment zum ersten Male in seinem Standorte Kalk. Durch zahlreiche weitere Besuche bewies sie in der Folgezeit stets ihre warme Anteilnahme an allen das Regiment betreffenden Ereignissen.

Auch in anderer Weise noch trat die hohe Frau unserer Vaterstadt näher. Am 8. Dezember 1904 übernahm ihre Königliche Hoheit das Protektorat über den Männergesangsverein Kalk, und mehrmals hatte der Verein die Ehre, vor seiner hohen Protektorin singen zu dürfen. Bei Gelegenheit eines Konzertes zum Besten des Vaterländischen Frauenvereins am 8. Dezember 1908 beehrte die Frau Prinzessin in Begleitung ihres hohen Gemahls den Verein mit ihrem Besuche.

Der blutige Aufstand in China im Jahre 1900, der gegen die dort lebenden Ausländer gerichtet war und der zu schwerer Verletzung der deutschen Interessen und zur Ermordung des deutschen Gesandten in Peking führte, war die Veranlassung zur Absendung eines aus Freiwilligen bestehenden Expeditionskorps nach Ostasien. Auch zahlreiche Dreiundfünfziger meldeten sich zur Teilnahme an dem Unternehmen. 4 Offiziere, 7 Unteroffiziere und 54 Mann kämpften im fernen Osten unter dem Oberbefehl des Feldmarschalls Graf Waldersee Schulter an Schulter mit deutschen und fremdländischen Kameraden für die Ehre ihres Vaterlandes.

Ebenso folgten im Jahr 1904 zahlreiche Freiwillige dem Rufe des Kaisers, als es galt, in Südwestafrika gegen die Hereros und Hottentotten zu kämpfen, die den in schwerer und entsagungsreicher Arbeit errungenen Besitz deutscher Ansiedler zu vernichten drohten. 1 Offizier, 4 Unteroffiziere und 13 Mann des Regiments traten zu der wesentlich verstärkten Schutztruppe für Südwestafrika über. Auch sie haben dazu beigetragen, daß die Kraft des Gegners gebrochen ist, die Opfer seiner Mordgier gerächt sind und Deutschland mit berechtigter Hoffnung einer aufstrebenden Entwicklung des Schutzgebietes entgegensieht.

Den Schluß dieser kurzen, gedrängten Geschichte des 53. Regiments bildet die Allerhöchste Kabinettsordre vom 18. August 1907, in welcher die Hochschätzung, die unser erhabener Kaiser dem Regiment entgegenbringt, zum Ausdruck kommt:

> „Ich habe beschlossen, an den Fahnen des 5. Westfälischen Infanterie-Regiments Nr. 53 die der Zeit und ehrenvollen Verletzungen vor dem Feind erlegenen Tücher zu erneuern. Das Regiment hat sich in den Kriegen von 1864, 1866, und 1870/71 bei allen Gelegenheiten durch Hingebung und Tapferkeit ausgezeichnet; diese ruhmvolle kriegerische Vergangenheit ist Mir Bürge für die Zukunft. Ich vertraue zu dem Regimente, daß es seine verjüngten Fahnen dereinst neue Lorbeeren erringen wird."
>
> Cassel, den 18. August 1907.
>
> gez. W i l h e l m , R.

XVII. Kapitel.

Altgermanische Volksburgen und mittelalterliche Rittersitze in der weiteren Umgebung von Kalk.

A. Altgermanische Volksburgen.

Die Germanen pflegten ihre zerstreut liegenden Gehöfte, die sie überall da anlegten, wo ein Wald oder Quell sie zur Ansiedlung einlud, nicht zu befestigen. Wohl grenzten sie die Hofstätte durch eine Umfriedung ab, aber sie mit einer starken Schutzwehr gegen andringende Feinde zu umgeben, sie zu einer Festung zu machen, das war nicht altgermanische Sitte.

Der Kampf in Angriff und Verteidigung war nicht Sache des einzelnen, sondern der Gesamtheit. Wie sie im Frieden Wald, Weide und Wasser gemeinsam nutzten und die Äcker meist als Feldgenossenschaften bestellten, so war auch die Abwehr feindlicher Angriffe Sache der Gemeinschaft, des Volkes.

Zu dem Zwecke pflegte jede Völkerschaft ihr Landgebiet gegen die benachbarten Volksstämme durch einen Streifen wüsten Landes abzuschließen, und auch der einzelne Gau folgte diesem Beispiele, indem er sich durch sogenannte Landwehren, Gestrüpp und Verhau gegen die Nachbargaue sicherte. Drang nun trotz dieser Hindernisse ein überlegener Feind ins Land, so verließ der einzelne

seine Siedelung und flüchtete, Weib und Kind, das Vieh und
die geringe Fahrhabe mit sich führend, in Verstecke und Zu-
fluchtsorte, schwer zugängliche Sümpfe oder verborgene Plätze im Waldesdickicht, wie sie die Natur damals in viel rei-
cherem Maße darbot als heute, und dort richtete man sich zur
Verteidigung ein.

Diese Weise der Germanen, den Verteidigungskrieg
gegen übermächtige Gegner zu führen, kennen wir aus den
römischen Schriftstellern. Wenn C ä s a r beispielsweise den
Rhein überschreitet und in das Gebiet irgend eines germani-
schen Stammes eindringt, um ihn zu schlagen, so machen
die Sweben, Sigambrer oder wer es gerade ist, seine Absicht
regelmäßig dadurch zu nichte, daß sie sich in ihre Waldungen und Sümpfe zurückziehen.

Sich der Übermacht auf diese Weise zu entziehen, das
ist übrigens so tief in der menschlichen Natur begründet, so
sehr einem der ersten Naturtriebe, dem der Selbsterhaltung
entsprechend, daß man es als gewiß behaupten kann, daß sich
die Völker zu allen Zeiten dieses Mittels in Not und Gefahr
bedient haben. Darum ist die Benutzung solcher Zuflucht-
und Verteidigungsorte nicht auf einen ganz bestimmten Zeit-
abschnitt beschränkt, sondern sie werden immer wieder aufgesucht, wenn die Not drängt. Noch in den schweren Drangsalen der Franzosenzeit am Ende des 18. Jahrhunderts rettete
sich unsere bergische Landbevölkerung immer wieder in die
Wälder und Gebirgsschluchten, Schutz suchend und findend.

Unsere Altvordern begnügten sich aber nicht mit solchen einfachen Waldverstecken oder Verhauen; sie legten auch
förmliche, durch mehrfache Wälle und Gräben rings um-
schlossene f e s t e   P l ä t z e an. Dazu wählten sie am lieb-
sten Berggipfel mit steilen Böschungen, da hier schon die
Natur die Verteidigung begünstigt. Der Wurf von der Höhe
herab ist ja überhaupt vorteilhaft, weil er bei dem Steine oder
Geschosse die Durchschlagskraft vermehrt; anderseits ermat-
tet der nach der Höhe hingeworfene Körper desto rascher.
Zudem steht der Verteidiger geschützt hinter hohen Wällen,
während der Angreifer, notdürftig mit dem Schilde sich dek-
kend, von unten ansteigen muß. Nehmen wir nun noch den

Vorteil hinzu, den der Blick in die Ferne gewährt, woher der Angreifer zu erwarten ist, so ist es verständlich, daß solche von Natur schon vorzügliche Stellungen, durch menschliche Kunst möglichst verstärkt, in der Hand kampfesmutiger Männer sehr schwer einzunehmen sein mußten.

Das sind also die altgermanischen V o l k s b u r g e n , die man auch als Ringwälle, Burgwälle, Wallburgen, Ringburgen, Wallbefestigungen, Bauerburgen, Schanzen und Lager bezeichnet. Meistens haben sie die Kreisgestalt, umschließen also bei dem kleinsten Umfange den größten Raum. Sehr häufig tragen auch sie den Charakter eines Verstecks, das nur im Falle der Entdeckung sich wohl oder übel verteidigen mußte, dann aber auch so beschaffen war, daß es dies mit großer Aussicht auf Erfolg tun konnte. Ständige Festungen waren es nicht, nur vorübergehend wurden sie zum Schutze gegen den Feind bezogen; es waren Fliehburgen, die man sofort wieder zu verlassen gedachte, sobald der Feind, der sich in dem, nun von allem zum Leben Notwendigen entblößten Lande nicht länger zu halten vermochte, wieder abzog. Daß sie zu längerem Aufenthalte nicht eingerichtet waren, zeigt sich daran, daß die meisten weder eine Quelle noch eine sonstige Wasserzufuhr besitzen. Wohl hat ihnen eine spätere Zeit den Namen „Burg" beigelegt; aber mit den mittelalterlichen Befestigungsanlagen dieses Namens haben sie nur die Grundbedingungen gemein: Befestigung und günstige Lage; und das ist allerdings auch die Ursache, daß manche Burg des Mittelalters in solche alte Ringwälle hineingebaut worden ist, so Burg an der Wupper, Hohensyburg, Isenburg bei Hattingen und andere.

In unserer Gegend ist die bekannteste dieser alten Wallbefestigungen d i e E r d e n b u r g , nordöstlich von Bensberg auf einem kegelförmigen Bergausläufer gelegen, wohl die schönste und besterhaltene Burgwallanlage des bergischen Landes. Der innere Lagerplatz bildet einen fast regelmäßigen Kreis von 235 x 250 Schritt Durchmesser. Er ist von drei Wällen und drei Gräben rings umschlossen. Auf der Ostseite sind dieselben noch wohl erhalten, während sie auf den übrigen Seiten im Laufe der Jahrhunderte mehr verwischt

wurden; aber sie sind doch noch überall deutlich zu verfolgen.

Ein anderes befestigtes Lager aus alter Zeit finden wir
bei Overath und zwar da, wo der Bergrücken, der Marialinden
trägt, in schroffem Vorsprunge gegen die Agger abfällt. Noch
sind die Spuren von Wällen und Gräben in weitem Umkreise
zu erkennen, und heute noch heißt der Platz, von wo aus man
eine herrliche Fernsicht genießt, d i e a l t e B u r g.

Denselben Namen führt eine Wallanlage, welche zwischen Odenthal und Altenberg, 2 km vom letzten Orte, auf
einer das Dhünntal begrenzenden waldigen Höhe liegt. Es ist
die E r b e r i c h e r a l t e B u r g. Kommt man von Altenberg, so geht man bis zum Kilometerstein 8,5, dann rechts
ab, und mit hundert Schritten ist der Fuß des Berges erreicht.
Die Lagerstelle bildet hier, der Form des Berges sich anpas-
send, ein Dreieck. Zum Teil sind die Seiten desselben mit
Wall und Graben versehen; dort aber, wo sie steil gegen die
Dhünn hin abfallen, tragen sie keine Befestigung, jedenfalls
waren sie hier durch Verhaue geschützt. Die Hauptschutzwehr
befindet sich jedoch da, wo das Plateau des Berges mit dem
nach Westen hinziehenden Bergrücken zusammenhängt. Drei
nebeneinander liegende Gräben und drei durch die nach innen ausgeworfene Erde gebildete Wälle verteidigen hier den
Zugang. Die Tiefe des mittleren Grabens beträgt heute noch,
wo doch die Natur im Laufe der Zeit Höhe und Tiefe sehr
verringert hat, drei Meter.

Bei den drei bis jetzt genannten Ringwällen erwähnt
Zuccalmaglio auch noch Reste von Mauerwerk. Heut sind
dieselben jedoch verschwunden, wenn sie jemals vorhanden
gewesen sein sollten, was ernstlich bezweifelt wird.

Auch bei O b e r b o r s b a c h in der Bürgermeisterei
Odenthal finden sich Spuren eines großen Kriegslagers aus
alter Zeit.

Vielfach werden aber die Wälle und Gräben solcher
Anlagen durch Forstkultur und Ackerbau gänzlich vertilgt
worden sein, sodaß höchstens die Flurnamen noch die Erinnerung daran bewahren. So gibt es im Dorfe Brück bei Kalk
eine Flur K l a u s e n b e r g , die auch sicher die Stätte einer

alten Wallbefestigung bezeichnet. Hier, am Übergang über den Merheimer Bruch und an dessen östlicher Uferlinie, dem Mauspfad, der in der Vorzeit auch jedenfalls befestigt war (muspat von mus – Befestigung) hatte eine solche Anlage ja auch erhöhte Bedeutung.

Schließlich sei noch erwähnt, daß, wie vermutet wird, die mittelalterliche Burg K i p p e k a u s e n im Frankenforst in den Bering einer alten Wallburg hineingesetzt worden ist. Als Rest letzterer Anlage wäre dann ein ziemlich breiter Graben zu betrachten, welcher den verhältnismäßig kleinen Raum der späteren Burg im weiten Viereck umschließt.

Die Errichtung von Wallburgen beschränkt sich nicht auf die altgermanische Zeit. Noch aus den Tagen der Normannen und Ungarn-Einfälle wissen wir Beispiele von der Anlage solcher Werke. Dann fing man aber an, die Einzelwohnsitze wehrhaft auszugestalten: es beginnt die Zeit des mittelalterlichen Burgenbaues.

B. Mittelalterliche Rittersitze.

Die Kunst, steinere Bauten aufzuführen, haben die Germanen von den R ö m e r n gelernt, und alle darauf bezüglichen Ausdrücke, wie Kalk (calx), Mauer (murus), Ziegel (tegula) sind von ihnen entlehnt. Auch im Burgenbau waren die Römer die Lehrmeister der Deutschen, und wir verdanken ihnen wahrscheinlich auch das Wort burg, das sich, allerdings mit geringen Veränderungen, bei allen Völkern des indogermanischen Sprachstammes findet. Da nun die meisten Burgen auf den Bergen lagen, wo sich ja auch die altgermanischen Befestigungsanlagen, die Ringwälle, zumeist befanden, so sind im Deutschen Berg, bergen und Burg verwandte Begriffe geworden. Daher kommt es, daß die Endungen burg und berg vielfach miteinander wechseln, ja oft nebeneinander für denselben Ort gebraucht werden.

Die ersten Nachrichten über Burgenbauten haben wir aus der Zeit der Karolinger. Da war d a s R e c h t, e i n e B u r g z u e r r i c h t e n, ein königliches Vorrecht, und wir kennen mehrere Kapitulare der fränkischen Könige, in denen es den Großen verboten wird, derartige Werke anzulegen. Später ging dieses Recht aber wie so viele andere auf die großen Vasallen und Herren, auf die Herzöge, Pfalz- und Gaugrafen, sowie auf die großen freien Grundbesitzer über. Alle gestalteten ihre Wohnsitze zu festen Plätzen um, und auch der niedere Adel richtete sich, so gut es ging, so ein, daß er wenigstens gegen einen Handstreich Widerstand zu leisten vermochte.

Die Sicherheit, welche die Burg gewährte, beruhte zur Hauptsache auf ihrer L a g e. Entweder war sie in möglichst schwer zugänglicher, überragender Höhe erbaut, und dann nennt man sie H ö h e n b u r g, oder ihr Zugang wurde durch Wasser oder Sumpf versperrt, und sie heißt W a s s e r b u r g. Die erstern zeichnen sich meist durch größere Festigkeit und Stärke aus, — Wasser und Sumpf können gefrieren und sind dann kein Hindernis mehr, — sie sind auch die zahlreichern und pflegen baulich und landschaftlicher interessanter zu sein. In unserer Umgebung jedoch, wo die Ebene vorwiegt, war man zumeist zu Anlagen der letztern Art genötigt. Natürlich mußte auf die Speisung der Wassergräben Bedacht genommen werden. Darum finden wir unsere Wasserburgen immer in der Nähe eines fließenden Gewässers, welches dann durch eine Stauvorrichtung ganz oder zum Teil gezwungen wurde, in die die Burg umgebenden Gräben zu treten.

W a n n eine bestimmte Burg des Mittelalters errichtet wurde, das ist in den wenigsten Fällen bekannt. Während wir bei kirchlichen Bauwerken dieser Zeit über das Jahr der Erbauung, über Veränderungen und Umgestaltungen fast immer gut unterrichtet sind, wissen wir von den Burgen in dieser Hinsicht durchweg wenig. Meistens müssen wir uns mit der Kunde begnügen, daß die betreffende Burg in dem und dem Jahre zuerst genannt wird, sei es, daß in einer Urkunde ein Zeuge dieses Namens auftritt, oder daß der Ort sonst bei Gelegenheit Erwähnung findet. Woher diese auffallende Erscheinung? Die Aufzeichnung geschichtlicher Nachrichten lag im Mittelalter fast ganz in den Händen der Geistlichen, und es ist natürlich, daß sie vorzugsweise das aufschrieben, was für sie das meiste Interesse besaß. Zudem waren die Urkunden, welche die Burgen betrafen, wenn überhaupt solche vorhanden, viel leichter der Vernichtung oder der Verschleuderung ausgesetzt als alle anderen. Die Burgen in unserer Nähe werden zumeist im 12. Jahrhundert zuerst erwähnt. Da tritt z. B. 1136 ein Ritter Edmund von Stammheim auf, 1160 Egilmar von Flittert, 1134 Bertolf, 1135 Udo von Brück, 1196 Konrad von Mielenforst, 1200 Rüdiger von Merheim.

Wie nun die alten Rittersitze unserer Gegend im Mittelalter aussahen, das können wir aus ihrer heutigen Gestalt nicht immer entnehmen; denn da sie immer wieder als Wohnhaus dienten, mußten sie doch in bewohnbarem Zustande erhalten werden, und da wird fast jedes Jahrhundert zerstörte oder verfallene Teile wieder herzustellen gehabt haben, oder das Erhaltene mußte den veränderten Wohnungs- und Verteidigungsverhältnissen entsprechend umgestaltet werden. Am ersten gewinnen wir noch die richtige Vorstellung, wenn wir im folgenden unsere Ritterburgen und ihre Geschichte im einzelnen betrachten.

Die Isenburg.

In der Nähe von Holweide liegt am Strunderbache die Isenburg. Ihre hochragende Turmspitze grüßt uns, aus üppigem Laube hervorlugend, schon von weitem. Treten wir näher, so gelangen wir zunächst an die sogenannte Vorburg. Das ist ein mit breiten, jetzt trockenen Wassergräben umschlossenes Viereck, welches die Wirtschaftsgebäude trägt: das Halfenhaus mit den flügelartigen sich anschließenden Scheunen- und Stallbauten. Durch einen Torweg, der ehemals durch eine Zugbrücke gedeckt war, von welcher noch die Rollen erhalten sind, gelangen wir dorthin. Noch finden wir in den Außenmauern vielfach Schießscharten.

Aus dem Wirtschaftshofe führt uns ein zweiter Torbogen über eine gemauerte Brücke, die einen breiten Mittelgraben überspannt, zum Herrenhaus. Auch dieses ist mit einem breiten Graben im weiten Umkreise umgeben, während ein zweiter engerer vor etwa 100 Jahren zugeworfen worden ist. So war für die Verteidigung der Burg nach Möglichkeit gesorgt. War aber auch das Herrenhaus eingenommen, so blieb den Burginsassen als letzter Zufluchtsort der starke Turm, der B e r g f r i e d. Speisevorräte schaffte man dorthin, und für die Wasserversorgung diente ein Brunnen, der noch im Keller vorhanden ist. Auch die hohen Bäume, welche den Hintergrund der Burg bildeten, waren als Schutz gegen Feuerpfeile willkommen.

Die Isenburg.

Das heutige Herrenhaus, ein einfacher dreistöckiger Bau, stammt aus dem Jahre 1803, während der Turm dem 17. Jahrhundert angehört.

Die Isenburg war ein A l l o d, d. h. sie gehörte ihrem Herrn zu Erb und eigen im Gegensatz z. B. zu dem benachbarten Lehngute Haus Herl. Als Eigentümer der Isenburg wird im Jahre 1364 Dietrich von Elverfelde genannt. Diese noch jetzt blühende Familie, welche ihren Namen von der Herrschaft und späteren Stadt Elberfeld herleitet und zu den angesehensten des bergischen Landes gehörte, war bis 1608 im Besitze der Burg. Da kaufte sie Freiherr Jakob von Rottkirchen oder Rodenkirchen, der später Bürgermeister von Cöln war. 1742 ließ Joh. Wilhelm von Luningh, der ebenfalls einem

alten Cölner Geschlechte entstammte, die alte Burg mit Ausnahme des Turmes abbrechen, jedenfalls wegen Baufällig-
keit. Der Neubau erfolgte, wie oben erwähnt, 1803 durch den
Hofkammerrat Bertholdi in Mülheim, welcher den Besitz
gegen Ende des 18. Jahrhunderts an sich brachte. Seit 1833
gehört das Rittergut der Familie von Sybel. Ihr entsproß auch
der bekannte Historiker Heinrich von Sybel.

Es gibt mehrere mittelalterliche Burgen, die den Namen
Isenburg führen, und die unsere war unter ihnen auf keinen
Fall die hervorragendste. Das kann man eher von der Feste
behaupten, deren großartige Ruine sich am linken Saynufer
11 km von Neuwied auf schroffem Bergkegel erhebt. Ein
mächtiges Geschlecht, die Fürsten von Isenburg-Büdingen,
Isenburg-Offenbach-Birstein trägt von ihr den Namen. Noch
eine andere Isenburg wurde zu einer Zeit des Mittelalters viel
genannt, aber mit Abscheu; denn es war eine ruchlose Tat,
die sie bekannt machte: Graf Friedrich von Isenburg überfiel
mit seinen Helfershelfern seinen Oheim, den Erzbischof Engelbert den Heiligen von Cöln, in einem Hohlwege am
Gevelsberg am 7. November 1225 und ermordete ihn. Das
Jahr darauf büßte er seinen Frevel auf dem Rade am toten
Juden in Cöln auf dem Richtplatze, und auch seine Burg, die
auf dem Isenberge bei Hattingen an der Ruhr lag, wurde von
den rachedürstenden Cölnern zerstört.

Haus Herl.

Etwa 20 Minuten von der Isenburg am Strunderbach
abwärts finden wir das Rittergut Haus Herl, in alten
Urkunden hernin, auch hörnlin genannt. Herl war zur Karo-
lingerzeit ein fränkischer sogenannter Königshof. Später ging
er an die Grafen von Berg über. Er wurde das ganze Mittelal-
ter hindurch als Lehen vergeben und besaß ein Lehngericht.
Kaiser Konrad II. schenkte im Jahr 1025 der Abtei Deutz drei
Hufen Landes zu Herl mit den dazu gehörigen Gebäuden,
Leibeigenen, Grundstücken, Mühlen, Fischereien und der
Kapelle. 1320 wird ein Heinrich von Herl als Zeuge erwähnt.
Bald darauf ist die Familie von Menden im Besitz des Gutes.

Ludwig von Menden verkauft 1381 vor den Geschworenen
seines Hofes zu Herl dem Allerheiligenhospital in Cöln seine
Einkünfte von der Mühle zu Wichheim, wobei auch ein Engelbert von Merheim und gemeine Kirspelslude (Kirch-
spielleute) von Merheim als Zeugen genannt werden. Das
Lehen- oder Hufengericht trat bei solchen Gelegenheiten in
Tätigkeit. Es verhandelte über den Wechsel des Grundeigen-
tums, über Grundgerechtigkeiten, Holzrecht, Zins, Frohnden
und ähnliches. 1354 werden als Geschworene aufgeführt Johann, genannt Durre von Wichheim, Johann, gen. Jopertim
von Stammheim, Tilmann, gen. vamme Schicke von
Mulenheim, Matthias von Merheim, Heinrich, gen.
Bobberkann von Merheim, Hermann von Wichheim und
Roland, gen. Men.

Im 15. und 16. Jahrhundert wechselt im Besitz Herls
eine ganze Reihe von Familien, so die von Kalkheim, von
Loe, von Plattenberg, die Erbschenken von Quad, dann geht
es über auf Otto von Nideggen, der ebenfalls Erbschenk des
Landes vom Berge ist. Jedesmal, wenn die Burg in andere
Hände überging, mußte der neue Inhaber vom Lehnsherrn,
dem Herzog von Berg mit dem Gute belehnt werden. Adolf
von Katterbach zu Gaul und Herl, fürstlich pfalzneuburgischer
Amtmann zu Porz und Mülheim, der das Lehnsgut in der
Mitte des 17. Jahrhunderts besaß, macht 1663 eine Stiftung
an die Kirche zu Merheim zur Beleuchtung des Allerh. Sa-
kraments und läßt sich dafür ein Begräbnis in der Kirche zu
Merheim „ufm Chor neben der Herren Quad von Buschfeld
Begräbnis gleich vor unserm Sitz daselbst" für sich und die
Seinigen zusichern. Katterbachs Schwiegersohn, Mathias von
Nagel errichtete das heutige Burggebäude. Hundert Jahre spä-
ter verkaufen die von Nagel das Gut, welches nun rasch wie-
der die Besitzer wechselt. Einer derselben, der kölnische
Kunsthändler Ph. W. Hoffmann, legte daselbst eine Porzel-
lanfabrik an. Aber noch zu Ende des 18. Jahrhunderts kam
Herl an die Familie Bürgers, welche es noch heute besitzt.

Der berühmte Maler M e i s t e r   W i l h e l m , der um
1380 in Cöln lebte, wird auch von Herle zubenannt. Er stammt
aber nicht von unserm Haus Herl, sondern ist aus dem Orte

Heerlen bei Aachen, der jetzt zu Holl.-Limburg gehört, gebürtig.

Bei der Herler Burg finden wir Wirtschaftshof und Herrenhaus von e i n e m gemeinsamen Wassergraben umgeben.
Nach der Seite der Burg hin erbreitert er sich und durchzieht
als Weiher einen prächtigen, alten Park. Am Ende des letztern
steht die B u r g k a p e l l e, ein einfacher Bau des 18. Jahrhunderts mit zierlichem Dachreiter. Ihren Altar schmückt ein
Bild des h. Joh. von Nepomuk. Ein schönes Standbild des-

Die Burgkapelle zu Haus Herl.

selben Heiligen findet sich dem Burgeingang gegenüber am
Faulbach, von hohen Kastanien beschattet. Das H e r r e n -
h a u s selbst ist ein großer zweistöckiger Bau aus dem Jahre
1663, dessen einfache Formen an der Straßenseite von wil-
dem Wein freundlich umrankt sind. An der einen Ecke springt
ein viereckiger T u r m um ein Geschoß über das Hauptge-
bäude empor.

Von dem Herl benachbarten freiadligen Gut Lacherbroch, auch „Z u m   S c h l a g b a u m" genannt, weiß man wenig. Wahrscheinlich war es der Cölner Familie Brück gen. von Deutz zu eigen. Denn 1741 verkaufte Juffer A. M. Konstanze von Deutz dieses Allod nebst allem Zubehör für 2000 Taler an den Stiftskanonikus Joh. Christoph von Rensing in Cöln.

Der Name zum Schlagbaum läßt darauf schließen, daß hier, wenigstens in späterer Zeit, eine Z o l l h e b e s t e l l e des Herzogtums Berg bestand. Das ganze Herzogtum war nämlich schon früh, etwa seit dem 15. Jahrhundert, rings von Zollstätten umgeben, an welchen von allem aus- und eingehenden Gute Abgaben erhoben wurden. Dünnwald, Brück und Ensen waren damals die Hebestellen in unserer Gegend. Die Abrechnungen des Zöllners zu Dünnwald von 1487 bis 1490 sind noch erhalten. Darnach gelangte hauptsächlich Vieh zur Ausfuhr, z. B. Ochsen, die in Herden bis zu hundert Stück vorbeigetrieben wurden; dann aber auch Brennholz, Zimmerholz, Kalk und Ziegelsteine. Die Einfuhr bestand dagegen aus Wein und dem, was die Landbewohner sonst zur bessern Lebenshaltung bedurften.

In den folgenden Jahrhunderten wurde das Netz der Zollstätten immer enger gezogen; denn die Fuhrleute und die, welche abgabepflichtige Waren und Güter beförderten, schlugen gern Nebenwege ein, um der lästigen Zollzahlung zu entgehen. So finden wir im Jahre 1804 um das Land nicht weniger als 125 Zollhebestellen. Stammheim, Mülheim, Buchheim, Merheim, Brück, Rath, Eil, Ensen, Urbach, Zündorf hatten alle eine Zollstätte. Das Gut zum Schlagbaum wird wohl einen Nebenzoll gehabt haben.

Das heutige G u t s g e b ä u d e, das dem Ziegeleibesitzer Wahlen gehört, besteht aus zwei Flügeln, die rechtwinklig zusammenstoßen, und einem kleinen Turm auf der Ecke. Dieser stammt mit dem einen Flügel aus dem 16. Jahrhundert. Ein rundbogiges Tor, das mit einem Relief Adam und Eva geschmückt ist, führt durch den letztgenannten Flügel. Er zeigt noch Spuren einer Zugbrücke.

Weder an der Isenburg, noch bei Haus Herl, noch am Schlagbaum sind also eigentlich mittelalterliche Bauteile erhalten. Aber die vorhandenen Gebäude gehören doch schon vergangenen Jahrhunderten an, deren Bauweise und Geschmacksrichtung sie wiederspiegeln. Auf dem alten Rittersitz M i e l e n f o r s t bei Merheim jedoch haben auch

Haus Mielenforst.

schon die Baulichkeiten jener Tage den Bedürfnissen einer neuen Zeit weichen müssen; das 1711 errichtete Wohnhaus wurde 1882 von dem neuen Eigentümer Paul Andreä abgebrochen und durch einen villenartigen N e u b a u mit schlankem Turm ersetzt. Der Graben, der das alte Haus eng umschloß, es aber auch feucht und ungesund machte, verschwand, und ein schöner Teich inmitten ausgebreiteter Garten- und Parkanlagen trat an seine Stelle.

Die Geschichte von Mielenforst ist bald erzählt. Ursprünglich war es im Besitz eines gleichnamigen Geschlechtes. 1196 erscheint urkundlich ein Konrad von Mylenforst, 1217 Johann, 1264, 1265 und 1273 ein Engelbert von Milenvorst, der dapifer, T r u c h s e ß, zubenannt wird. Wie wir also Haus Herl einmal im Besitz einer Familie fanden, die das Erbschenkenamt des Landes vom Berge bekleidete, so haben wir hier den Truchseß. Die Grafen und Herzöge von Berg hatten nämlich wie die anderen Reichsfürsten an ihrem Hofe ebenfalls solche Ämter eingeführt, die den Erzämtern im Reiche nachgebildet waren. Im 13. und 14. Jahrhundert wechselten diese Hofämter aber noch oft und nach kurzer Zeit. Ein Beispiel dafür bietet gerade das Truchsessenamt. 1238 ist Engelbert von Bensbur dapifer, 1260 Wolf von Stammheim und schon 1265 der eben genannte Engelbert von Mielenforst. Der Truchseß oder Drost war als der eigentliche Verwalter der herrschaftlichen Güter der bedeutendste unter den Hofbeamten und wird in den Urkunden immer vor den anderen Beamten genannt.

Mielenforst muß im 14. Jahrhundert als anheimgefallenes Lehen wieder an den Lehnsherrn gekommen sein; denn 1408 wird Heinrich von Eller, Sohn Rüttgers, damit belehnt. 1413 wird es bei einer Verpfändung Bensbergs unter den Höfen, die zum Schlosse gehören, mitgenannt, und am Ende dieses Jahrhunderts kommt es für 1000 Gulden an die von Schelten als Pfand. 1596 wird es an den Ritter Johann von Heimbach gen. Hoen und dessen Gattin Sibilla von Lyskirchen verpfändet, dann an die von Steinen, bis die bergische Hofkammer im Jahre 1774 die Pfandschaft wieder einlöste. Sie hatte auch 1711 das Burggebäude durch Freiherrn von Bernsau neu errichten lassen. Nun wurde das Gut als Domäne bewirtschaftet und ging dann im 19. Jahrhundert in Privatbesitz über.

Haus Thurn.

Kehren wir zum Strunderbach zurück, so sehen wir da, wo er vom Mauspfad gekreuzt wird, das hohe Giebeldach von Haus Thurn aufragen. Das jetzige Gebäude stammt noch aus dem 16. Jahrhundert und besteht im Obergeschoß aus Fachwerk. An der Straße liegt ein kleiner Turm mit Schießscharten im Erdgeschoß. Während er früher eine geschweifte Haube trug, zeigt er heute ein einfaches Pyramidendach. Zwischen Haus und Eckturm öffnet sich ein großes Tor, welches die vereinigten Wappen derer von Quad und Palant und die Jahreszahl 1627 trägt. Der Verlauf der Wassergräben, die ehedem das Gut umgaben, läßt sich noch verfolgen.

Thurn ist die mittelalterliche Sprachform für unser heutiges Turm. Wahrscheinlich hat auch dieser alte Adelssitz einem Geschlechte den Namen gegeben, wenn wir auch wenig Nachricht von ihm haben. Denn der Ritter Heinrich ab Turren, welcher 1150 erwähnt wird und Lehen des Klosters Meer besaß, wohnte nicht hier, sondern zu Türren in unmittelbarer Nähe des genannten Klosters. Doch scheint ein Hermann vamme Thurne, der im unweitgelegenen Wichheim begütert war und 1423 vorkommt, von hier zu stammen. 1526 ist Haus Thurn im Besitz der Familie Quad von Buschfeld, gehört 1560 den Edlen von Brambach, ist nach verschiedenem Wechseln 1627 wieder Eigentum der Quad von Buschfeld, dann der von der Leyen, bis es schließlich an Private veräußert wurde. Der heutige Besitzer ist Karl Krein in Thurn.

I d a s f e l d .

Der benachbarte ehemalige Rittersitz I d a s f e l d, auch Idesfeld, Ilsfeld, Iddelsfeld geschrieben, von dem 1217 ein Heinrich von Idelsfelt erscheint, ist jetzt in zwei große Ackergüter Iddelsfeld und Neufeld geteilt. 1324 besaß Ritter Hans von Schönrath das Rittergut, 1413 gehört es zu Schloß Bensberg, und in den folgenden Jahrhunderten war es Eigentum der mehrfach genannten Quad von Buschfeld. Hier wurden die B a c h - und W a l d g e d i n g e gehalten, die ältesten Bachordnungen verfaßt, und seine Besitzer waren geborene Bach- und Waldgrafen der Strunder Gemarke.

H a u s   B l e c h .

Ein wehrhaftes Haus war auch der Rittersitz B l e c h bei Paffrath. 1463 hören wir, daß das Gut, B u r g - G e b ä u - d e   n e b s t   B e r g f r i e d, von Konrad von Menzingen an den Kölner Domprobst Stephan bei Rhein verkauft wird. Früher hatte es einem gleichnamigen Geschlechte gehört, von welchem Sigwin von Blegge 1183, Sibodo 1262 und dessen Sohn Engelbert 1273 in den Urkunden erwähnt werden. Der genannte Domprobst schenkte das Gut dem Erzstift, sodaß es von jetzt an kurkölnisches Lehen war, und Erzbischof Hermann IV. belehnte damit 1485 als ersten Gerhard von der Reven. Nach verschiedenem Wechsel erscheint in der Mitte des 18. Jahrhunderts ein Kaufmann Joh. Jakob Bützler im Besitz des Hauses. Dieser, der auch mehrere Kalköfen besaß, ließ 1758-1762 d a s j e t z i g e B u r g g e b ä u d e aufführen: einen wuchtigen zweigeschossigen Bau mit hohem Mansardendach, in einem großen Weiher gelegen. Die Hauptfront flankierten zwei viereckige Türme, die aber nur bis zur Höhe des Hauses aufragen und mit geschweiften Dachhauben versehen sind. Bützler hinterließ das Gut seinem Schwiegersohn Joh. Bapt. von Caluwé. Letzterer, aus St. Nikolas in Ostflandern gebürtig, war im siebenjährigen Kriege als Generalkommissar in unsere Gegend gekommen. Er starb 1806 85 Jahre alt. Nach dem Tode seines Sohnes Franz Wilhelm 1850 wurde das Gut verkauft.

Burg Strauweiler.

Besuchen wir von hier aus gleich die stattliche Burg S t r a u w e i l e r bei Odenthal, welche sich auf einer Anhöhe über der Dhünn am Fuße der waldigen Bergwand malerisch erhebt. Sie ist das einzige Burggebäude unserer Gegend, das sich mit seinen altertümlichen Türmchen und Erkern aus der Zeit des ausgehenden Mittelalters in unsere Tage wohlerhalten hinübergerettet hat.

Früher hieß es Haus Odenthal. Ritter Heinrich von Udindara und sein Bruder Arnold kommen schon 1150 vor, und 30 Jahre später Hermann von Odendarne. Noch 1530 wird ein Hermann von Odendarn erwähnt. Vielleicht wohnte dieses Geschlecht auf einem Gute im Dorfe Odenthal selber.

Den Namen Strauweiler vernehmen wir zuerst im Jahre 1416. Am 28. August ds. Js. wurde nämlich die Burg in dem Streit Herzogs Adolf von Berg mit dem Erzbischof Dietrich von Mörs von den mit letzterem verbündeten Kölnern niedergebrannt. „Item up denselben fridach branten sie Strulsilre, einen hof ind berchfride", berichtet die Koelhoffsche Chronik.

Nicht lange darnach ist Strauweiler im Besitz des Landdrosten Johann von Quad, welcher von 1435 - 1451 in den Urkunden erscheint. Er hat unter anderm auch Idasfeld gekauft. Dieses erhielt sein Sohn Adolf, Herr zu Buschfeld und Idasfeld, der 1490 starb. Herr zu Strauweiler wurde Johann von Quad. Durch Heirat kam das Gut dann an Adolf Hall zu Ophoven. Das war in der zweiten Hälfte des 15. Jahrhunderts. Aus dieser Zeit stammt der älteste Teil der heutigen Burg mit den vier Ecktürmchen; später wurde das Haus noch durch mehrere Bauten erweitert. 1615 gelangte Strauweiler durch die Erbtochter Marg. Katharina von Hall an den Freiherrn Joh. Adolf von W o l f - M e t t e r n i c h zur Gracht. Dieser, ein hochmögender Herr, Kaiserlicher Rat, Kurkölnischer Geheimrat, Landhofmeister und Marschall hatte dem damaligen Landesherrn Wolfgang Wilhelm aus mancher Geldverlegenheit geholfen. Deshalb gestaltete der Herzog, um den Darleiher zu befriedigen, das Kirchspiel Odenthal zu einer P f a n d h e r r s c h a f t und belehnte damit 1631 den Freiherrn Wolf-Metternich. Trotzdem das Pfandkapital nun 6 000 Taler betrug, wurde die Pfandschaft nicht wieder eingelöst, und so erhielt sich diese Odenthaler Standesherrschaft im Besitz der Nachkommen Wolf-Metternichs bis zum Jahre 1811 unter bergischer Landeshoheit. Die Burg ist heute noch mit Schloß Gracht vereinigt und gehört zum Wolf-Metternichschen Fideikommiß.

Eines von den drei Gerichten, die das Amt Porz-Bensberg besaß, tagte in Odenthal–Strauweiler. Als herzogliches Gericht hatte die Dingbank zu Odenthal vier Schöffen gehabt, von 1631 an nannte sie sich aber O d e n t h a l e r L a n d g e r i c h t und erhielt sieben Schöffen. Bei weniger wichtigen Sachen saßen nur zwei bei; Todesurteile wurden jedoch nur unter dem Beisitz aller Schöffen vom Richter gesprochen und zwar unter freiem Himmel vor der Burg Strauweiler. Ehe sie vollstreckt wurden, bedurften sie noch der Bestätigung durch den Gerichtsherrn Wolf-Metternich.

Mancher merkwürdige Rechtshandel ist von hier zu berichten. Besonders scharf ging man gegen die Hexen an:

„Sie breeten zu Ohnder
Die Hexen wie Hohnder"

hieß es, und der Ort bekam darnach den Namen Hexen-
Ohnder. Die letzte Hexe wurde 1727 verbrannt; es war das
Hexentring, eigentlich Katharina Flöres aus Nittum, ein 76jäh-
riges armes Weib, das unter den Qualen der Folter alles zuge-
standen hatte, was man von ihm verlangte. Die Gerichtsge-
fängnisse befanden sich in den Ecktürmen der Burg. Eines
dieser Türmchen zeigt heute noch die verließartige Einrichtung. Der Gefängnisraum ist nur vom Dachgeschoß durch
eine Lucke zugänglich, die mit schweren Eisenriegeln versehen ist, während sich ein kleines Fensterchen vom benachbarten Zimmer aus ins Verließ öffnet. Im Innern befindet sich
noch die Kette zum Anschließen. Der Heidenwellem, der
Hopsa, der Kappesgottfried, der Schwarzensteffen und andere Übeltäter machten mit dem Burgverließ zu Strauweiler
unfreiwillige Bekanntschaft.

Zur Franzosenzeit flüchtete man das Landesarchiv von
Düsseldorf nach dem abgelegenen Strauweiler. Dort war es
so sicher aufgehoben, daß man es vollständig vergaß und erst
nach vielen Jahren wieder auffand.

Auf Peter und Paul 1796, am selben Tage, an welchem
Johann Häck in dem benachbarten Haide sich so tapfer gegen
eine große Schar französischer Husaren mit dem Dreschfle-
gel verteidigte, hatte auch das Haus Strauweiler einen A n -
g r i f f der plünderungssüchtigen Fremdlinge auszuhalten.
Darüber berichtet Montanus: „Eine Schar von etwa 100 Nach-
züglern, teils Infanteristen, teils Reitjäger, stieg die Höhe hinan
und begehrte Einlaß. Weil aber die Tore geschlossen und die
Fenster durch Eisengitter geschützt waren, so versuchten einige, ein Rebentörchen mit ihren Gewehrkolben einzuschla-
gen, während andere das Gebäude umgingen, einen Eingang
zu suchen. Da aber begann ein lustiges Schießen von der
waldbedeckten Höhe am sogenannten Burgwinkel, wo sich
viele Schützen in dem Gebüsche versteckt aufgestellt hatten.
Mehrere Räuber, welche die Tormauer zu erklettern versucht

hatten, purzelten, von den Kugeln getroffen, herab, und die vor dem Tore stehenden zogen sich hinter die Stallgebäude zurück, wo sie gegen die Höhen hin durch Mauerwerk gedeckt waren. Doch als sie von hier aus die Schüsse zu erwidern begannen, krachte es auch von der Burg aus, und die ganze Schar stob auseinander mit Hinterlassung von 17 Toten und Schwerverwundeten, die man in einen aufgegebenen Brunnen warf."

S t a m m h e i m .

Wegen der nicht unrühmlichen Geschichte seines Geschlechts verdient der Rittersitz S t a m m h e i m Erwähnung. Der Ort, der in mittelalterlichen Urkunden auch Stampheyn, Stamhem, Stamel und Stammen heißt, kommt schon 959 vor. Da schenkt Erzbischof Bruno einen Lehenhof zu Stammheim an das Kloster St. Martin in Cöln. In einer Urkunde Annos II. vom Jahre 1075 erfahren wir, daß schon eine Kirche in Stammheim bestand. Sie wird von einem gewissen Amelrikus an dasselbe Kloster geschenkt.

Den R i t t e r n von Stammheim begegnen wir zuerst im 12. Jahrhundert. Es erscheinen 1136 Edmund, 1161 Richzo und 1190 Evert von Stammheim. Von zwei Brüdern, Hugo und Günther, erzählt Cäsarius von Heisterbach eine traurige Geschichte. Im 13. Jahrhundert heißt der älteste Sohn des Geschlechtes immer Adolf. Der erste Adolf erscheint urkundlich von 1210-1244, seit 1241 mit seinem Sohne Adolf. 1228 ist er Truchseß des Grafen von Berg. Sein Bruder Bruno war 1216 Mundschenk des Erzbischofs von Cöln. Bruno und Albert von Stammheim, die mit Graf Adolf von Berg nach dem Morgenlande gezogen waren, treten bei der Belagerung von Damiette 1219 in einer Urkunde als Zeugen auf. Der zweite Adolf wird von 1241-1273 genannt. Er erbaute die Marienkapelle an der Dhünn vor dem Tore der Abtei Altenberg. Von dieser Kapelle, die nachmals in spätere Baulichkeiten einbezogen wurde, ist die Westfassade an der Dhünn mit dem großen, jetzt vermauerten Westfenster noch erhalten. Der dritte Adolf tritt von 1271 an auf. Der vierte end-

lich focht in der Schlacht bei Worringen 1288 mit, natürlich
auf bergischer Seite. Er wird von 1276-1301 erwähnt. Von
1330-1350 ist ein Johann von Stammheim bergischer Kämmerer auf Bensberg. Er läßt das zerfallene Chor an der Kirche zu Refrath neu errichten. Wilhelm von Stammheim, der
1376 und 1384 Dienstmann der Stadt Cöln war, tritt später
gegen diese auf und nimmt 1397 mit Dietrich von Elverfelde
einem Cölner Bürger bei Fettenhenne 41 Ochsen fort. 1437
war ein Johann von Stammheim geheimer Rat des Herzogs
Gerhard von Jülich und Berg und erlangte im genannten Jahre bei Kaiser Sigismund zu Prag für seinen Herrn die Beleh-
nung mit Geldern und Zütphen. Zwischen 1600 und 1650
werden Adolf, Paul und Wilhelm von Stammheim oft in den
Mülheimer Ratsprotokollen genannt. Der letzte seines Geschlechts ist endlich Johann von Stammheim; dessen Tochter Maria († 1698) heiratet den nachmaligen Oberleutnant
Wimar von Diependal und bringt ihm das Rittergut zu. 1701
kommt es wieder durch eine Erbtochter an die Herren von
Weyhe, die es an den Freiherrn von Scharffenstein, gen. Pfeil
verkaufen.

Das heutige S c h l o ß , welches seit 1818 im Besitz der
Grafen von Fürstenberg ist, die sich nach ihm von Fürsten-
berg-Stammheim nennen, wurde nach vollständigem Abbruch
der alten Burg in der zweiten Hälfte des 18. Jahrhunderts errichtet. Das war ja überhaupt die Zeit, wo man an die Stelle
der alten engen Burghäuser mit ihren zwecklos gewordenen
Befestigungen gern ein offenes, großräumiges Schloß setzte.

Die Rittersitze Merheim, Brück und Rath.

Wie Stammheim und Thurn, so waren auch die Dörfer
Merheim, Brück und Rath der Sitz adeliger Geschlechter.
Ritter von Merheim wurden oben mehrfach erwähnt. Ihr
Geschlecht blühte noch bis ins 14. Jahrhundert. Den Hof zu
Merheim aber hatte Graf Adolf III. von Berg kurz vor Antritt
seines Kreuzzuges 1217 der Abtei Altenberg verliehen.

Die Herren von Brugge oder B r ü c k sind schon seit
dem 12. Jahrhundert in Urkunden bezeugt. Im 15., 16. und

17. Jahrhundert blühte das Geschlecht derer von Brück besonders in der Stadt Mülheim am Rhein auf, und seine Angehörigen erscheinen dort in angesehenen Stellungen. So war Adam von Brück in den Jahren von 1574-1595 wiederholt Bürgermeister der Freiheit Mülheim. In neuester Zeit hat dieses Geschlecht durch zwei seiner Abkömmlinge, Prof. Dr. Ferd. Brück und Landrichter Dr. Hans Brück, deren Vater, der verstorbene Hauptlehrer Jakob Brück, in Kalk in gesegnetem Andenken steht, eine interessante Darstellung seiner Geschichte gefunden.

Von der Burg zu Brück sind keine Spuren mehr erhalten; aber der zum Sitze gehörige Hof — der Gräfenhof genannt, weil er lange im Besitze der Grafen von Berg war — besteht heute noch. 1903 erwarb ihn die Armenverwaltung der Stadt Cöln.

Haus R a t h ist heute eine Ruine. Lange war es Eigentum der Freiherrn von Lützerode, von 1555 an, wo sie zuerst genannt werden, bis 1820, da der letzte von Lützerode den Rittersitz an die Freiherrn von Gehr verkaufte. 1796 hatte der französische General Rey kurze Zeit auf der Burg in Quartier gelegen. 1870 wurde das Haus durch einen Brand eingeäschert und liegt seitdem in Trümmern. Bald nach dem Brande veräußerten die von Gehr den Besitz. Heute gehört er den Erben des Geheimrats von Mevissen in Cöln.

Das Herrenhaus, von dem die Außenmauern fast noch bis zur vollen Höhe stehen, bestand aus einem kurzen und aus einem langen Flügel, an der freien Ecke ein aus der Flucht vorspringender Turm. Die Gräben, welche die Burg umschlossen, sind noch zum größten Teil erhalten. Davor liegt der Wirtschaftshof. Die vor der Burg stehende achtseitige Kapelle aus dem Jahre 1741 enthält das Erbbegräbnis der von Lützerode zu Rath.

R u i n e   K i p p e k a u s e n .

Noch eine Burgruine befindet sich im Bezirk unserer engern Heimat: K i p p e k a u s e n oder Kipphausen. Zu ihr gelangt man von Haus Frankenforst oder von Refrath aus auf kurzem Waldwege. Im Volksmunde heißt es dort „auf der alten Mauer". Mitten im Hochwalde ragen die zwei Meter dikken Mauern der alten Burg noch etwa mannshoch auf. Sie bilden ein Rechteck von 12 zu 18 Meter Länge. Ein breiter, teils mit Wasser gefüllter Graben umzieht das alte Gemäuer, während ein zweiter, den erstern in weitem ungleichmäßigen Viereck umschließend, als Überrest einer altgermanischen Wallburg, wie schon oben gesagt, anzusehen ist. Wie aus den Abmessungen des erstgenannten Rechtecks hervorgeht, blieb für den innern Raum der Burg verhältnismäßig wenig übrig, sodaß wir es bei Kippekausen wohl mit der kleinsten Burganlage unseres Landes zu tun haben. Wahrscheinlich war es nur ein Wohnturm.

Über die Geschichte der Ruine ist nichts zuverlässiges bekannt. Desto reicher aber hat die S a g e die spärlichen Mauertrümmer im dunklen Waldesschatten umsponnen. Oft soll dort um Mitternacht ein feuriger Mann von riesigem Wuchs umherschreiten, dem ein großer, einäugiger Hund folgt. Das ist der Kipphauser, der zur Strafe dafür, daß er zu Lebzeiten die Armen in unmenschlicher Weise bedrückte, nun da ewig umgehen muß.

B e n s b e r g.

Wenden wir zum Schlusse den Blick auf die Hauptfeste unseres Gebietes, die von hoher Warte aus alle bisher genannten Rittersitze überschaut und beherrscht, ihnen aber auch als starker Rückhalt erhöhte Sicherheit gewährte: das Schloß B e n s b e r g.

Als die G r a f e n v o n B e r g im 11. und 12. Jahrhundert von ihrem Stammsitze an der Dhünn aus in allmählichem Vorschreiten ihre Herrschaft begründeten, da kamen sie als Nachfolger der ottonischen Pfalzgrafen im Jahre 1101 in den Besitz des Grafenamtes im Deutzgau.[1] Hier schafften

---

1) Der Deutzgau fällt etwa mit dem heutigen Kreis Mülheim zusammen. Er reichte von der Wupper nördlich bis ungefähr an die Agger südlich und umfaßte das Gebiet der Deutzer Dekanie.

sie sich einen festen Sitzpunkt, und dazu konnte ihnen kein Platz geeigneter erscheinen als der Bensberg. Von seinem Gipfel aus beherrscht man nicht bloß die weite Ebene von Bonn bis Düsseldorf, sondern er deckt auch die Eingänge ins Oberbergische, nach der Sülz, Agger und obern Sieg hin. Schon unter den Karolingern hatte hier ein königlicher Hof bestanden, dessen Inhaber wahrscheinlich mit der Aufsicht über die ausgedehnten Waldungen in der Nähe, den Franken- und Königsforst betraut waren. Der Name des letzteren bewahrt ja heute noch die Erinnerung daran, daß er ehemals Krongut war. Von diesem königlichen Wald- und Wildbann und den in seinem Schutze gelegenen bäuerlichen Ansiedelungen leitet der Ort auch seinen Namen her; derselbe lautet nämlich bis zum Beginn des 15. Jahrhunderts nicht Bensberg, sondern Bensbure, bezw. Bansbure oder Bainsbure (von Ban, Bannus und bure, gebure — Wohnung.)

Das Schloß der Grafen von Berg muß um die Mitte des 12. Jahrhunderts entstanden sein; denn da erscheint zuerst ein Ministerialengeschlecht, das seinen Namen von der Burg trägt: Wicherus von Benesbure zur Zeit des Erzbischofs Arnold I. von Cöln 1138-1151, Engelbert von Bensbure 1210-1251 zeitweilig Truchseß des Grafen von Berg, 1296 Hunekin, Rat des Grafen Wilhelm und andere. Dieses Geschlecht, das in Hindeutung auf sein Heimwesen im Walde drei Eichenblätter im Wappen führte — Wymmar Frambalck van Bensbur 1360 siegelt allerdings mit dem doppelt gezinnten Querbalken — stand an der Spitze der gräflichen Burgmannen. Am Anfang des 15. Jahrhunderts scheint es erloschen zu sein.

Die Burg zu Bensberg war jahrhundertelang der Lieblingsaufenthalt der Grafen und spätern Herzöge von Berg und in ihren zahllosen Fehden mit der mächtigen Reichsstadt Cöln und den kriegerischen Erzbischöfen ihr Hauptwaffenplatz. Die ältesten Landesurkunden und viele Verträge sind von Bensberg datiert, und manche wichtigen Ereignisse haben sich hier vollzogen.

Von Bensberg aus zog im Frühjahr 1217 der tapfere Graf Adolf III. mit seinen Reisigen zum Kreuzzuge aus, von dem er nicht mehr heimkehren sollte; denn er fiel bei der Belagerung von Damiette im folgenden Jahre.

Der Cölner Erzbischof Engelbert der Heilige, der aus dem Geschlechte der Grafen von Berg stammte, vergrößerte und befestigte das Schloß, in dem er geboren. Als er aber 1225 von dem Grafen Isenburg ermordet worden war, da eroberten und zerstörten es die Cölner; jedoch stellte Graf Heinrich I. die Befestigungen stärker wieder her, sodaß die Cölner es 1230 in einer andern Fehde vergeblich belagerten. Graf Adolf IV. hatte 1257 einen stadtkölnischen Heerhaufen bei Dünnwald geschlagen. Als daraufhin aber die ganze Bürgerschaft gegen ihn auszog, da eilte er nach Bensberg zurück und getraute sich nicht den Streit zu bestehen; denn es gruwelte (graute) ihn, sagt die Chronik, sein Land möchte verheert und verbrannt werden. – Ein andermal, 1320, wird die Burg lange Zeit von den Cölnern bestürmt.

Auch 1407 fand ein ernster Kampf unter Bensbergs Mauern statt, als Jungherzog Adolf von Berg den Grafen von Sayn und Johann von Loen, Edelherrn auf Heinsberg und Löwenberg besiegte.

Doch nicht alle Erzählungen über Kämpfe um Bensberg sind geschichtlich beglaubigt. Manches gehört der Sage an, wenn es auch eines historischen Kernes nicht entbehren mag. So ist die Rettung Bensbergs vor den böhmischen Hilfsvölkern Philipps von Schwaben durch Kurt von Arloff sagenhaft, ebenso die Rache des Erzbischof Siegfried von Westerburg an Adolf V. für seine Gefangenhaltung nach der Schlacht bei Worringen; und ähnliches gilt auch von dem Zweikampfe der Söhne des Grafen Adolf VII. vor Bensberg 1348, von welchem die Brüderstraße ihren Namen haben soll.

Dem kriegslustigen Herzog[1] Adolf I. 1408-1437 war Bensberg der Hauptstützpunkt in seinen vielen Kämpfen mit der Stadt Cöln und dem Erzstift. Aber die endlosen Kriege stürzten das Land ins Elend und ihn selbst so in Schulden, daß die Cölnische Chronik von ihm sagen konnte, Adolf habe solange gekriegt, bis er und seine Gegner keinen unverpfän-

---

1) Kaiser Wenzel hatte 1380 die Grafschaft Berg zum Herzogtum erhoben.

deten Hof mehr im Lande gehabt hätten. Selbst Schloß Bensberg verfiel der Verpfändung, und zwar kam es am 6. Juli 1413 an seinen Oheim, den Herzog Reinold von Jülich und Geldern für 6400 französische Kronen. In der Urkunde darüber erfahren wir, was damals alles an Ortschaften, Höfen, Gütern und Gefällen zum Schlossbezirke gehörte: die Freiheit Bensberg und die Kirchspiele Bensberg und Herkenrath, die Höfe zu Bensberg, Idelsfeld, Mielenforst und Brück, Gefälle von den Mühlen zu Strunden, Paffrath, Odenthal, Herrenstrunden, Immekeppel, Gladbach und Gronau, die Akzise um das Schloß (jedenfalls die Abgabe, die von dem Gute, welches am Platze zum Verkauf kam, gezahlt werden mußte), ferner Schatzungen, Pächte, Fruchternten sowie sonstige Abgaben und Gerechtigkeiten, die alle namentlich aufgeführt werden.

Alles das bildete mit der zugehörigen hohen und niedern Gerichtsbarkeit die H e r r l i c h k e i t   B e n s b e r g, deren Verwaltung einem Kellner unterstand. Letzteres Amt haben im 15. und 16. Jahrhundert vorzugsweise Glieder der Familien von Zweiffel und von Kessel inne, die beide in der Umgegend begütert waren. Bensberg war gleichzeitig Mittelpunkt des gleichnamigen Amtes mit den Gerichten zu Bensberg, Porz und Odenthal. Da das Hauptgericht aber zu Porz war, so wurde der Sitz des Amtmanns allmählich dorthin verlegt, sodaß man bald vom Amt Bensberg, bald vom Amt Porz sprach. Die Kellnerei verblieb jedoch in Bensberg, und die Ämter des Amtmanns, Schultheißen und Kellners waren meist in einer Person vereinigt.

Die erwähnte Verpfändung bestand nicht lange.[1] Aber 1442, unter Adolfs Nachfolger Gerhard mußte das Schloß, diesmal mit dem ganzen Amt Porz-Bensberg aufs neue verpfändet werden, und erst 1449 war Herzog Gerhard wieder in seinem Besitz. Gerhards Sohn, Herzog Wilhelm III. verlegte 1475 seinen Hofhalt nach Düsseldorf. Doch wurde Bensberg von ihm und den folgenden Herzögen noch oft des

---

1) Nach dem Tode Herzogs Reinold 1423 wurde Adolf auch Herzog von Jülich, wodurch sich seine Macht verdoppelte.

Jagdvergnügens wegen besucht. Auch diente es wiederholt als Witwensitz der bergischen Herzoginnen. Im 17. Jahrhundert waren die Festungswerke zerfallen, und während des 30 jährigen Krieges galt Bensberg als offener Platz.

Doch noch einmal sollten Tage des Glanzes für Bensberg heran brechen, als der prachtliebende Kurfürst[1] Johann Wilhelm (1690-1716) hier sein Königsschloß am Rhein aufführte: Das heutige n e u e S c h l o ß. Begonnen wurde es 1706, und 1710 war es im wesentlichen vollendet. Der Grundriß ist vom Schlosse zu Versailles übernommen und es waren auch manche Franzosen bei der Ausführung tätig; sie wohnten im nördlichen Teile des Ortes, der davon den Namen Klein-Frankreich erhielt. Der Baumeister und die maßgebenden Künstler waren jedoch Italiener, und so wurde das Schloß ein hervorragendes Denkmal der ausgehenden italienischen Barockkunst. In Steinbreche und an andern Orten in der Nähe des Königsforstes brach man das Baumaterial, auch einen weißlichen, marmorartigen Kalkstein mit schwarzem und rotem Geäder, der die Kanten und Bänder des Schlosses bildet. Im Innern wurde der neue Bau verschwenderisch mit herrlichen Stuckarbeiten ausgeschmückt und mit Marmorstatuen und schönen Wand- und Deckengemälden geziert, die später noch Goethes Bewunderung erregten.

Mit Johann Wilhelms Tod 1716 aber endete schon diese glänzende Zeit; denn seine Nachfolger Karl Philipp und Karl Theodor kamen selten nach Bensberg, höchstens zur Abhaltung großer Parforcejagden. Meistens stand der prächtige Bau leer. Kunstschätze und Gemälde wanderten in andere Schlösser; und auch die große Geweihsammlung, die in vielen mächtigen und seltsamen Stücken von dem Wildreichtum des Königsforstes Zeugnis gab, verschwand.

Zur F r a n z o s e n z e i t am Ende des 18. Jahrhunderts wurde das Schloß zuerst zum Lazarett für das kaiserliche Heer, das unter Clerfayt 1793 die Franzosen bei Neer-

---

1) Nach dem Aussterben des Herzogshauses 1609 waren Jülich und Berg im jülich-clevischen Erbfolgestreit an das Haus Pfalz-Neuburg gekommen; diese Linie erhielt 1685, nachdem die Linie Pfalz-Simmern ausgestorben war, auch das Kurfürstentum Pfalz.

winden besiegt hatte, eingerichtet[1]. Aber auch Wundfieber, Ruhr und Typhus hielten ihren Einzug, und bald füllte sich mit Tausenden von Opfern der kaiserliche Kirchhof unten im Tale.

1795 kamen die Franzosen nach Bensberg, und General Bastoul leitete von hier aus die Entwaffnung des Landes. 1796 diente das Schloß dem General Soult zum Wohnsitz. Es ist hier nicht der Ort, von den Kriegsdrangsalen jener Zeit zu

Schloß Bensberg.

erzählen, von den Plünderungen und Mordbrennereien der Franzosen, von der Verwüstung der bergischen Eichenwälder oder vom lustigen Pferderaub der französischen Husaren auf Bensberg, auch nicht von den Taten des bergischen Helden Ferdinand Stucker oder des tapferen Ommerborn. —

Erwähnen wir noch kurz, 40 Jahre überspringend, die r a d i k a l e U m g e s t a l t u n g, welche das Schloß erlitt, als man es in den Jahren 1838-1842 zum Kadettenhause einrichtete. Da wurden die Stukkaturen weggeschlagen, die Malereien abgeklopft oder überstrichen und die Marmorkamine und Balkongitter herausgerissen. „Den Schutthaufen will ich nicht wiedersehen", sprach Friedrich Wilhelm IV.,

---

1) Nach dem Abzug des Lazaretts starrten die Räume derart von Schmutz, daß man zur Reinigung für 380 Taler Bürsten und Seife gebrauchte.

als man ihn zur Besichtigung des neuen Kadettenhauses einlud. Von der glänzenden Ausstattung des Innern blieb nur ein
ganz geringer Rest erhalten, zur Hauptsache die Dekorationen in den Kuppeln der beiden Treppenhäuser. Was dem
Schloß aber nicht genommen werden konnte, das ist die entzückende Aussicht, welche man von seinem Dache aus ins
Rheintal genießt.

Wo aber stand das mittelalterliche
S c h l o ß der Grafen von Berg, ihre Trutzfeste im Kampfe
mit der Reichsstadt und den Erzbischöfen? Ist es jene Burg
mit dem altersgrauen Bergfried dort am flachen Südwestabhang des Berges, die heute das alte Schloß heißt? Oder lag
die Hauptfeste auf dem Gipfel des Felsens selber? Und wenn
letzteres der Fall war, was war dann das jetzige alte Schloß?

Mit Gewißheit läßt sich leider keine dieser Fragen beantworten; denn wir sind in dieser Beziehung über die Geschichte Bensberg wenig unterrichtet. In Forscherkreisen
scheint man eher geneigt zu sein, das heutige alte Schloß als
die Hauptburg des Mittelalters anzusehen. Die geringen geschichtlichen Nachrichten widersprechen dem auch nicht, und
wenn man den mächtigen Bergfried mit seinem gewaltigen
Mauerwerk betrachtet, die beiden anderen Türme und die
hohen Umfassungsmauern, so möchte man dem zustimmen.

Wenn aber das alte Schloß dort auf der halben Höhe des
Berges die Hauptburg war, was lag dann auf der Bergeskuppe
selber? Sollten die Grafen von Berg diese beherrschende Stellung wirklich unbenutzt gelassen haben? Hat man nicht vielmehr im Mittelalter die Burgen stets auf den höchsten und
steilsten Kuppen erbaut, weil diese am leichtesten und besten zu verteidigen waren?

Im Einklang mit dem Schlusse, zu dem diese Erwägungen führen, steht zudem die bergische, insbesondere die
Bensberger Überlieferung, welche besagt: Die Residenz der
alten Grafen von Berg stand an der Stelle des neuen Schlosses. Auch Zuccalmaglio berichtet in seiner Geschichte des
Kreises Mülheim, S. 305, allerdings ohne Quellenangabe:
„Herzog Wilhelm IV. ließ das sehr zerfallene Hauptschloß
mit Ausnahme der Kirche abbrechen und vergrößerte das

Kellnereigebäude zur fürstlichen Wohnung, wo er sich in den Sommern 1555, 1559 und 1565 aufhielt." Danach war also das jetzige alte Schloß erst von 1555 an der herzogliche Wohnsitz, es blieb das bis zur Erbauung des neuen Schlosses 1706. Vor 1555 aber befand sich dort nur die Kellnerei oder der Wirtschaftshof. Von einem Hofe zu Bensberg spricht auch die oben genannte Verpfändungsurkunde von 1413. Wo dieser Hof lag, weiß man nicht; man hat schon an den Weyerhof, die Heimat Ferdinand Stuckers, gedacht. Sollte aber nicht eher die Kellnerei damit gemeint sein? Der Hof zu Bensberg ist in der Urkunde allerdings mit einer verhältnismäßig geringen Summe angesetzt; das wird daher rühren, daß die Äcker, Wiesen und Weiher, die zum Schlosse gehörten, an anderer Stelle der Urkunde noch besonders aufgeführt werden.

Wenn wir nun annehmen, daß das Hauptschloß auf der Felskuppe selber gelegen hat, so ist damit seine Lage doch noch nicht genau bestimmt. Die natürliche Gestalt des Berges, der heute das neue Schloß trägt, ist durch diese gewaltige Bauanlage höchst wahrscheinlich stark verändert worden und darum nicht mehr leicht zu erkennen. Es scheint aber, daß der heutige Schloßhof eine s e l b s t ä n d i g e K u p - p e darstellte, die von der Höhe, auf der sich nun das neue Schloß erhebt, durch eine Senkung geschieden war. Diesen natürlichen Einschnitt wird man jedenfalls künstlich noch bedeutend vertieft haben. Auf dem hierdurch vollständig isolierten, vorspringenden Bergkegel hat dann die alte Feste der Grafen von Berg gestanden.

Wenn nun dem so war, dann führte die einzige bequeme Straße zum Gipfel über den südlichen Abhang, der am wenigsten steil ist. Hier auf dieser gefährdetsten Stelle bildeten die Türme und Mauern des eben genannten Wirtschaftshofes, der Kellnerei oder des heutigen sog. alten Schlosses, die starke V o r b u r g , welche den Zugang zur Hauptfeste sperrte und verteidigte.

Seit der Erbauung des neuen Schlosses hat das heutige sog. a l t e S c h l o ß wieder als Kellnerei gedient, 1848 ging es in Privathände über, und seit 1859 ist es zum Bensberger Kloster und Krankenhaus geworden. Es gehört dem Grafen Spee zu Lennep. Ein Verwandter desselben, Graf Leopold Spee, war nämlich um die Mitte des vorigen Jahrhunderts Pfarrer von Bensberg. Er hatte das Schloß 1859 käuflich erworben und zum Hospital eingerichtet. Aus den Um- und Neubauten, die zu diesem Zwecke ausgeführt werden mußten, ragt der alte, im Fünfeck erbaute Bergfried trotzig hervor. Er stammt in der Hauptsache wohl noch aus dem 12. Jahrhundert. Auf früheren Abbildungen sehen wir an ihn nach Süden hin einem großen dreistöckigen Palas (Herrenhaus) angelehnt, der wahrscheinlich im 15. Jahrhundert errichtet war. Im Jahre 1848 stürzte er ein, nachdem der letzte Bewohner, der alte Friedensrichter Fischbach, den Zusammenbruch voraussehend, eben mit seinen Akten ausgezogen war. Das obere Geschoß bildete in seiner ganzen Länge einen großen Raum, den Rittersaal.

Wie aus den Erörterungen über Bensberg hervorgeht, gibt es auch auf dem Boden unserer Heimat noch ungelöste Fragen. Wenn Nachgrabungen an Ort und Stelle möglich wären, so würden sie noch am ersten Licht in dieses Dunkel bringen. Solche Grabungen, die man übrigens auch zur Erforschung der altgermanischen Ringwälle bereits gewünscht hat, könnten vielleicht noch über eine andere wichtige Stelle unseres Landes nähern Aufschluß geben, nämlich über die alte Burg Berge, das Stammschloß der Grafen von Berg. Sie lag gleich unterhalb des Klosters Altenberg auf schroffem, bewaldetem Felskegel dicht am Dhünnbache. Mauerreste, von denen noch Montanus spricht, sind heute nicht mehr erhalten. Vor etwa 50 Jahren, als man in der Nähe einen Steinbruch anlegte, stieß man auf den Außengraben und fand ihn gefüllt mit Küchenabfällen, darunter Eberzähne und Hirschgeweihe, Eisenteile und Schlüssel.

* *
*

Das XVII. Kapitel zeigte uns in Kürze die heimischen Ritterburgen und ihre Schicksale, führte uns Glanz und Verfall im Wechsel der Geschlechter vor Augen. Und wie in einer bekannten Erzählung ein Pilger, dem von einem hartherzigen Ritter das Obdach verweigert wurde, weil sein Schloß kein Gasthaus sei, diesem nachweist, daß er in seinem glänzenden Hause doch nichts anderes sei als ein Gast, da ja immer einer dem andern Platz mache: er seinem Sohne und dieser dem Enkel, so stehen wir auch hier auf denselben Burgstellen, die immer wieder bewohnt und bebaut werden, Geschlechter kommen und gehen. Von manchem ist schon längst der letzte seines Stammes Staub und Asche geworden; andere Geschlechter blühen noch heute, neuen Aufgaben und Lebensfragen sich zuwendend. Von einzelnen haben wir kaum eine Kunde, es sei denn, daß in der Sage ihre Taten oder Untaten leise nachzittern; während wir wieder anderer fernvergangenes Leben durch einzelne alte Urkunden für einen Moment blitzartig erhellt sehen, worauf sie wieder zurücksinken in Nacht und Vergessenheit. So erkennen wir auch hier die Wahrheit der Worte des alten Homer:

„Gleichwie Blätter im Walde, so sind die Geschlechter der
    Menschen;
Blätter verweht zur Erde der Wind nun, andere treibt dann
Wieder der knospende Wald, wenn neu auflebt der
    Frühling,
So der Menschen Geschlecht, dies wächst und jenes verschwindet.“

Nachwort Kalk war Ende des 19. Jahrhunderts die preu- ßische Industriestadt mit dem größten Bevölkerungswachstum. So stieg die Einwohnerzahl von 96 (1846) auf über 10.000 bei der Stadterhebung 1881 an. Bei der Eingemeindung durch die Stadt Köln 1910 hatte der Ort über 25.000 Bewohner. Die erste Straßenbahn im Rheinland wurde im Juli 1877 als Pferdebahn zwischen den damals selbstständigen Gemeinden Deutz und Kalk eröffnet, ein halbes Jahr vor Köln. Hintergund für den immensen Bevölkerungszustrom war die Ansiedlung bedeutender Industrien des chemischen, metallverarbeitenden und elektrotechnischen Sektors. So kamen die drei größten Betriebe im Jahre 1900 aus diesen Bereichen, die Maschinenbauanstalt Humboldt (später Klöckner-Humboldt-Deutz AG), die Chemische Fabrik Kalk und die Akkumulatorenfabrik Gottfried Hagen. Diese Betriebe, die zusammen auf dem Höhepunkt der Produktion über 10.000 Männer und Frauen beschäftigten, existieren heute nicht mehr oder nur noch in Rudimenten.

Die Stadt Kalk war über 50 Jahre lang die weltweit führende Produktionsstätte in sog. Trieuren. (Das sind maschinell betriebene Unkrautlesemaschinen.) Der größte Betrieb stand bis zum Ende der zwanziger Jahre an der Stelle, wo sich heute der Kaufhof befindet. Alles dies existiert heute nicht mehr, vieles ist in Vergessenheit geraten.

Das bis heute noch gültige Standardwerk über die Geschichte Kalks ist das 1910 erschienene Buch von Heinrich Bützler „Geschichte von Kalk und Umgebung", das hiermit im Reprint vorgelegt wird. So gibt es zwar Publikationen über Einzelaspekte der Kalker Geschichte - so der von Henriette Meynen 1990 herausgegebene Band 7 „Stadtspuren, Denkmäler in Köln: Kalk und Humboldt-Gremberg", oder die beiden Bände der Werkstatt für Industriegeschichte Köln-Kalk: „Einschnitte, Veränderung der Industriearbeit" (1997) und „Kalk im Nationalsozialismus" (2000) - aber als Gesamtdarstellung ist das Werk von Bützler bis heute einzigartig.

Um 1910 entstanden vermehrt ortsgeschichtliche Werke, so die beiden Bände von Johann Bendel über die Stadt und den Landkreis Mülheim, das Buch von Aloys Kuth über die Gemeinde Vingst und die Schrift von Peter Simons über die Illustrierte Geschichte von Deutz, Kalk, Vingst und Poll. Insbesondere die Bücher von Johann Bendel über Mülheim und Heinrich Bützler über Kalk sind bis heute einzigartig.

Der 1862 in Bergisch Gladbach geborene Heinrich Bützler war von 1882 bis zu seiner Pensionierung 1927 Lehrer in Kalk, zuletzt als Leiter der städtischen Berufsschule. Neben seiner regen Vereinstätigkeit, so in den Gartenbauvereinen Kalk, Höhenberg und Vingst, dem Kalker Männergesangsverein und den Kalker Schützen widmete Bützler sich der Ortsgeschichte. Er schrieb die Chroniken vieler Ortsvereine, aber sein Hauptwerk, an dem er mehrere Jahre arbeitete, war die Geschichte von Kalk. Nicht auszuschließen ist, dass er sich dabei von seinem Bruder Theodor Bützler, der 1911 die „Kleine illustrierte Geschichte der Stadt Köln" herausgab, die allein bis 1932 in 50 Auflagen erschienen ist, beeinflussen ließ. Heinrich Bützler starb Mitte der dreißiger Jahre in Köln-Kalk.

In seiner Geschichte über Kalk arbeitet Bützler in der ersten Hälfte der Publikation die allgemeine Geschichte von der ersten Erwähnung 1003 bis zur Eingemeindung auf. Der zweite Teil widmet sich unter anderem den beiden christlichen Gemeinden, dem Schulwesen, dem Vereinswesen und den Kalker Industriebetrieben. Insbesondere dieser Teil ist bis heute ein wichtiges Quellenwerk, da in diesem Abschnitt alle damals existierenden 26 Industriebetriebe kurz dargestellt, ihre Entstehungsgeschichte und Produkte erwähnt, und die sozialen Bedingungen der Belegschaft angesprochen werden.

Dabei konnte Bützler Quellen nutzen, die heute nicht mehr existieren, weil sie entweder achtlos vernichtet oder durch Kriegseinwirkungen zerstört wurden. Der Autor konnte aber auch auf Zeitzeugen zurückgreifen und somit Erlebtes dem Vergessen entreißen. Das Buch von Bützler enthält zahlreiche Photos, die ein Bild von längst abgerissenen oder zerstörten Gebäuden Kalks vermitteln. Auch deshalb ist dieses Werk Bützlers heute noch lesenswert. Dem Verlag gebührt Dank, dass er die verdienstvolle Aufgabe des Nachdrucks auf sich genommen hat. Lange Zeit war die Geschichte

Kalks, die in den letzten 150 Jahren von der Industrie geprägt war, in Vergessenheit geraten, das Interesse daran war
gering. Einzig der leider vor kurzem verstorbene, pensionierte
Gymnasiallehrer Hermann Strick hat über lange Jahre Bilder
und Dokumente über Kalk gesammelt, Ausstellungen orga-
nisiert und Führungen durch den Stadtteil angeboten. Erst
seit 1996 haben sich im Rahmen der Volkshochschule Kalk
Menschen zusammengefunden - zum Teil aus den geschlos-
senen Industriebetrieben - um die Geschichte Kalks in den
letzten beiden Jahrhunderten aufzuarbeiten. Es entstand die
„Geschichtswerkstatt zur Industriegeschichte in Kalk". Hermann Strick war von Anfang an dabei und unterstützte diesen Kreis bis zu seinem Tode. Zwei Publikationen sind dort
bis heute erschienen, eine über die Veränderung der Industriearbeit, eine über Kalk im Nationalsozialismus. Weitere Bücher sollen folgen. Dabei kann die Geschichtswerkstatt an-
knüpfen an die Erkenntnisse von Heinrich Bützlers Werk über
die Geschichte Kalks.

Dieser Stadtteil hat eine stolze Tradition, er hatte eine
engagierte Arbeiterschaft, die neue, weltweit einzigartige
Produkte herstellte. Sie schuf damit eine aufstrebende Stadt.
Die Kölner Stadtväter wußten schon, warum sie sich diese
junge Stadt einverleiben wollten.

Der Nachdruck von Heinrich Bützlers Werk: „Geschichte von Kalk und Umgebung" soll den Anstoß geben, sich mehr
mit der Geschichte dieses Stadtteils zu befassen, mit den
Menschen, die diese Geschichte maßgeblich geprägt haben.
Dabei ist vieles noch im Verborgenen, es muss noch entdeckt
werden. Auch hier gilt der Satz des Alltagshistorikers Lutz
Niethammer: „Die Menschen machen ihre Geschichte nicht
aus freien Stücken, aber sie machen sie selbst."

Fritz Bilz
Köln, im Juli 2000

Register
der wichtigsten alten Straßennamen Kalks:

Name um 1900	heutige Bezeichnung
Annastraße	Vereinsstraße
Balduinstraße	Trimbornstraße
Bismarckstraße	Albermannstraße
Buchheimer Straße	Wipperfürther Str. (nordöstl. Teil)
Corneliusstraße	Robertstraße
Eintrachtstraße	Bertramstraße
Friedrich-Wilhelm-Str.	Peter-Stühlen-Straße
Gartenstraße (westl. Teile)	Johann-Classen-Str.
Gartenstraße (am Bahndamm)	Kasernenstraße (süd. Teil)
Hauptstraße	Kalker-Hauptstraße
Helenenstraße	Vorsterstraße (westl.Teil)
Herler Straße	Remscheiderstraße
Hermannstraße	Vorsterstraße (mittl. Teil)
Hochstraße	Kapitelstraße
Hubertusstraße	Nießenstraße (oberer Teil)
Humboldtstraße	Sieversstraße
Kaiserstraße	Eythstraße
Karlstraße	Nießenstraße (an der Kirche)
Kirchstraße	Kapellenstraße
Königstraße	Lilienthalstraße
Kronprinzenstraße	Dieselstraße
Marienstraße	Steprathstraße
Marktstraße	Feldstraße
Mittelstraße	Josephskirchstraße
Moltkestraße	Steinmetzstraße
Mülheimer Straße	Kalk-Mülheimer-Straße
Paradiesstraße	Hollwegstraße
Poststraße	Theoderichstraße
Sandstraße	Vorsterstraße
Thielenstraße	Manteuffelstraße
Victoriastraße	Vietorstraße
Vingsterstraße	Dillenburger Straße
Wahlenstraße	Kurzestraße